JERRY HOPKINS / DANIEL SUGERMAN

KEINER KOMMT HIER LEBEND RAUS

Die Jim-Morrison-Biografie

WILHELM HEYNE VERLAG

MÜNCHEN

HEYNE ALLGEMEINE REIHE
Nr. 01/8159

Titel der Originalausgabe
NO ONE HERE GETS OUT ALIVE
Aus dem Amerikanischen übersetzt von Werner F. Bonin

Der Titel erschien bereits in der Heyne Scene Reihe
mit der Band-Nr. 18/28.

3. Auflage
1. Auflage dieser Ausgabe

Copyright © 1980 by Jerry Hopkins
Alle deutschen Rechte bei Maro Verlag + Druck
Wilhelm Heyne Verlag GmbH & Co. KG, München
Printed in Germany 1991
Umschlagfoto: Henry Diltz, New York
Innenfotos:
Barry Plummer (2); WEA (1); Joel Brodsky (2);
Paul Ferrara (2); Edmund Teske (2);
Ulrich Heumann (2); Elektra-Pressefotos (7); Metronome (2)
Umschlaggestaltung: Atelier Ingrid Schütz, München
Gesamtherstellung: Presse-Druck Augsburg

ISBN 3-453-04561-0

Inhalt

VORWORT
7

DER BOGEN IST GESPANNT
10

DER PFEIL FLIEGT
64

DER PFEIL FÄLLT
187

MICHAEL McCLURE: NACHWORT
311

ANHANG
314

Wir können einfach sagen,
daß ich die Grenzen der Realität
untersuchte. Ich war neugierig,
was sich da ereignen könnte.
Und das ist alles: schlicht Neugier.

JIM MORRISON, Los Angeles 1969

Die Autoren wollten in ihrem Buch Jim Morrison in allen seinen Facetten zeigen. Man weiß, Jim wollte als Dichter ernst genommen werden: Wir wollten seinem Wunsch Rechnung tragen, indem wir den ganzen Text hindurch ausführlich aus seinen Dichtungen zitieren wollten. Aber kurz vor Drucklegung hat die Nachlaßverwaltung Jim Morrisons, der sein Schwiegervater, ein pensionierter High-School-Direktor, und sein Vater, ein pensionierter Admiral, vorstehen, den Abdruck seiner Dichtungen untersagt.

Die Autoren bedauern, daß sie diesen Aspekt Jim Morrisons dem Leser vorenthalten müssen.

Vorwort

Jim Morrison war auf dem besten Weg, schon zu Lebzeiten ein mythischer Held zu werden. Er war, kaum jemand dürfte widersprechen, noch lebend schon Legende. Sein Tod, geheimnisumwölkt und noch immer Anlaß zu Spekulationen, gab dem die letzte Weihe und sicherte ihm einen Platz im Pantheon der verletzten Genies, denen das Leben zu stark erscheint, als daß man es lebend ertragen könnte: Arthur Rimbaud, Charles Baudelaire, Lenny Bruce, Dylan Thomas, James Dean.

Unser Buch will den Morrison-Mythos nicht fördern und nicht aufheben. Es will nur einfach erinnern, daß an Jim Morrison — und den *Doors* — mehr ist als bloße Legende; daß die Legende auf Tatsachen gründet. Gelegentlich steht der Inhalt dieses Buches in striktem Gegensatz zu diesem Mythos, manchmal ist er von ihm nicht zu unterscheiden. — Jim Morrison war so.

Persönlich halte ich Jim Morrison für einen Gott. Einigen wird das überspannt vorkommen, anderen jedenfalls verwunderlich. Selbstverständlich hat Morrison darauf bestanden, daß wir alle Götter sind und unser Schicksal ist, was wir daraus machen. Ich will einfach sagen, Jim Morrison war ein Gott unserer heutigen Zeit; zum Teufel auch, jedenfalls ein Heiliger.

Bislang wußten wir wenig von seiner Person. Was er als Mitglied der *Doors* gemacht hat, bringt ihm laufend neue Fans, während sein eigentliches Talent und die Quellen seiner Inspiration fast gänzlich übersehen werden. Die Geschichten von Festnahmen und irgendwelchen Kraftakten machen weiter und wilder die Runde denn je, während der Typ Jim Morrison im Hintergrund bleibt.

Morrison hat mein Leben verändert. Er hat das Leben von Jerry Hopkins verändert. Tatsächlich hat Jim Morrison das Leben vieler Leute verändert, und nicht nur in seinem persönlichen Umkreis, sondern bei denen, die der streitbare Dichter und Vokalist der *Doors* erreichte.

Das Buch behandelt Jims Leben, nicht sein Denken. Aber man bekommt einen guten Einblick, wenn man sieht, woher er kam und was bis zu seinem Ende los war.

Anfangs, 1967 – die meisten von uns hörten damals zum ersten Mal von ihm – war es nicht leicht, auf Jim Morrison zu stehen. Es gehörte mehr dazu als ein bißchen Seelenwühlerei. Sich mit Jim zu identifizieren, hieß, du bist ein Außenseiter, der *in erster Linie* nach innen blickt. Rock and Roll hat schon immer eine ganze Menge komischer Figuren mit Identitätsproblemen angezogen, aber Morrison hat den Außenseiter noch ein paar Grad weiter rausgerückt. Praktisch sagte er: »Es stimmt, uns gefällt's hier. Es tut weh und es ist die Hölle. Aber es ist auch, beim Satan, entschieden *realistischer* als die Straße, auf der *ihr* reist.« Mit dem Finger hat er auf die Eltern, die Lehrer, die ganzen Autoritäts-Figuren im Land gedeutet. Er machte keine bloß allgemeinen Bemerkungen dabei. Der Schwindel machte ihn wild, und da hielt er nicht den Mund. Schreiend und wütend klagte er an. Er zeigte uns, was tatsächlich lief: »Die Leute sind fremd, bist du ein Fremder, / Die Visagen sind gräßlich, bist du allein« und was sein könnte: »Wir könnten einander lieben. / Ich erzähle euch von der Welt, die wir uns machen wollen. / Eine Wunschwelt ohne Grollen / Mit Wagemut / Und Forscherdrang / Lockend und erfinderisch.« Er kam rüber, mit Emotion, Begeisterung, Charme und Weisheit. Und er war ziemlich kompromißlos.

Einsteigen oder dran vorbeigehen oder auch etwas leisten: da war Jim nicht dran interessiert. Das einzige, was für ihn zählte: hindurchstoßen, durch *alles*. Er hatte von anderen gelesen, denen das gelungen war, er glaubte an diese Möglichkeit, und er wollte uns mitnehmen. Er sang: »Bis zum Abend sind wir hinter der Schwelle.« Die ersten, magischen Jahre der *Doors* waren nicht viel mehr, als daß Jim und seine Band ihre Hörer zu Stippvisiten in eine andere Welt führten: ein Land, in dem Gut und Böse aufgehoben sind, ein sinnliches, dramatisches Land der Musik. Sicher, der letzte Durchbruch zur Anderen Seite ist der Tod – ein grausames Wort für einen so natürlichen Ausblick.

Man kann nur ein Weilchen auf der Mauer zwischen Leben und Tod, zwischen Hier und Dort balancieren. Jim tat's, und versuchte uns anzutörnen, ihm zu folgen. Schade, er schien uns mehr zu brauchen als wir ihn. Offensichtlich waren wir noch nicht so weit, dorthin zu gehen, wohin er uns führen wollte. Wir wollten ihm zusehen und wir wollten ihm auch folgen, aber wir taten's nicht. Wir konnten es nicht. Und Jim konnte nicht warten. So ging er allein, ohne uns.

Jim wollte keine Hilfe, er wollte nur helfen. Ich glaube nicht, daß Jim Morrison je auf dem Todes-Trip war, den so viele Schreiber ihm andichten. Ich glaube, sein Trip hieß Leben. Nicht das in die Zeit eingezwängte Leben sondern ein zeitloses Glück. Falls er sich hat umbringen müssen, um dorthin zu gelangen, oder auch nur, um dem ein gutes Stück näher zu kommen, dann stimmt das schon. Wenn es irgendeine traurige Sache beim Tod Jims gab, dann der instinktive Schmerz, der dem Sterben anhaftet. Aber als ein Visionär, ein Heiliger, wußte Jim das besser.

Was ihr jetzt lest, mag wie eine Tragödie klingen, aber für mich ist es die Geschichte einer Befreiung. Egal, was Jim in seinen letzten Tagen an Depression und Frust durchgemacht haben mag, ich glaube, er kannte auch Freude, Hoffnung und die ruhige Gewißheit, daß er fast daheim war.

Es ist gleichgültig, wie Jim starb; es ist auch nicht besonders wichtig, daß er schon so jung ging. Es zählt nur, daß Jim Morrison gelebt hat, gelebt mit dem Ziel, das die Geburt verspricht: sich selbst zu entdecken, seine Möglichkeiten, sein Potential, zu erkennen. Das hat Jim getan; sein kurzes Leben spricht eine deutliche Sprache. Aber ich habe schon zuviel geredet.

Wie ihn wird es keinen mehr geben.

Hollywood, 22. März 1979

Daniel Sugerman

Der Bogen ist gespannt

1

Einmal, als auf den Bergen um Albuquerque in der Nähe vom Sandia Peak der Schnee hoch lag, gingen Clara und Steve Morrison mit ihren Kindern Schlitten fahren. Steve war in der Nähe stationiert, als Leitender Offizier beim Flughafen Kirtland, die Nummer Zwei in der ›Anlage für Marine- und Luftkampf-Spezialwaffen‹.

Das hieß Atomkraft, damals noch eine sehr geheimnisvolle Sache, über die er zu Hause nicht sprechen durfte.

Es war der Winter 1955, und Jim Morrison hatte ein paar Wochen vorher seinen zwölften Geburtstag gefeiert. Keine vier Wochen später würde seine Schwester Anne, die sich gerade zu einer pauspäckigen Range auswuchs, neun werden. Sein Bruder Andy, etwas stämmiger als er, war gerade halb so alt wie Jim.

Ein schlichtes Winterbild: im Hintergrund die verschneiten Sangre-De-Cristo-Berge Neu Mexikos, im Vordergrund gerötete Gesichter, dunkle Locken, fast verborgen unter wärmenden Mützen: Gesunde Kinder in dicken Jacken, die auf einem hölzernen Schlitten herumturnten. Es schneite nicht, nur von den Bergen kamen trockene Windstöße und bissen die Haut.

Oben auf dem Hang setzte Jim Andy vorn in den Schlitten. Hinter ihn kam Anne, und Jim quetschte sich als letzter drauf. Mit den Händen, handschuhgeschützt, stießen sie sich ab und zischten mit Gebrülle und Gekreisch hinunter.

Schneller und schneller fuhr der Schlitten. Weiter unten, aber die Entfernung verringerte sich rapide, tauchte eine Hütte auf.

Der Schlitten schoß zu Tal, wie ein Raumschiff durch die Kälte des Alls saust. Andy geriet in Panik.

»Springt ab!« schrie er. »Springt ab!«

Andys Gummistiefel standen auf den Kufen, die Beine um die Seitenstreben des Schlittens nach hinten geschlungen. Er wollte sich losmachen, aber Anne, die hinter ihm saß, konnte sich nicht bewegen. Jim drückte von hinten und hielt sie in ihrer Hilflosigkeit. Die Hütte kam rasch näher.

»Springt ab! Springt ab!«

Der Schlitten war vielleicht noch zwanzig Meter von der Hütte weg; der schreckliche Aufprall schien sicher. Anne war wie leblos, ihr Gesicht war schreckerstarrt. Andy wimmerte.

Der Schlitten fegte unter einer Schranke hindurch und wurde keine zwei Meter vor der Hütte vom Vater der Kinder gestoppt. Als die Kinder vom Schlitten taumelten, stammelte Anne hysterisch, wie Jim sie vorwärts gezwungen und nicht hätte entkommen lassen. Andy weinte noch immer. Steve und Clara Morrison versuchten, die beiden jüngeren wieder zu beruhigen.

Jim stand lächelnd dabei, sagte:

»Wir haben vielleicht Spaß gehabt!«

Jims Mutter, Clara Clarke, war eines von fünf Kindern, die schlanke, hübsche, lustige Tochter eines eigenbrötlerischen Rechtsanwalts aus Wisconsin, der sich einst unter kommunistischer Flagge um ein öffentliches Amt beworben hatte. Ihre Mutter starb, als Clara noch ein Teenager war. 1941, einundzwanzigjährig, ihr Vater arbeitete als Zimmermann in Alaska, ging Clara nach Hawaii, um eine Schwester zu besuchen, die ein Kind erwartete. Bei einem Marine-Ball lernte sie Steve kennen, Jims Vater.

Steve war in einer kleinen Stadt im mittleren Florida aufgewachsen, als eines von drei Kindern, der einzige Sohn eines konservativen Wäschereibesitzers. Als Kind bekam er Spritzen zur Aktivierung der Schilddrüse, damit er besser wachse, und in der Oberschule beschrieb ihn sein Vetter und bester Freund: ›ein Schulhof-Cowboy, ziemlich gutmütig, ein tatkräftiger Methodist, aber beliebt bei den Mädchen‹. Steve bekam seinen Abschluß von der US-Marineakademie vier Monate früher, im Februar 1941, nachdem man die Ausbildung beschleunigt hatte, um einen neuen Offizierslehrgang für den kommenden Weltkrieg zu erhalten. Steve und Clara trafen sich um die Zeit, als die Japaner Pearl Harbour bombardierten. Sie heirateten bald, im April 1942, kurz bevor Steves Minenleger aus dem Trockendock kam und wieder im Nordpazifik eingesetzt wurde.

Im folgenden Jahr schickte man Steve nach Pensacola in Florida zur Luftwaffenausbildung. Genau elf Monate später, am 8. Dezember 1943, kam auch James (›Jim‹) Douglas Morrison die Kriegszeit-Babyschwemme zugute. Er wurde in Melbourne (Florida) geboren, in der Nähe des heutigen Cap Canaveral.

Als Jim ein halbes Jahr alt war, ging sein Vater wieder in den Pazifik, um von einem Flugzeugträger aus Einsätze zu fliegen.

Die nächsten drei Jahre lebten Clara und ihr Sohn bei ihren Schwiegereltern in Clearwater. Das Haus, direkt am Golf von Mexiko gelegen, wurde sorgfältig und stilvoll geführt; seine Bewohner ließen sich von Vorstellungen aus der Victorianischen Zeit leiten: ›Kinder sollte man sehen, aber nicht hören... Sieht man über Unangenehmes hinweg, vergeht es... Reinlichkeit kommt Göttlichkeit nahe.‹ Jims Großeltern väterlicherseits waren in Georgia aufgewachsen; keiner von ihnen rauchte oder trank Alkohol!

Claras Leben während der Abwesenheit ihres Mannes war untadelig. Aber eingezwängt zwischen die Altmodischkeit ihrer Schwiegereltern und die Langeweile Clearwaters, war sie überglücklich, als Steve aus dem Pazifik heimkehrte, — fast ein Jahr nach Kriegsende, im schwülen Hochsommer 1946.

Ortsveränderung und Abgeschiedenheit, die während des Krieges das Leben der Familie Morrison charakterisierten, blieben für die ganze Kindheit Jims kennzeichnend. Nach dem Krieg wurde sein Vater erst einmal nach Washington versetzt. Dort blieb er aber nur ein halbes Jahr, dann schickte man ihn — zum ersten Mal, später noch einmal — nach Albuquerque; ein Jahr lang war er da Instrukteur in einem der militärischen Atomwaffenprogramme. Und der nun vierjährige Jim hatte mittlerweile eine Schwester.

Außerhalb Albuquerques, als er einmal mit seinen Eltern auf der Fernstraße von Santa Fe fuhr, hatte Jim ein Erlebnis, das er später dramatisch als den ›bedeutendsten Augenblick meines Lebens‹ beschrieb: Sie fuhren an einem umgestürzten Lkw vorbei und sahen verletzte und sterbende Pueblo-Indianer auf dem Asphalt liegen, wo sie der Unfall hingeschleudert hatte.

Jim begann zu schreien. Steve hielt an, um zu sehen, ob er helfen könne, und schickte schnell einen der Gaffer ans Telefon, die Ambulanz zu rufen. Jimmy — so nannten ihn seine Eltern, bis er sieben war — starrte durchs Wagenfenster auf das Chaos. Er schrie immer noch.

Sein Vater kam zum Wagen zurück; sie fuhren weiter, aber Jimmy war noch immer nicht ruhig. Er wurde immer aufgeregter und schluchzte hysterisch: »Ich will helfen, ich will helfen...«

Seine Mutter hielt ihn im Arm, und sein Vater tröstete ihn:

»Es ist in Ordnung, Jimmy, wirklich.«
»Sie sterben! Sie sterben!«
Schließlich sagte sein Vater:
»Es war ein Traum, Jimmy, nichts Wirkliches, ein Traum.«
  Jahre später erzählte Jim Freunden, daß — gerade als sein Vater von der Unfallstelle wegfuhr, die Seele eines sterbenden Indianers in seinen Körper gefahren war.

Im Februar 1948 wurde Steve auf See beordert, auf einen anderen Flugzeugträger als Sonderwaffen-Offizier. Nun lebten die Morrisons in Los Altos im nördlichen Kalifornien; in vier Jahren die fünfte Heimat für Jim.
  Mit sieben wurde Jim wieder verpflanzt; die Karriere führte seinen Vater wieder einmal nach Washington. Ein Jahr später, 1952, wurde sein Vater nach Korea geschickt, um von Flugzeugträgern aus gestartete Luftangriffe zu koordinieren. Der Rest der Familie ging nach Kalifornien zurück und ließ sich in Claremont bei Los Angeles nieder.
  Manche Autoren meinen, die negativen Aspekte fehlender Verwurzeltheit seien weit überschätzt worden. Was ein Kind durch häufigen Umzug der Familie an herkömmlicher Sicherheit verliere, mache es durch die Vielzahl neuer Erfahrungen wett. Wie tragfähig auch solche Argumente immer sein mögen; für das Kind bleibt es ein besonderes Problem.
  Die Familie eines Militärangehörigen weiß, daß sie nirgendwo ständig bleiben wird, und nur selten hat sie die Wahl, wohin sie als nächstes gehen muß, und wann. Die Familie eines Marineangehörigen weiß, daß sogar in Friedenszeiten der Vater lange an Bord eines Schiffes sein wird, und anders als bei den in Landeinheiten Stationierten, kann er seine Angehörigen nicht mitnehmen. Die Familienmitglieder lernen, mit leichtem Gepäck zu reisen. Sie haben üblicherweise nur das Wichtigste, Möbel, Geschirr, Besteck und Wäsche. Jim und seine Geschwister hatten Spielzeug und Bücher, aber gewiß nicht im Überfluß.
  Viele Familien sind nicht so wild darauf, neue Freunde zu finden, wenn sie wissen, die Beziehungen sind auf ein oder zwei Jahre beschränkt. Andere mühen sich besonders um Freunde; dabei erschöpfen sie sich entweder emotional, oder sie üben einen solchen Druck aus, daß sie gegen die Spielregeln verstoßen.

Selbstverständlich helfen die Familiarität einer Garnison und die sich einstellende Kameradschaft, die Fremdheit in einer neuen Gemeinde zu überwinden. Die Familie eines Offiziers ist beispielsweise im Offizierssportclub immer willkommen, und sie kann sich jederzeit unter diese stark fluktuierende Gesellschaft mischen. Das gilt ganz besonders für die Marine, deren Offiziere tatsächlich eine kleine intime Gemeinschaft bilden. Die Jahre hindurch waren die engsten Freunde des Ehepaares Morrison andere Marineoffiziere und deren Ehefrauen; sie trafen sich, und oft kreuzten sich ihre Wege wieder. Kinder aber finden ihre Freunde üblicherweise in der Schule; die Kinder von Marineangehörigen müssen öfters neue finden.

Psychologen, die diese sehr mobile Gesellschaft der Marineangehörigen untersucht haben, fanden eine Vielzahl emotionaler Störungen, von Alkoholismus und Ehestreit bis zu Gesetzesfeindschaft und einer gewissen Art Beziehungslosigkeit. Wahrscheinlich ist der wichtigste Faktor die immer wiederkehrende Abwesenheit des Vaters. Je nachdem ob der Vater zu Hause ist oder nicht, ändert sich auch regelmäßig die Rolle der Mutter. In Bezug auf Autorität erfahren die Kinder so Durcheinander und Ärger.

Als Jim noch klein war, nahmen sich seine Eltern vor, ihre Kinder nie in der Wut zu schlagen; sie wollten eine andere Art der Erziehung: mit den Kindern argumentieren, um ihnen wirklich klar zu machen, was sie etwa falsch gemacht hatten. Gelegentlich wuchs sich diese Erziehung zu einem verbalen Niederwalzen aus, manchmal zu Zeiten eiskalten Schweigens.

»Zu was es geführt hat«, sagt Andy heute, »war, daß sie versuchten, uns zum Schreien zu bringen. Sie sagten uns, daß wir was falsch gemacht hatten, sie sagten uns, was wir falsch gemacht hatten, und sie sagten uns, warum es falsch ist, etwas falsch zu machen. Ich hielt das aus, solange ich nur konnte, aber sie verstanden, es einem zu geben. Jim lernte schließlich, nie zu schreien; aber ich nicht.«

Zu der Zeit, als sein Vater nach Korea kam, anfangs 1953, war Jim ein hübscher, vielleicht etwas molliger Junge, dessen Intelligenz, natürliche Liebenswürdigkeit und gute Manieren ihn zum Liebling seiner Lehrer und zum Sprecher seiner Klasse machten.

Aber seine Eltern konnte er durch rüde Sprache und Prahlereien aufs äußerste erschrecken. Er fuhr freihändig Fahrrad und flog, weil er der Herbergsmutter unverschämt gekommen war, aus der Jungschar. Außerdem drangsalierte er seinen Bruder.

In Claremont hatten Jim und Andy ein gemeinsames Zimmer. Und wenn Jim irgendetwas haßte, dann das Geräusch schweren Atmens, vor allem, wenn er etwas las, fernsah oder einschlafen wollte. Andy litt an chronisch entzündeten Mandeln und hatte deshalb nachts Atembeschwerden.

Manchmal wachte Andy keuchend auf, wollte verzweifelt Atem holen, konnte aber nicht, da sein Mund mit Tesafilm verklebt war.

Im Bett nebenan lag Jim und tat, als ob er schliefe, oder er schüttelte sich lautlos vor Lachen.

Nachdem die Morrisons wieder nach Albuquerque gezogen waren, arbeitete Frau Morrison als Halbtagssekretärin. Jim ging in die siebte und achte Klasse, 1955 bis 1957, in die normale staatliche Schule von Albuquerque. Nach den Beobachtungen eines Familienmitgliedes war das die Zeit, zu der die drei Kinder zu einer ›Abwehrgemeinschaft‹ gegen das Umherziehen zusammenwuchsen. Aber in Neumexiko fiel seinen Eltern auf, wie sich Jim zurückzog. Damals verlor er das Interesse an seinem Musikunterricht, lehnte es ab, am Familienleben teilzunehmen, begann unersättlich zu lesen. In diese Zeit fällt auch die gefährliche Schlittenfahrt.

Im September 1957, nach zwei Jahren in der frischen Gebirgsluft Neumexikos, zogen die Morrisons wieder um, diesmal nach Alameda im nördlichen Kalifornien. Alameda ist eine kleine Insel in der San-Francisco-Bai, bekannt durch ihren Marine-Luftstützpunkt. Er ist der größte industrielle Komplex im ganzen Bai-Gebiet und gleichzeitig die größte amerikanische Marine-Luftwaffenstation auf der ganzen Welt. Das wurde nun Jims neunte Heimat, und hier besuchte er die ersten anderthalb Jahre der Oberschule.

Die einzige wirkliche Freundschaft, die er hier schloß, war die mit seinem Klassenkameraden Fud Ford: ein übergewichtiger Junge mit schläfriger Stimme, der Jim die feinen Unterschiede im Benimm im besseren Alameda beibrachte. Er sagte ihm, daß es nicht das Wahre sei, ein Fahrrad zu fahren, und Jim legte seinen zweieinhalb Kilometer langen Schulweg zu Fuß zurück, und er erklärte ihm, daß man nicht mit frisch gewaschenen Blue Jeans zur Schule kommt.

»Meine Mutter wäscht sie jede Woche, manchmal zweimal«, meinte Jim.

Fud zuckte hoffnungslos die Schultern.

Aber Jim strahlte:

»Ich hab' 'ne Idee! Ich werde ein zweites Paar unter die Veranda von Rich Slaymaker legen. Die kann ich dann anziehen, wenn ich aus dem Haus bin.«

Das war offenbar ein Versuch, akzeptiert zu werden. Genauso war es mit seinen Bemühungen, Aufmerksamkeit auf sich zu lenken. Einmal band er sich einen Faden ums Ohr und nahm das andere Ende in den Mund. Jedem, der danach fragte, erzählte er, daß ein winziges Gefäß in seinem Hals hinge, um Speichel für medizinische Untersuchungen aufzufangen. Mit Leidenschaft las er *Mad*-Hefte und gewöhnte sich einige typische Wendungen draus an. Er sagte, er sei ›der Nußknacker, der die ertappten Polypen anschmiert‹.

Eine frühe Gelegenheit, seinem Ärger über Autorität – der ihm sein ganzes Leben lang bleiben sollte – Luft zu machen, bot jener Polizist, der ihn eines Freitagabends aus dem Theater in Alameda wies, weil er mit einigen gröhlenden Typen in der ersten Reihe saß. Jim machte ihn an:

»Können Sie sich überhaupt ausweisen?«

Er dachte sich verzwickte Sprüche aus, mit denen er sich am Telefon meldete. Der schwarze Humor von *Mad* und rassistische Witze über andere Nationalitäten spielten dabei eine Rolle:

»Hier Morrisons Mordhaus, Ihr legt sie um, uns regt's nicht auf« oder »Mo'son's rez-dence (engl.-franz. Wortspiel: *meines Sohnes* oder *Morrisons* Wohnung), Thelma hier.«

Manchmal war Jim auch scharfsinniger und noch grotesker: Einmal, als man ihn vor eine Art Schülergericht stellte, weil er eine Treppe, die durch entsprechende Beschilderung ausschließlich für den Abwärtsverkehr gekennzeichnet war, hinaufgelaufen war.

»Hältst du dich für schuldig oder unschuldig?«

»Nicht schuldig! Wie ihr seht, habe ich keine Beine«, sagte Jim feierlich.

Jim und Fud waren unzertrennlich. Gemeinsam tranken sie ihren ersten Alkohol, indem sie nämlich vom Gin des Kompaniechefs mopsten und das Fehlende mit Wasser wieder auffüllten. Sie inszenierten getürkte Prügeleien vorm Offiziersclub, die nach Mord und Totschlag klangen und auch so aussahen. Den ganzen Heimweg konnten sie sich dann vor Lachen nicht mehr kriegen.

Auch die pubertären Schwierigkeiten erlebten sie gemeinsam. Jim ermutigte Fud, mit ihm zu Joy Allens Haus unten an der Bucht zu gehen, um Joy und ihrer Mutter zuzusehen, wenn sie sich zum Baden umzogen. In der Nähe standen Hütten auf schmalen Landzungen, die in die Bucht hineinragten. Jim und Fud zogen ihr Badezeug im Wasser aus und rannten nackt hin und her. Jim erzählte Fud, daß er, als seine Mutter einkaufen war, in seinem Zimmer zwei Mädchen flachgelegt hatte. Vor Neid wackelte Fud der Unterkiefer, und dann tischte er eine genauso starke Lüge auf.

So manchen Nachmittag verbrachte Jim bei Fud und schrieb Dutzende wilder fäkalischer und sexueller ›Radioessays‹ zu Problemen wie ›Kippenstechen und Masturbation‹.

Üblicherweise tritt die Masturbation zwischen dem zwölften und achtzehnten Jahr auf, obschon auch Fälle bekannt geworden sind, in denen bis zum dreiundneunzigsten Jahr damit fortgefahren wurde. – Möglicherweise verkennen Sie die Gefahren der Masturbation: Öfters entwickelt sich auf der Außenhaut des Penis-Delpisto ein starker Ausschlag, der in extremen Fällen eine Amputation notwendig machen kann. Auch eine Stridopsis der Papuntasistula der Eichel kann sich einstellen; laienhafter ausgedrückt: Plötzlich haben Sie einen dicken roten Schwanz. Das möchte niemand. Aber soweit kommt es, wenn nicht unverzüglich Hilfe geleistet wird. Wir, in der ›Gesellschaft zur Verhinderung der Masturbation‹ sind mit speziellen wassergeprüften Maschinen ausgerüstet, und unser Stab geschulter Krankenschwestern ist allzeit bereit, sich schwer ins Zeug zu legen und jedem Bedürftigen eine willige Hand zu leihen.

Eine sorgfältig ausgeführte Federzeichnung Jims zeigte einen Mann, der sich krümmte und sich dabei übergab, ihr Titel: ›Die vernachlässigte Natur ist schuld daran‹. Auf einer anderen sah man einen Mann mit einer Coca-Cola-Flasche als Penis und einem gewöhnlichen Flaschenöffner statt der Hoden, von der ausgestreckten Hand tropfte Schleim, und Schleim floß ihm aus dem Hintern. Eine dritte Zeichnung zeigte einen Mann mit einem eregierten Glied von der Größe eines Baseball-Schlägers; ein kleiner Junge kniete vor ihm und lauerte, während er sich erwartungsfroh die spitzen Zähne leckte.

Jim machte Hunderte von solchen Zeichnungen. War er heiterer Stimmung, schnitt er mit Fud aus den Bilderwitzen der Sonntagsbeilagen einzelne Figuren. Sie setzten sie zu Comics zusammen und versahen sie mit neuen Dialogen oder Bildunterschriften. Auch da waren die Themen aus der Fäkalsphäre oder dem Sexuellen genommen; aber die Sachen waren mit spitzfindigem Witz und subtilem Humor erfüllt, wie es für jemand, der gerade vierzehn geworden ist, nicht üblich ist.

Jim saß eines Abends in seinem Zimmer, allein. Er schloß das Buch, das ihn vier Stunden lang gefesselt hatte und atmete tief. Am nächsten Morgen fing er noch einmal an, das Buch zu lesen. Jetzt schrieb er sich die Absätze, die ihm besonders gefielen, in ein Notizbuch, das er ständig bei sich trug.

Das Buch war Jack Kerouacs Roman der Beat-Generation *Unterwegs (On the Road);* gerade erschienen, als die Morrisons in Alameda eintrafen, im September 1957. Im Winter stieß Jim auf das Buch; es war die Zeit, als ein Kolumnist aus San Francisco der Welt ein neues Wort schenkte, ein abschätzig-spöttisches Wort: *Beatnik*.

Weltweit war das Hauptquartier der Beatniks North Beach bei San Francisco und nur fünfundvierzig Busminuten von Alameda weg. — Samstags liefen Jim und Fud ruhelos die Hauptstraße auf und ab. Zwischendurch wühlten und schmökerten sie in den Büchern der Buchhandlung *City Ligths,* in deren Schaufenster ein Schild verhieß: *Verbotene Bücher*. Einmal sah Jim einen Eigentümer des Ladens, den Poeten Lawrence Ferlinghetti. Jim sagte schüchtern ›Tag‹ zu ihm, und als Ferlinghetti zurückgrüßte, verschwand Jim.

Ferlinghetti war einer von Jims Helden neben Kenneth Rexroth und Allen Ginsberg. Der, Ginsberg, aber war der Größte, war er doch das lebende Vorbild von Carlo Marx, eine der Personen aus *Unterwegs*, ›der traurig-poetische Hochstapler mit dem düsteren Verstand‹. Das war ein Image, an dem Jim hing wie angeleimt.

Genauso war Jim von Dean Moriarty fasziniert, dem ›Held aus dem schneereichen Westen mit Koteletten im Gesicht‹, dessen Energie Kerouacs Roman Schub gab wie ein Amphetamin-Stoß. Es war einer von Kerouacs ›Verrückten, die verrückt danach sind zu leben, verrückt danach zu sprechen, verrückt danach, erlöst zu werden, und nach allem gleichzeitig gieren — jene, die niemals gähnen oder etwas Alltägliches sagen, sondern brennen, brennen, brennen wie phantastische gelbe Wunderkerzen, die gegen den Sternenhimmel explodieren wie Feuerräder, in deren Mitte man einen blauen Lichtkern zerspringen sieht, so daß jeder Aahh! ruft.‹

Jim fing an, Moriarty zu kopieren, bis hin zu dessen Lachen: ›hi-hi-hi-hi!‹

In Alameda verging die Zeit langsam. Jim fiel manchmal ›zufällig‹ in den Swimming-pool des Marinestützpunkts; er hörte immer und immer wieder Platten von Oscar Brand und Tom Lehrer, und er stand gelegentlich mit seiner Mutter auf Kriegsfuß.

Seine Mutter war ein patenter Kerl, zeterte aber schnell, und wenn etwas nicht nach ihrem Kopf lief, drohte sie mit Verboten. Jim lachte sie aus, und als sie einmal besonders sauer auf ihn war, packte er sie und versuchte, sie auf den Boden zu drücken. Mit einem Kuli krizzelte er auf ihrem Arm.

»Das ist nicht fair«, schrie sie, »das ist nicht fair!«

Jim lachte: »Hi-hi-hi-hi, ah-hi-hi-hi-hi-hi…«

Jim kam als Vorbote der Familie im Dezember 1958 aus Kalifornien nach Alexandria in Virginia. Er wohnte bei Marinefreunden seiner Eltern, die einen Sohn in seinem Alter hatten. Jeff Morehouse hieß der schmächtige, bebrillte Klassenerste. Er machte Jim mit Tandy Martin bekannt. Tandy wohnte nur ein paar Meter weg von dem großen Anwesen, das die Morrisons im Januar mieteten, als Steve Morrison wieder nach Washington mußte.

Das Haus, aus Back- und Natursteinen gebaut, lag in Beverly Hills, einer hügeligen, bewaldeten Gegend. Die Nachbarn gehörten zur oberen Mittelklasse, Diplomaten, höhere Offiziere, Minister, Ärzte, Rechtsanwälte und Senatoren wohnten da. Ein dichter Teppich mit Blumenmuster bedeckte den Boden im

Wohnzimmer, außerdem fanden sich da noch gebrauchsfähige Antiquitäten (einer der Brüder von Frau Morrison war Antiquitätenhändler), Polstersessel und eine große Fernsehanlage. Draußen an der Veranda standen Fahrräder.

Jim und Tandy hatten ihre Schließfächer in der George Washington High School fast nebeneinander, und üblicherweise gingen sie den Schulweg hin und zurück gemeinsam.

Jim hatte ziemlich großes Vergnügen daran, Tandy zu schokkieren.

»Schätze, ich geh mal rüber und schiff den Hydranten an«, verkündete er eines Tages und griff dabei dramatisch an den Reißverschluß seiner Khaki-Hose.

»Nein«, schrie die schreckerfüllte Tandy.

Bei einem etwas ausgeklügelteren Anschlag auf Tandy lud Jim sie ein, ihm bei einem Tennis-Match mit einem tauben Vetter zuzusehen. Fast eine Stunde lang ›sprach‹ Jim mit seinem Vetter durch Fingersprache und übersetzte alles für Tandy, die teilnehmend dabeistand. Plötzlich wurde aus der Unterhaltung ein Streit. Die Finger von Jim und die seines Vetters flogen wie die Nadeln einer eifrigen Strickerin, und schließlich marschierte der Vetter davon.

Jim zuckte mit den Schultern und sagte Tandy, er würde sie jetzt heimbringen.

»Was war eigentlich los«, fragte sie.

»Ach nichts«, sagte Jim. »Er fragte, ob er mitkommen dürfe, wenn wir heimgehen, und ich sagte nein.«

Das sei grausam, sagte Tandy und brach in Tränen aus:

»O Jim, wie konntest du...?«

»Himmel noch mal«, entgegnete Jim, »er ist nicht *wirklich* taub.«

Da hörte Tandy mit Weinen auf und begann vor Wut zu schimpfen.

Sie war in Alexandria zweieinhalb Jahre lang Jims einzige Freundin, und sie litt viel. Ununterbrochen stellte Jim sie auf die Probe.

Eines Samstags fuhren sie mit dem Bus zur Corcoran Art Gallery im nahen Washington. Auf der Brücke über den Potomac fiel Jim auf die Knie und grabschte nach Tandys Füßen.

»Jim!« jammerte Tandy verstört, »was machst du um Himmels willen? Hör auf, hör sofort auf!«

Blitzschnell zog Jim ihr einen ihrer Schuhe aus und fing an, an einem weißen Socken zu zerren.

»Jiiimmmmm, bitte!« Tandy preßte die Hände im Schoß ihres Plissee-Rocks zusammen, bis die Knöchel weiß hervortraten. Im Gesicht lief sie rot an bis in den Nacken unter den Pferdeschwanz.

»Aolles, waos ich ersähne, ist, diesän zierrrrlächen Fuß zu kissän«, sagte Jim mit jener bescheuert klebrigen Stimme, die er immer auflegte, wenn er Tandy ärgern wollte. Es war eine wohl durchdacht zugelegte Sprechweise, und niemand wußte so recht, ob er nur blödelte. Jim nahm Tandys rechten Fuß in die Hand, gab ihm einen flüchtigen Schmatz und begann schnaubend zu lachen: »Hi-hi-hi-hi!«

Zischend öffnete sich die Tür des Busses, nicht weit von der Galerie weg und eine halbe Stunde, ehe sie öffnete. Jim und Tandy gingen in einen Park und kamen zu einer großen Plastik, eine nackte, in der Taille gekrümmte Frau.

Jim flüsterte Tandy ins Ohr:

»Ich weiß genau, Baby, du willst dieser Figur den Arsch küssen.«

»Jim!«

»Na, also doch, ich weiß es, Baby!«

»Nein!«

»Willst du damit sagen, du hast Angst, die Arschbacken von einer simplen Marmorfigur zu berühren?« fragte Jim jetzt, wieder in seiner üblichen auffälligen Sprechweise.

»Komm jetzt, Jim!« Tandy sah sich nervös um. Einige Touristen knipsten die Plastik.

»Los Tandy, setz deine ringförmigen Muskeln in Betrieb. Küß den Arsch von dieser Figur!«

Tandy verlor die Beherrschung:

»Ich werde der Figur den Wie-immer-du-ihn-nennst nicht küssen, egal was du sagst!«

Nach diesem Ausbruch herrschte Schweigen. Tandy sah sich um. Jedermann starrte sie an. Jim saß ein paar Meter entfernt und blickte weg, als wisse er gar nicht, wer sie sei. Er konnte geradeso noch einen Lachanfall unterdrücken.

Heute sagt Tandy:

»Ich fragte ihn, warum er ständig seine Spielchen treiben müsse. – Er meinte: ›Wenn ich's nicht täte, hättest du bald kein Interesse mehr an mir.‹«

Tandy war nicht das einzige Opfer, das er auf die Probe stellte. Auch seine Lehrer litten; vor allem eine etwas naive und altmodische Biologielehrerin, die schon die Ruhestandsgrenze hinter sich hatte. Jim schrieb in ihrem Unterricht ganz offen ab, und eines Tages, während einer Klassenarbeit, sprang er auf einen Arbeitstisch und wedelte mit den Armen, daß jedermann hinstarrte.

»Mr. Morrison!« hörte man die ärgerliche Stimme der Lehrerin:

»Was machen Sie da?«

»Iiiich hab' gerrrade 'ne Biiieeene verjagt«, sagte Jim und stand noch immer auf dem Tisch. Die anderen in der Klasse lachten.

»Es ist das gute Recht der Biene, in Ruhe gelassen zu werden, Mr. Morrison. Bitte setzen Sie sich wieder auf Ihren Platz!«

Jim sprang auf den Boden und stolzierte mit geschwellter Brust zu seinem Platz. Die Klasse beruhigte sich. Da stürzte sich Jim über den Arbeitstisch und jagte ›die Biene‹ durch die Sitzreihen und aus dem Zimmer.

Wenn er sich morgens verspätete, erzählte er ausführliche Geschichten, wie ihn Banditen aufhielten, Zigeuner ihn entführen wollten, und als er einmal plötzlich das Klassenzimmer verließ, und der Lehrer ihm nacheilte, erklärte er ihm, diesen Nachmittag würde er an einem Gehirntumor operiert. – Seine Mutter geriet etwas außer Fassung, als der Schulleiter am nächsten Tag anrief und sich nach dem Verlauf der Operation erkundigte.

Manchmal ging Jim auf hübsche Mädchen zu, verneigte sich, rezitierte vielleicht zehn Verse eines Sonetts oder einige Sätze aus einem Roman des 18. Jahrhunderts, die er auswendig gelernt hatte, verneigte sich wieder und zog weiter. – Nach der Schule ging er mit Freunden zum Golf – obschon er selbst nicht spielte – und spazierte an dem vielleicht fünf Zentimeter breiten Geländer entlang, das den Platz umgab; gefährlich dicht am Rand, zehn Meter über dem dahinbrausenden Potomac. – In den Gängen der Schule schrie er seine Kumpels an:

»He, ihr Arrrschlöcher!«

Manchmal waren seine Späße böse und grausam. Als er einmal von Washington zurückkam, traf er im Bus eine ältere Frau, die ihn anstarrte.

»Was halten Sie von Elefanten?« fragte Jim sie.

Sie sah schnell weg.

»Also«, sagte Jim, »was halten Sie *wirklich* von Elefanten?«

Als die Frau nicht antwortete, brüllte Jim:

»Was ist mit den Elefanten los?«

Bis der Bus nach Alexandria kam, war die Frau dem Heulen nahe, und mehrere Erwachsene sagten Jim, er solle sie in Ruhe lassen.

»Ich hab' doch nur wegen der Elefanten gefragt«, meinte er.

Ein ander Mal, als Tandy und er plötzlich einen beidseitig Gelähmten im Rollstuhl trafen, begann Jim zu zucken, herumzuwirbeln und verspottend zu sabbern.

So unangenehm Jim manchmal war, er hatte keine Schwierigkeiten, Kumpels anzuziehn. Tatsächlich kamen die meisten aus seiner Gruppe in Alexandria aus der Elite der George Washington High School; darunter verschiedene wohlbekannte Typen wie der Herausgeber der Schulzeitung (der Klassenbeste!) und der Sprecher der Schülerschaft. Sie alle wetteiferten um seine Aufmerksamkeit, unbewußt imitierten sie seine Sprechweise und übernahmen seine bevorzugten Ausdrücke: »Das ist das Heißeste!« und »Aaaahhh... du hast's mitgekriegt — direkt in die Eier!« Sie erzählten auch, was allmählich einen eigenen Namen bekam, nämlich ›Jim-Morrison-Stories‹. Jims Anziehungskraft wurde offensichtlich, wenn auch nicht recht klar war, was sie eigentlich ausmachte.

Rückblickend meint heute einer seiner ehemaligen Freunde und Klassenkameraden:

»Wir waren so verdammt korrekt, daß wir in gewisser Weise zufrieden waren, wenn einer sich tatsächlich die Unverschämtheiten erlaubte, die eigentlich *wir* tun wollten. Deshalb richteten wir uns nach ihm. Er war für uns der Mittelpunkt.«

Tandy Martin sieht das anders:

»Wenn du in der High School bist, und du bist *anders*... z.B., ich wollte in einen Schülerinnenclub, weil ich ›in‹ sein wollte. Aber ich wußte, daß das Käse ist, und so konnte ich es nicht. Ich wurde in den besten Schülerinnenclub eingeladen und ging heim und hab' die ganze Nacht geweint, weil mir klar war, daß ich nein sagen mußte. Ich war emotional verletzt. Wenn du glaubst, daß du das Richtige tust, und jedermann sonst macht etwas anderes, und du bist erst fünfzehn: Also was da passiert, dir bricht das Herz, und es bleibt eine Narbe. Jedermann möchte irgendwo dazugehören, wenn er fünfzehn ist. Jim wurde eingeladen, in die AVO — *der* Schülerclub — einzutreten, und er sagte nein.«

Während der ganzen Jahre an der George Washington High School erhielt Jim ohne große Anstrengung sehr gute Noten (sein durchschnittlicher Punktwert lag bei 88,32, bei theoretisch erreichbaren 100 Punkten), zweimal wurde er ausgezeichnet. Sein Intelligenzquotient betrug 149. Auch vor der Collegeprüfungskommission zeigte er überdurchschnittliche Leistungen: In Mathematik erreichte er 528 Punkte (national sind es durchschnittlich 502) und noch mehr im sprachlichen Bereich, nämlich 630 (der nationale Durchschnitt beträgt da 478). Aber Statistiken verraten wenig: Jims Lektüre ist da aufschlußreicher. Er verschlang Friedrich Nietzsche, den poetischen Philosophen, dessen ästhetische und moralische Urteile, seine Dualität des Apollinischen und Dionysischen wieder und wieder in Jims Gesprächen, Gedichten, Liedern und in seinem Leben auftauchten. Er las Plutarchs *Biographien* und begeisterte sich für Alexander den Großen. Er bewunderte dessen intellektuelle und körperliche Leistungen, und er kopierte ihn etwas im Aussehen: ›...das Haupt seitlich etwas geneigt zur linken Schulter...‹. Er las den großen französischen Symbolisten Arthur Rimbaud, dessen Stil die Form von Jims kurzen Prosagedichten beeinflussen sollte. Er las alles, was Kerouac, Ginsberg, Ferlinghetti, Kenneth Patchen, Michael McClure, Gregory Corso und die anderen Beat-Dichter veröffentlicht hatten. Norman O Browns *Life Against Death* stand auf seinem Bücherbrett direkt neben James T. Farrels *Studs Lonigan,* neben dem wiederum stand Colin Wilsons *The Outsider* und daneben der *Ulysses* (sein Englischlehrer im letzten Schuljahr glaubt, daß Jim der einzige in der Klasse war, der den *Ulysses* gelesen und verstanden hatte). Balzac, Cocteau und Molière waren ihm vertraut, dazu kamen die meisten Existentialisten. Jim schien intuitiv zu verstehen, was diese streitbaren Geister verkündeten.

Das ist jetzt zwanzig Jahre her, aber der Englischlehrer des letzten Schuljahres spricht noch immer von Jims Lesegewohnheiten:

»Jim las viel und wahrscheinlich mehr als irgendeiner in der Klasse. Aber alles, was er las, war recht entlegen. Ich hatte einen Kollegen, der in der Kongreßbücherei nachprüfte, ob die Bücher, von denen Jim sprach, tatsächlich existierten. Ich argwöhnte, er erfände sie, z. B. englische Bücher über die Dämonenlehre des 16. und 17. Jahrhunderts, von denen ich nie gehört hatte. Aber es gab sie, und seine Aufsätze überzeugten mich, daß er sie gelesen hatte. Die Kongreßbücherei muß seine Quelle gewesen sein.«

Allmählich begann Jim zu schreiben. Er schrieb Tagebücher, Spiralblöcke, in denen er täglich Beobachtungen und Gedanken festhielt. Er notierte Auszüge aus Zeitschriftannoncen, Dialogfetzen, Inhaltliches und Zitate aus Büchern und seit Beginn des letzten Schuljahres mehr und mehr Gedichte. Er bemächtigte sich der romantischen Auffassung von Dichtung: Der ›Rimbaud-Legende‹, die vorbestimmte Tragödie, beeindruckte ihn — die Homosexualität von Ginsberg, Whitman und selbst Rimbaud — der Alkoholismus bei Baudelaire, Dylan Thomas, Brendan Behan — Wahnsinn und Hingabe bei so vielen anderen, in denen sich Qualen und Visionen vereinten. Die Seiten dieser Tagebücher wurden ein Spiegel, in dem sich Jim erkannte.

Dichter zu sein, erfordert mehr, als Gedichte zu schreiben. Es verlangt eine Bindung an das Leben und an den Tod, mit hohem Stil und tiefer Trauer. Es heißt, jeden Morgen mit dem Fieber der Leidenschaft aufwachen und wissen, daß nur der Tod es löscht und dabei überzeugt sein, daß diese Leiden einzigartigen Lohn tragen. »Der Dichter ist der Priester des Unsichtbaren«, sagt Wallace Stevens. ›Dichter sind die nicht bestätigten Gesetzgeber der Welt‹, schrieb Shelley, ›die Hohenpriester einer unbegreiflichen Erleuchtung, die Spiegel der gigantischen Schatten, die das Zukünftige auf das Gegenwärtige wirft.‹

Am besten hat es Rimbaud in einem Brief an Paul Demeny ausgedrückt: »Der Dichter macht sich selbst zum Visionär durch eine lange, grenzenlose und systematische *Verwirrung aller seiner Sinne*. Alle Arten der Liebe, des Leidens, der Verrücktheit sucht er; er braucht in sich alle Gifte auf und bewahrt ihr Eigenliches. Unaussprechliche Qual, in der er den tiefsten Glauben braucht, übermenschliche Stärke, in der er unter allen Menschen der Versehrteste wird, der Verfluchteste — und der höchste Wissenschaftler. Denn er gelangt zum *Unbekannten!* Was also, wenn er vernichtet wird auf seinem ekstatischen Flug durch Welten, die nie gehört wurden, unnennbar sind...« Der Dichter: einer, der den Göttern das Feuer stiehlt.

Früher hatte Jim einmal ein Gedicht ›The Pony Express‹ geschrieben, das er selbst ›balladesk‹ nannte. Jetzt aber schrieb er kurze expressive Sachen; sie füllten Notizbücher und wurden später zum Ausgangsmaterial für viele der ersten Songs der *Doors*. Ein Gedicht, das unverändert blieb, war ›Horse Latitude‹. Jim schrieb es, nachdem er ein unheimliches Titelbild auf einem Taschenbuch gesehen hatte: Pferde, die von einer spanischen Galeone, die ohne Wind im Sargasso-Meer festliegt, über Bord geworfen werden.

> Horse Latitude
>
> When the still sea conspires an armour
> And her sullen and aborted
> Currents breed tiny monsters,
> True sailing is dead
>
> Awkward instant
> And the first animal is jettisoned,
> Legs furiously pumping
> Their stiff green gallop,
> And heads bob up
> Poise
> Delicate
> Pause
> Consent
> In mute nostril agony
> Carefully refined
> And sealed over

Viele von Jims Gedichten, den damaligen und späteren, hatten Wasser und Tod zum Thema. Obgleich er ein ausgezeichneter Schwimmer war, behaupteten seine engsten Freunde, daß Jim das Wasser sehr fürchtete.

Jim war in der dritten Klasse, als Tandy Martin von der George Washington High School zur Agnes School, einer Mädchenschule im gleichen Stadtteil, wechselte. Jim sah sie oft, wenn sie auf dem Heimweg hinter seinem Haus vorbei ging, und oft begleitete er sie zu stundenlangen vertraulichen Gesprächen.

Einmal fragte ihn Tandy:

»Was ist deine früheste Erinnerung?«

»Ich bin in einem Zimmer mit vier oder fünf Erwachsenen um mich herum, und alle sagen: ›Komm zu mir, Jimmy, komm zu mir…‹ Ich lerne gerade gehen, und alle sagen: ›Komm zu mir…‹«

»Und wieso weißt du, daß das eine echte Erinnerung ist und nicht etwas, was dir deine Mutter erzählt hat?« fragte Tandy.

»Das ist einfach zu banal. So etwas würde sie nicht erzählen.«

»Also Freud sagt, daß…«

Vielleicht hielt Jim das wirklich für banal, aber in den folgenden Jahren erzählte er oft ähnliche Erinnerungen; die meisten in Gestalt von Träumen. Und alle hatten als Thema, wie eine Anzahl Erwachsener die Arme nach dem kleinen Jim ausstreckten. Tandy und Jim sprachen darüber, was sie verletzte und was sie verband und über ihre Wünsche. Er sagte, er wolle Schriftsteller werden, um alle Erfahrungen zu machen. Ein- oder zweimal wollte er Maler werden. Er gab Tandy zwei seiner kleinen Ölgemälde; beides Portraits. Das eine zeigte Tandy als Sonne, das andere Jim selbst als König.

Jims Malen war, wie sein Dichten, eine fast geheime Tätigkeit. Sein Taschengeld war schmal, deshalb klaute er Farben und Pinsel, und waren die Bilder fertig, verschwanden sie so heimlich, wie ihre Materialien gekommen waren. Die mit sexuellem Inhalt wurden selbstverständlich versteckt, zerstört oder verschenkt. Kopien der Akte de Koonings wurden übermalt, und die Zeichnungen riesiger, schlangenartiger Penis- und Fellatio-Darstellungen wurden heimlich in die Bücher der Mitschüler gesteckt, wo sie den Lehrern in die Hände fallen mußten. Jim beobachtete alles, was sich daraus entwickelte: welche Sachen erschreckten, faszinierten oder die Leute verrückt machten.

Jims Bruder fragte ihn einmal, warum er male.

»Du kannst nicht die ganze Zeit lesen, deine Augen werden müde«, erklärte er Andy.

Andy verehrte seinen älteren Bruder, auch wenn er noch so bösartig war. Er erinnert sich an zwei oder drei Gelegenheiten, wo sie im Freien rumstrolchten, und Jim einen Stein in die Hand nahm und sagte:

»Ich zähle bis zehn...«

Andy sah ängstlich Jim an und dann auf den Stein und wieder auf Jim.

Jim sagte:

»Eins ...«

»Nein«, schrie Andy, »nein, nein...«

»Zwei...«

»Komm doch Jim, bitte, Jim, bitte...«

Bei »drei« rannte Andy, und Jim schrie »vierfünfsechssieb'nachtneunzehn«, warf und traf.

Jim war damals sechzehn oder siebzehn, als er mal wieder feindselig auf Andy losging: Er hatte Hundescheiße in einem Tuch und jagte den schreienden Andy durchs ganze Haus. Schließlich holte er ihn ein und rieb ihm die Kacke ins Gesicht. Sie war aus Plastik. Andy schluchzte erleichtert.

»Ich weiß nicht, wie oft ich vor dem Fernseher lag, als Jim kam, sich auf mein Gesicht setzte und einen fahren ließ«, erzählt Andy. »Oder, wenn er Kakao getrunken hatte oder Orangensaft und seine Spucke richtig klebrig war, kniete er sich auf meine Schultern, so daß ich mich nicht bewegen konnte, und hing mir seine Sabberfäden übers Gesicht. Er ließ die Spucke aus dem Mund fließen, runter und weiter runter, bis mir die Fäden fast auf der Nase hingen..., dann suckelte er sie wieder hoch.«

Wenn sie im Freien waren, und es begegnete ihnen ein Junge, der älter und größer als Andy war, rief Jim gern:

»He, mein Bruder möcht' mit dir kämpfen... mein Brrruderrr will mit dirrr kämmmpfennn... und du, häää?«

Im Washingtoner Zoo brachte Jim Andy dazu, daß er sich traute, auf dem schmalen Geländer vor dem tiefen Graben zwischen Tieren und Betrachtern zu balancieren. Ein andermal stachelte er Andy auf, über ein ähnliches Geländer zu balancieren – fünfzehn Meter tiefer war die Autobahn.

»Hätt ich solche Sachen nicht gemacht«, sagt Andy, »hätte er mich einen Waschlappen genannt; er hat nie was gewollt, was *er* nicht auch getan hätte.«

Jim machte eine ganze Menge so waghalsiger Sachen. Wie bei der Schlittenfahrt, fiel er nirgends runter und verunglückte nie. Einmal sagte er:

»Also Mann, entweder du glaubst, oder du fällst.«

In Alexandria sah Jim wenig von seiner Schwester und seinen Eltern. Oft ging er morgens ohne Frühstück und ohne eine Wort aus dem Haus. Anne, seine Schwester, war für ihn nur ein weiteres Objekt für seine unaufhörlichen Hänseleien. Sein Vater war wie immer: geistig in Anspruch genommen oder körperlich nicht da. Er war in Cape Canaveral wegen des Vanguard-Raumfahrtprogramms; spielte Golf im Heer- und Marinesportclub; flog, um nicht aus der Übung zu kommen. War er zu Hause, beschäftigte er sich mehr mit mathematischen Kniffeleien, als Jim die Aufmerksamkeit zu geben, die Jim gewollt hätte.

Mittlerweile war Jims Mutter der dominierende Elternteil. Auch wenn ihr Mann da war, kümmerte sie sich um die Finanzen der Familie. Sie war das Muster einer Mariner-Ehefrau; machte alles perfekt, vom Silberputzen bis zum Bridgepartygeben. Sie war, wie es ein Verwandter ausdrückte, ›die Seele der Party; die, die erst nachts um eins Schluß machte, während Steve am liebsten schon um neun zu Bett gegangen wäre‹. Jim hielt seine Mutter für eine Nörglerin, die dazu das Beschützen entschieden übertrieb. Sie ging ihm auf den Geist, weil sie ständig an seinen langen Haaren oder an seinem schlampigen Hemd herumnörgelte.

Jim trug dasselbe Hemd wochenlang, bis es wirklich nicht mehr das allerfrischeste war. Einmal fragte ihn ein Lehrer deshalb tatsächlich, ob er finanzielle Hilfe benötigte. Und als ihm seine Mutter schließlich fünf Dollar gab, um sich ein neues Hemd zu kaufen, erstand er eins für 25 Cent in einem Laden der Heilsarmee, den Rest legte er in Büchern an. Schließlich versuchte Jims Mutter, über Frau Martin Einfluß auf ihn zu nehmen. Deren Tochter sollte mit Jim reden. Selbstverständlich lehnte Tandy das ab.

Eines Nachmittags war Tandy bei Jim zu Haus, als sie seine Eltern heimkommen hörten. Plötzlich packte Jim Tandy, trug sie die Treppe hinauf in das Schlafzimmer seiner Eltern und schmiß sie aufs Bett. Das Deckbett wurde verwüstet. Tandy wehrte sich, sprang auf und rannte zur Tür; Jim hinterher. Die zeitliche Abstimmung war vollkommen: Tandy – ihre Bluse hing ihr von der Balgerei aus dem Rock – und Jim fielen schier die Treppe herunter, als seine Eltern ins Wohnzimmer traten.

»Hallo, Ma, hallo, Pa«, Jim grinste.

Seine Mutter bekümmerten seine ›Absonderlichkeiten‹, sie fürchtete, er könne etwas von der Überspanntheit geerbt haben, die ihr für ihre Brüder kennzeichnend schien. Sie wußte nicht, was sie daraus machen sollte, wenn Jim sie anfuhr:

»Dir liegt nicht wirklich was an meinen guten Noten. Du willst meine guten Zensuren nur, um in deinem Bridge-Club damit angeben zu können.« Ein andermal schockierte er jedermann, als er mürrisch das Besteck auf den Teller fallen ließ und zu seiner Mutter sagte:

»Das klingt wie bei einem Schwein, wenn du ißt.«

Auch andere wunderten sich über Jims seltsames Betragen. Wenn er durch Alexandria strich, in Clarke-Boots, Khakijeans und Banlon-Shirts, dringend eines Haarschnitts bedürftig, schien er emotional weit weg, im ungünstigsten Fall schlicht übergeschnappt. Zu anderen Zeiten war er völlig rätselhaft. Da er nur selten das Familienauto nehmen durfte, nahmen ihn oft Freunde mit nach Washington, wo er ohne jede Erklärung zu Fuß verschwand.

Wo ging er hin? Was machte er? Einige glauben, er traf sich mit einem Freund in einem von diesen merkwürdigen kleinen Buchläden, die er oft besuchte. Andere sagen, er machte sich davon und ging in die miesen Kneipen an der alten Landstraße 1 bei Fort Belvoir, um die schwarzen Bluessänger zu hören. Das hat ziemlich viel für sich. Die Musik, die er mochte und am häufigsten in seinem Kellerzimmer hörte, waren Blues und Spirituals in Aufnahmen der Kongreßbücherei. (Damals, sagte er, haßte er Rock'n'Roll). Er ging aber auch gern am heruntergekommenen Ufer in Alexandria herum und unterhielt sich mit den Schwarzen, die dort am Pier standen und angelten. Manchmal nahm Jim abends Tandy mit, um diese ›Freunde‹ zu treffen.

Noch seltsamer waren seine nächtlichen Besuche vor Tandys Haus. Da stand Jim im Garten der Martins und starrte zum Schlafzimmerfenster Tandys im zweiten Stock. Tandy behauptet, daß sie jedesmal davon aufwachte. Aber bis sie hinun-

terkam, war Jim verschwunden. Wenn sie ihm vorwarf, er habe sie aufgeweckt, sagte Jim, er habe sein Bett nicht verlassen.

Während der ganzen letzten Jahre in der High School drangen Jims Eltern in ihn, sich an Colleges zu bewerben. Genauso setzten sie ihm zu, er müsse sich für das High-School-Jahrbuch fotografieren lassen. Als sich Jim uninteressiert zeigte, meldeten ihn seine Eltern am St. Petersburg Junior College in Florida an und entschieden, er müsse während des College Besuches bei seinen Großeltern im nahen Clearwater wohnen. Jim fügte sich achselzuckend und teilte dann mit, er habe keine Lust, bei den Schulabschlußfeierlichkeiten in Erscheinung zu treten. Sein Vater tobte, aber Jim blieb unbeeindruckt. Er erhielt das Abschlußzeugnis mit der Post, nachdem man ihn bei der Feier aufgerufen hatte, aber niemand aufgestanden war, um es in Empfang zu nehmen.

Jims letzter Treff mit Tandy war an einem Freitagabend. Sie parkten am Potomac mit Tandys Freundin Mary Wilson und ihrem Freund. Jim hatte einen Sechserpack Bier, und als sie später zu Mary in die Wohnung fuhren, zog Jim ein Notizbuch mit seinen Gedichten hervor. Als Tandy in dem Heft las, produzierte sich Jim als Clown und gab damit an, daß er am frühen Abend eine halbe Flasche von Vaters Whisky gepichelt habe.

Tandy war verärgert und zeigte es auch.

»Oh, Jim, warum brauchst du diese Maske? Mußt du sie ständig tragen?«

Plötzlich brach Jim in Tränen aus, fiel in Tandys Schoß und weinte hysterisch.

»Weißt du denn nicht«, sagte er schließlich, »daß ich das alles für dich getan habe?«

Tandy erinnerte an Marys Eltern, die oben schliefen, und schlug Jim vor, er solle heimgehen.

»Oh«, sagte er, »du hast Angst, ich wecke die Wilsons. Du wüßtest nicht, was du tun sollst, wenn sie mich weinen sehen, nicht wahr?«

Tandy war den Tränen nahe und gab's zu.

Jim bewegte sich in Richtung Tür, sagte Gute Nacht, ging hinaus und schloß die Tür hinter sich. Tandy jammerte. Dann flog die Tür auf, und Jim verkündete laut:

»Ich hab' meine Meinung geändert!« Und dann bekannte er: »Ich liebe dich!« Tandy schniefte hochnäsig:

»Gewiß doch.«

»Ach, du bist so *blasiert*«, sagte Jim und machte sich damit über sie lustig, weil er das Wort gebrauchte, das Tandy immer explodieren ließ. Sie zeigte die Zähne. Jim packte ihren Arm und drehte ihn ihr auf den Rücken, daß es weh tat. Tandy schrie vor Schmerz auf und hörte mit Schrecken, wie Jim sagte, er glaube, am besten nähme er ein scharfes Messer und schnitte ihr ins Gesicht, daß eine scheußliche Narbe bliebe, »dann wird dich niemand mehr ansehen außer mir«.

Tandy hat diesen Vorfall nie ihrer Mutter erzählt, aber Frau Martin war Jims Persönlichkeitsveränderung gegenüber nicht blind. Er schien ihr naiv und glücklich, als sie ihn mitten in Tandys zweitem High-School-Jahr kennenlernte. Jetzt, zweieinhalb Jahre später kam er ihr verbittert vor, zynisch, gequält, böse, aber sie sah die Gründe für den Wandel nicht. Auch sein Maul war einfach boshafter geworden. Und die Drohung mit dem Messer war offensichtlich nur einer von verschiedenen noch erschreckenderen Vorfällen, die rasch aufeinander folgten. Frau Martin drang darauf, daß ihre Tochter Jim nie wieder sähe; sie sagte, Jim komme ihr ›unrein‹, wie ein ›Aussätziger‹ vor. Vielleicht eine erschreckende Einschätzung, aber sie erinnerte Tandy an einen Vorfall, der zwei Jahre zurücklag, als Jim gerade nach Alexandria gekommen war.

Jim hatte, wie er sagte, ein Problem, über das er mit seinen Eltern nicht reden konnte. Tandy (die eigentlich mit ihm darüber sprechen wollte) schlug vor, er solle es mit dem jungen Vikar an der Westminster Presbyterian Church bereden, dem Leiter ihrer Jugendgruppe. Der konnte gut mit Jugendlichen umgehen. Jim war einverstanden, und ein Treffen wurde vereinbart.

»Ich glaube mittlerweile, ich will da nicht hin«, sagte Jim, als ihn Tandys Mutter nach der Schule mitnehmen wollte.

»Und ob du willst«, sagte Tandy, die mit einer Freundin in der Nähe stand. Zusammen verstauten sie ihn auf dem Rücksitz.

Was Jim für ein Problem hatte, und was er dem jungen Pfarrer erzählte, weiß niemand. Offenbar vertraute sich Jim niemand sonst an, und der Vikar erinnert sich nicht an den Besuch. Jetzt, wo sich Jims Schulabschluß näherte, fragte sich Tandy, ob das Problem von vor zwei Jahren mit dem ›Persönlichkeitswandel‹, der ihr und ihrer Mutter auffiel, zu tun haben könnte.

Am nächsten Abend rief Jim an, entschuldigte sich wegen der Messer-Geschichte und fragte, ob er Tandy sehen könne. Sie wollte Jim auch sehen, aber schon Monate vorher hatte sie irgendjemand anderem versprochen, mit zu einem offiziellen Tanzabend zu gehen. Es schien ihr nicht fair, in letzter Minute die Zusage zu brechen.

»Aber ich geh nach Florida«, sagte Jim. »Morgen geh' ich für weiß Gott wie lang.«

Tandy war fassungslos. Sie hörte zum ersten Mal von seinem Wegzug. Verletzt und wütend sagte sie, es sei zu schade, daß er davon nichts früher erzählt habe. Bevor sie in Weinen ausbrach, legte sie den Hörer auf.

Jim rannte wie wild zu ihrem Haus. Er stand unter den großen, dichtbelaubten Bäumen im Garten der Martins und schrie:

»*Endlich bin ich dich los! Ich bin von dir frei! Ich hau ab und werde dir niemals schreiben... Ich werd' nicht einmal an dich denken!*«

Dann verlangte Jim seine Notizbücher zurück, die er ihr geliehen hatte. *Sofort.* Tandy erschien. Mund und Augen zuckten, als sie ihm seine Gedichte zurückgab.

Sonntagnacht wachte Tandy auf und wußte, daß er hinten im Garten stand. Sie ging die Treppe hinunter und hörte die vertrauten Schritte leiser werden. Sie ging zum Fenster und sah die dunkle Gestalt in das Morrisonsche Auto steigen.

Der Wagen fuhr in die Nacht, nach Florida.

2

Jim stand auf dem Gehweg im heißen Florida, zog das schwarze Jackett aus, öffnete den steifen Kragen des sauberen weißen Hemds, nahm die rote Krawatte ab, — das gehörte alles zur Uniform des St. Petersburg Junior College. Der Überlandbus, mit dem er heimfuhr, hatte die Türen geöffnet.

Jim warf sich am Gang hinten in einen Sitz und begann zu pfeifen, dann rülpste er zwei oder dreimal aus der Tiefe: das geräuschvolle, selbstbewußte Vorspiel für eine seiner weitschweifigen, langen Geschichten oder einen seiner erbärmlichen Witze, die er gerne erzählte.

»Ich hatte da einen Freund, der einen Hund für die Entenjagd kaufen wollte«, begann Jim. »Er ging also zu einem erfahrenen alten Knacker und fragte, wie er sicher gehen könne, einen wirklich guten zu bekommen. Der Alte sagte meinem Freund, er müsse auf das Arschloch des Hunds achten. Er brauche nämlich einen Hund mit einem engen Arschloch, damit, wenn der Hund ins Wasser springe, nicht alles reinlaufe, sonst saufe er ab. Also ging mein Freund zum Züchter in dem Nest. Man zeigte ihm eine Anzahl Hunde und nannte ihm den Preis: 75 $ je Hund. Mein Freund sagte dem Besitzer des Zwingers, daß er die Hunde etwas genauer betrachten müsse...«

Als Jim seine Geschichte anfing, war es, als ob er zu sich selber spräche. Aber schon bald hörte ihm jeder in seiner Nähe mit gespitzten Ohren zu.

»...und er ging rüber zu einem großen, friedlich aussehenden Hund und hob ihm den Schwanz in die Höhe. ›Oha‹, sagte mein Freund, ›ein großes Arschloch‹, und er ging zum nächsten Hund. Der Züchter kam rüber und deutete auf den ersten Hund. ›Was, zum Teufel, machen Sie mit dem Hund?‹ fragte er. ›Also‹, sagte mein Freund, ›ich hab' gerade nach dem Arschloch des Hundes gesehen, und es ist ziemlich groß, sehen Sie. Wenn er nun hinter der Ente her ins Wasser springt, wird das Wasser reinlaufen, und er säuft ab.‹ Der Züchter guckte sich das an und sagte: ›Naja. Das Arschloch ist *wirklich groß*.‹ Dann greift er der Töle an den Sack, gibt ihm 'ne halbe Drehung, und das Arschloch ist dicht. ›Tut mir leid‹, sagt der Züchter zu meinem Freund, ›das Vieh war für die Wachteljagd gedacht.‹«

Jim lachte sein langsames Hi-hi-hi und legte mit einer neuen Geschichte los, – ohne Rücksicht auf Murren oder eisiges Schweigen. Und schon bald hörten die anderen Studenten im Bus ihm wieder aufmerksam zu.

Der Bus hielt drei Blocks vor Jims Wohnung. Ihm blieb also ein kurzer Weg, aber lang genug, um sich etwas auszudenken, was Oma Caroline und Opa Paul auf Touren bringen konnte. Beide waren hundertprozentige Antialkoholiker. Opa hatte zwar eine Schwäche für Hunderennen, aber die ganze Einstellung in diesem besseren Haus, in einem alten ›guten‹ Stadtteil war stärker. — Über diese ehrwürdigen Einstellungen machte sich Jim lustig.

Er ignorierte die großelterlichen Argumente, wenn er zum Friseur oder in die Kirche gehen sollte, sich rasieren oder umziehen. Er drohte ›ein Niggermädchen‹ mit aufs Zimmer zu nehmen, und er verstreute leere Weinflaschen. Manchmal sprach er mit ihnen tagelang überhaupt nichts. In ihrem Tagesplan war sein Kommen und Gehen etwas wie ein dunkler Rauch.

»Er haßte die Anpassung und sah alles seltsam verquer an«, erinnert sich Jims Großmutter. »Mit Fleiß wollte er uns schokkieren. Wir haben ihn einfach nicht verstanden, keiner von uns. Jimmy hatte so viele Seiten. Man sah die eine und spürte eine andere; was in ihm vorging, wußte man nie.«

Sein erstes Studienjahr am Junior College blieb Jim anonym. Was außerhalb des Colleges vorging, ignorierte er. Seine Abschlüsse im ersten Semester waren nicht besonders aufregend: ein Sehr Gut, zwei Gut, ein Genügend, ein Ungenügend.

Interessanter sind die Ergebnisse der Persönlichkeitstests, denen sich alle Erstsemestrigen unterziehen mußten. Sie wiesen Jim als impulsiv, unbeschwert, den Kitzel liebend aus, nicht als selbstbeherrscht und diszipliniert. Verblüffenderweise wurde er auch als scheu *und* an offener Aktivität interessiert eingeschätzt. Die abgenommenen Tests attestieren Jim Freude am Denken, außerordentlich kritische Einstellung gegenüber gesellschaftlichen Einrichtungen, Neigung zum Selbstmitleid und einen überraschenden Drall zum männlichen Chauvinismus, denkt man an seine Liebe zur Literatur und die Strenge in Aufbau und Umgang, wie sie sich in den Testergebnissen von Alexandria zeigen.

Jim beherrschte Stückchen voll intellektueller Kunstfertigkeit. Wenn ihn Freunde in seinem Zimmer besuchten, forderte er sie auf:

»Los, nehmt ein Buch, irgendeines.« Seine Stimme war prahlerisch, aber er stand — ganz der scheue Magier — mit den Fußspitzen auf dem Teppich.

»Nehmt irgendein Buch, schlagt es am Anfang eines beliebigen Kapitels auf und fangt an zu lesen. Ich mach' die Augen zu und sag' euch Titel und Autor.«

Mit dem Arm fuhr Jim durchs Zimmer und wies auf die hundert und aberhundert Bücher, die überall auf den Möbeln und an allen Wänden aufgestapelt waren.

Er vertat sich nie!

Selbstloser, aber nicht weniger erwähnenswert ist, wie er einmal einer Freundin bei der Semesterarbeit half: Aus dem Handgelenk, aber mit Sachkenntnis, lieferte er zu einer ansehnlichen Zahl Gedichte Interpretationen. In einem anderen Fall half er mit einer dreißigseitigen Arbeit über Lord Essex, einer der Liebhaber der Königin Elizabeth; die umfängliche Bibliographie erstellte er ohne nachschlagen zu müssen.

»Ich mußte einen Vortrag über ›Moralische Integrität – eine Voraussetzung unseres Überlebens‹ ausarbeiten«, erzählt Jims Bruder Andy. »Ich wußte, zum Teufel, nicht einmal, was damit gemeint war. Meine Eltern wollten mich die ganzen Osterferien nicht rauslassen, bis ich das Zeug fertig hätte. Jim wollte, daß ich mit ihm rumstrolchte. Ich saß tagelang an der Geschichte; schließlich nahm's mir Jim ab, schrieb das Ganze für mich neu und packte eine Menge eigener Ideen hinein. Der Vortrag war prima, sein Schlußsatz: ›Wir treiben blind auf irgendwelchen Bahnen, ohne Hilfe, allein‹. Es kamen drei, vier solcher Sentenzen hintereinander, und wenn es auch gewiß nicht mein Stil war, bekam ich doch für den Vortrag ein ›Sehr Gut‹.«

Jim geriet in eine kleine Clique von Absolventen der Clearwater High School, mit der er soff. Bei Tanzfesten war er betrunken, stand in einer Ecke und spielte, er sei ein Baum. Auf Parties war er beschickert, und einmal zog er sich ziemlich böse Schnittwunden zu. Gegenüber dem Arzt im Krankenhaus war er aber so feindselig und beleidigend, daß der die Behandlung verweigerte.

Jim war noch nicht im richtigen, schweren Saufen drin. Einer seiner Kameraden formulierte es so:

»Es war, als ob er trinke, *nur* um betrunken zu werden, aus keinem anderen Grund.« Einen Rausch zu bekommen, war für Jim etwas Besonderes. Offenbar war es aber auch schon eine Form der Befreiung.

Ein Vorfall im Dezember, an seinem 18. Geburtstag, ist bezeichnend. Jim mußte zur Musterung. Er haßte das Militär mit verzweifelter Wut, er fürchtete das schreckliche autoritäre Herrschaftsverhältnis. 1961 gab es keine populäre Antikriegs-Bewegung. Jim hatte niemals von »Verweigerung aus Gewissensgründen« gehört. So ließ er sich mustern und brach dann auf, um sich gewaltig einen anzusaufen. Familienangehörige erzählen, daß ein Onkel, der in Clearwater wohnte, ihn in jener Nacht aus einer ziemlich bescheuerten Situation rausholte, die leicht in einen auch rechtlich bedenklichen Familienskandal hätte münden können. Das Ganze war so peinlich, daß sie heute noch nicht verraten, was eigentlich los war.

Zu der Zeit entdeckte Jim eine Zuflucht, ein altes Hotel zwischen Clearwater und St. Petersburg, in einer öden Gegend mit wilden Zwergpalmen: das *Renaissance Gallery and Coffeehouse*, ein verschachtelter Kaninchenstall aus Ateliers, Bühnen und Innenhöfen. Es stand für die College-Studenten auf deren inoffizieller Verbotsliste. Das machte es für Jim wahrscheinlich attraktiv, was ihn dort aber festhielt, waren die Dichterlesungen, Folksong-Wettbewerbe, der herrschende Boheme-Stil.

Das Renaissance wurde von einem Schwätzer namens Allen Rhodes geleitet, ein Homo Mitte Dreißig. Nachdem Jim ihn eine halbe Stunde kannte, hörte er schon einen ganzen Roman: einen Wust von Informationen, unter anderem Geschichten von irgendwelchen Vorfahren, die im 19. Jahrhundert St. Petersburg erschlossen hatten, wild übertriebene, abenteuerliche Stories von sexuellen Eroberungen im kriegsverdunkelten London, Nachrichten aus der Zeit, zu der Rhodes zu »Red Shawn's Männerballett« gehörte und über seine Familiengeschichte, Wissenswertes über die sexuellen Vorlieben von jedem Jazzer, der im *Renaissance* herumkroch, Kennertips fürs *Eden*, einem Nudistencamp nördlich von Tampa, – jede Mitteilung eingeleitet mit einem »du wirst's nicht glauben, das haut dich um«.

Allen erinnerte sich, wie er Jim sagte, daß Jim »es« habe, genau wie Elvis. Und er weiß auch noch, wie er ihm erzählte, daß er in London während des Kriegs, wenn er in den Straßen rumlief, um jemanden abzuschleppen, nie Unterhosen trug.

»›Her mit dem Fleisch‹, hab' ich jedermann gesagt. Das hat immer geklappt.«

Gegen Ende des Studienjahres besuchte Jim seine Familie, die jetzt in einem Vorort von San Diego wohnte. Als er im Juli nach

Clearwater zurückkam, traf er endlich jemand, der Tandy Martins Rolle als Freundin und Vertraute übernehmen konnte.

Mary Frances Werbelow war fast sechsehn, vielleicht 1,55 groß, hatte lange braune Haare und war zweiter Sieger im diesjährigen Sommer-Schönheitswettbewerb *Sun 'N Fun* geworden. Sie hatte gerade das dritte Schuljahr an der Clearwater High School hinter sich, als Jim sie auf einer Party kennenlernte.

»He Leute, guckt doch da!« warnte jemand.

Jim balancierte mit einem Fuß auf dem Balkongeländer des Apartment-Hauses und wippte sechs Meter überm Boden hin und her.

»He Junge, bist du völlig blau?«

Gelächter.

Jim stand mit dem rechten Fuß auf dem Geländer, hob den linken, rutschte und begann, mit den Armen zu schlagen. Er fiel. Der Junge und das Mädchen, die ihm am nächsten standen, packten ihn und zerrten ihn zurück.

»Das solltest du allerdings nicht machen«, sagte Jim zu dem Mädchen.

»Aber solange du's bist, ist's schon richtig.« Und er setzte ein unwiderstehliches jungenhaftes Lächeln auf.

Mary war katholisch und hatte früher einmal beschlossen, Nonne zu werden. Sie war ruhig, wie Jim, und das gab ihr so einen Hauch von Reife. Sie erzählte Jim, daß sie aushilfsweise am hiesigen *Fred Astaire Dance Studio* unterrichtete, und daß sie später einmal Tänzerin beim Film werden wolle. Sie begeisterte sich sofort für Jim, als er sagte, er wolle Drehbücher schreiben und Filme machen.

»Schreibst du Gedichte?« fragte Jim.

»Manchmal, aber ich zeig' sie keinem einzigen Menschen.«

»Ich hab' ein paar geschrieben...«

»Wirklich?«

Die letzte Woche in den Sommerferien wurde Jim zu einem Faktor in Mary Frances' Leben. Auf sein Drängen hin trug sie in Widerspruch zum Ortsüblichen eine Sonnenbrille. Zum ersten Mal versuchte sie Alkohol. Und dann erzählte sie ihren Eltern, daß sie Jim an den Wochenenden besuchen wolle, wenn er im Herbst an der staatlichen Universität Florida in Tallahassee studieren werde.

Jede Nacht stand Jim in seiner Unterwäsche mitten in dem kleinen Schlafzimmer auf den Zehenspitzen und streckte sich zur Decke. Seinen Zimmergenossen erklärte er, er wolle größer werden, und es schien, er glaube, daß das so funktioniere. Als er Alexandria verließ, wog Jim 60 Kilo und war 1,75 groß; er behauptete, er sei jetzt drei Zentimeter gewachsen.

Jim bewohnte mit fünf anderen Studenten ein modernes Haus mit drei Schlafzimmern, eineinhalb Kilometer vom Universitätsgelände entfernt. Nur zwei von ihnen hatte er schon früher gekannt, die anderen waren irgendwelche beliebigen Mitbewohner. Wie wir es mittlerweile schon von ihm gewohnt sind, begann Jim sofort, sie auf die Probe zu stellen.

Irgendwie war Jim zum Elvis-Presley-Fan geworden und bestand auf absoluter Ruhe, wenn Elvis-Aufnahmen im Radio liefen. Dann drehte er den Kasten auf volle Lautstärke und hockte hypnotisiert davor. Als ihm seine Großeltern eine elektrische Heizdecke schenkten, weigerte sich Jim, sich künftig an den Heizungskosten zu beteiligen. An Allerheiligenabend brachte Jim jedermann in Verlegenheit: Nur in ein großes Cape gehüllt, begrüßte er die Kinder, die da maskiert ihren Umzug machten, und lud sie auf ein paar Süßigkeiten ins Haus. Dann klappte er den Mantel auseinander.

Auch in den Bussen, in denen er und seine Mitbewohner zur Uni fuhren, machte Jim Ärger. Mal gab er dem Fahrer einen Zwanzigdollarschein und wurde ungemütlich, als der nicht rausgeben konnte, mal ging er in den hinteren Teil des Wagens und bestand lautstark darauf, daß sich alle Schwarzen nach vorne setzen sollten. Eines Tages saß er hinter dem Fahrer; da saß auch ein etwa zehnjähriges Mädchen – Jim lächelte es an.

»Hallo«, sagte er.

Das Mädchen, unruhig auf seinem Sitz versteift, blickte auf Jim und nickte.

»Duuu bist aberrr scheen«, sagte Jim und fiel in seinen tölpelhaften Privatslang. Das Mädchen wurde verlegen.

»Duuu hast aberrr scheene Beine«, sagte Jim.

Der Busfahrer sah im Rückspiegel, wie sich Jim zu dem Mädchen beugte und ihr die Hand aufs Knie legte.

Ein Ruck, der Bus hielt am Randstein, und der Fahrer fuhr herum:

»Raus, junger Mann, raus!«

»O bitte, mein lieber Herr«, winselte Jim, »es war ein unschuldiges Experiment. Sie erinnert mich an meine kleine Schwester zu Hause. Ich hatte einen Augenblick lang Heimweh, mein Herr!«

Schließlich wurde der Fahrer weich und sagte Jim, er könne im Bus bleiben, wenn er nur seine Hände bei sich behielte.

Alle, die mit Jim zusammenwohnten, waren im Bus, und alle taten, als kennten sie ihn nicht. Aber Jim selbst brachte Licht in die Sache; als der Bus an der Uni hielt, drehte er sich um, rief »hallo, Kumpels!« und winkte.

Automatisch winkten alle zurück. Jim schrie:

»Leckt mich am Arsch!« verneigte sich, lachte und stolzierte hinaus.

Er lieh sich von einem seiner Mitbewohner einen Thunderbird und knallte ihn gegen einen Leitungsmast. Ohne auch nur zu fragen, trank er den anderen das Bier weg, bediente sich ihrer Essensvorräte und zog ihre Klamotten an. Über all diese Aktionen und die Reaktionen der Betroffenen machte er sorgfältig Eintragungen in seine Tagebücher, so, als sei er ein Völkerkundler und die mit ihm im Haus wohnten Gegenstand seiner Beobachtung.

Es dauerte kein Vierteljahr, und Jim hatte den Haushalt aus allen Fugen gebracht. Jedermann lebte in einem Gefühl ständiger Angst, was wohl als Nächstes passiere. Zum großen Knall kam es gegen das Trimester-Ende, eines Abends im Dezember. Jim hörte Elvis; zu laut. Die anderen stellten ihn vor die Wahl: entweder er bessert sich, oder er zieht aus. Jim schaltete auf stur und erklärte, alles sei ihr Problem; er tue überhaupt nichts, mit dem sie sich nicht arrangieren könnten; was *sie* auf die Beine brächten, sei null. Warum wollten sie, daß er sich ändere, wenn er doch von ihnen keine Änderung verlange? Sie kamen zum Ergebnis, er solle ausziehen. Jim war's zufrieden, packte noch in der Nacht seine Sachen und war am nächsten Morgen verschwunden.

Er zog in eine Art Wohnwagen hinter einem Mädchenwohnheim, drei Blöcke von der Uni weg. Miete zahlte er 50 $ im Monat, die Hälfte dessen, was ihm seine Großeltern schickten. Seine Eltern schickten ihm ebenfalls Geld, — immer dann, wenn er ihnen einen Brief schrieb.

»Er mußte jeden Monat einen Brief schreiben, um einen Scheck zu bekommen«, erzählte Bruder Andy. »Er schrieb aber nichts über Freundschaften oder dergleichen. Es mußte eine Geschichte sein. Etwa, wie er im Kino war, Feuer ausbrach, jedermann in Panik geriet, zu den Türen drängte und nur er die Ruhe bewahrte. Er ging auf die Bühne, setzte sich an ein Klavier, sang ein Lied und beruhigte so die Leute, daß sie sicher aus dem Kino gelangten. Ein anderer Brief erzählte in allen Einzelheiten, wie er einen Burschen in einem Morast absaufen sah.«

Im zweiten Trimester belegte Jim zwei für ihn einflußreiche Vorlesungen. Die eine untersuchte Philosophien des Protests und behandelte jene Denker, die sich skeptisch oder kritisch mit der philosophischen Tradition auseinandersetzten oder gegen sie aufstanden: Montaigne, Rousseau, Hume, Sartre, Heidegger und Jims Lieblingsphilosoph Nietzsche. Die zweite war eine Vorlesung über kollektives Verhalten, die Psychologie der Masse.

Professor James Geschwender war ein kleiner, rundlicher Herr mit dunklem Haar. Jim war einer seiner besten Studenten.

»Er konnte den Professor in erstaunliche Diskussionen ziehn«, erzählte Bryan Gates, ein Mitstudent, »daß es dem Rest von uns die Sprache verschlug. Jim schien so viel über die menschliche Natur zu wissen. Er kam mühelos mit. Ich büffelte mich durch die Bücher, aber man hätte meinen können, Jim hätte sie geschrieben. Der Professor schloß sich in der Diskussion Jims Meinung an. Von Jims Trimesterarbeit sagte er, es sei die beste, die er je von einem Studenten mit Jims begrenzter psychologischer Vorbildung gelesen habe. Tatsächlich, meinte er, gereiche sie einem Doktoranden zur Ehre.«

Noch auf der High School hatte Jim Norman O. Browns Freudianische Geschichtsdeutung *Life Against Death* gelesen. Dessen Hypothese, die Menschen seien ihrer eignen Wünsche weitgehend nicht bewußt, stünden dem Leben feindlich gegenüber und neigten unbewußt zur Selbstzerstörung, zog Jim stark an. Repression, meint Brown, führt nicht nur zur individuellen Neurose, sondern auch zur sozialen Pathologie. Jim schloß daraus, daß Massen Sexualneurosen haben können, wie sie von einzelnen bekannt sind, und daß diese Störungen tatsächlich und leicht diagnostizierbar seien und dann »behandelt« werden könnten.

Der Professor war davon angetan.

»Den höheren Semestern wurde eine Diskussion dieser Hypothese aufgegeben«, erzählt Bryan. »Aber Geschwender und Jim führten sie. Der Rest von uns kam nicht mit. Wir wußten gar nicht, von was sie sprachen.«

Wild darauf, seine Hypothese empirisch zu überprüfen, drängte Jim drei seiner Bekannten, mit ihm zusammen eine Versammlung auf dem Unigelände zu sprengen und umzudrehen.

»Ich kann mir eine Menge anschauen«, sagte Jim seinen Freunden. »Ich brauch sie bloß anzuschauen. Es ist alles, äh, sehr wissenschaftlich, aber ich kann eine psychologische Diagnose stellen. Grad vier von uns, richtig verteilt, können die Leute umdrehen. Wir können sie *heilen*. Wir können sie *in Liebe versetzen* oder in Aufruhr.«

Jims Freunde sahen ihn leer an.

»Mensch«, sagte Jim, »wollt ihr's nicht wenigstens versuchen?«

Die Kumpels hauten ab.

An den Wochenenden trampte Jim oft die mehr als dreihundert Kilometer nach Clearwater, um Mary zu sehen. Er war noch immer hingerissen von ihrer natürlichen Einfachheit, und er empfand Scheu vor ihrer psychischen und physischen Jungfräulichkeit. Sie sang und tanzte und mochte es, barfuß im Regen zu gehen.

Außer mit Mary war Jim während des zweiten Trimesters nur noch mit Bryan Gates eng befreundet. Bryan sah ein bißchen aus, wie der junge Basil Rathbone, und wie Jim hatte auch er einen Vater, der wenigstens die Hälfte seines Lebens beim Militär verbracht hatte. Als Jim sich Bryan vorknüpfte, weil er nur studiere, um später einmal in der Wirtschaft Karriere zu machen, räumte Bryan ein, er sei einfach und oberflächlich. Seine gutmütige Weigerung, es wie Jim machen zu wollen, stärkte noch ihre Beziehung. Es kam nicht überraschend, als Jim Bryan fragte, ob er Lust hätte, nach dem Trimesterende und wenn Bryan im April die Uni verlasse, mit ihm quer durch die Staaten zu trampen.

Jim genoß als Tramper schon Ansehen. Schon mehrmals hatte er sich bei seinen Fahrten zwischen Tallahassee und Clearwater geweigert, mitgenommen zu werden, einmal, — nachdem er schon eine Stunde im Regen gestanden hatte — weil der Fahrer ›uninteressant‹ aussah. Bryan überlegte es sich und meinte, er mache mit.

Jim und Bryan feierten zwei Wochen lang in Clearwater eine Party nach der anderen. In der Zeit machte Jim Pläne, daß Mary, wenn sie im Juni die High School verlasse, zu ihm nach Kalifornien kommen solle. Einmal in Los Angeles zusammen, wollten sie eine Wohnung und Jobs suchen und sich an der Uni einschreiben. Dann, erzählte er Mary, wolle er sich seinen Lebenstraum erfüllen, er würde Kinematographie belegen und lernen, seine Vorstellungen und Phantasien in einem Film auszudrücken. Jim und Bryan trampten dann weiter nach Westen. Sechs Tage, die Jack Kerouac mit Stolz erfüllt hätten, waren sie unterwegs.

Die Polizei in Mobile, Alabama, buchtete sie morgens um vier ein. Am nächsten Tag, in New Orleans, mischte sich Jim mit Macht unters Volk: Er quatschte mit einem, wie er glaubte, bisexuellen Buffettier; er versuchte, eine Lesbe anzumachen, aber deren Freundin zog's Messer und drohte ihn zu tranchieren. In Ost-Texas nahm sie ein Vetter von Vizepräsident Lyndon Johnson mit; er zeigte ihnen Johnsons Geburtsort und dann Johnsons Ranch. Sie wurden mit im Freien gegrillten Rindersteaks bewirtet und Johnsons Tante vorgestellt. Um Mitternacht kamen sie nach Juarez in Mexiko und Jim quatschte die ganze Nacht in einer versoffenen Mexikanerpinte in seinem schönsten High-School-Spanisch mit einer mexikanischen Nutte. In Phönix wurden sie morgens um sechs von einem Mädchen mitgenommen, das sofort zur Sache kam:

»Ich sag's euch gleich, ich brauch' nen Mann und zwar dringend.« Da griff Bryan ins Steuer und brachte den Wagen zum Randstein.

»Auf Mann, wir nehmen sie beim Wort«, sagte Jim.

»Um sechs Uhr morgens sollen wir mit ihr auf ihre Bude? Auf keinen Fall; vorwärts, ich steig aus.«

Jim folgte seinem Freund widerwillig.

Als sie am nächsten Tag nachmittags in Coronado ankamen, war der Empfang frostig. Als erstes sagte Jims Mutter ihrem Sohn, er könne das Haus erst betreten, wenn er den Friseur besucht habe. Weiters teilte sie ihm mit, sie sei entsetzt, daß er per Anhalter komme, nachdem sie ihm das Geld für den Flug geschickt habe. Später mißbilligte sie lautstark die regelmäßigen Ausflüge nach San Diego, wo er und Bryan die Pokersalons erforschten und die primitiven Seemannskneipen. Aber was sie aus der Fassung brachte, war Jims Ankündigung, er ginge nach Los Angeles, um an der Staatsuniversität zu studieren.

»Warte bloß, bis dein Vater heimkommt«, sagte sie, »warte nur, es dauert keinen Monat mehr und...«

Aber da war Jim wieder weg.

Drei Wochen lang suchten Jim und Bryan in Los Angeles irgendwelche Jobs und feierten mit Vettern von Bryan in Ost-Los-Angeles jede Menge Parties. Ihre Wohnung war ein kleiner Wohnwagen. Aber es fanden sich keine Jobs, und schließlich fehlte auch das Geld für die Feste. Abenteuerlust und Phantasie zerbröselten. Dann rief Jims Mutter an und sagte, sein Vater würde in wenigen Tagen in Long Beach landen.

»Ich erwarte dich am Kai«, sagte sie.

Jim legte auf, ohne etwas zu versprechen, aber er war da. Er sagte seinen Eltern, er wolle in Los Angeles bleiben, aber sie verboten es. Jim schlug ein Dutzend anderer Möglichkeiten vor. Alle wurden zurückgewiesen, und zwei Wochen später ging's mit Eskorte zum Flugzeug nach Florida, rechtzeitig, um sich für ein kurzes Sommertrimester zurückzumelden.

Also kehrte Jim in seinen mit Büchern vollgestopften Wohnwagen zurück und schrieb sich für die zulässige Mindestanzahl an Vorlesungen ein. Es war ein ereignisarmer Sommer, sieht man von einer Vorlesung über mittelalterliche europäische Geschichte ab. Jim sagte seinem Professor, er würde gerne eine längere Arbeit schreiben statt der vorgeschriebenen zwei kleineren, und er wolle sich sein Thema selbst wählen.

»Das war noch niemals vorgekommen, aber ich war neugierig und somit einverstanden«, erinnerte sich der Professor.

Jim schrieb über Hieronymus Bosch, den holländischen Maler, der die Welt als Hölle sah, durch die wir in des Teufels Gedärmen gehen müssen. Über Bosch gibt es wenig gesicherte Daten. – Jim formulierte die Hypothese, Bosch habe einer Gruppe mittelalterlicher Häretiker angehört, den Adamiten.

»Ich war nicht überzeugt«, sagte der Professor, »aber sehr angetan von dem, was Jim verfaßt hatte.«

Jim hörte am 27. August seine letzte Vorlesung; drei Tage später hatte er die letzte Prüfung. Dann trampte er wieder einmal nach Clearwater zu Parties am Strand, Tanzereien und Besäufnissen. Am 5. September war er wieder in Tallahassee, schrieb sich für eine kunstgeschichtliche Vorlesung über die späte Renaissance ein – das bedeutete eine weitere Beschäftigung mit Bosch – und für eine Anzahl Vorlesungen und Übungen in der Abteilung für Sprache: Einführung in das Theater, Theatergeschichte, Theorie des theatralischen Auftritts, Prinzipien des Bühnenbilds.

Jim wollte sich damit auf die Staatsuniversität in Los Angeles vorbereiten, wo er im Januar in ein Filmseminar eintreten wollte. Deshalb kümmerte er sich auch, wenige Tage nachdem er sich an der Universität Florida zurückgemeldet hatte, offiziell um den Universitätswechsel: Er schrieb seiner alten High School in Virginia, daß seine Zeugnisse an das Universitätssekretariat in Los Angeles geschickt werden sollten.

Während des vierten und letzten Trimesters an der Uni in Florida zog Jim in Nummer 206 des *Cherokee Hotels*, einem heruntergekommenen Gasthaus im unteren Stadtteil. Während der letzten Jahre waren viele seiner Gäste Politiker gewesen, die dort mit Prostituierten abstiegen.

»Das *Cherokee* war damals kein Puff«, weiß Bryan Gates, »aber der schlechte Ruf haftete ihm an, und für Jim war es ein Zuhause. Er fühlte sich da ehrlich wohl.«

Jim schloß sich einer kleinen Gruppe älterer Studenten an, auch ein paar Tutoren und Professoren gehörten dazu; die meisten waren schwer saufende Party-Typen aus dem Fachbereich Kunst. Nach einigen Wochen verließ er das *Cherokee* und zog mit zweien aus dieser Clique zusammen. Von jetzt an wurde mit Nachdruck gefeiert.

Einmal hatte Jim ziemlich viel Wein geladen, und während er auf dem Weg zu einem samstäglichen Football-Spiel mit Schirmen ein Scheingefecht aufführte, ließ er noch aus einem Streifenwagen einen Polizeihelm mitgehen. Man nahm Jim fest, legte ihm Handschellen an, und in dem folgenden Durcheinander versuchte er einen Ausbruch. Der Helm verschwand, und Jim wurde wegen Bagatelldiebstahl, Ruhestörung, Widerstand bei der Festnahme und öffentlicher Trunkenheit belangt.

Am nächsten Tag kreuzte Jim in der Wohnung von Ralph Turner auf, dem Geschichtsprofessor, dem er die Arbeit über Bosch vorgelegt hatte. Jim sagte, er habe die Nacht in der Ausnüchterungszelle gesessen, und er fürchte, man würde ihn wieder in ein Studentenheim stecken, wenn sich die Sache bis zur Uni rumspräche. Der Professor, Gastgeber bei so manchem Besäufnis, war schnell bereit zu helfen. Am Montag ging er mit Jim zu einem Friseur, dann half er, einen Anzug kaufen, ging mit zum Gericht und legte ein Wort für ihn ein. Jim bekam eine Strafe von 50 $ — die er zwar hatte, von denen er sich aber so nicht trennen wollte, also ging er seine Mutter drum an — und wurde zur Bewährung an die Uni zurückgeschickt.

Das Eintreten von Ralph Turner und Jims durchweg gute Leistungen sowie die Achtung einiger weiterer Professoren schützten ihn vor härteren Disziplinarmaßnahmen. Jim fuhr aber fort, Kommilitonen und Professoren zu verwirren.

Im Fach Theatergeschichte schrieb Jim eine hintergründige Arbeit, die ›Warten auf Godot‹ als Bürgerkriegsstück interpretierte, denn er entdeckte im Stück einen Grant, einen Lee und einen Sklaven. Sein Professor im Fach Bühnenbild erinnert sich, daß einer von Jims Vorschlägen für ein Bühnenbild einen nackten Mann zeigte, der wie gekreuzigt herabhängen sollte. Ein Vorschlag für ›Die Katze auf dem heißen Blechdach‹ ging dahin, daß auf der Rückwand der Bühne zu Beginn des Spiels ein winziger Lichtfleck sein sollte, der im Laufe des Spiels wachsen würde, bis er die Fläche bedeckte; am Ende des Stücks sollte er sich als Diaprojektion einer Krebszelle erweisen (die Hauptfigur des Stückes stirbt an Krebs).

Schließlich bekam Jim ohne jede einschlägige Erfahrung eine der beiden Rollen in einer Universitätsaufführung von Harold Pinters *The Dumbwaiter* (›Der stumme Diener‹). Für das Theaterprogramm legte sich Jim den Künstlernamen Stanislaus Boleslawski zu; er lieh ihn sich von dem großen russischen Schauspieler und Regisseur Stanislavski und dem modischeren polnischen Regisseur Richard Boleslawski, der Mitglied von Stanislavskis Moskauer Kunsttheater gewesen war, ehe er in die Vereinigten Staaten emigrierte und dort Filme machte.

Sam Kilman, Jims Regisseur, machte Jim mit dem Werk von Antonin Artaud bekannt. In den dreißiger und vierziger Jahren hatte Artaud aus einer Heilanstalt heraus seinen Schrei nach der Revolution des Theaters artikuliert:

»Wir müssen erkennen, daß das Theater wie die Pest ist, Verzückung und Kommunikation. Da liegt das Geheimnis seiner Faszination.« Jim war begeistert.

»Jim wollte an dem Stück arbeiten«, erzählt heute Keith Carlson, sein Partner in der Aufführung. »Jeden Abend, wenn ich wartete, daß der Vorhang aufging, hatte ich keinen Schimmer, was er heute tun würde. Das ließ sich nicht voraussehen, denn er spielte die ganze Zeit die Rolle immer wieder anders. Er kümmerte sich dabei wenig um die herkömmlichen Dinge wie Dialog oder Mitspieler. Er spielte ganze Szenen neu und erfand Texte, die völlig unmotiviert schienen oder zumindest überraschend kamen. Es gab eine ständige beängstigende Unterströmung, ein Gefühl: bald ist der Punkt erreicht, wo das Ganze außer Kontrolle gerät.

Damals (1963) war jedermann auf irgendwelche Obszönitäten auf der Bühne scharf. Aber wir hatten nur ein paar wundervolle Anstößigkeiten während der Proben, nicht bei den Vorstellungen. Aber mit Jim wußte man eben nie.«

»Dein Vater ist jetzt Kapitän, Jim«, sagte seine Mutter, »Kapitän eines der größten Flugzeugträger in der Welt, die *Bon Homme Richard*. Dreitausend Mann sind auf dem Schiff, und dein Vater genießt ihren Respekt. Sie haben Respekt vor ihm, weil er ein strenges Regiment führt. Wie sieht das aus, wenn sein Sohn, sein eigener Sohn, rumläuft wie ein Beatnik?«

Am 8. Januar 1964, kurz ehe Jim seine Familie in Coronado verließ, um sich an der Universität in Los Angeles einschreiben zu lassen, begleitete er seinen Vater zu Manövern im Pazifik — die Haare frisch geschnitten. Leider für einen guten Eindruck nicht kurz genug; und als Jim an Bord der ›Bonny Dick‹, wie der Träger genannt wurde, eintraf, mußte er als erstes zum Schiffsfriseur zu einem weiteren Haarschnitt. Diesmal stutzte man das Haar wie das seines Vaters: hinten und seitlich runtergeschoren und oben gerade lang genug für den Scheitel. Jim ärgerte sich, blieb aber ruhig.

Der Kapitän war stolz, hatte aber auch Bedenken mit seinem Sohn. Er nahm ihn mit auf die Brücke und stellte ihn den Offizieren vor. Jim schüttelte Hände und ließ die Vorstellung wohlwollend über sich ergehen, lächelte aber nicht. Ein offizieller Marine-Photograph machte ein paar Aufnahmen. Später am Tag warf man menschenähnliche Zielscheiben über Bord. Jim bekam ein MG und wurde aufgefordert, auf die Zielpuppen, die da unter ihm im Ozean trieben, zu schießen.

Wenn Jim von diesem Nachmittag erzählte, war er sauer. Und außerdem merkte er an, daß sein Vater, wenn er heimkam, nachdem er dreitausend Mann mit großer Autorität geführt hatte, von seiner Frau herumkommandiert wurde.

»Sie sagte ihm, er solle den Mülleimer rausstellen. Sie pfiff und er war zur Stelle. Er brachte den Müll raus.«

Eine Woche später ließ sich Jim an der Staatsuniversität Los Angeles einschreiben. Er hatte genug Geld, sich in einem kleinen Apartment, nur ein paar hundert Meter von der Uni weg, einzumieten. Er war nun einer von 20000 Studenten an einer der größten Hochschulen Kaliforniens. Anders als ihre ältere Schwesteruniversität Berkley war Los Angeles eigentlich unpolitisch. Die Studenten waren braungebrannt, sportlich, hübsch anzusehen, und weil die Kleidung allgemein etwas salopp war, sah niemand arm aus.

1964, als Jim aufkreuzte, trat der Fachbereich Film gerade in seine, wie die Professoren heute sagen, goldene Zeit. Starregisseure wie Stanley Kramer, Jean Renoir und Josef von Sternberg gehörten zum Lehrkörper. Auch unter den Studenten gab es aufsehenerregende und agile Persönlichkeiten, z.B. den jungen Francis Ford Coppola. Was vielleicht am wichtigsten war: Der Fachbereich hatte eine anregende fast anarchistische Philosophie, die Jim dazu begeistert haben mag zu schreiben:

»Das Schöne an Filmen ist, daß es keine Experten gibt. Es gibt keine Filmautoritäten. Jedermann kann sich die ganze Filmgeschichte einverleiben, in anderen Künsten geht das nicht. Es gibt keine Experten; theoretisch weiß jeder Student so viel wie jeder Professor.«

Das erste halbe Jahr an der Uni in Los Angeles war nicht weiter bemerkenswert, wenn man von den Osterferien absieht. Da verbrachte Jim mit zwei Kollegen aus der gleichen Fakultät

– einem melancholischen New Yorker Intellektuellen mit Bart und einer älteren Irin – drei Tage im Suff in Tijuana.

Den Rest des Frühlingssemesters hielt sich Jim an seine gemächliche Routine: Vorlesungen in einem der Gebäude, die da verstreut im riesigen parkähnlichen Universitätsgelände lagen; lange Lesestunden in Seminarbibliotheken oder in seinem winzigen Apartment; sonntags Ferngespräche mit Mary in Florida. Er telefonierte aus Zellen in Restaurants, bezahlte die ersten drei Minuten, sprach aber oft über eine Stunde und ›vergaß‹ es, das Ende des Gesprächs dem Wirt zu sagen.

Am Nachmittag und Abend ging Jim manchmal ins *Lucky U*, ein mexikanisches Restaurant mit Bar, etwa eineinhalb Kilometer von der Uni weg, in der Nähe vom Veteranenkrankenhaus; ihm gefiel es da. Es gab Bardamen und blinde Männer, die beinamputierte Kameraden im Rollstuhl schoben – nach den Anweisungen der Amputierten. Manchmal wurden die Krüppel betrunken, schlugen sich und trugen die Keilerei mit den Krücken aus. Es erinnerte Jim an eine Geschichte von Nelson Algren; außerdem fand er, daß es ein ›hübscher Fleck‹ sei, um etwas zu trinken.

An den Wochenenden ging Jim nach Venice an die Küste. Venice war in den fünfziger Jahren das Mekka der Beat-Generation gewesen, und eine bestimmte Szene hielt daran fest. Dichter, Maler und Studenten wohnten billig in riesigen Räumen in einst eleganten victorianischen Villen oder in Wochenendhäusern neben den zerfallenen Kanälen.

Im Sommer ging Jim nach Coronado zurück. Er war abgemagert nach vier Monaten spärlicher oder ausgefallener Mahlzeiten. Aber bald hatte er seine charakteristische Pausbäckigkeit wieder. Er fuhr wieder nach Mexiko, diesmal zusammen mit seinem Bruder und einem Patenonkel, einem Marineoffizier im Ruhestand, der mit seinem Vater im Pazifik gedient hatte. Andy erinnert sich an die Fahrt als eine Sauftour.

»Wir fuhren vielleicht 150 Kilometer nach Süden runter, nach Ensenada. Jim zeigte mir, was da läuft. Ich trank Bier, und er schleppte mich von Bar zu Bar, händelte mit den Mexikanern auf Spanisch, wenn sie uns übers Ohr hauen wollten, quasselte mit den Nutten und sprintete, von Hunden gejagt, durch kleine Gäßchen. Es war großartig.«

Wieder zurück in der San-Diego-Region gingen Jim und Andy oft ins Garnisons-Kino, und manchmal organisierte Jim Wein und besoff sich. In Kasernen zeigt man nach dem Hauptfilm üblicherweise die amerikanische Fahne auf der Leinwand und dazu wird die Nationalhymne gespielt. Einmal füllte Jim das ganze Kino mit seiner Stimme:

»Ohhhhhh, sayyyyy, cannnnn youuuuuu seeeeee...«. Er war der einzige, der sang.

Jim konnte in Coronado nicht viel anfangen, er langweilte sich und wurde unruhig. Schon bald bettelte er, er wolle noch in den Ferien nach Los Angeles zurück; er müsse noch etwas in Geschichte nachholen. Anfang August reiste er ab und versprach, sich um einen Teilzeit-Job zu kümmern. Ende Sommer wurde Jim ›studentische Hilfskraft‹ in der Kunst- und Theaterbibliothek; er brachte Bücher in die Regale zurück und mahnte säumige Entleiher an — für einen Dollar fünfundzwanzig die Stunde. Es war ein einfacher Job, aber er konnte ihn nicht halten. Ein neuer Bibliothekar wurde eingestellt und der feuerte Jim im Oktober, als sich zeigte, daß Jim offenbar an prompter Arbeit wenig gelegen war.

Dann tauchte Mary auf. Sie fand schnell einen Job im Medizinischen Zentrum der Uni und nahm sich, sehr zu Jims Bestürzung, ein eigenes Apartment. Sie sagte, sie wolle einen Agenten finden und nach einem Job als Tänzerin ausschauen — vielleicht könnten sie irgendwann einmal einen Film zusammen machen. Freunde sagen, Jim sei diesen Herbst an der Uni so zufrieden wie immer gewesen. Auch wenn nicht alles so lief, wie er es sich gewünscht hatte, schließlich waren er und seine geliebte Mary zusammen in Kalifornien.

Jim scharte jetzt einen kleinen Kreis um sich — aus den sonderbarsten und überschäumendsten Studenten im Fachbereich Film. Die vier engsten Kumpel waren, einzeln genommen, ziemlich naiv und harmlos, aber zusammen wirkten sie schon reichlich schlimm oder doch zumindest etwas angeknackst.

Der merkwürdigste hieß Dennis Jakob, ein scheuer und dennoch oft streitsüchtiger hochintelligenter Student, der schon einen Abschluß hatte. Man nannte ihn wegen seines hastenden Gangs und seines Rückens — der von den vielen Stunden an der Schneidmaschine gekrümmt war — privat nur ›Die Ratte‹ oder

›Das Wiesel‹. Dennis war ein Besessener, so recht die Wiedergeburt des großen Regisseurs Sergej Eisenstein. Bei *Apocalypse Now* arbeitete er später als rechte Hand von Francis Coppola.

Einer der Gründe, warum sich Jim zu Dennis hingezogen fühlte, war, er hatte so viele Bücher wie Jim gelesen, wenn nicht noch mehr. Am häufigsten diskutierten sie über Nietzsche. Damals hatte Jim das meiste von dem deutschen Philosophen gelesen; *Zur Generalogie der Moral* und *Jenseits von Gut und Böse* noch auf der High School. Vor noch nicht allzu langer Zeit hatte er dann *Die Geburt der Tragödie aus dem Geiste der Musik* entdeckt, ein schmales Bändchen, das aber auf Norman O Browns *Life Against Death* tiefen Einfluß gehabt hatte. Das Buch, eine frühe Veröffentlichung Nietzsches, ist auch heute noch wahrhaft revolutionär und einer der gewaltigsten Beiträge, die je zur Tragödie erschienen. Es beschäftigt sich mit dem klassischen Gegensatz zwischen der ›apollinischen‹ Kunst der Plastik und der ›dionysischen‹ der Musik. Wie Nietzsche identifizierte sich Jim mit dem tief leidenden Dionysos. Denn: »Der dionysische Musiker ist ohne jedes Bild völlig nur selbst Urschmerz und Urwiderklang desselben.« Aber das Leiden wird hoch gelobt. Die Erlösung geschieht nicht in der Transzendierung des individuellen bewußten Ichs, eher in einer ekstatischen Lösung des persönlichen Bewußtseins, in einer wiederhergestellten Ureinheit. Jim sprach von dieser Ureinheit wie andre auch als einem ›Kosmischen Bewußtsein‹.

Stundenlang konnten Dennis und Jim dasitzen und Nietzsche diskutieren; gelegentlich mit verschiedener Meinung, meistens aber in begeisterter Übereinstimmung. Gelegentlich lasen sie sich laut lange Passagen aus dem Werk des Philosophen vor. Eines Tages, in einem Gespräch über Dionysos fiel ihnen eine Zeile von William Blake ein: *If the doors of perception were cleansed, everything would appear to man as it truly is, infinite* (»Wären die Pforten der Wahrnehmung gereinigt, sähe der Mensch jedes Ding wie es in Wahrheit ist: unerschöpflich.«). Von dieser Stelle bei Blake holte sich Aldous Huxley den Titel für ein Buch: *The Doors of Perception* (›Die Pforten der Wahrnehmung‹). Jim und Dennis beschlossen, eine Band zu gründen. Einem Freund erzählten sie, sie wollten sich *The Doors* nennen: Türen, die offen oder geschlossen sein können.

Der zweite Student in Jims Clique war John DeBella, der eingebildete und lebhafte Sohn eines Brooklyner Polizisten; er war stolz auf die 200 Bücher, die er pro Jahr las, stolz auf seine Muskeln und stolz auf seine Länge von einem Meter achtundachtzig. Die Uni-Gerüchte glaubten ihn unter der Woche im langen schwarzen Regenmantel auf Tour durch die Buchhandlungen. In diesen Mantel sollte er Dutzende von Taschen eingenäht haben, um die Bücher, auf die er verrückt war, besser klauen zu können. An den Wochenenden ging John zur *Muscle Beach* und peilte nach Mädchen.

Johns Statur und seine übertriebene, aber ehrliche materialistische Gesinnung ließen ihn als schieren Gegensatz von Dennis Jakob erscheinen. Es gab aber auch Ähnlichkeiten: zum einen, selbstverständlich, die Liebe zu Büchern und gelehrten Philosophen, zum anderen das Alter. Er war 25 und so wie Dennis älter als Jim. Eine dritte Verwandtschaft bildete ihre Sprachgewandtheit; außerdem waren beide katholisch. Wenn Dennis oder John anfingen, ein intellektuelles Garn zu spinnen, saß Jim fasziniert dabei.

»Schamanismus«, sagt John heute. »Wir waren Schamanen, inspirierte Poeten.

Wir waren da alle drauf. Ein Teil der etwas nebulösen Philosophie unter den Filmstudenten in Los Angeles war die Absicht, die Grenze zwischen Traum und Realität zu verwischen. Einer meiner Lieblingsaussprüche war: ›Der Traum erzeugt die Realität‹. Phil Oleno hatte sich schwer auf die Jungsche Tiefenpsychologie geschmissen, und wir hatten 'ne Menge von ihm aufgeschnappt.

Eine Theorie des Wahren Gerüchts, die wir aufgestellt hatten, besagte: Wenn das Leben nicht so aufregend und so romantisch ist, wie es sein sollte, so muß man Sachen erfinden. Es ist besser, die Phantasie läuft, und solang die Geschichten geglaubt werden, schadet's nichts, daß sie nicht wahr sind.«

Wenn sie sich langweilten, dachten sich Jim und John eine Unterhaltung aus. Einmal forderten Jim und Phil Olena – ein enger Freund von ihnen beiden – John zu einem angeblichen Bücherklau-Wettbewerb heraus: In der Uni-Buchhandlung sollte man eine Stunde lang klauen; wessen Bücher am meisten wert waren, der sollte gewinnen.

Ein andermal beschlossen Jim und John, sie wollten jemand Fremdes aufgabeln, high werden und in der Musikbibliothek ihre Lieblingsplatten auflegen. Lachend zogen sie ein Mädchen ins Gespräch, spielten die Platten, rauchten Grass und schon zog John eine Schau für das Mädchen ab. Jim muß ihr aber vertrauenerweckender vorgekommen sein. Sie ging nämlich mit ihm heim und erzählte ihm ihre ganze Geschichte: Von ihrem Freund war sie schwanger gewesen, und dann bekam sie eine Geschlechtskrankheit, deshalb wurde sie operiert, und dadurch wurde sie steril, und... All die Stories aus ihrem Leben quollen nur so aus ihr raus, begleitet von ersticktem Weinen. Jim erinnerte es an Dylan Thomas' Erzählung *The Followers*, in der sich zwei Jungen zufällig treffen und dann den ganzen Horror in beider Leben entdecken. Jim lag da und hatte ganz ruhig das Mädchen im Arm.

Wieder einmal hatten sich Jim und John im *Lucky U* vollaufen lassen, und Jim bestand darauf, jetzt müsse man in die öffentliche Bibliothek, die ganz in der Nähe war. John ging ungern mit und folgte Jim ohne große Eile. Jim verschwand zwischen den Regalen im Lesesaal und zog umständlich Hemd und Hose aus. Als John endlich nachkam, pinkelte Jim zwischen zwei Regalen auf den Boden. John packte ihn und zerrte ihn raus. Eine Frau kam dazu und Jim rief: »Hey, Lady – hey, Lady...«

Mit seinem dunklen welligen Haar, dem breiten fröhlichen Gesicht und dem massigen Brustkasten sah Phil Oleno, der dritte Freund, ein bißchen wie eine etwas vergrößerte Ausgabe von Jim aus. Er war dreiundzwanzig, zwei Jahre älter als Jim und der einzige in der Clique, der bei seinen Eltern wohnte, ein Umstand, der ihm in periodischen Abständen Jims und Johns Sticheleien eintrug.

Phil hatte so ziemlich alles gelesen, was C. G. Jung geschrieben hatte und was über ihn geschrieben worden ist. Zu Hause in seinem Zimmer war ein Regal nur mit Büchern von und über Jung – mit vielen Unterstreichungen mit schwarzer Tinte. Jims Lieblings-Tiefenpsychologe war nicht Jung; und wenn Jim und Phil zusammen einen Film gesehen hatten, stritten sie sich gerne darüber, ob man die Symbolik des Films eher nach Jungschem Denken oder – und dafür plädierte Jim – besser in den Begriffen Ferenczis interpretieren sollte.

Wie Jung war Sandor Ferenczi ein Mitarbeiter Freuds gewesen, der sich von ihm löste. Dabei wich Ferenczi eher in der Methode als in der Theorie von Freud ab. Während Freud seinen Patienten sexuelle Abstinenz empfahl – mit dem Argument, sie setze Libido frei, die vorher in emotionalen Erfahrungen aufgegangen war – ging Ferenczi in seiner Ablehnung wesentlich weiter: Er empfahl, auch Essen und Trinken, Defäzieren und Urinieren einzuschränken. Dann wechselte er ins Gegenteil, plädierte für Lieben und Erlauben. Seiner Überzeugung nach waren Neurotiker Menschen, die nie von ihren Eltern geliebt oder akzeptiert worden waren, und was sie wirklich brauchten, war deshalb Zuneigung, Wärme und Hätscheln. Das verstand Jim.

Wie es allgemein ist, wenn über Psychoanalyse gesprochen wird, waren auch hier die Gespräche voll mit sexuellen Themen, oft mit großer Bandbreite: Neurosen, Fetischismus, Abweichungen – von Hermaphrodismus und Nekrophilie bis zu Masochismus, Sadismus und Homosexualität. So war der Gegenstand, als Jim und Phil zusammen einen Film machten, keine Überraschung.

Sie hatten über verschiedene Filmprojekte gesprochen. Phil machte einmal den Vorschlag, eine Episode aus dem Leben Rimbauds zu verfilmen, Jim sollte die Hauptrolle spielen. Einer von Jims Vorschlägen war, die berühmte Geschichte aus Nietzsches Leben zu nehmen, wo Nietzsche einen Mann trifft, der sein Pferd schlägt – Nietzsche geht mannhaft dazwischen. Als Begleitmusik für diesen Kurzfilm dachte Jim an Applausgeräusche. Keines dieser Projekte wurde realisiert. Der einzige Film, den sie dann machten, hatte keine intellektuellen Ansprüche – er war ein bloßer Scherz.

Jim und Phil hatten nur Anfängerkurse in Kamera, Beleuchtung, Ton und Filmkomposition belegt. Aber auch von Neulingen im Filmstudium wurde – was immer sie an Vorbildung und Phantasiebegabtheit mitbrachten – erwartet, daß sie einen Film machten. Er sollte nicht zu lang und zu kompliziert sein, nicht einmal besonders gut; das Ziel war nur, daß die Studenten mit ihrem Werkzeug umzugehen lernten. Tatsächlich machte Phil keinen Film, genügte aber den Anforderungen, indem er an einem Film, der im Fachbereich Psychologie gedreht wurde, mitarbeitete. Dort arbeiteten Studenten, die schon einen Abschluß hatten, unter strenger Geheimhaltung an einem Film, der nicht für die Öffentlichkeit bestimmt war. In diesem Film wurden Liebespositionen und -bewegungen von einem nackten Paar simuliert. Mit Phils Hilfe bekam Jim Abfallmaterial, montierte eine sich steigernde Sequenz und unterlegte sie mit dem Schluß aus Ravels ›Bolero‹. Bei der Vorführung waren die Studenten äußerst vergnügt, die meisten Dozenten und Professoren wütend. Man eröffnete Jim, er verdiene die schlechtmöglichste Beurteilung, und er wurde als Problemfall eingestuft, d.h., im nächsten Semester hätte er in eine besondere Arbeitsgruppe ›problematische Studenten‹ gehen müssen.

Zweimal im Jahr waren die Vorführungen der Studentenfilme, am Ende eines jeden Semesters. Andere Vorführungen waren häufiger, meist Freitag abends. Da zeigten Filmprofis, die man von den benachbarten Studios eingeladen hatte, einen ihrer Filme und stellten sich dann — jedenfalls glaubten sie das — einer freundschaftlichen Diskussion. Dieses Programm wurde aber abgesetzt, als die Studenten die Vortragenden ständig störten.

Der Rädelsführer der Aufmüpfigen, ein Student, den man allgemein für den finstersten, lautesten und zynischsten aller Studenten hielt, war ein weiterer enger Freund von Jim, der vierte Haupt-Macker in der Goldenen Zeit, ein geschwätziger blonder Mephisto-Typ: Felix Venable. Felix' Hang zum Saufen, Pillenschlucken und zu nächtlichen Erzählorgien erinnerte Jim an Dean Moriarty, den Helden aus ›Unterwegs‹. Mit 34 war Felix der älteste Student unter den Filmern. Er war an die Uni in Los Angeles gekommen, nachdem er dreizehn Jahre lang merkwürdige Jobs gehabt hatte, u.a. war er Bootsbauer gewesen und lange Zeit Busfahrer. Die meiste Zeit hatte er in der San-Francisco-Region verbracht, und von 1948 bis 1952 hatte er in Berkeley studiert, — ohne Abschluß. Man hatte ihn dennoch in Los Angeles anstandslos wie einen Studenten mit Abschluß akzeptiert, vielleicht, weil seine Beurteilungen in Berkeley — die Hälfte Einsen, die andere Hälfte Ungenügend — einen so aufregenden Rekord darstellten, vielleicht auch, weil man einem Mann, der mit 34 einen Studienabschluß will, eine Chance geben wollte.

Wie John DeBella liebte es Felix, über sich selbst zu reden, aber seine Geschichten waren üblicherweise weniger prahlerisch und dafür lustiger. Felix war nicht so intellektuell wie Jims andere nahe Freunde am Filmseminar, aber die Bindung war deshalb nicht weniger eng. Stanton Kay, der Felix in einem seiner Filme als Hauptdarsteller einsetzte, glaubt, die Beziehung beruhe teilweise auf seelischen Ähnlichkeiten:

»Ich hatte das Gefühl, daß Felix als Mensch immer mehr auf die Seite geriet; er hatte kein Vorbild, keine Identität, er war älter als die anderen und fühlte deshalb die sozialen Zwänge stärker. Er war hilflos, beinahe ohnmächtig. Er lebte in ständiger Angst. Und Jim ging's, versteht sich, genau so. Ich hab' diesen tiefgreifenden Nihilismus gesehen, ein Gefühl der Verzweiflung, größer als ich's von mir kenne. Vielleicht war es Wut, vielleicht kam daraus die Verzweiflung.«

»Der Voyeur«, kritzelte Jim in eines seiner Notizbücher, »der Gucker, der Spanner, ist ein dunkler Komödiant. Er ist abstoßend in seiner dunklen Anonymität, in seinem geheimen Eindringen. Er ist bemitleidenswert allein, aber seltsamerweise ist er fähig, durch diese selbe Stille und Verborgenheit zum unbekannten Partner jedermanns zu werden im Bereich seiner Augen. Dies ist seine Drohung und Macht.« Er beschrieb damit, wie aus der schweigenden Partnerschaft mit einem Ahnungslosen Bedrohung und Macht erwachsen.

Er machte Hunderte solcher Eintragungen; einige wurden vier Jahre später veröffentlicht, erst als Privatdruck, dann bei Simon and Schuster unter dem Titel *The Lords: Notes on Vision* (vgl. Bibliographie). Als Jim in Los Angeles studierte, hielt er solche Einfälle als Beiträge zur Filmästhetik fest.

»Damals konnte ich keine Filme machen«, erklärte er Jahre später, »alles, was ich vermochte, war, über Filme nachzudenken, über Filme zu schreiben.« Zum Beispiel: »Der Reiz des Kinos liegt in der Angst vor dem Ende.« In den Notizbüchern gibt es auch seitenlange filmwissenschaftliche Einträge; manches davon geht auf John DeBella zurück. Auf anderen Seiten mühte sich Jim um Definitionen:

»Der Film ist ein Panoptikum, das auf seine technische Besamung wartet.« Und später: »Das Kino kommt nicht von der

Malerei her, von der Bildhauerei, von der Literatur oder gar — was naheliegt, anzunehmen — vom Theater, sondern von der alten Jahrmarktsgaukelei, von der Magie. Der moderne Film ist die zeitgenössische Entsprechung der Freude und Hingabebereitschaft an *Illusionen*, des Glaubens an Zauberei. Seine Wurzeln reichen tief und unausrottbar im Boden des Kultischen, der kommerziellen Blendwerke und des allgemeinen Aberglaubens. Die ersten Instrumentarien waren Feuer, Rauch, Gifte und Glas.«

Wie ein dunkler Fluß ziehen sich durch die Notizbücher Bilder, die Magie, Gewalt, Sexualität und Tod beschwören. Kennedy wird durch das »schädliche Sehvermögen« eines Scharfschützen getötet, und Oswald findet seine Zuflucht im »warmen, dunklen, stillen Magen des physischen Theaters«. Oedipus tritt auf: »Du kannst Dinge begehren, aber nicht kosten. Du kannst Deine Mutter nur mit den Augen ficken.« Das Kino »pumpt den Kopf auf wie einen Penis, das Gehirn eregiert«, und »die Kamera ist ein mechanischer Zwitter«. — »Von den Augen schmilzt ein grauer Film und masert die Wangen«, und Blindheit wird geheilt durch »Nuttenspucke«. Jim schrieb vom Film und von der Todesangst. Es scheint, je mehr er sah und je mehr er erfuhr, desto mehr schrieb er — je mehr er schrieb, desto besser verstand er.

Jim entblößte sich in seinen Notizbüchern, bot seine Seele der Erforschung.

»*Ich* werde nicht heraustreten aus meinem Mutterleibparadies; ich hebe nur eben den Kopf über die Einfriedung. Du mußt schon zu mir kommen, hier herein in mein gedachtes Universum.«

Ende 1964: Nach einer epochalen Kreuzfahrt im Indischen Ozean, die Stärke demonstrierte, und der Teilnahme an dem Zwischenfall im Golf von Tonkin vor Vietnam, erreichte Kapitän Morrison den Höhepunkt seiner Offizierskarriere auf der *Bon Homme Richard*; er hatte immer gesiegt, übergab seinen Posten einem anderen und packte seine Sachen für eine neue Fahrt. Es ging nach London, wo er dem Oberkommando der US-Marine-Streitkräfte in Europa zugeteilt war. Vorher aber fuhr er noch einmal an die Westküste zu einem kurzen Urlaub bei der Familie. Jim verbrachte Weihnachten zu Hause; dann machte die Familie eine Spritztour nach Florida, Verwandte besuchen. Es war das letzte Mal, daß Jim seine Eltern sah.

Die Januarregen ließen nach, und die Filmstudenten hingen um den ›Zigeunerwagen‹ herum, eine Imbißbude in der Nähe der Studios. Dort stellten Jim und viele seiner Kollegen zusammen mit Musikstudenten und Künstlern zur Schau, was Bill Kerby, auch ein Filmstudent, »Schwindel und Strohfeuer aus dem Seminar« nannte. Sie ließen sich im Studium treiben, strengten sich so wenig an wie möglich, und machten die Flaute wieder wett, indem sie im Angeben und Unsinnquatschen dick auftrugen. Jim strolchte die Zäune entlang, gröhlte und heulte auf dem Weg zur Vorlesung; verzierte die Wände der Herrentoilette mit scharfen Graffiti und rollte leere Weinflaschen durch die Reihen des Filmvorführraums. Dann zogen er und seine Kumpels die klassischen Geschichten ab, die meisten gingen um Drogen, Nacktheit und Waghalsigkeit. Einmal verband Jim das alles in einer Sache: Um Mitternacht erkletterte er im Suff den Turm eines Uni-Gebäudes, strippte und warf seine Klamotten herunter.

»Mit einem Image«, notierte er, »gibt's keine Gefahr.«

Ein paar Dozenten schätzten Jim und hielten ihm seinen — wie einer nannte — ›Dilettantismus‹ zugute. Auch Jim mochte einige der Dozenten. Sein Favorit war Ed Brokaw, der in die Vorlesungen unverschämte Lügen einstreute, um zu testen, ob überhaupt jemand zuhörte. Jim honorierte besonders, daß Brokaw immer wieder für einige Tage verschwand, wie es Jim in späteren Jahren auch tat.

»Brokaw mochte von Jims Zerstörungslust angezogen sein«, sagt Collin Young, Direktor des Fachbereichs Film. »Er mag's gerochen und sich seine Hände an diesem Feuer gewärmt haben, denn wie oft ist Zerstörungslust mit echtem Talent verbunden.« Brokaw war Jims Studienberater in der Fakultät, und Jim ging zu ihm und sagte ihm, er wolle sein Studium abbrechen. Dann ging er zu Colin Young und sagte ihm dasselbe.

Jims Entschluß, abzugehen, fiel nur eine oder zwei Wochen vor Semesterende nach einer zweitägigen Vorführung von Studentenfilmen. Das war das Hauptereignis im Studienjahr und kam mit anderen Angeboten der Universität einem Abschlußexamen nahe. Zwar hing der Abschluß nicht davon ab, ob der Film eines Studenten zur anschließenden öffentlichen Vorführung in der Royce Hall der Universität angenommen wurde; dennoch war der Wettkampf, daß ein Film angenommen wurde, groß.

Die meisten der etwa vierzig Filme, die damals im Mai gezeigt wurden, waren in den Seminaren des ›Projekts 170‹ als Stummfilme gemacht worden, die dann mit der Stimme, Musik oder Geräuschen unterlegt wurden. Gefilmt wurde üblicherweise samstags, und jeder Student sollte dabei einmal jede Aufgabe erfüllen: in einer Woche Kameramann, die nächste Schauspieler, dann war er für den Ton verantwortlich, und irgendwann war er der Regisseur seines eigenen Films.

Jim schrieb für seinen Film kein Drehbuch. Zu seinem Kameramann, er wählte John DeBella, sagte er:

»Ich werde die Sachen jeweils dann erklären, wenn wir soweit sind.« Was er damals im Sinn hatte, machte er Jahre später klar, nämlich: »ein Film, der das Filmen als Prozeß hinterfragt... ein Film über den Film.« Jims Film hatte keinen Titel und war formal eine Montage, eine Folge von schwer verständlichen und kaum miteinander verbundenen Ereignissen. DeBella nannte es damals: »unpräzise, ein Durcheinander von Bildern über den Filmer und sein Auge«. Der Film begann mit Jim, der einen tiefen Zug aus der Haschpfeife nahm und den Kopf zurückwarf. Dann sprang die Kamera zu dem hin- und hertanzenden Testbild, das man als Titelvorspann der TV-Schau *Outer Limits* kannte. Jetzt kam eine Szene mit einer Frau – ein großes Mädchen, DeBellas deutsche Freundin – nur mit BH, Höschen und Strumpfhalter bekleidet: die Kamera schwenkte langsam vom Gesicht zu den Stöckelschuhen, mit denen sie auf einem Fernseher tanzte. Das TV-Bild zeigte Nazi-Soldaten in Parade. Das nächste Bild zeigte ein (Jims) Apartment, die Wände mit Playmates aus dem *Playboy* bedeckt, die Ziele für Wurfpfeile waren. Einige Männer wurden high, dann setzten sie sich und sahen ›Spezialfilme für Männer‹ – aber der Film riß, und die Männer standen auf und warfen mit den Händen Schattenrisse auf die weiße Leinwand. Danach sah man in Großaufnahme ein Mädchen, das DeBellas Augapfel leckte (will sagen: die Augen waren schmutzig geworden, durch die Bilder, die sie gesehen hatten; sie mußten gereinigt werden). Die Schlußszene zeigte noch einmal den Fernseher; er wurde ausgeschaltet, das Bild verblaßte zu einer weißen Linie, wurde zu einem Punkt, dann herrschte Dunkelheit.

Die Vorführung war so chaotisch wie der Film. Gleich zu Anfang rissen die Klebestellen, und der Film konnte nicht projiziert werden. Jim sollte ihn für eine spätere Vorstellung am gleichen Abend neu kleben. Als es so weit war, reichten die Reaktionen von Fassungslosigkeit über Belustigung bis zum Mißmut. Einige Studenten glaubten, Jim sei leicht geistesgestört; nur wenige wußten etwas zu sagen, obschon die meisten vor Lachen brüllten, als sie DeBellas Freundin in der Unterwäsche sahen. Selbst Ed Brokaw, der sonst einen Bezug zu Jims Gedanken fand, schlug einen imaginären Basketball mit den Fingern, klatschte die Linke gegen die Rechte und meinte:

»Jim..., ich bin von dir schrecklich enttäuscht.« Der Film wurde nicht zur Vorführung in der Royce Hall angenommen, und Jim bekam als Anerkennung ein ›Ungenügend‹.

Er war von der Zurückweisung verletzt. Einige behaupten, er sei hinausgelaufen und habe geweint. Ob das nun stimmt oder nicht, sicherlich war er verbittert. Er reagierte zuerst abwehrend, dann verdrossen, und schließlich kündigte er seinen baldigen Abgang von der Uni an. Colin Young redete ihm zu, daß er bliebe. Aber im Juni, wo er sich um seine Abschlüsse hätte kümmern müssen, spazierte Jim die Küste bei Venice entlang und rauchte Hasch.

Allmählich trennten sich Jims und Marys Wege. Sie war noch immer entschlossen, im Film oder beim Theater berühmt zu werden — eine Überzeugung, die Jim anfangs hingenommen hatte und später ins Wanken bringen wollte. Als nächstes sagte sie, sie könne als Go-go-Girl im *Whiskey a Go Go*, einem Club, der im Januar am Sunset Strip aufgemacht worden war, zur Probe vortanzen. Jim erklärte, er wolle nicht, daß sie in einem Glaskäfig mit befranstem kurzen Hemd vor Betrunkenen in mittleren Jahren den Arsch schwenke. Als Mary einen Agenten hatte, der ihr riet, nicht in einem Film, den Jim plante, aufzutreten — denn ein Studentenfilm könnte der Karriere schaden — gerieten sie wieder in Streit. Und ein drittes Mal kamen sie aneinander, als Mary Jim unerwartet in seinem Apartment besuchte und ihn dort mit einer anderen fand. Jim erklärte, sie habe kein

Recht, ihn zu besuchen, wenn er sie nicht eingeladen habe. Zu den Streitereien kamen noch die gutgemeinten, aber ärgerlichen Ermahnungen hinzu, ihrer Meinung nach nehme er ein bißchen viel Drogen.

Jim sah Ray Manzarek übers Uni-Gelände laufen. Ray war ein Freund von John DeBella. Jim bewunderte Ray und hatte ihm im Stillen Beifall geklatscht, als Ray es ablehnte, eine Szene unter der Brause aus einem Film zu zeigen, den er über seine Freundin gemacht hatte. Außerdem war Jim von Rays Musik angetan; er war, um Ray und seine Band — die *Rick and the Ravens* — zu hören, ins *Turkey Joint West* in Santa Monica, einem nahen Küstenort, gegangen. Einmal hatte Ray Jim mit anderen Filmstudenten auf die Bühne gebeten, und alle — bierbesoffen — stolperten durch einen Chorus aus *Louie, Louie*. Jetzt im Juni hatte man Rays Band engagiert, Sonny und Cher, ein bekanntes Gesangsduo, beim Abschlußball einer High School zu begleiten. Aber als eines der Band-Mitglieder ausfiel und Ray die Schule anrief, um zu sagen, sie kämen nur mit fünf statt mit sechs Mann, hörte er, Vertrag sei Vertrag, sechs Musiker oder kein Geld.

»Hey Mann«, sagte Ray, als er Jim sah, »hätts'de Lust, bei uns einzuspringen?«

»Ich spiel überhaupt kein Instrument, Ray.«

»Das is' schon okay. Du sollst nur dastehen und 'ne elektrische Gitarre halten. Bloß daß das Kabel zum Verstärker läuft; wir stöpseln's nicht mal ein.«

Später meinte Jim, so leicht hätte er nie wieder Geld verdient.

Der Pfeil fliegt

3

»Weißt Du, was wir machen sollten?«

Jim lag lang ausgestreckt auf dem Bett und starrte zur Decke. Er sprach mit einer Stimme, die seinen Freunden nur zu vertraut war, eine verblüffende Mischung aus bäurischem Witz und unbestimmtem Hohn, so daß die Hörer sich fragten, ob er es ernst meine oder dumm daherschwätze. Manchmal benutzte Jim diese Stimme, um die Bösartigkeit seiner Frotzeleien zu verbergen. Gelegentlich, wie jetzt gegenüber Sam Kilman, einem Freund aus Uni-Tagen in Florida, der zu Beginn der Semesterferien nach Los Angeles gekommen war, gebrauchte er sie auch, um seine eigenen Zweifel, an einem Vorschlag, den er machte, miteinzubringen.

»Nein«, sagte Sam, »was?«

»'ne Rock-Gruppe aufmachen«, sagte Jim und starrte noch immer an die Decke.

»Scheiße, Mann, ich hab' seit sieben Jahren nicht mehr am Schlagzeug gesessen — und was wolltest *du* tun?«

Jim fuhr auf.

»Ich werde singen!« Er sang es schon fast: »Iiiiich weeeerde siiinnnnnngen!«

Sam schaute Jim ungläubig an.

»Kannst du denn singen?« fragte er.

»Verdammt, nein! Ich kann nicht singen!« bellte Jim.

»Also gut, okay, Jim, angenommen, wir haben diese Rock-Gruppe, und angenommen, du könntest singen — was du nicht kannst — wie wollen wir sie nennen?«

»*The Doors*. Es gibt das Bekannte und es gibt das Unbekannte; was sie trennt, ist die Tür (= *door*). Genau das will ich sein. Das will ich sein: die Tüüüüüüür!«

John DeBella und Phil Olena waren nach Mexiko gegangen. Dennis Jakob und Felix Venable lebten in Venice. Jim blieb noch ein paar Wochen in West-Los-Angeles und sah sich mit Sam nach einem Job um; dann kam auch er nach Venice. *Ent*kam ist das treffendere Wort, denn dem Umzug ging eine schwierige Situation voraus, die Jim ziemlich mitnahm. Am 14. Juli mußte er sich der ärztlichen Untersuchung zur Wehrdiensttauglichkeit stellen, und zwei Tage darauf erfuhr er, daß er nicht länger mehr zurückgestellt war. Da man davon ausging, daß die studienbedingte Befreiung keine Grundlage mehr hatte, wurde Jim wieder als volltauglich eingestuft.

Jim überlegte blitzschnell. Er hatte die Behörde belogen, als er sich noch als Student ausgab. Irgendwie war das herausgekommen. Am nächsten Tag ging er zum Universitätssekretariat und belegte eine Reihe Vorlesungen, von denen er keine einzige hören wollte.

Venice war genau das Richtige für Jim. Täglich kamen mehr Langhaarige, Durchgebrannte und Kunstmacher in die kleine Künstlersiedlung. Die Menschen lagen am Strand; unter die Dutzende von Transistorradios mischte sich fröhlich der Klang leichter Handtrommeln; Hunde hetzten Wurfscheiben; im Schneidersitz mit Blue Jeans saß man in der Runde und rauchte Marihuana, LSD gab's im freien Verkauf im Head Shop. Was Haight für San Francisco, war Venice für Los Angeles.

Jim war einer von vielen anonymen Herumlungerern mit langem Haar, in T-Shirt und Jeans. Eine Zeitlang wohnte er mit Dennis Jakob zusammen in einer Bretterbude neben einem schmutzigen Kanal, dann zog er in den leerstehenden Dachboden eines Warenhauses. Das Mobilar: eine Kerze als Beleuchtung, ein Bunsenbrenner, um gelegentlich eine Dose zu wärmen, und gegen das Frieren eine Decke. Er schlief und aß gerade so eben, sieht man vom guten Stoff ab, den sich die ganze Küstengemeinschaft voll reintat. Und er begann zu schreiben: Er schrieb in einem einzigartigen erleuchteten Ausbruch mehr Sachen in kürzester Zeit als jemals wieder.

»Schau«, sagte Jim, »die Geburt des Rock'n'Roll fällt mit meinem Aufwachsen zusammen, mit der Zeit, in der ich sehen lernte. Es lief alles ganz automatisch, obwohl ich es mir damals nicht erlauben konnte, dem nachzuhängen, ich könnte so was echt einmal machen. Ich glaube, die ganze Zeit war ich unbewußt dabei, Energien und Vorlieben zu sammeln. Mein Unterbewußtsein hat das alles vorbereitet. Ich mußte nicht daran denken, es dachte sich in mir. Ich hörte ein ganzes Konzert, Band, Gesang und Publikum, viel Publikum. Für die ersten fünf, sechs Songs von mir nahm ich einfach die Melodien aus einem phantastischen Rockkonzert, das in meinem Kopf ablief.«

Obwohl man keineswegs vorhersehen konnte, wie es mit Jim weitergehen sollte, war er sich noch der Musik in seinem inneren Ohr bewußt, die nach draußen drängte.

»Tatsächlich glaube ich, daß mir zuerst die Musik bewußt wurde, und dann unterlegte ich der Melodie den Text. Es war eine Art Klingen; ich hörte es, und weil ich es nicht musikalisch notieren konnte, war die einzige Möglichkeit die Melodie zu erinnern, die Worte für sie zu finden. Aber oft war ich mit dem Text fertig und hatte die Melodie vergessen.«

> Hello, I love you
> Won't you tell me your name?
> Hello, I love you
> Let me jump in your game

Das war 1965, drei Jahre ehe die Welt *Hello, I love you* hören sollte. Jim saß in Venice an der Küste im Sand und beobachtete eine junge, große, schlanke Schwarze, die er behutsam auf sich aufmerksam machen wollte.

> Sidewalk crouches at her feet
> Like a dog that begs for something sweet
> Do you hope to make her see, you fool?
> Do you hope to pluck this dusky jewel?

End of the Night (›Ende der Nacht‹) nahm Jim von dem Roman des französischen Schriftstellers — späteren Faschisten und sturen Pessimisten — Louis-Ferdinand Celine ›Reise ans Ende der Nacht‹: ›Nimm die Straße vom Ende der Nacht...‹. Ein dritter Song, *Soul Kitchen* (›Soul-Küche‹) ist dem *Olivia* gewidmet, einer kleinen *Soul-Food*-Kneipe (soul food ist die bodenständige Küche der schwarzen Bevölkerung) bei der Venice-Allee, in der Jim für 85 Cent eine Riesenplatte mit Rippchen, Bohnen und Maisbrot bekommen konnte und für 1,25 $ ein Steak mit Beilagen. Ein anderer Song, *My Eyes Have Seen You* (›Meine Augen haben dich gesehen‹), enthält eine Beschreibung all der Fernsehantennen, die Jim von seiner Dachwohnung aus sah: »Starren unter Fernsehhimmeln auf die Stadt...«

Wie augenscheinlich auch die Bezüge für diese Songtexte sein mögen, es waren keine gewöhnlichen Schlagertexte. Noch der einfachste Text hatte etwas — etwas Geheimnisvolles, etwas Unwirkliches, einen bestimmten Rhythmus, einen Vers oder ein Bild, aus dem die Strophen ihr eigenes Gewicht bekamen. So wenn beispielsweise in *People Are Strange* (›Die Leute sind seltsam‹) der Vers steht »Gesichter sind häßlich, bist du allein«; und in dem Song über das *Olivia* heißt es: »Deine Finger bilden flinke Minarette / Wispern irre Alphabete / Ich nehm' 'ne Zigarette / Lern, wie das Wissen verwehte, verwehte.«

Diese ersten Songgedichte waren mit der Dunkelheit getränkt, die Jim so faszinierte, als deren Teil er sich fühlte. Schreckgesichte von Tod und geistiger Nacht fanden wie unter Zwang ihren Ausdruck. In einem Song, der später Teil einer größeren Arbeit, *The Celebration of the Lizard* (›Die Feier der Eidechse‹), wurde, schrieb Jim:

»Einst hatt' ich ein kleines Spiel / Kroch gern zurück in mein Gehirn / Ich denk' du kennst das Spiel. Ich mein' / Ich mein' das Spiel ›verrückt zu sein‹.« In *Moonlight Drive* (›Mondscheinfahrt‹), einem sonst gefälligen Liebeslied, so überreich an Metaphern, daß es die Sinne eher als Bild denn als Gedicht anspricht, steht der überraschende Schluß:

»Auf, Mädchen, wir machen 'ne kleine Fahrt im Verkehr / Runter, runter zum Meer. / Dort, Kind, wird die Sache schwer: / Mädchen, ins Wasser, dann nimmermehr. — / Unter-, unter-, untergehn...«

Nachdem er einmal die Songs geschrieben hatte, sagte Jim: »Ich muß sie singen.« Die Gelegenheit kam im August, als er Ray Manzarek am Strand von Venice traf.

»Hello, Ray, wie steht's?«

»Ganz gut. Ich dachte, du bist nach New York gegangen.«

»Ne, ich bin dageblieben. Hab' zwischendurch immer mal wieder bei Dennis gewohnt. Ich hab' geschrieben.«

»Geschrieben? Was schreibst du denn?«

»Ach, nich' viel«, sagte Jim, »'n paar Songs.«

»Songs?« fragte Ray. »Laß hören.«

Jim hockte sich in den Sand. Ray kniete vor ihm. Jim stützte sich mit beiden Händen, preßte Sand durch die Finger, seine Augen hielt er krampfhaft geschlossen. Er nahm die erste Strophe von *Moonlight Drive*. Die Worte kamen langsam und hatten Gewicht:

> Let's swim to the moon / uh huh
> Let's climb through the tide
> Penetrate the evenin' that the
> City sleeps to hide...

Als Jim aufhörte, sagte Ray:

»Das sind die verdammt größten Songlyrics, die ich jemals gehört hab. Wir machen 'ne Rock-'n'-Roll-Band auf und verdienen 'ne Million Dollar.«

»Genau«, erwiderte Jim. »Das hatte ich die ganze Zeit im Kopf.«

Ray sah etwas eckig und hölzern aus, was man so gemeinhin ›grobknochig‹ nennt. Er war 1,85 groß, schlank und wog vielleicht 70 – 75 Kilo. Aber die Schultern waren außergewöhnlich breit, die Kiefer kantig und kräftig, die Augen kalt, intellektuell, hinter randlosen Brillengläsern. Hätte er in den Hollywood-Klischees gedacht, hätte er sich als das sehen können, was er vor kurzem noch gewesen war, ein Student mit Examen, der sich ernst nimmt, oder vielleicht als unnachgiebiger junger Lehrer, irgendwo in der Provinz. Aber er hatte auch etwas Weiches. Die X-förmige Furche am Kinn hatte ein Grübchen, und seine Stimme war immer kontrolliert, wohlwollend, beruhigend. Ray dachte gern an sich als der mögliche Große Bruder von jedermann: ordentlich, intelligent, reif, weise, starken Mitgefühls fähig und in der Lage, große Verantwortung zu tragen.

Er war vier Jahre älter als Jim, 1939 in Chicago als Arbeitersohn geboren. Nachdem er klassisches Klavier am örtlichen Konservatorium studiert und an der DePaul-Universität in Wirtschaftswissenschaften seinen Bachelor gemacht hatte, schrieb sich Ray für Jura an der Staatsuniversität in Los Angeles ein. Nach zwei Wochen ließ er das Studium sausen und übernahm einen Ausbilder-Job in einem Zweigunternehmen der *Westwood Bank of America*. Den Job behielt er drei Monate, dann ging er an die Uni zurück, jetzt in den Fachbereich Film. Das hörte im Dezember 1961 mit einer kaputten Liebesgeschichte auf, als Ray zur Armee einrückte. Obwohl die Armeepflicht ihn nicht besonders belastete – Klavierspielen in einer Band auf Okinawa und in Thailand (wo man ihn auf Marihuana brachte) – wollte Ray weg vom Kommiss. Er erzählte deshalb dem Standortpsychiater, er glaube, er würde allmählich schwul. Er wurde ein Jahr früher entlassen und ging an die Uni zum Filmstudium zurück. Das war zu der Zeit, als Jim dort auftauchte.

Ray fing an, Filme von außergewöhnlicher Qualität zu machen; alle autobiografisch, alle über die Sinnlichkeit seiner japanisch-amerikanischen Freundin Dorothy Fujikawa. In einem dieser Filme, *Evergreen*, gab es eine Szene, die von einer Folge schneller Schnitte aus Alan Resnais *Hiroshima mon Amour* beeinflußt schien. Da laufen ein Junge und ein Mädchen mit langsamen Bewegungen aufeinander zu. In Rays Film treffen Dorothy und er schließlich aufeinander, nackt, in einem Sprühregen. Die Fakultät wollte, daß Ray diese Szene rausnahm, und er war einverstanden. Als ihm aber einige Studenten vorwarfen, daß er sich auf so einen Quatsch einlasse, brach er seine Zusage und verteilte bei der Vorführung der Studentenfilme im Dezember ein Flugblatt, das erklärte, warum er den Film zurückgezogen hatte. (Schließlich wurde dieser Film und alle anderen, die Ray gemacht hatte, doch vorgeführt und gelobt.) Im Juni bekam er seinen Magister, und Colin Ray, der Fachbereichsleiter, sagte, Ray sei einer der wenigen Studenten dieses Jahrgangs, die genug wüßten, um mit programmfüllenden Filmen weitermachen zu können. Selbst *Newsweek* erkannte, wie gekonnt die Arbeiten des noch jungen Ray waren.

Ray lernte Jim durch John DeBella kennen, und binnen kurzem wurden sie ziemlich gute Freunde; niemals wirklich enge, aber sie teilten die intellektuelle Haltung und eine naive Nietzscheanische Philosophie. In vieler Hinsicht verkörperten sie Gegensätze: Ray hätte niemals vergessen, sich zu rasieren, und die Bügelfalten seiner Sporthosen waren immer scharf. Jim war absichtlich schlampig; er trug ständig sandfarbene T-Shirts und Jeans und nachts, wenn es kühl wurde, trug er einen schmutzigen Schweißerkittel, den er in einem Armee-Ramschladen aufgetrieben hatte. – Ray hatte sich mit östlichem Denken vertraut gemacht, und 1965 fing er an, die Transzendentale Meditation des Maharishi Mahesh Yogi zu üben. Jim wandte sich bei solchen Sachen ab, er glaubte, der rechte Weg sei mit Drogen und Schamanismus gepflastert. Ray war praktizierender Ästhet, Jim schwelgte – und manchmal suhlte er sich – im Dionysischen. Aber sie fühlten sich noch immer voneinander angezogen, und als sie sich in Venice am Strand trafen, lud Ray Jim ein, bei ihm zu wohnen — er könne auf der Couch im Wohnzimmer schlafen, und tagsüber, wenn Dorothy zur Arbeit ging, könnten sie an den Songs arbeiten. Jim zog sofort ein, und die zwei legten los.

Jim hatte eine dünne Stimme; aber Ray und er glaubten, das sei eine Sache des sicheren Auftretens, mit der Übung würde sich das legen. Zwei Wochen lang arbeiteten sie gründlich an den Songs in Rays kleiner alter Wohnung; Ray am Klavier, Jim, nervös, zur Sicherheit die Texte in der Hand (obschon er sie alle auswendig konnte), stand ohne Bewegung steif da und wünschte sich, der Frosch, den er im Hals spürte, würde verschwinden. Dann nahm Ray Jim mit in sein Elternhaus, wo *Rick and the Ravens* ihre Sachen probten.

Jims Texte waren für Rays Brüder zu hoch. Offensichtlich verstanden Rick und Jim Manzarek *weder* Jim *noch* seine Lyrik, trotzdem wollten sie mit ihm zusammenarbeiten. Auch andere Leute verstanden Jim nicht. Als Ray zufällig zwei alte Kumpels vom Filmstudium traf und ihnen sagte, er werde mit Jim eine Band gründen, waren sie schockiert.

»Du in 'ner Band mit *Morrison*? Um Himmels willen, Ray, was ist in dich gefahren, daß du solche Sachen machst?« Man hielt Jim immer noch für einen zwar intelligenten, aber überspannten Heini. Viele der ehemaligen Studienkollegen gaben einer Band mit Jim nicht einmal eine Chance von eins zu einer Million für den Durchbruch.

Ray hielt aber zu Jim, er sah in ihm etwas, was nur wenige andere sahen, etwas, das Jim selbst erst allmählich erkannte. — Die augenscheinlichste Veränderung war physischer Natur. Jim hatte abgenommen, von 75 Kilo war er auf 59 runter, sein charakteristischer Babyspeck war verschwunden, er war jetzt geschmeidig und hager. Zum neuen Erscheinungsbild gehörte auch längeres Haar, das die Ohren bedeckte, in Locken über den Kragen fiel und ein Gesicht umrahmte, dem jetzt alle Pausbäkkigkeit fehlte, das ausgesprochen hübsch geworden war. Jim hatte sich grundlegend verändert.

Die eigentlich entscheidende Veränderung aber lag in dem, was Jim fühlte: in einer traumwandlerischen, mächtigen Zuversicht, einem Glauben an gleichsam überirdische magnetische Ströme, die alles, was er brauchte, für seinen Weg richteten.

Kurz nachdem Jim Rays Familie kennengelernt hatte, verlegten die Brüder Manzarek und er ihre Proben in ein Haus hinter der *Greyhound*-Busstation in Santa Monica. Dort kam ein neuer Schlagzeuger hinzu, John Densmore, den Ray im Meditationskurs kennengelernt hatte.

John hatte mit Jim viel gemeinsam. Beide waren von solider Mittelklasse-Herkunft (Johns Vater war Architekt). Beide hatten einen Bruder und eine Schwester. Auf der High School hatten beide Neigung zu einer Sportart gezeigt, die kein Massensport war. Für John war es Tennis, Jim brachte herausragende Leistungen im Schwimmen. Mit Ray teilte John das wilde Interesse an Jazz und den Drang nach einer Bekehrung, die Hingabe an die Yoga-Übungen des Maharishi.

John erzählte Ray und Jim, er lasse sich leicht reizen und er hoffe, über die Meditation sein Temperament in den Griff zu bekommen. John war zwanzig und lebte noch immer zu Hause (deswegen hänselte ihn Jim sofort), obwohl er sich nach dem Ausbruch aus dem Elternhaus sehnte. Er hoffte, eine professionelle Band könnte ihm die notwendige Freiheit geben. In den kommenden Jahren arbeiteten Jim und John als *Doors* zusammen, aber sie wurden keine engen Freunde.

Seit seinem zwölften Jahr hatte John Schlagzeug gespielt. In West-Los Angeles, an der Universitäts-High-School, spielte er Pauke, am College, anfangs in Santa Monica City, wechselte er zum Jazz-Schlagzeug. Später besuchte er das College in Los Angeles City, er ging dann noch aufs San Fernando Valley State College, und dort brach er den Schulbesuch ab.

Nach zwei Wochen Üben gingen Ray und seine Brüder mit ihrem neuen Sänger, ihrem Schlagzeuger und einer Bassistin, die sie irgendwie getroffen hatten – keiner kann sich mehr an ihren Namen erinnern – zum *World-Pacific*-Aufnahmestudio in der *Third Street* in Los Angeles. *Rick and the Ravens* hatten mit *Aura Records* einen Vertrag, und sie hatten ein paar Songs mit Ray, der als *Screaming Ray Daniels* sang, aufgenommen. Nach der Auslieferung war die Platte – eine Single – ohne Aufsehen untergegangen, und *Aura Records* hatte beschlossen, statt weiterer kommerzieller Aufnahmen den Jungs ein bißchen freie Studiozeit zu geben. In drei Stunden nahmen sie sechs Songs auf.

»Was wir hatten«, sagte Jim später, »war eine ätzende Demonstrationsplatte, wir hatten drei Stück gepreßt.«

Das waren die Platten, mit denen Jim und Ray und John und manchmal auch Dorothy Fujikawa von Plattenfirma zu Plattenfirma zogen; mit Songs, die Jim diesen Sommer in Venice geschrieben hatte, darunter *Moonlight Drive*, *My Eyes Have Seen You* (das dann *Go Insane*, ›Werd verrückt‹, hieß), *End of the Night* und ein harmloses, kleines Lied mit dem immer wiederkehrenden Vers *Summer's Almost Gone* (»der Sommer ist fast vorüber«). Jede Schallplattengesellschaft lehnte die Songs und die Band ab.

Zu der Zeit traf Jim Pamela Courson.

Pamela war ein Rotschopf, gerade achtzehn Jahre alt. Sie hatte Sommersprossen auf dem Handrücken, im zarten, bleichen, rehhaften Gesicht, und der ganze grazile Körper war wie mit Zimt übersät. Das Haar trug sie gerade und lang, in der Mitte geteilt. Ihre Augen waren durchscheinender Lavendel, übergroß, und gaben ihr das Aussehen eines Gemäldes von Walter oder Margaret Keans: verwundbar, auf jemanden angewiesen und anbetungswürdig.

Sie war am 22. Dezember 1946 in Weed, Kalifornien, geboren worden, einige Meilen von Mount Shasta weg, der den Indianern als heiliger Berg gilt. Ihr Vater war, wie Jims Vater, Marineflieger gewesen, allerdings nicht Pilot, sondern Bombenschütze. Mittlerweile war er Kommandant der Marine-Reserve und Vorsteher einer High School in Orange — der Stadt, von der Orange County seinen Namen hat. Sie erzählte Jim, daß sie ihr Kunststudium am Los Angeles City College aufgegeben hatte und jetzt nach einer sinnvollen Tätigkeit Ausschau hielt.

Jahre später wird Pamela sagen, es sei Jim gewesen, der ihr vom Leben erzählt habe. Sie nannte sich selbst »Jims Werk«. Jim machte sie mit Philosophie vertraut, schrieb über jeden Wichtigen von Plato bis Nietzsche für sie einen kurzen Text, führte sie in die großen Ideen des westlichen Denkens ein. Er gab ihr auch seine Notizhefte zu lesen, und sofort bestimmte sie sich zum Treuhänder seiner Poesie.

Jim las noch einmal Aldous Huxleys *Die Pforten der Wahrnehmung*:

»Die meisten dieser bewußtseinsverändernden Drogen können heute nur mit ärztlicher Verordnung genommen werden oder illegal und unter beträchtlichem Risiko. Uneingeschränkten Gebrauch erlaubt der Westen nur bei Tabak und Alkohol. Alle anderen chemischen *Türen in der Wand* gelten als Rauschgift. Wer sie ohne ärztliche Verordnung nimmt, ist ein Süchtiger.« Jim amüsierte diese Vorstellung, und er begann, Menge und Vielfalt zu erhöhen.

Jetzt unternahm Jim wirklich alles, um sein Bewußtsein zu erweitern, die Pforten der Wahrnehmung zu öffnen... *Brich durch zur anderen Seite... Nimm die Straße vom Ende der Nacht... Sieh in der Goldmine die unheimlichen Bilder... Reit' die Schlange...* Die treffenden Sätze und Bilder, die er später in seine Songs aufnahm, wurden jetzt am warmen herbstlichen Strand in den Notizbüchern festgehalten. Jim war in einem Entdeckungsrausch, er fand seine eigenen Visionen, seine Sprache.

Er warf sich die Trips handvoll rein, wie Erdnüsse oder Aspirin. So ähnlich sahen sie auch aus, was eben Owsley in San Francisco anfangs mischte: den echten ›Weißen Blitz‹, rein, billig und effektvoll. Und selbstverständlich Marihuana, Platte um Platte aus Mexiko. Und natürlich die Zuckerwürfel.

       Break on through to the other side
       Break on through to the other side
       Break on through to the other side

Jim fand es an der Zeit, seiner Familie in London von seinen Plänen zu berichten. Er schrieb, daß er nach dem Studienabschluß eine Arbeit gesucht hätte. Aber die Leute lachten über ein Diplom in Kinematographie, und so sei er nun in einer Band und singe — wie sie das fänden?

Jims Vater war fassungslos und schrieb einen Brief voller Einwände. Er erinnerte Jim an die aufgegebenen Klavierstunden und wie er sich als Kind geweigert hatte, beim Weihnachtsliedersingen der Familie mitzumachen... Und jetzt wolle er in eine Band? Nachdem ihm sein Vater vier Jahre lang das Studium bezahlt hatte?

»Also«, sagte der aufrechte Marine-Stabsoffizier, »mir kommt das wie ein Kübel Dreck vor.«

Jim nahm Kritik nie leicht; er schrieb seinen Eltern niemals wieder.

Irgendwann im Oktober kam ein Bild von Billy James in einem der Fachblätter, die Jim und Ray wöchentlich lasen. Billy, ein dreiunddreißigjähriger ehemaliger Schauspieler, hatte in New York die Öffentlichkeitsarbeit für Bob Dylan gemacht, als der bei Columbia unter Vertrag stand. Er war 1963 nach Kalifornien gekommen, um auch hier Publicity zu machen. Eine Zeitlang war er erfolgreich, das heißt, er kam den üblichen Wünschen seiner Plattenfirma nach. Dann aber hatte er den Lebensstil der Musiker angenommen und sich schließlich so grundlegend gewandelt, daß er sich mit seinen Freunden von der Ostküste und den meisten höheren Chargen bei Columbia kaum mehr verständigen konnte. Also bekam Billy einen neuen Titel: ›Manager für Talentsuche und -förderung‹ — unbestimmt genug, um verschiedene der klassischen Aufgaben bei einer Plattenfirma abzudecken. Für Billy bedeutete dieser neue Job den Auftrag, diejenigen unter die Lupe zu nehmen, die sich an ihn wandten.

Ray und Jim sahen das Photo an. Billy trug einen Bart.

»Vielleicht hat er etwas Durchblick«, sagte Ray.

Als Billy vom Mittagessen kam, fand er Jim, Ray, Dorothy und John in der Eingangshalle neben dem Wasserkühler vor seinem Büro. Er nickte etwas abwesend, sagte, sie sollten reinkommen, nahm den mitgebrachten Stoff wohlwollend an und hörte ihrem Sermon zu, von dem er gleich merkte, daß sie ihn nicht zum ersten Mal hören ließen. Er versprach anzurufen, vielleicht schon am nächsten Tag. Zwei Tage später erwischte seine Sekretärin Jim am Telephon. Sie sagte, Billy wolle sie so schnell wie möglich in seinem Büro sehen.

»Ich sagte ihnen«, erinnerte sich Billy, »ich könnte, wenn ich wollte, mit ihnen Aufnahmen machen; aber daß ich, obschon ich das Talent spürte, gar nicht sicher sei, ob ich's je im Studio rausbrächte. Es war mir klar, ich mußte einen anderen Produzenten bei Columbia für sie interessieren. Weil ich ahnte, daß das problematisch werden könnte, bot ich ihnen einen Vertrag über viereinhalb Jahre an, mit einer halbjährigen Startphase, in der sich die

Gesellschaft verpflichtete, mindestens vier Titel aufzunehmen und mindestens zwei auszuliefern. Ich wollte nicht, daß sie bei uns ein halbes Jahr lang durch einen Vertrag gebunden wären, ohne daß etwas geschieht.«

Jim konnte es nicht glauben: *Columbia*, Dylans Plattenmarke!

Von diesem Ansporn abgesehen, bröckelte die Band; einer von Rays Brüdern gab auf, der andere wurde ersetzt. Der neue Mann war Robby Krieger, ein Gitarrist, den John und Ray aus dem Meditationskurs kannten.

Mit 19 war Robby der jüngste der vier. Er war auch derjenige, der am wenigsten Eindruck machte. Er hatte lockiges braunes Haar und etwas grünliche Augen, die ihm ein dösiges Aussehen gaben; manche glaubten, das läge an Drogen oder schlecht sitzenden Kontaktlinsen. Exzentrisch wurde seine Erscheinung durch die Art, wie er redete — zögernd, als sei er am Einschlafen, die Satzenden lösten sich fragend auf oder gingen wispernd unter. Aber Äußerlichkeiten können täuschen. Hinter dem dösigen Aussehen des Jungen verbarg sich ein wacher Verstand und ein feiner Sinn für Humor — beides Erbteil vom Vater, einem bescheidenen, wohlhabenden Mann, der Behörden und Wirtschaftsunternehmen bei der Planung und Finanzierung beriet.

Wie John war Robby gebürtiger Kalifornier. Am 8. Januar 1946 war er in Los Angeles zur Welt gekommen (als zweieiiger Zwilling). Er hatte die University High School besucht, aber auch High Schools in Pacific Palisades, einem reichen Küstenvorort von Los Angeles, und in Menlo Park, einem eleganten Vorort von San Francisco. Er hatte ein Jahr lang an der Staatsuniversität von Kalifornien in Santa Barbara studiert und dann eine Weile an der Universität von Kalifornien in Los Angeles. Hier hatte er zum dritten Mal das Hauptfach gewechselt und studierte Physik, als John ihn fragte, ob er nicht mit einigen Jungs zusammen spielen wolle, die sich *The Doors* nannten.

»*The Doors?*« sagte Robby und grinste leer. »Ziemlich avantgardistisch!«

Robby und John hatten in einer Gruppe zusammengespielt, die sich »Psychedelische Kommandotruppe« genannt hatte. Bislang hatte er das für einen ziemlich ungewöhnlichen Namen gehalten.

Jim erzählte er, daß er mit fünfzehn auf der Gitarre angefangen hatte, mit achtzehn wollte er wie Montoya oder Segovia werden. Aber er wechselte die musikalischen Stile so oft wie die Schulen, sprang schnell vom Flamenco zum Folksong, zum Blues, zum Rock. Er mochte die Folksinger besonders gern, erzählte er Jim, und er sprach von der Zeit, als er zur Stanford University gefahren war, um Joan Baez zu sehen. Jim fing selbstverständlich von Dylan an. Dann hämmerte Robby auf seiner Gitarre und zufällig kam er auf Bottleneck (eine Spielart mit fließenden Glissandi, die durch eine über den kleinen Finger gestülpte Hülse erzeugt werden). Jim hatte Bottleneck schon auf Platte gehört, aber jetzt sah er es zum ersten Mal. Eine Zeitlang wollte er bei jedem Song, daß Robby so spielte.

Das Fachsimpeln und Proben ging weiter, und die vier wuchsen immer mehr zusammen, trafen sich jeden Tag – bei Ray, bei Robby, dessen Eltern in einem Nebenzimmer ein Klavier stehen hatten, oder bei einem Freund in Venice. Sie probten jeden Nachmittag, fünf Tage die Woche. An den Wochenenden spielten sie manchmal bei irgendwelchen Feiern – meistens Beschneidungsfeste, Hochzeiten und Verbindungsfeste – dabei sützten sie sich vor allem auf leicht erkennbare Songs wie *Louie, Louie* und *Gloria*, gelegentlich mischten sie eines ihrer eigenen Stücke drunter. Jim, noch immer zu scheu und unsicher, um den Zuhörern, wie wenig es auch sein mochten, gegenüberzutreten, stand mit dem Rücken zur Tanzfläche. Und wenn er sich doch zum Publikum wenden mußte, schloß er die Augen und hielt sich am Mikrophon fest, als sei das das einzige, was ihn vor dem Versinken in die Bühne bewahren könnte. Tatsächlich war es bei einem der ersten Auftritte der *Doors* Ray, der die meisten Stücke sang, während Jim die Verse dadurch unterstrich, daß er auf einer Mundharmonika herumtönte oder »Yeah!« und »Drive on!« schrie.

Phil Olena hatte einen Job als Nachtwächter in einem Supermarkt, und an den seltenen Nachmittagen, an denen Jim nicht übte, schlugen sie oft die Zeit dadurch tot, daß sie auf dem Uni-Gelände rumhingen, Hasch rauchten und die Kunststudentinnen anquatschten. Eine von denen war Katie Miller, ein oder zwei Jahre jünger als Jim; sie glich etwas der jungen Tuesday Weld: unschuldig, blond, ätherisch.

Kathie war ein feinfühliges Mädchen, seiner Fähigkeiten nicht sicher; Bemerkungen leitete sie mit Entschuldigungen ein. Aber den meisten Kummer bereitete sie sich durch ihre Großzügigkeit. Zwei Jahre zuvor hatte sie einen kleinen Sohn gehabt und ihn zur Adoption freigegeben. Jetzt schien es, als wolle sie den Streunern, die ihr in der Uni über den Weg liefen, eine Mutter sein. Sie lud Jim ein, jederzeit in ihrem Apartment zu wohnen, kochte ihm prächtige Mahlzeiten, drängte ihm, wenn immer er eine Transportmöglichkeit brauchen konnte, ihren Wagen auf. Manchmal verschwand Jim damit tagelang, und Katie konnte rätseln, wann er wiederkomme und sie nicht mehr zu laufen brauche. Zu anderen Zeiten blieb er tagelang in ihrem Apartment, veranstaltete ein schreckliches Durcheinander, behandelte sie bösartig, machte sie mit seinem teuflischen Mundwerk fertig. Betrunken, renommierte er mit den Frauen, die es schon in seinem Leben gegeben habe und drohte, mit dem Messer auf die großen Bilder loszugehen, die Katie im Unterricht gemalt hatte und die jetzt an den Wänden hingen. Dann versicherte er ihr wieder, sie sei ein feines Mädchen, sie sei wunderschön.

»Du solltest wirklich Jim kennenlernen«, meinte Katie zu ihrer Freundin Rosanna White, einer anderen Kunststudentin. Rosanna kannte einige von Katies Geschichten über Jim und war abgestoßen. Aber als sie schließlich Jim doch traf, war sie von ihm fasziniert. Er ging oft ohne Hemd, und mit seinem lang gewachsenen Haar und der Weise, wie er den Kopf seitwärts hielt, daß sich die Nackenmuskeln spannten, dachte Rosanna, er gleiche einer lebendig gewordenen griechischen Statue. Genauso war sie von seiner Stimme gepackt, die in den sechs Monaten, die sie ihn gelegentlich sah, nie mehr als ein Flüstern war. Rosanna gab zu, daß sie sich vor Jim fürchtete, aber dennoch bot sie ihm die schwarze Couch in ihrer Wohnung an und offerierte ihm so einen zweiten Platz, wo er hinkonnte, wenn er es nicht mehr heim zur Küste schaffte.

Rosannas Apartment war so schlicht, wie Katies Apartment überladen war. Sie lebte nur von natürlichen Nahrungsmitteln; so gab es nie viel zu essen. Und nie rauchte sie Marihuana, deshalb gab es auch nichts von dem Gammelfutter, auf das die Marihuana-Freunde so scharf sind. Sie trank sogar nur selten Wein, so daß sich Jim seine eigenen Vorräte mitbringen mußte.

Aber sie hatte einen Naturbadeschaum, den Jim mochte. Und oft, wenn Rosanna vom Malkurs heimkam, fand sie Jim im Badezimmer, in Jeans und Pyjama-Oberteil, wie er vorm Spiegel posierte, die Wangen einzog wie ein Mannequin mit dem gequälthungrigen *Vogue*-Gesicht. Dazu glättete er sich sein noch nasses, ungekämmtes Haar.

»Jim«, sagte Rosanna, »warum bürstest du dir das Haar nicht?«

Jim gab seinem Haar einen letzten Klatscher und sah Rosanna wie die Karikatur eines Sex-Idols an:

»Weil es aussehen soll wie die Schwingen eines Vogels!« Dann streichelte er sich selbst, kreuzte die Arme vor der Brust und rieb sich mit Gefühl die Bizeps durch den dünnen Flanell hindurch. Dazu starrte er ungeduldig auf Rosanna.

Eines Nachts, als sie Jim noch nicht lange kannte, kreuzte er bei ihr mit John Densmore und Katie auf, die aber beide bald wieder gingen und ihn mit ihr allein ließen. Rosanna, die sich immer mehr über Jims Getue und Flüstern ärgerte, machte sich Luft.

»Was soll der Krampf?« fragte sie, als Jim wieder so anfing.

»Du redest *in Wirklichkeit* nicht so, also hör auf!«

Jim grinste geringschätzig, in Wirklichkeit wolle Rosanna nur mit ihm ins Bett.

»Ach komm, Jim«, sagte Rosanna, und es klang angewidert, »sei kein so verdammter Angeber. Du bist die ganze Zeit geladen, ich krieg überhaupt keinen Kontakt zu dir. Ich kann sogar jetzt nichts sagen, weil ich fürchte, du bist schon wieder voll drauf. Und du bist ein Angeber, Jim, du ziehst 'ne Schau ab.«

Jim raste in die Küche und kam sekundenschnell mit Rosannas glashartem Schnitzmesser zurück. Er baute sich vor ihr auf, schnappte ihr rechtes Handgelenk und drehte ihr im Hammergriff den Arm auf den Rücken. Ihre Bluse öffnete sich durch die Bewegung, und Jim setzte ihr die Klinge auf den nackten, weichen Bauch.

»So kannst du nicht mit mir reden«, zischte er. »Ich schneid dich auf und seh, ob's blutet.« Es klang ernst.

Dann kam jemand rein. Jim fuhr herum, sah John Densmore, der unerwartet noch einmal kam. Jim guckte zurück auf Rosanna, dann auf das Messer in seiner Hand. Er lachte:

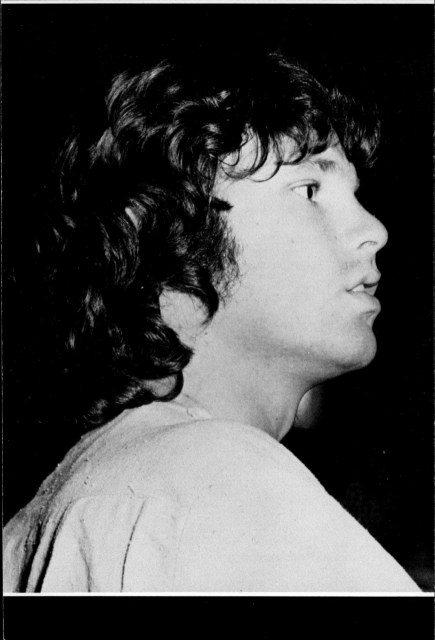

»Guter Gott, was ist denn das, ein Messer? Wo kommt denn das her?«

Später entschuldigte sich Rosanna, und dann entschuldigte sich Jim und fragte, ob er die Nacht auf der Couch schlafen dürfe. Sie sagte ja.

Irgendwann im November rief Jim Ray an. Es war acht Uhr in der Frühe, und Jim war voll auf Trip. Er wollte sofort mit den Proben anfangen. Ray sagte, es sei noch zu früh. Jim wurde stur; wenn Ray nicht sofort 'rüberkäm', dann sei's, zum Teufel, aus, Schluß mit *The Doors*. Ray sagte Jim, er sähe ihn später.

Ein paar Stunden später war Jim bei Phil Olena zusammen mit Felix Venable; allmählich kam er von seinem Trip runter. Sie sprachen über Photographien von Spinnwebnetzen, die sie gesehen hatten; die Spinnen hatten unter LSD- und Mescalineinfluß gestanden. Olena holte das Buch — er hatte es aus der Uni-Bibliothek — und schlug den Abbildungsteil auf. Die Netze, von Spinnen unter LSD-Einfluß gesponnen, waren geometrisch; die Netze der Spinnen, die unter Mescalin standen, waren willkürlich, völlig wirr, ohne erkennbaren Aufbau, vielleicht (wie Jim sagte) verrückt. Man beschloß, Mescalin in reinster Form, also als Peyote-Kaktus, zu sammeln. Das hieß, in die Wüste fahren, nach Arizona.

Die drei fuhren in Phils heruntergekommenem Chevrolet-Kabrio, dem der erste Gang und der Rückwärtsgang fehlte, nach Osten. Als sie durch Hawthorne — fast noch im Weichbild von Los Angeles — fuhren, verlangte Jim einen Stop, der turbulent wurde. Er sprang raus, rannte ein Stück und küßte ein junges Mädchen. Dann stürzte er zurück, gerade als ein Streifenwagen vor ihrem Auto hielt. Jims sonderbare Spritztour war nicht unbemerkt geblieben. Die Polizei verlangte, daß sich Jim auswies und sprach mit dem Mädchen. Dabei stellte sich heraus, daß sie erst vierzehn war.

»Los«, schrie Jim, »knallt mich ab. Auf, ihr Hühnerficker, schießt doch, ihr Affenärsche.«

Merkwürdigerweise beließ es die Polizei bei einer Verwarnung. Die Reise nach Osten konnte weitergehen.

Zwei Tage später, als Jim und Felix mit Wunden und Blutergüssen bedeckt und ohne Phil zurückkamen, fing es mit den Geschichten an. Jim erzählte ein paar Leuten, sie seien nach Arizona gefahren. Dort trafen sie auf ein paar Indianer, fuhren mit ihnen in die Wüste und schossen einen Kreis von Pfeilen um den Peyote-Kaktus, denn, erklärte Jim, wer stark genug ist, den Bogen zu spannen und den Pfeil abzuschießen, der ist auch stark genug für einen guten Trip. Anschließend hatten sie das Peyote gekaut, und danach war Phil nach Mexiko weitergefahren.

Anderen wurde eine andere Story präsentiert, die erklärte wenigstens die Blutergüsse. Ihrzufolge hatten Jim, Phil und Felix weder Indianer noch Peyote gefunden, stattdessen waren sie auf ein paar US-Mexen gestoßen, die dort in Wohnwagen herumfuhren und sich ein Vergnügen daraus machten, auf Männern mit langen Haaren herumzutrampeln.

Eine dritte Version handelte vom Homosexuellen-Skandal: Jahre später sollte Phil seiner Frau und einigen seiner besten Freunde von einer Szene erzählen, in der Peitschen und Ketten eine Rolle spielten. Phil hatte etwas mit Jim am Hut, und Jim und Felix reagierten darauf, indem sie Phil schlugen und in der Wüste aussetzten. Als er wieder zu sich kam, zog Phil weiter nach Osten, trampte nach Oklahoma, dort wurde er hoppgenommen und eingesperrt. Derweil kehrten Jim und Felix in seinem Wagen nach Los Angeles zurück, um Version Eins und Zwei ihrer Reise zu verbreiten.

Bei Columbia tat sich nichts. Der Vertrag war unterschrieben worden, es gab ein Festessen bei Robby, und dann: nichts. Billy James sah sich nicht in der Lage, die Aufmerksamkeit des Produktionsstabes bei Columbia zu wecken. Die *Doors* übten weiter, spielten auf Parties und wo immer sie konnten, spielten sie vor.

Im Dezember, bei der Filmvorführung in der Uni, wurde auch ein Film von Ray gezeigt — eine seiner Studienarbeiten aus dem letzten Jahr. Die *Doors* standen auf der Bühne — ihr erster wirklich öffentlicher Auftritt — und improvisierten eine Filmmusik. Bald darauf spielten sie in einem Club in Westchester vor, dem Stammlokal der *Turtles* (eine damals bekannte Band in Los Angeles), und wurden zurückgewiesen. Ähnlich erging es ihnen im *Bido Lito*, einem kleinen Insider-Lokal in Hollywood, in dem *Love* lange Zeit die Hausband war. Was es mit ihnen so schwer mache, sei, sagte man ihnen, der fehlende satte Baßklang.

Daraufhin luden sie Bassisten zu ihren Proben, aber der Klang wurde zu voll und glich dem der *Rolling Stones* (mit denen sie viele Songs gemeinsam hatten) oder dem irgendeiner elektrischen Blues-Band. Sie versuchten noch immer dahinterzukommen, ob sie ihren Klang so sehr ändern sollten — gleichzeitig spielten sie weiterhin ohne Baß in verschiedenen Lokalen — als ihnen Anfang Januar der Job der Hausband im *London Fog* angeboten wurde. Das *London Fog* war ein kleiner Club am Sunset Strip, keine fünfzig Meter vom *Whiskey a Go Go* entfernt; der Eigentümer hieß seltsamerweise Jesse James. Die *Doors* schauten zu, wie außen am Lokal die Reklametafel *Doors — eine Band aus Venice* hochgezogen wurde, und sie gerieten außer sich. Die erste Nacht, die sie auftraten, betrat kein einziger Gast das Lokal.

Die Bedingungen des Inhabers waren so knickrig, daß es schien, er wolle am ersten Abend über sie noch das Haus mit Studenten füllen. Da das *Fog* wie das *Bido Lito* ein gewerkschaftsfreier Betrieb war, brauchten die engagierten Musiker nicht Mitglied der Musikergewerkschaft zu sein, und das Lokal mußte nichts an die Gewerkschaft abführen. Die *Doors* spielten an sechs Abenden der Woche von 21.00 Uhr bis 2.00 Uhr, fünfmal im Lauf der Nacht, mit allstündlicher fünfzehnminütiger Pause. Dafür erhielt jeder unter der Woche 5 $ pro Nacht, freitags und samstags 10 $. Gezahlt wurde morgens bar — falls der Inhaber was eingenommen hatte.

Die unmittelbare Nähe des *Whiskey a Go Go* färbte nicht auf die Zahl oder das Aussehen der ersten Hörer der *Doors* ab. Am *London Fog* lag nur der Name im Trend; sein Publikum bestand im wesentlichen aus Seeleuten, Randständigen, Strichjungen, Nutten und Mafiosi-Typen in schwarzen Anzügen und mittendrin manchmal ein seltsamer, verwirrter Tourist. Alle warteten auf die große Schau, aber die lief offenbar sonstwo.

In ihren Pausen machten die *Doors* Spaziergänge runter zum *Whiskey*, wo sie im Eingang stehen und die Hauptdarsteller betrachten durften. Da hofften sie, wie Jim es später einmal ausdrückte, eines Tages ›so groß wie *Love*‹ zu sein, damals die populärste ›Untergrund‹-Band in Los Angeles.

Dennoch, das Engagement machte ihnen Mut, gab ihnen die Möglichkeit, Zuversicht zu entwickeln, während sie an ihrem Repertoire und ihrer Technik arbeiteten. Zunächst fuhr Jim fort, in den Pausen mit den instrumentellen Soli Mundharmonika zu blasen oder Rumbastäbchen zu schlagen, während Ray die Flöte blies. Aber als er begann, sich stärker auf seine optische Darstellung zu konzentrieren, hörte er auf, sich an einem Instrument zu versuchen. Ray entdeckte den Fender-Baß, eine elektrisch verstärkte Baßgitarre, die er mit der linken Hand spielen konnte, während er mit der Rechten weiterhin Akkorde und Soli auf der Vox-Orgel — die *Columbia Records* ihm gekauft hatte — schlug; damit war das Baß-Problem gelöst.

Bis zum Februar hatte die Band nicht weniger als 40 Songs in ihrem Repertoire, davon 25 eigene, unter anderem *The End*, Anfang 1966 nicht mehr als ein hübsch geschriebener Song über eine verwelkte Liebe:

> This is the end, beautiful friend
> This is the end, my only friend. The end
> of our elaborate plans. The end,
> of everything that stands, the end.
> No safety or surprise, the end.
> I'll never look into your eyes again.

Mit der Ausnahme des ›Alabama-Songs‹ aus der Oper von Brecht und Weill ›Aufstieg und Fall der Stadt Mahagonny‹, die Größe und Untergang des nationalsozialistischen Deutschlands vorwegnimmt, waren die Songs der Band klassische Blues oder wohlbekannte Rock-Hits wie zum Beispiel *Money, Back Door Man, Gloria* und *Louie, Louie*, Jim sang sie mittlerweile fast alle.

Im Lauf der Wochen wurde Jim selbstsicherer. Er dachte nicht, daß er eine große Stimme hätte — »ich singe nicht, ich schreie«, sagte er zu den Leuten — aber er wußte, daß er sich verbesserte. Während sich die Band locker aufbaute, zog er eine dramatische Schau mit einem schwarzen Taschentuch ab. Er drapierte es übers Mikrophon und rieb sich's geil übers Gesicht.

Sehr wichtig für die *Doors* wurde das wachsende Gefühl ihres ›Einsseins‹. Nachdem sie täglich miteinander geprobt hatten und nun zusammen öffentlich auftraten, kannten die drei Musiker und ihr Vokalist des jeweils anderen Musik sehr genau, und sie wurden wirklich gut. Rays lastendes, entfernt kirchlich klingendes Spiel auf der Flash-Gordon-Orgel, Johns Schlagzeug, das vom Jazz kam und Jims Lyrik vollkommen akzentuierte, Robbys durchdringende und scheinbar beiläufigen Blues- und Flamencogriffe, Jims ein wenig heisere, unausgeglichene, aber sinnliche Bariton/Tenor-Stimme, all das traf sich in einem Stil, der auf der Demonstrationsplatte erst in Andeutungen zu spüren war. Noch immer stand Jim ein Großteil der Zeit mit dem Rücken zum Publikum und guckte seine Mitspieler an. Das war die Haltung, die er auch beim Proben annahm, wenn sie, um mit Ray zu sprechen, sich nach innen wandten, um »unsere Energien aufeinander zu richten«. Mit der Hilfe von LSD, meint Ray, entwickelten die *Doors* ihre ›Gruppenseele‹. Die meisten Musiker, die eine Zeitlang zusammenspielen und die Musik ihrer Mitspieler respektieren, empfinden eine Verbundenheit, die Nichtmusiker nicht erfassen können.

»Ja«, sagt Ray, »das gab's bei uns auch. Ungewöhnlich aber war der Grad der *Intensität*.«

Die vier hatten für ihre Partnerschaft ein nicht übliches Übereinkommen: Alles sollte in gleiche Teile gehen. Jim schrieb fast alle Songs, aber für Aufnahmen, sagte er selbst, sollten die *Doors* als Autoren genannte werden. Auch die Honorare und alle sonstigen Einnahmen sollten gleichmäßig auf alle verteilt werden. Die kreativen Entscheidungen traf keine Mehrheit, sie fielen einmütig.

Jim fing an, Drogen mit auf die Bühne zu bringen. Manchmal hatte er sie schon vorher genommen – dann waren die Augen geweitet, die Wahrnehmung zwischendurch verzerrt und gesteigert, das Ich aus den Fugen – manchmal trug er sie in der Tasche: Dann rieb er sich, vielleicht gerade wenn Ray zu einem Orgelsolo ansetzte, eine Prise direkt unter die Nase. Einmal gab er Stoff für alle aus, als sie mit *Little Red Rooster* (›Kleiner roter Hahn‹) loslegten, und an der Stelle »die Hunde begannen zu bellen und die Meute fing an zu heulen« begann Ray zu bellen, John zu heulen, und Jim stürzte von der Bühne. An einem anderen Abend fiel Jim, sternhagelvoll, zurück in eine seltsame Form von Teenager-Schweinigeleien. Beim Song *Gloria* machte er aus dem Stegreif neue Verse. Eine Strophe beginnt mit den Versen »Kommt sie die Straße runter? Kommt sie zu meinem Haus? / Sie klopft an die Tür / Und sie kommt in mein

Zimmer...« Jim fügte hinzu: »Legt sie sich hin? Kommt sie in mein Bett? Sie kommt in meinem Mund...«

Immer noch hatte Jim keine postalische Anschrift, er wanderte von Couch zu Bett und zu Couch. Die Nummer Eins seiner Freundinnen war Pamela, aber er lebte nicht monogam. Sie sprachen zwar davon, zusammen ein Apartment in Laurel Canyon zu nehmen, aber zu der Zeit verbrachte Jim noch seine Nächte im ganzen Westen von Los Angeles. Er hatte auch noch keinen Wagen und war von Rays altem gelben Volkswagen oder Johns *Singer Gazelle* abhängig. Wenn sie Hunger hatten, gingen die *Doors* alle zu John nach Hause; dessen Mutter war unter den drei verfügbaren *Doors*-Müttern am leichtesten zu rühren.

Bis April wurde es eng bei den *Doors*. Sie kämpften mit der Pleite. Vierzig Dollar pro Kopf waren zum Leben nicht genug, und oft bekamen sie noch nicht einmal das. John bekam ein Angebot für eine andere Band. John und Robby waren wegen Besitz von Marihuana festgenommen worden, und Jim, der vorigen Sommer außerhalb der Legalität die Zurückstellung vom Wehrdienst als angeblicher Student erreicht hatte, war wieder als voll tauglich eingestuft worden. Er sollte sich im Mai einer neuen ärztlichen Untersuchung stellen. Und Columbia setzte die Band auf ihre ›Abschuß-Liste‹.

Einer der führenden Produzenten bei Columbia, Larry Marks, kam eines Abends in das *London Fog*, stellte sich als ihr Produzent vor, aber sie sahen nie wieder was von ihm. Noch hatten sie irgend etwas von Billy James gehört. John entdeckte die *Doors* auf der ›Abschuß-Liste‹ auf Billys Schreibtisch. Sie verlangten sofort die Entlassung aus dem Vertrag.

»Steht's durch«, sagte Billy. »Ihr bekommt tausend Mäuse, wenn ihr das halbe Jahr aushaltet und sie pressen nichts.« Sie schüttelten die Köpfe. Billy seufzte und rief jemand in der Rechtsabteilung an. Die *Doors* waren von ihrem Vertrag frei.

Ein paar Tage später gab ihnen der Eigentümer des *London Fog* die volle Freiheit. Er schmiß sie raus.

Das Pech der Gruppe schlug im März um.

Als erstes marschierte Jim zur Musterung, wohl ausgerüstet mit allerlei Beschwerden, er hatte an sich herumgepfuscht — Blutdruck, Blutzuckerspiegel, Herzschlag, Atmung, Wahrnehmungsvermögen und Stimme —, dazuhin ein schönes Sortiment an Drogen. Er erzählte den Ärzten, er sei homosexuell und sie seien die traurigsten Arschlöcher der Welt, falls sie ihn für tauglich erklärten. Sie stuften ihn als untauglich ein. Dann, am letzten Abend der Band im *London Fog*, tauchte die Talentsucherin des *Whiskey a Go Go* auf und fragte, ob sie montags bei ihnen spielen könnten. Vorläufig also nur einen Abend die Woche, meinte Ronnie Haran, eine hübsche Brünette, aber die Eigentümer dächten auch an mehr.

»Ich hab' euch wirklich bei jeder Gelegenheit gelobt«, sagte Ronnie zu Jim, »und wir waren die ganze Zeit stark an einer Hausband interessiert.« Falls aus dem Ganzen ein richtiger Job würde, sagte sie, bedeutete das zwei Einsätze pro Nacht – gegenüber den vier, fünf im *Fog* – gegen tariflichen Stundenlohn, 499,50 $ für die vier. Jim und die anderen waren in ihrer Antwort unverbindlich, aber innerlich sprangen sie vor Erleichterung schier in die Luft.

»Nun ja«, sagte Jim, »ich glaub', das läßt sich machen. Montag sagten Sie? Oh, schon morgen, das ist allerdings knapp.«

Der Mann, der die Entscheidungen traf, ein Miteigentümer der beiden Betriebe – das *Whiskey a Go Go* und ein Schuppen für schnieke Typen gleich beim Sunset Strip – war ein ehemaliger Polizist der unteren Ränge aus Chicago, Mitte Dreißig, mit einem Namen, der aus einem Buch von Damon Runyon hätte stammen können, nämlich Elmer Valentine. Ronnie Haran hatte Elmer kennengelernt, als sie noch nachts als Starlett in seinen beiden Bars rumhing, jetzt machte sie Reklame und suchte nach Attraktionen für die beiden Lokale. 1966 machte sie auch die Öffentlichkeitsarbeit für Donovan, den schottischen Sänger, und als sie nach einem Photographen suchte, hatte ihr jemand Paul Ferrara vorgeschlagen. Der kannte Jim vom Studium her und meinte, Ronnie müsse ins *Fog*, um einmal die Band zu hören. Er war nicht der erste und nicht der letzte, der sie auf die *Doors* aufmerksam machte, und da sie mehr auf das hörte, was sie auf der Straße aufschnappte, als auf das Geschwätz irgendwelcher Manager, kam sie schließlich ins *Fog*.

Elmer Valentine gab nach, als Ronnie Haran ihn bat, die *Doors* ein zweites Mal zu engagieren; obgleich er sie schon das erste Mal ganz und gar nicht gemocht hatte. Wie er Ronnie sagte, hielt er Jim für einen unfähigen Dilletanten, der sich – um den Mangel an Talent zu kaschieren — eine exzentrische Pose zugelegt hatte. Außerdem hielt er Jims Mundwerk für zotig. Aber da Valentine Ronnie mochte, war er damit einverstanden, daß die *Doors* noch an zwei Tagen auftreten sollten.

Die *Doors* blieben im *Whiskey a Go Go* von Mitte Mai bis Mitte Juli. In der Zeit wurde ihnen mindestens einmal die Woche gekündigt, weil sie die Eigentümer auf die Palme brachten. Obwohl die *Doors* die Zugpferde des *Whiskey* — *The Rascals, The Paul Butterfield Blues Band, The Animals, The Beau Brummels, Them, Buffalo Springfield, Captain Beefheart* — positiv beeindrucken wollten, versuchten sie doch, sie von der Bühne zu fetzen. Da schrie dann Phil Tanzini, Valentines Partner:

»Zu laut! Zu laut! Ich schmeiß euch vor allen Leuten raus. Leiser, leiser!« Zur Strafe hielt Ray, jedesmal wenn sie *Unhappy Girl* spielten, den höchsten Ton, bis die Orgel und Tanzini kreischten. Jims Possen verschlimmerten die Lage. Er war manches Mal wegen Suff oder Drogen so weggetreten, daß er den Auftritt nicht schaffte. Noch schlimmer: Manchmal sprang er zwischen den Auftritten auf die Bühne und schrie:

»Scheiß-Elmer! Scheiß-*Whiskey*! Scheiß-Phil!«

Immer wenn man die *Doors* mal wieder rausgeschmissen hatte, rief Ronnie Haran eine Vierzehnjährige in Beverly Hills an, die schwer auf die *Doors* stand (man ließ sie zwar nicht rein, aber sie durfte vom Eingang aus zuhören). Die brachte dann telephonisch alle ihre Freundinnen auf Trab, und jede rief im *Whiskey* an und fragte, wann wieder die *Doors* spielen würden. Elmer nahm die meisten Anrufe entgegen, und so wie sich Ronnie am Gerede auf der Straße orientierte, hielt er sich übers Telephon auf dem laufenden.

»Es war immer dasselbe«, sagte er heute, und weiß immer noch nicht, daß man ihn zumindest teilweise hinters Licht führte, »die Küken, die Küken, die Küken, alle fragten, ›ist heut abend wieder der geile Typ in den schwarzen Hosen da?‹ Also, weil meine Mutter keinen Idioten großgezogen hat, behielt ich die *Doors* als zweite Band.«

Auf der Straße lief das geflügelte Wort um: »Du mußt ins *Whiskey*, die *Doors* sehen, der Sänger ist *total verrückt*.«

Das Image der *Doors* war offensichtlich sexuell getönt — ein Sänger, der Haut zeigt und sich zwischen den Beinen mit dem

Mikrophon streichelt — zugleich war es aber auch intellektuell. Die breite Palette des Grotesken in Jims Texten faszinierte Mitte der sechziger Jahre das Publikum. *When the Music's Over* (›Wenn die Musik aus ist‹), das klang abwechselnd traurig, herausfordernd, tröstlich, fordernd, bittend und vor allem enttäuscht. Oder verrückt.

Die Auftritte der *Doors* waren nicht immer gleich. Oft verstrichen zwischen den Songs fünf Minuten, während sich die Band darüber unterhielt, was man als nächstes spielen könne.

»Wie wär's mit *Crystal Ship*?« fragte Jim.

»Nö, ich mag nicht«, sagte Ray, »mir ist nicht danach.« Dann mochte John ein Stück vorschlagen, in dem Robby ein großes Solo hatte, aber jetzt lehnte der ab. »*When The Music's Over*?« fragte jetzt Jim. Ray blickte nachdenklich, spreizte den Mund zu einem Henry-Fonda-Lächeln ohne die Zähne zu zeigen und nickte. John sagte »okay« und Robby »klar«. Die *Doors* waren sich einig.

When the Music's Over war ein Stück mit Improvisationen, das elf Minuten oder noch länger dauerte, je nach Länge der instrumentalen Soli und der lyrischen Einwürfe Jims. In vieler Hinsicht war es der klassische Song der *Doors*, vorgetragen in einem sehr dramatischen Stil, der unterstrich, daß die Band sich als optisches und als akustisches Ereignis verstand.

Das Stück begann mit einem lastenden Orgelakkord, und Jim stöhnte fast flüsternd »Jaaaaaa... auf, Mann!« Dann setzte John Densmore ein, übertrieben rotierte er mit den Armen und schlug laut und abgezirkelt den Rhythmus am Schlagzeug. Plötzlich, daß jedermann auffuhr, schnellte Jim mit dem Mikro in der Hand in die Luft und schrie:

»Yeeeeeaaaaaaahhhhhhh!« Die Orgel übernahm die Melodie, Robby akzentuierte sie und Jim schmalzte sein fatalistisches Klagelied:

> When the music's over
> When the music's over
> When the music's over
> Turn out the lights
> Turn out the lights
> Turn out the lights

Dann etwas kräftiger:

> For the music is your special friend

Und wachsend selbstsicherer, fast schreiend:

> Dance on fire as it intends

Jetzt tröstlich, zugleich auch warnend:

> Music is your only friend

Das Schlagzeug peitscht:

> Until the end
> Until the end
> Until the end

An dieser Stelle setzte Robby mit der Gitarre ein, psychedelische Klänge über zerbrochene Typen mit gebrochenen Tönen; Tom legte mit dem Becken los; Ray sorgte für tragende, bohrende Orgeltöne, und mitten in dieser Horrormusik wälzte sich Jim auf dem Boden, klatschte sich das Mikro vor die Brust, die Beine gingen rauf und runter, zwischendurch lag er da, wie der Fötus im Mutterleib, dann erstarrte er völlig. Die Musik wurde schleppender, die Musiker sammelten sich. Jim war wieder auf den Füßen.

> Cancel my subscription to the Resurrection
> Send my credentials to the house of detention
> I got some friends inside
> The face in the mirror won't stop
> The girl in the window won't drop
> A feast of friends alive she cried
> Waiting for me
> Outside

»Draußen« war wieder ein Schrei. Die Musik wurde beschwörend:

> Before I sink into the big sleep
> I want to hear
> I want to hear
> The scream of the butterfly
>
> Come back baby
> Back into my arms

Eine gewisse Ungeduld zeigte sich in Jims Stimme; Leidenschaft blickte durch:

> We're gettin' tired of hangin' around
> Waitin' around with our heads to the ground

Dann verließ Jim die Leidenschaft, er wurde hypnotisierend wie die Musik:

> I hear a very gentle sound
> Very near yet very far;
> Very soft, yeah, very clear;
> Come today, come today.

Eine Stimmung der Trauer stellte sich ein, verkehrte sich in Angst:

> What have they done to the earth?
> What have they done to our fair sister?
>
> Ravaged and plundered and ripped her and bit her,
> Stuck her with knives in the side of the dawn,
> And tied her with fences and dragged her down.

Jetzt hörte man nur noch, rhythmisch wie Herzschlag, Rays Orgel: zwei Noten bam-*bamp*, und dann drängte sich — Weltuntergangsstimmung — das Schlagzeug dazwischen. Bam-*bamp*, bam-*bamp*.

> I hear a very gentle sound
> With your ear... down to the ground.

Jims Gesicht war ganz dicht am Mikrophon, er hielt das Mikro fast zärtlich mit der Linken, die Rechte bedeckte sein Ohr. Sein rechtes Bein war vorgestreckt, das Knie gebeugt, der Fuß hielt den Mikroständer. Das linke Bein war starr und ruhig.

>We want the world and we want it...
>We want the world and we want it...

Ein Wirbel auf dem Schlagzeug. Und:

>Now
>Now?

Das Schlagzeug verstummte. Jim schnellte in die Luft. Er schrie's:

>Now-wowwwwwwoooooooo-
>ooooooooowwwwwwwww!

Die Orgel fiel wieder ein, voller Ekstase:

>Persian night;
>See the light,
>Save us, Jesus, save us!
>So when the music's over,
>Turn out the lights.
>The music is your special friend
>Dance on fire as it intends
>Music is your only friend
>Until the end
>Until the end
>Until
>THE END

Selbst die Go-Go-Tänzerinnen, die das schon auswendig kannten, saßen gebannt.

4

Als man merkte, die *Doors* würden ein Weilchen im *Whiskey* bleiben — nach den ersten zwei Wochen hörten sie auf, das ständige Hinausgeschmissenwerden ernst zu nehmen — zogen alle vier um. John und Robby gingen endlich von ihren Eltern weg und nahmen zusammen eine kleine Wohnung in Laurel Canyon. Sie hielten nach neuen Engagements für die Band Ausschau. Ray und Dorothy mieteten ein Einzimmerapartment am Strand: achtzehn Meter lang, gerade das Richtige zum Üben. Jim zog in Ronnie Harans Wohnung, ein Apartment für 75 $ im Monat, ein paar Ecken vom *Whiskey* weg. Dort kam Ronnie mit Jim überein, einen Vertrag über die Öffentlichkeitsarbeit zu schließen. Außerdem telefonierte sie bei Aufnahmegesellschaften rum, daß jemand kommen müsse, um ›Amerikas *Rolling Stones*‹ zu hören. Tatsächlich wurden auch ein paar Leute geschickt. Nick Venet, Produzent der *Beach Boys,* konnte den *Doors* überhaupt nichts abgewinnen. Lou Adler, bei dem schon die *Mamas and Papas* unter Vertrag standen, war dieses Mal so wenig beeindruckt wie neun Monate vorher, als ihm Jim und Ray ihre Demo-Platte auflegten. Ein paar Mitglieder der *Rolling Stones* schauten rein, als sie gerade in Los Angeles waren; sie waren auch nicht hingerissen. Noch war es Jac Holzman, ein sechsunddreißigjähriger Elektronik-Fan, Produzent von Folk-Music, Gründer und Präsident der Elektra Records. Damals war Elektra eine kleine Gesellschaft, die gerade ihre ersten Schritte in der Rock-Musik mit *Love* machte. Als Holzman am ersten Abend das *Whiskey* verließ, meinte er: »Die bringen's nicht!«

Ronnie drängte Holzman, noch einmal die *Doors* zu hören und ebenso Arthur Lee, den Bandleader von *Love*. Also kam er noch einmal und entschied jetzt, *irgend etwas* an Rays Orgelspiel sei anziehend. Bei seinem vierten Besuch entdeckte er, daß er allmählich der Sache näherkam: Er offerierte den *Doors* einen Vertrag. Er sagte, er wolle sie für ein Jahr nehmen, mit einer Option auf zwei weitere Jahre oder auf sechs LPs, auch wenn es länger dauere. Als Gegenleistung sollten die *Doors* 2500,– $ bekommen, als Vorauszahlung auf künftige Tantiemen, die sollten 5% vom Großhandelspreis betragen.

Jac unterstrich in seinem Angebot die beiden hervorstechendsten Merkmale von Elektra Records: ihre Aufrichtigkeit und die Betriebsgröße. Er wollte es so sehen: Elektra macht sehr persönliche Geschäfte, die Organisation ist klein, aber ordentlich und immer zur Stelle. Die Künstler können jederzeit und ohne Umstände jeden im Unternehmen erreichen. Da — z.B. verglichen mit Columbia — nur wenige Künstler unter Vertrag stehen, können sich die Mitarbeiter besser und direkter der Einzelförderung widmen.

Das klang gut. Es hatte einmal eine Zeit gegeben, da wollten die *Doors* so groß werden wie *Love*. Mittlerweile wollten sie mehr. Vielleicht war da eine kleine Plattengesellschaft das Richtige. Außerdem, es war das einzige Angebot, das ihnen vorlag. Sie waren mit ihren Erfahrungen bei Columbia vorsichtig mit Verträgen geworden, aber sie waren auch wild auf Aufnahmen. Sie sagten Jac, sie wollten das nochmals überdenken, und Jac flog nach New York zurück.

Der erste, dem sie den Vertrag zeigten, war Billy James, ihr alter Freund von der Columbia. Er sagte ihnen aber, daß er in seiner augenblicklichen Lage kein faires Urteil über den Vertrag abgeben könne; er war nämlich im Begriff, bei Columbia auszuscheiden und für Elektra ein Büro an der Westküste aufzumachen. Falls sie sich aber für den Abschluß entscheiden sollten, versprach ihnen Billy, alles für sie zu tun. Und dann schlug er vor, sie sollten sich einen Rechtsanwalt suchen, der sie sachkundig beraten könnte.

Als sie dann mit dem Vertrag zu Ronnie Haran kamen, ging die mit ihnen zu ihrem Anwalt, Al Schlesinger. Der machte ihnen allerdings das Risiko klar, daß für den Fall eines Interessenkonflikts er Ronnies Position gegen die der *Doors* vertreten müsse. Da wurden die *Doors* leicht nervös, und Robby sprach mit seinem Vater, der sie schon zwischendurch geschäftlich beraten hatte und der schickte sie zu seinem Rechtsberater, einem flinken, weißhaarigen Beverly-Hills-Anwalt, der ebenfalls einen wunderbaren Namen trug: Max Fink.

Während Fink mit Holzman verhandelte, machte Jim einen ungewöhnlich gespannten Eindruck. Er hatte zwei Wochen wilde Sauferei hinter sich. Die englische Band *Them* war während dieser Zeit als Zugkraft fürs *Whiskey* engagiert gewesen, und deren Leadsinger und Texter teilte mit Jim nicht nur den Zunamen sondern auch eine ganze Menge persönlicher Eigenheiten. Jim Morrrison und Van Morrison waren überzeugt, daß sie miteinander verwandt waren, und darauf mußten sie trinken.

An die Sauferei schloß sich eine Phase des Drogenkonsums — schlimmer als üblich. Fast täglich sah Ronnie, wie Jim LSD schluckte und einmal, sie beschwört es, rauchte er seine 170 g Marihuana an einem Tag. Das schaffte er, indem er die halbe Nacht aufblieb und Bomben, dick wie sein Zeigefinger, paffte. In dem winzigen Apartment lag der Stoff überall herum und Ronnie wurde sauer. Jim machte sich nichts daraus, meinte, seit man Robby und John wegen Drogenbesitzes eingebuchtet habe, hätten sie eine paranoide Angst vor Drogen und täten alles, um ihn davon abzubringen.

»Nur weil die jetzt meditieren...« Jim ließ den Satz in der Schwebe. Er hatte die Voraussetzungen für die Meditation nicht. Aber er ging zu einem der Vorträge des Maharishi, um ihm in die Augen zu blicken, um zu sehen, ob er glücklich sei. Jim kam zum Ergebnis, er sei's und widmete ihm einen Song: *Take It As It Comes* (›Nimm's wie's kommt‹): »Geh's langsam an / Es wird dir immer mehr gefallen. Nimm's wie's kommt / Werd' ein Glücksspezialist.« Für sich aber dachte Jim nicht ans Meditieren.

Mittlerweile füllten die *Doors* das *Whiskey* mit ihren eigenen treu ergebenen Fans. — Eines Abends kam Jim nicht zum ersten Auftritt. Also spielten Ray, Robby und John ohne ihn, und Ray übernahm auch die Songs. Anschließend ging Robby in die Garderobe, während John und Ray rüber ins *Tropicana* rasten, wo sie Jim zu finden hofften.

Während der zehn Minuten Fahrt sprachen sie über Jim und die Drogen. John war deutlich aufgeregt, am Rande der Angst. Roy war ruhiger.

»Es *scheint*, als nähme Jim 'ne ganze Menge Drogen, weil du selbst den Konsum stark reduziert hast«, sagte er.

»Hä? Also, ich hab' niemals mehr als einmal die Woche LSD genommen«, sagte John, »und Jim nimmt mindestens jeden zweiten Tag welches.«

Sie parkten in der Nähe von Jims Bude.

John gab zu, daß er Jim niemals ganz verstanden hatte.

»Er wollte in Wahrheit ganz aus seiner Haut heraus; er wollte jederzeit bis zum Ende gehen, so weit wie möglich. Kenn sich da einer aus! Ich hab's nie verstanden, ich kam von der indischen Philosophie her, dem allumfassenden Weg, so was eben. Er hatte es immer mit Nietzsche und was das alles bedeutet, das existentielle Verständnis und so.«

Ray seufzte, als sie über den Parkplatz zu Jims Apartment (acht Dollar pro Tag!) gingen. Er brummte einen Vers aus ihrem Song: ›*Break on through to the other side...*‹.

Sie standen vor Jims Tür, klopften. Keine Antwort, aber sie meinten, ein Geräusch gehört zu haben.

»Jim? Mach auf, wir sind's, Ray und John.« Schließlich öffnete Jim.

Er starrte die zwei an.

»Zehntausend Milligramm«, war alles, was er zu ihrer Begrüßung rausbrachte.

Ray lachte. Er hielt's nicht für möglich. Eine normale Dosis LSD lag zwischen 350 und 500 (bei reinem LSD gilt ein Viertel als normal! Anm. d. Übers.).

»Los, mal sehn, wie's läuft. Du hast den ersten Auftritt schon verpaßt. Wir wollen spielen, daß Tanzini noch lange daran denkt.«

Jim ging in sein Zimmer zurück und schüttelte den Kopf.

»Nein, Mann, nein. Hier...« Er öffnete eine Schublade der Frisierkommode. »Da, nehmt das.« Jim nahm zwei Handvoll LSD in kleinen roten Fläschchen und bot sie John und Ray an. Ray sah auch eine Platte Marihuana in der Schublade, ein ganzes Kilo.

Der zweite Auftritt war ein wüstes Durcheinander. Aber als die *Doors* zu den letzten vierzig Minuten kamen, war Jim wieder einigermaßen da.

»Jetzt wollen wir *The End* spielen«, sagte er und nickte wie in Gedanken versunken.

The End war das bemerkenswerteste Stück der *Doors* — oder sollte es zumindest durch diesen Auftritt werden. Es verkörperte ihre Auffassung von Rock-Theater eher noch besser als *When the Music's Over*. Es hatte als einfaches Abschiedslied mit zwei Strophen begonnen, zur Zeit spielten sie es mit einer Länge von

zwölf Minuten, denn Jim hatte fast immer, wenn sie es spielten, neuen Text hinzugefügt, manches auch weggelassen. Heute hatte Jim wieder eine Überraschung parat.

In Jeans, dunkeloliv und T-Shirt, das Haar gelockt bis zum Schlüsselbein, ein unrasiertes Botticelli-Gesicht, so schlich Jim unter der Lichtorgel auf der Tanzfläche des *Whiskey a Go Go* herum. Er hielt an, beobachtete die Tänzerinnen in ihrem Glaskäfig. Im Publikum saßen Vito und seine musiknärrischen Clowns in durchbrochenen Spitzenklamotten. Sie hatten im *Ciro* die *Byrds* entdeckt, dann *Love* im *Bido Lito,* wurden Mitglieder in Frank Zappas *Mother's Auxiliary*. Vito und sein Anhang hatten wochentags im *Whiskey* freien Eintritt, denn wo Vito hinging, kamen die zahlenden Gäste bald nach.

Jim schlurfte zur Bühne; die Augen halb geschlossen, den Kopf zur einen Schulter geneigt. Er beobachtete, wie John, Robby und Ray ihre Plätze einnahmen, dann kam er zu ihnen, stellte sich neben Rays Orgel. Man hörte die Disharmonien des Sich-Einstimmens, dann Stille. Jim und seine Musiker blieben im Dunkel.

Auf der Tanzfläche wurde es ruhig.

Jim hing am Mikroständer wie ein Hemd an der Leine, den Kopf nach hinten geneigt, die Augen geschlossen, eine Hand umfaßte das Mikrophon, die andere hatte er am Ohr. Er trug Stiefel, stellte einen Fuß unten aufs Mirkophon und begann seinen traurigen Vortrag:

> This is the end, beautiful friend
> This is the end, my only friend, the end
> of our elaborate plans.The end,
> of everything that stands, the end,
> No safety or surprise the end.
> I'll never look into your eyes again,
> Can you picture what will be,
> So limitless and free
> desperately in need
> of some stranger's hand
> in a desperate land.

Die musikalische Begleitung war so hypnotisierend wie Jims klagende, drohende Stimme. Dazwischen, wie Herzschlag, Rays Orgel, plötzliche Aufschreie von Johns Schlagzeug und Arabesken von Robbys Gitarre, die nach Sitar klangen.

> Lost in a Roman wilderness of pain,
> and all the children are insane;
> waiting for the summer rain — yahyyyyyeh

Jims Aussprache war sorgfältig. So wie er auch redete, machte er Pausen, selbst zwischen einzelnen Silben, als suche er Wörter und Bilder mit der Sorgfalt, mit der beispielsweise ein Chirurg das Skalpell handhabt. In seinem Vortrag und in der Musik gab es etwas Unausgesprochenes, eine Warnung, eine Ahnung und Angst.

> There's danger on the edge of town
> Ride the King's highway, bay-beh
> Weird scenes inside the gold mine;
> Ride the highway west, bay-beh.

Die Tanzfläche war ohne Bewegung, vollgepropft mit Menschen, die innehielten, auf Jim starrten, der, seit er den Song begonnen, reglos dastand. Selbst an der Bar herrschte Ruhe, kein Gespräch im ganzen Lokal. Selbst die Bedienungen waren wie hypnotisiert von dieser Gestalt auf der Bühne.

> Ride the snake.
> Ride the snake, to the lake,
> The ancient lake
> The snake is loooooooong... seven miles;
> Ride the snake.
> He's old... and his skin is cold.
> The west is the best.
> The west is the bessssssssss-tttttttttt.
> Get here and we'll do the rest
> The blue buuuuuus ... is calling us
> The blooooooooooooe buuuuuuuus ... is calling us
> Driver whe're you takin' us?

Jim warf einen kurzen spähenden Blick auf die Zuhörer, dann schlossen sich die Augen wieder, und die quälenden Klänge der anderen drei mischten sich zu einem geheimnisvollen Hintergrund.

Jim öffnete die Augen. Vorsichtig nahm er das Mikrophon vom Ständer, durchdringend sah er aufs Publikum, die Beine ganz steif, trug er die zwölf Verse vor, die den Song in seiner letzten Fassung vervollständigten. Und in kürzerer Zeit, als sich erzählen läßt, hatte Jim seinen Platz in der zeitgenössischen Pop-Mythologie.

> The killer awoke before dawn,
> He put his boots on,
> He took a face form the ancient gallery,
> And he walked on down the halllllll.
>
> He went into the room where his sister lived annnd...
> Then he paid a visit to his brother,
> And then he ... walked on down the halllllll.
>
> And he came to a dooooooor,
> And he looked insiddde,
> ›Father?‹
> ›Yes, son?‹
> ›I want to kill you. Mother... I want to
> FFFUUUUCKKK YOOOOO!‹

Jims Stimme erhob sich in einem primitiven Schrei, glich dem Geräusch von Seide, die mit dem Fingernagel der Länge nach durchgerissen wird. Hinter Jim brüllten und kreischten die Instrumente. John, Robby und Ray war die Version neu, aber sie waren nicht so erschrocken, daß sie in ihrer Improvisation durcheinander gekommen wären.

Als Phil Tanzini von Jim irgendetwas von ›Motherfucker‹ hörte, wurde er bleich und bekam das große Sausen.

»Jetzt«, stieß er hervor, »ist's aus. Nie —, *niemals* mehr kommen mir die ins *Whiskey*. Selbst nicht, wenn sie den Eintritt *zahlen*.«

Jim sang noch immer, die Augen geschlossen:

> Come on, bay-beh, take a chance with us,
> Come on, bay-beh, take a chance with us
> And meet me at the back of the blue bus
> Come on, Yayehhhhh

Die Band setzte mit einer schnellen stampfenden Passage ein und trieb das Stück zum erschauern lassenden wilden Schluß; Jim stöhnte geil. Dann fanden sie zu ihrem geheimnisträchtigen Songanfang zurück, und Jim sang, was ursprünglich die zweite Strophe gewesen war.

> This is the end, bewwww-ti-fulllll friend
> This is the end, my only friend,
> It hurts to set you free, but you'll never follow me,
> The end of laughter and soft lies,
> This is the end, bewwww-tee-fulll friend
> This is the end, my only friend,
> If hurts to set you free, but you'll never follow me,
> The end of laughter and soft lies,
> The end of nights we tried to die
> This
> is
> the
> ehhhhhhhhhh-ennnnnnnnnnd.

Langsam gingen die Menschen von der Tanzfläche zurück zu den Tischen oder an die Bar. Die Bedienungen kümmerten sich wieder um die Getränke, die Unterhaltungen setzten wieder ein.

Oben in der Garderobe wartete Phil Tanzini auf die *Doors*.

»Du«, schrie er Jim an, als der in den Raum schlappte, »du dreckiger Bastard, du fliegst hier raus. Ihr fliegt alle. Und versucht bloß nicht wiederzukommen.«

Die *Doors* wußten, diesmal meinte er es ernst.

»Fick die Mutter, erschlag den Vater; fick die Mutter, erschlag den Vater; fick die Mutter, erschlag den Vater...«

Wie ein Mantra füllten die Worte das trübe Aufnahmestudio. Es gab noch andere Geräusche — das Stimmen der Instrumente, das Kratzen und Quietschen von Mikrophonen, die richtig eingestellt wurden, über die Haussprechanlage die Stimme aus der Kontrollkabine, die Anweisungen gab — aber jedermann hörte den sanften, sich wiederholenden, quälenden Singsang von Jim Morrison, der beim Schlagzeug auf dem Rücken lag.

»Fick die Mutter, erschlag den Vater; fick die Mutter...«

Inspiriert war das von einer Stelle aus Nietzsches ›Die Geburt der Tragödie‹: »Ödipus, der Mörder seines Vaters, der Gatte seiner Mutter, Ödipus, der Rätsellöser der Sphinx!« Jim sagte dazu:

»Es kann einem wirklich zu Kopf steigen, wenn man's immer und immer wiederholt.«

»Fick die Mutter, erschlag den Vater; fick die Mutter...«

Sophokles hatte eine verklärende Auffassung von Ödipus; Nietzsche hat darüber geschrieben. Er nannte Ödipus ›die leidvollste Gestalt der griechischen Bühne... der edle Mensch... der zum Irrtum und zum Elend trotz seiner Weisheit bestimmt ist, der aber am Ende durch sein ungeheures Leiden eine magische segensreiche Kraft um sich ausübt, die noch über sein Verscheiden hinaus wirksam ist‹.

Jim gefiel das.

»Fick die Mutter, erschlag den Vater; fick die Mutter...«

»Okay, ich glaub', wir sind soweit.« Paul Rothchilds Stimme drang aus der Kontrollkabine. Als Jim nicht aufhörte, rief er noch einmal:

»Jim, ich glaub', wir sind soweit.«

Paul war der Produzent, den ihnen Elektra Records zugewiesen hatte. Er war klein und stämmig, vielleicht acht Zentimeter kleiner als Jim, und sein struppeliges blondes Haar war kurzgeschoren, denn er hatte gerade acht Monate Gefängnis wegen Marihuanaschmuggels hinter sich. Paul war 31, der Sohn einer Opernsängerin und eines gebildeten englischen Geschäftsmannes. Aufgewachsen war er in der liberalen, lässigen Atmosphäre der Greenwich Village. Jac Holzman hatte ihn im Juli nach Los Angeles fliegen lassen, damit er die Doors im *Whiskey* hören konnte. Im September, einen Tag nach dem ›Tag der Arbeit‹ begannen die Aufnahmen.

Paul Rothchild und die *Doors* suchten die Songs heraus, die in ihrer Darbietung besonders gut ankamen, um etwas zu machen, was Paul ein ›atmosphärisches Dokument‹ nannte. Bei zwei

Songs wurde ein Studiobassist hinzugezogen, bei einem dritten standen die *Doors* auf und stampften mit den Füßen, um dem Ganzen einen bestimmten Rhythmus zu unterlegen, aber sonst wurde im Grunde genommen alles so gemacht, als sei das alte *Sunset Sound Studio* ein Nachtclub. Abgesehen davon, daß sie mit Studios und Aufnahmetechniken nicht vertraut waren, fühlten sich die *Doors* wohl, und die ersten Songs mußten nur jeweils zwei-, dreimal wiederholt werden, bis die Aufnahme stand. Dann kam der Song, der mehr als eine halbe Plattenseite ausmachen sollte, das Drama von Ödipus, *The End*.

»Fick die Mutter, erschlag den Vater; fick die Mutter...«

Paul wurde ungeduldig:

»Jim...«

Jim war auf Droge, und als er sich wieder aufrappelte — seine Ödipus-Litanei war endlich ausgeklungen — fiel sein Blick auf den kleinen Fernseher, den er mitgebracht hatte. Er sah auf Johnny Carson, der stumm die Lippen bewegte, dann nahm er den Fernseher und warf ihn nach der Kontrollkabine. Paul und der Toningenieur duckten sich. Das Gerät prallte von der schalldichten, gläsernen Trennwand ab und fiel auf den Boden. Jim sah verwirrt drein.

Paul stoppte die Sitzung und schlug vor, daß das Mädchen, das mit Jim gekommen war, ihn heimbringe.

»Nö«, sagte Jim und war anderer Ansicht. »Wir wollen durchs Viertel ziehen, Mann!«

Paul schüttelte ablehnend mit dem Kopf und brachte Jim behutsam in den Wagen des Mädchens. Sie reihte sich in den Sunset-Verkehr ein. Jim murmelte vor sich hin.

»Fi' d' Mu', 'schla' d' Va'; fi' d' Mu'...«

Plötzlich sagte er ganz deutlich:

»Wir müssen zurück ins Studio«, stieß die Wagentür auf und sprang hinaus.

Er rannte zurück, erkletterte das zweieinhalb Meter hohe hölzerne Tor, kam irgendwie durch die Haustür und dann durch die Tür zum Aufnahmestudio. Er atmete schwer und zog Schuhe, Jeans und Hemd aus.

»Fi' d' Mu', 'schla' d' Va'; fi' d' Mu'...«

Nackt ergriff er einen der schweren sandgefüllten Aschenbecher und schwang ihn wild herum. Dann nahm er einen Feuerlöscher von der Wand und sprühte den Löschschaum übers Aufnahmepult, die Wände und die Instrumente. Eine von Robbys Gitarren und ein geliehenes Cembalo gingen dabei drauf.

Jim legte den Feuerlöscher hin. Er hörte eine Stimme.

»Jim, Jim! Bist du da?«

Es war Paul Rothchild, den Billie Winters — das Mädchen, dem Jim mitten auf dem Sunset Strip abgehauen war — gerufen hatte. Paul und Billie tauchten unter der Tür auf. Jim rannte hinaus.

»Mann, Klasse, daß ihr kommt. Los Mann, wir wollen... wir wollen Aufnahmen machen!«

»Moment«, sagte Paul. »Ich glaub, wir müssen hier raus. Wir wollen irgendwo anders feiern. Hier werden wir womöglich noch hopsgenommen. Das bringt's nicht.«

Jim wurde zum Aufbruch überredet. Aber er vergaß seine Schuhe. Am nächsten Morgen rief der Studio-Besitzer Paul herbei. Mitten in der Verwüstung hatte er die Schuhe gefunden. Wollte Paul, daß er den Eigentümer dieser Schuhe suche? Paul sagte, er solle Elektra die Rechnung schicken. Als die *Doors* nachmittags ins Studio kamen, war es völlig sauber.

Das Tohuwabohu wurde überhaupt nicht erwähnt.

»Okay«, sagte Paul, »heute nehmen wir *The End* auf; ich glaub, wir schaffen's im ersten Anlauf.«

Sie hatten es beim zweiten Mal. Später, als Ray, John und Robby Jim mit seiner Feuerlöscherei neckten (Paul hatte ihnen schließlich doch die Geschichte erzählt), stritt Jim alles ab. Die anderen stichelten ›Aschenbecher‹, ›Löschschaum‹.

»Nein«, sagte Jim, »wirklich?«

Ray kam als erster auf die Bühne und zündete ein Räucherstäbchen an. Dann erschienen Robby und John, schließlich latschte Jim herbei, in einem geilen Anzug, der wie eine zweite Haut saß.

Sie waren im *Ondine,* einer neuen schicken Disco in Manhattan, bei der Brücke an der 59. Straße. Es war eines dieser charakteristischen Nachtlokale fürs Uptown-Kulturvolk und die, die sich dazu rechneten, ein Brechtsches Cabaret, wo der in Szene gesetzte Weltuntergang so greifbar war wie der im Raum hängende Marihuana-Rauch. Es war das erste Engagement außerhalb Los Angeles — ein Auftritt in New York!

Jim hielt die Augen halbgeschlossen, den Kopf anmaßend nach hinten gekippt. Einen Stiefel hatte er auf dem Fuß des Mikrophons, den Schaft des Mikros preßte er sich in den Schritt, dann und wann schüttelte er die dunkle Kräuselmähne. Hinter ihm legte Robby mit den hypnotisierenden ersten Tönen des *Back Door Man* los.

Ein Laut wie das Fauchen eines Pumas in der Nacht, und dann sang Jim: »Oh, ich bin der Mann vom Hintereingang / Die Männer kennen mich nicht / Aber die kleinen Mädchen im Überschwang...«

Es sprach sich rum; das Gerücht von der neuen Band flog durch die Stadt wie Saat übern Acker. Am zweiten Abend kamen alle Spitzen-Groupies. Ein Mädchen alarmierte alle ihre Freundinnen:

»Ihr müßt die Band gesehen haben, der Sänger ist echt astrein.«

Die darauffolgenden Wochen lief Jim durch die Straßen von Lower Manhattan, trank Bier auf der Bowery, trieb sich in den Boutiquen der Lower East Side rum und in den Antiquariaten der Forth Avenue. Einiges war bei der Plattengesellschaft zu erledigen: Der Urhebervertrag mit *Nipper Music* (eine von Holzmans Gesellschaften, die nach seinem zehnjährigen Sohn benannt war) mußte unterzeichnet werden; die Photographie fürs Platten-Cover war zu begutachten und zu akzeptieren; widerwillig stimmte man zu, die Verse *She gets high / She gets high / She gets high* (›Sie kommt‹ — auf dem Drogen-Trip oder bei der Liebe) in *Break on Through* in *She get / She get / She get* zu ändern. Es war die erste Single der *Doors*, und Holzman fürchtete, das Wörtchen *high* könnte die Rundfunkanstalten abschrecken. Da die *Doors* sehr wenig Geld hatten, saßen sie nachmittagelang in ihren Zimmern im Henry Hudson Hotel, sahen Schmachtfetzen im Fernsehen, rauchten Stoff, und gelegentlich, wenn er sich langweilte, baumelte Jim, sich nur mit den Händen haltend, am Fenstersims.

Die Band ging Ende November nach Los Angeles zurück, und Jim zog bei Pamela Courson ein. Sie hatten sich ein Jahr lang immer wieder einmal gesehen. Pamela hatte mittlerweile eine kleine Wohnung in Laurel Canyon. Falls Pamela Jims Auffassung von Verantwortungsbewußtsein nicht ganz hatte akzeptieren können — jetzt mußte sie damit auskommen. Es fing damit an, daß ›Einziehen‹ für Jim eigentlich nur hieß, daß er da schlief; er besaß so gut wie nichts und hatte also auch nichts, mit dem er hätte umziehen können. Gewichtiger — und frustrierender! — war für Pamela der Umstand, daß aus der Tatsache, daß Jim Dienstag- bis Freitagnacht in ihrem Bett schlief, für ihn nicht folgte, er müsse da auch das Wochenende verbringen oder die nächste Mittwoch- oder Donnerstagnacht.

Tatsächlich lief's mal so, mal so. Als die *Doors* in New York waren, hatte Pamela dreimal am selben Tag im Hotel angerufen, um Jim zu sprechen. Schließlich gab sie es auf und traf sich mit einem jungen Schauspieler namens Tom Baker. Als Jim zurückkehrte (und Pamela zu Jim), wurden die beiden Männer Freunde, entdeckten ihre gemeinsame Liebe für das Theater und die Poesie sowie das gleiche — militärbedingte — mobile Elternhaus.

Die folgenden Wochen hatte die Band wenig zu tun; deshalb hingen alle in dem kleinen Elektra-Büroraum und halfen, die Auslieferung ihrer Schallplatte vorzubereiten.

»Hallo, Jungs«, sagte ihr alter Freund Billy James. »Wie weit seid ihr?«

»Wir sind gerade am Überlegen«, sagte Ray, »wir sind uns nicht sicher, ob wir Biographien für notwendig halten. Wir meinen, wo wir herkommen und was unsere Lieblingsfarbe ist, hat nichts mit unsrer Musik zu tun.«

»Das ist natürlich richtig«, stimmte Billy zu. »Trotzdem, irgendwann wird man euch doch mal nach euch selber fragen. Es wäre vielleicht kein Fehler, jetzt da was festzuhalten, dann habt ihr's.«

Die fünf jungen Männer diskutierten den Aspekt der Öffentlichkeitsarbeit fast eine Stunde lang. Sie verstanden schon den Wert eines erfolgversprechenden Images. Aber all die Biographien, die sie von anderen Künstlern gelesen hatten — auch von solchen, die bei Elektra unter Vertrag standen — waren todlangweilig.

Billy stellte sich ans Fenster, starrte ein Weilchen in den Smog und meinte dann:

»Also, wie wär's, wenn wir jetzt was aufschrieben? Kommt, Kerle, ihr sagt alles, was ihr wollt und genau das schicken wir nach New York.«

Sue Helms, die Sekretärin, hielt alles in Steno fest, tippte es dann und legte es ihnen zur Zustimmung vor. Es wurden dreißig Seiten, und der Teil, den man schließlich auswählte, enthielt einige von Jims bildhaftesten Schlagworten, Worte, die gedruckt noch lange Zeit später das Jim-Morrison-Image umrissen.

Auf der Bühne wirken die *Doors,* als lebten sie in ihrer eigenen Welt. Die Stücke klingen, als kämen sie aus dem Raum, sie sind alt. Jahrmarktsmusik, dann ist ein Augenblick der Stille. Etwas Neues ist da.

Man kann es einen Zufall nennen, daß ich alles Notwendige mitbekommen habe, was ich für das brauche, was ich jetzt mache. Ich hab' das Gefühl einer Bogensehne, vor zweiundzwanzig Jahren gespannt und plötzlich losgelassen. Ich bin in erster Linie Amerikaner, sodann Kalifornier und schließlich ein Bürger von Los Angeles. Mich haben immer Ideen angezogen, die um den Aufstand gegen die Autorität kreisen. Wer mit der Autorität seinen Frieden macht, wird selbst autoritär. Ich mag Gedanken, wie man die etablierte Ordnung hinwegfegen, stürzen könnte. Mich interessiert alles über Rebellion, Unordnung, Chaos — vor allem Aktivitäten, die sinnlos zu sein scheinen.

Diesem spielerischen Reklametext lag noch ein konventionelleres Blatt bei mit faktischen Aussagen. Da teilte Jim mit, seine liebsten Vokalgruppen seien *Beach Boys, Kinks* und *Love;* er bewundere Frank Sinatra und Elvis Presley und als Schauspieler Jack Palance und Sarah Miles. Außerdem behauptete er, er habe keine Familie, seine Eltern seien tot.

»Jim!« meinte Sue Helms, »das ist nicht nett. Was werden deine Eltern dazu sagen?«

Jim blieb stur. Wer immer ihn fragte, seine Eltern waren tot. So stand es auch in der offiziellen biographischen Notiz.*

In der ersten Januarwoche 1967 wurde die LP *The Doors* und die Single *Break On Through* ausgeliefert. Ein Plakat zeigte die Gesichter der *Doors* und hatte den Text *THE DOORS: Break On*

---

* Dieser Unfug findet sich noch heute in vielen Nachschlagewerken, zuletzt im Rock-Lexikon 1980, rororo

Through with an Electrifying Album — es war das erste Mal, daß mit Plakaten für eine Rockband am Sunset Strip geworben wurde. Und die Band trat in Bill Grahams *Fillmore Auditorium* in San Francisco auf, als dritte nach den *Young Rascals* und der *Sopwith Camel*. Die Gage, 350$, war lausig, aber die Adresse für ganz Amerika erstklassig.

Sie kamen früh in San Francisco an, rechtzeitig zum *Human Be-In* am Donnerstag, ein katalytisches Ereignis, das Gipfelerlebnisse brachte und zum Pop-Mythos wurde, noch ehe der Tag endete. Alle *Doors* waren von der Versammlung im Golden Gate Park außerordentlich berührt. In dieser Woche gewann die Haight-Ashbury-Ära (benannt nach dem Musiktheater an der Kreuzung Haight St./Ashbury St.) endgültige Gestalt, und die *Doors* fühlten sich wie ein Mann als Teil von ihr.

Den Auftritt im *Fillmore* eröffneten sie mit ihrer Single *Break On Through,* dann spielten sie den Song, den Jim dem Maharishi gewidmet hatte *Take It As It Comes,* beides Stücke mit einer existentiellen und zeittypischen Auffassung. Üblicherweise erregt die letzte Band bei solchen Konzerten nur geringe Aufmerksamkeit; aber beim dritten Song stürmten die *Young Rascals*, *Sopwith Camel* und die *Fillmore*-Fans zur Bühne, um mehr zu sehen, aufmerksamer zu hören. Die Band spielte *Light My Fire*.

> You know that it would be untrue
> You know that I would be a liar
> If I was to say to you
> Girl, we couldn't get much higher

Das war im großen und ganzen ein Song von Robby. Von ihm stammte die Melodie und fast der ganze Text; Jim hatte nur ein bißchen geholfen. Aber Ray hatte ein burleskes Orgelvorspiel beigesteuert, das bald zu einer Art Kennzeichen des *Doors*-Klangs wurde. Wichtiger war: das Stück dauerte sieben bis acht Minuten, der größere Teil war nur instrumental und zeigte so, daß die *Doors* mehr waren als Jim Morrison. Die Band hatte sich vorgenommen, das Stück niemals in der gleichen Weise zu spielen; es sollte ein akustisches Gerüst bilden, um das sich schwierige und poppige Improvisationen schlingen konnten, bis sie sich zu einem schwindelerregenden Ganzen formten.

The time to hesitate is through
No time to wallow in the mire
Try now we can only lose
And our love become a funeral pyre.

Come on baby, light my fire
Come on baby, light my fire
Try to set the night on fi-yer
Try to set the night on fi-yerrrrrrrr!

Die Zuhörer im *Fillmore* waren gebannt.

Bei ihrem zweiten Auftritt spielten die *Doors The End,* und Jim stürzte, als er nach dem Mikrophon griff, ins Schlagzeug und verletzte sich am Rücken. Es kam, wie es kommen mußte: Als er geschrien hatte »Mutter, ich will dich ficken!« dachten die Zuschauer, der Sturz ins Schlagzeug sei ein Teil seines seltsamen Bühnenmanierismus. Den folgenden Abend ging, diesmal in einer andren Stadt, wieder ein Wort um:

»Geh ins *Fillmore,* die Band mußt du sehen.«

Drei Wochen später waren die *Doors* wieder in San Francisco für eine Reihe weiterer Auftritte im *Fillmore.* Dieses Mal waren sie die dritten nach *Grateful Dead* und der *Junior Wells Chicago Blues Band.* Und wie im *Whiskey* spielten sie die Stars an die Wand.

Die nächsten zwei Monate – bis Mitte März – blieben die *Doors* in Kalifornien. Sie schubsten ihre Single hintenherum in den Hitlisten hoch, indem sie immer wieder anonym das führende Rock-Radiostudio anriefen und so lange ihren Song verlangten, bis er in Los Angeles auf Platz Elf stand. Sie kamen in Schwung. Sie gaben ein Wohltätigkeitskonzert für den hörerunterstützenden *Pacifica*-Sender (KPFK-FM). Dann spielten sie im alten *Moulin Rouge,* das jetzt *Hullabaloo* hieß, und eine Woche lang im *Gazzarri* am Sunset Strip – es trug ihnen eine kleine, aber ermunternde Rezension in der *Los Angeles Times* ein. In der gleichen Woche, Ende Februar, nannte ein anderer *Times*-Kritiker, John Mendelsohn, Jim ›etwas überaffektiert, finster und fade‹. *The End,* meinte Mendelsohn, war eine ›Untersuchung dessen, wie langweilig es wirken kann, wenn er teils bemerkenswert einfache, teils überelaborierte psychedelische Inkonsequenzen und Irrtümer rezitiert«. Fast ein Jahr später traf Jim den Kritiker in einem Aufzug; als der Aufzug in Fahrt war und der Kritiker nicht mehr entkommen konnte, lächelte Jim und sagte: »Teils bemerkenswert einfache, teils überelaborierte psychedelische Inkonsequenzen und Irrtümer — hä?«

Dann gingen die *Doors* wieder nach San Francisco, jetzt zu ihrem ersten Auftritt im *Avalon Ballroom,* das war von den beiden großen Tanzschuppen der Stadt der für die Leute, die was von Musik verstanden, in dem mehr lief. Dort waren die *Doors* als Zugkraft engagiert. Als Aufwärmer spielten vor ihnen die *Sparrow* und *Country Joe and the Fish.*

Mittlerweile hatten Jim und Pamela ein neues Apartment in *Laurel Canyon* am *Rothdell Trail.* Die Wohnung war kaum möbliert, im Hintergrund hörte man das ständige Rattern und Dröhnen des Verkehrs auf dem Laurel Canyon Boulevard. Jim saß oft auf dem Balkon, trank Bier und guckte, wie die Leute im Kramladen an der Ecke kamen und gingen. Zwei Häuser weiter wohnte in einem Apartment über einer Garage Ted, ein ehemaliger Diskjockey, jetzt Dealer, ein Freund der beiden. Bei ihm holte sich Pamela Heroin, eine Droge, die sie selten nahm und von der Jim nichts wissen durfte.

»Bitte, bitte, sag Jim nichts«, bettelte sie jedesmal. »Sag ihm niemals was. Er würde mich ganz bestimmt umbringen.«

Pamela ging jeden Abend ins *Gazzarri,* wenn die *Doors* dort spielten. Und wenn sie nicht spielten, war sie mit Jim auf dem Sunset Strip, saß dabei, wenn er sich seinen Rausch antrank und dann bei aber auch jeder Band, wo immer es war, mitmachte, sang, so lange die es aushielten. Dann gingen Pamela und Jim heim. Sie waren müde und erschöpft, hatten Drogen und Alkohol geladen; es war spät, nach zwei Uhr, und sie hatten noch einen langen Heimweg: zwanzig Minuten zu Fuß, bergauf!

»Bitte Jim, bitte, laß uns einen Wagen stoppen.«

Jim sagte jedesmal nein und Nacht für Nacht gingen sie zu Fuß. Pamela schlang ihren Arm um Jims Rücken, hielt sich an ihm fest, ihr Kopf lag auf seiner rechten Schulter und nickte im Halbschlaf hin und her. Wenn Jim stolperte, wachte sie auf.

»Bitte Jim, laß uns einen Wagen...«

»Auf, Goldkind, es ist nicht mehr weit; nur noch ein paar Schritte.«

Später schrieb Jim einen Song über ihre Wohnung am Rothdell Trail: *Love Street* (›Straße der Liebe‹). Wie alle anderen Songs über Pamela und die ihr gewidmeten gibt es da ein gewisses Zögern, die Abwehr einer endgültigen Bindung, einen verhaltenen Schmerz am Ende:

> She lives on Love Street
> Lingers long an Love Street
> She has a house and garden
> I would like to see what happens
>
> She has robes and she has monkeys
> Lazy diamond studded flunkies
> She has wisdom and knows what to do
> She had me and she has you
>
> I see you live an Love Street
> there's the store where the creatures meet
> Wonder what they do in there
> Summer Sunday and a year
> I guess I like it fine ... so far.

Aber Jim schlief immer noch unkontrolliert rum; zog übern Sunset Strip, sang mit Bands, die man gleich vergessen konnte, geriet in Besäufnisse mit irgendwelchen aufgegabelten Freunden. Eines Nachts startete er, voll geladen, einen Wettlauf in einem Hollywooder Friedhof zum Grab Valentinos; ein andermal spielte er Torero im Straßenverkehr, und wieder ein andermal verbrannte er ein paar seiner Notizbücher und Gedichte in der Küche einer Freundin.

»Tandy Martin! Mich haut's um!«

Überraschend traf Jim seine High-School-Liebe in New York. Es war Mitte März, und die *Doors* spielten wieder eine Woche lang im *Ondine*. Tandy erzählte, sie war mit einem Maler verheiratet, der zugleich der Lyrik-Redakteur der *East Village Other* war, einem erfolgreichen Untergrundblatt. Jim lud sie zum Essen in Jac Holzmans Wohnung und machte schon beim Vorstellen klar, daß sie eine alte Freundin war, und nicht eine von denen, wie er sie ständig aufgabelte.

»Robby, das ist Tandy Martin. Wir gingen zusammen in die Schule... Jac, das ist Tandy, meine Freundin auf der High School...«

Nach dem Essen besoff sich Jim.

»Jim, trinkst du immer so viel?«

»Nicht immer. Äh... manchmal mehr.« Er lachte.

Tandy sah ihn bestürzt an.

Schließlich sagte Jim:

»Ich hab' viel getrunken. Aber es bekommt mir. Ich kann jetzt sagen, ich, äh, kann alles abschätzen, ich hab' meinen Platz. Jeder Schluck ist 'ne neue Chance, ein plötzlich geöffnetes Fenster zum Glück.«

Jims Reden quoll wie Sirup aus ihm raus: Plattheiten reihten sich ohne Zusammenhang an poetische Bilder. Sie saßen am Fenster in Jacs großem Wohnzimmer. Jim starrte hinaus, Lower Manhattan bei Nacht, und redete, ohne Tandy anzusehen.

»Wir werden noch ein paar Songs für unsere zweite LP zusammenbekommen. Wir haben genug, aber ich, äh, hab' versucht, noch ein paar zu schreiben.«

»Hast du noch die Notizbücher, die du mich immer hast lesen lassen?« Jim sah Tandy an, vor der Antwort bange.

»Ein paar. Aber viele kann ich nicht finden, und dummerweise hab' ich in Los Angeles, als ich high war, ein paar verbrannt. Meinst du, wenn ich Penthothal nehme, könnte ich mich erinnern, was ich geschrieben habe?«

Tandy saß ganz ruhig da, die Hände im Schoß gefaltet, und blickte Jim fest und traurig an. Sie achteten beide nicht auf die anderen im Zimmer.

Jim fing an, in seinen Taschen herumzukramen und förderte dicke Stöße von Taschentüchern, Streichholzbriefen und Geschäftskarten zutage.

»Irgend jemand gab mir die Adresse von 'nem Seelenklempner«, sagte er, und hielt hoch, was er endlich gefunden hatte, einen zerrissenen Umschlag. »Eine Psychiatresse!« Er fiel in seine dämliche Sprechweise, seine Stimme versackte wie einer, der im Treibsand läuft:

»Ahhh — was hälst'dn du davon?«

»Vielleicht hilft's, vielleicht nicht. Aber, was kannst du verlieren? Und es tut doch nicht weh!«

Jim saß einen Augenblick stumm da, dann sagte er:

»Oh, ich brauch' keinen Psychiater, das muß nicht sein, – ich hab keine Probleme mit dem Alkohol.« Dann lud er Tandy ein, ihn im *Ondine* zu hören.

»Hallo, Jim!« Ray schrie durchs Zimmer. »Zeit für den Club. Bist du soweit?«

Als Tandy im *Ondine* ankam, hatte Jim vergessen, ihren Namen anzugeben, und man ließ sie nicht rein. Dann kam Jim. Tandy war wütend.

»Jim! Herrgott noch mal, Jim! Der Kerl behandelt mich wie Dreck. Sag ihm, daß du vergessen hast, meinen Namen zu hinterlassen. Sag ihm, daß er mich hier zum Narren macht.«

Jim sagte dem Mann am Eingang:

»Ahhh, ich dachte, ähhh, ich hätte ihren Namen angegeben.« Er drehte sich zu Tandy um: »Ist's so recht?« fragte er ganz lieb. Dann sagte er, sie solle in seine Garderobe gehen, sie sähen sich später. Er ging zur Bar, wo Dutzende von New Yorkern, die gerade in waren, darauf brannten, ihm Drinks zu zahlen.

Viel vom übermäßigen Lob ging auf die Kritik zurück, die die *Doors* und vor allem Jim von Richard Goldstein bekommen hatten. Goldstein war fünfundzwanzig, aber einer der zwei, drei wichtigsten Rockmusik-Kritiker im ganzen Land. Er hatte die *Doors* bei ihrem ersten Auftreten im *Ondine* nicht gehört. Er sah sie erst später bei einem Besuch in Los Angeles im *Gazzari*. Jetzt stand er auf ihrer Seite, nannte in der *Village Voice* ihr erneutes Auftreten im *Ondine* einen »atemverschlagenden Erfolg« und beschrieb ihre LP als eine »überzeugende, spannungsgeladene und starke Reise«.

Mit *The End* setzte er sich so auseinander:

»Jeder, der über das Konzept der Rock-Texte disputieren will, sollte besser lang und intensiv diesen Song hören.« Goldstein griff so hoch, von »Joyceschem Pop« zu sprechen. Und Jim nannte er einen »Gassenjungen, aufgestiegen zum Himmel und wiedergeboren als Chorknabe«.

»Mensch, ihr solltet die Briefe sehen«, sagte eine Woche später und wieder zurück in Los Angeles John zu den anderen. »Dave Diamond nahm Robby und mich mit zu sich nach Hause, die Post stapelt sich *so* hoch!«

»Jedermann wollte *Light My Fire* hören«, setzte Robby hinzu. »Dave sagte, wir seien Holzköppe, wenn das nicht unsre nächste Single würde.«

Dave Diamonds *Diamond Mine* (›Diamantenmine‹) war eine der wichtigsten Rocksendungen im Los Angeleser Rundfunk, aber es war nur eine neben mehreren anderen, die das Stück brachte. Aber wie sollte man daraus eine Single machen? Auf der LP dauerte *LightMy Fire* knapp sieben Minuten; eine Seite einer normalen 45er dauerte nicht mal halb so lang.

Irgend jemand riet Jim, das Stück auf die beiden Seiten einer Single in der Tradition der alten Teil 1/Teil 2-Stücke aufzuteilen. Andere rieten ihm gegen einen Kompromiß. Er solle den Song nicht aus dem Album herausnehmen; schließlich hatte doch auch Bob Dylan einen Hit – *Like A Rolling Stone* – von sechs Minuten. Aber Jac Holzman wollte eine kürzere Version und bat die *Doors,* nochmals ins Studio zu gehen und die Sache ein zweites Mal aufzunehmen. Sie versuchten es, aber schließlich baten sie ihren Produzenten Paul Rothchild, irgendwelche Passagen mit Kadenzen herauszunehmen.

Ein paar Tage später waren die *Doors* im *Ciro* am Sunset Strip. Das war früher ein Glamour-Club für Filmstars gewesen und jüngst zum Startplatz für die *Byrds* geworden. Jim hatte hart an diesem Auftritt gearbeitet. Auf der Bühne vollführte er eine Art Schamanentanz; er wirbelte das Mikro herum, sprang darüber, schaukelte es rhythmisch, stellte es hin, fiel drauf, erhob sich, ergriff's wieder und warf's wieder hin. Eine große Schwarze mit rasiertem Kopf begleitete ihn in seinem Tanz. David Thompson, ein alter Kumpel vom Filmstudium, der jetzt die Light Show im Club machte, war so von der Vorführung gepackt, daß er am Schaltpult dicht machte, sich hinstellte und bis zum Schluß zusah. Ein junger Mann stürzte aus dem Publikum, umarmte Jim, bot ihm sein Glas an. Jim trank. Dann redeten Jim und die anderen aufgeregt miteinander. Sie waren auf der Bühne high geworden und sie hatten das Publikum hochgebracht.

Eine Woche später wiederholten die *Doors* die Sache vor 10000, dem ersten großen Publikum: in einem High-School-Stadion wärmten sie die Schau für *Jefferson Airplane*. Das Publikum war aber ein *Doors*-Publikum; ein Drittel der Leute ging nach dem Auftritt der *Doors*.

Bislang war das Geschäftliche und das Vereinbaren der Engagements für die *Doors* weitgehend von Elektra, von Robbys Vater oder von den Bandmitgliedern selbst abgewickelt worden. Aber als *Light My Fire* auf den nationalen Sellerlisten auftauchte, schien es den *Doors* an der Zeit, einen professionellen Manager anzuheuern.

Der Schritt führte nicht gleich zum erwarteten Erfolg. Wie Robby sich erinnert:

»Jim war am Aussteigen und machte uns Ärger. Wir mußten hart dahinterhersein, um irgendwo einen bezahlten Auftritt zu bekommen. Und wenn wir ihn hatten, fing die Arbeit an, Jim rechtzeitig dorthin zu schleppen. Also, warum sollten wir das alles selber machen. Wir brauchten einen Manager, der das Kind schaukeln würde.«

Selbstverständlich hatten sie auch die üblichen Gründe, einen Manager zu suchen: Agenturen mußten aufgetan werden, Kritiker; Tagesablauf und Geschäft waren zu organisieren; sie brauchten eine schützende Mauer zwischen sich und den Veranstaltern, Clubbesitzern, Journalisten und der Öffentlichkeit und, wie Ray es ausdrückte, »jemand, der das verdammte Telefon abnimmt«.

Nachdem sie ein paar Wochen Ausschau gehalten und die wenigen Angebote besprochen hatten, schlossen sie schließlich mit Asher Dan ab, einem erfolgreichen Grundstücksmakler, der Wohnungen an Schauspieler vermittelte und jetzt ein größeres Stück vom Kuchen des Unterhaltungsgeschäfts wollte. Sein neuer Partner, Sal Bonafede, hatte eine erfolgreiche Ostküstengruppe, *Dion and the Belmonts,* gemanagt, und jetzt kümmerte er sich um einen mittelprächtig gröhlenden Sänger namens Lainie Kazan.

Wie Jim war Asher reizend und etwas scheu, und er war nach dem Maßstab kalifornischer Tennis-Clubs gut aussehend. Da er genau wie Jim schwer soff, galt er vor allem als Jims Babysitter. Sal war aalglatt, redete schnell und war in keiner Weise von Jim angetan. Der sagte, Bonafede sähe aus wie ein Mafia-Häuptling, ihm fehle nur noch der Schnurrbart.

Dan und Bonafede — sie nahmen 15% von den Einnahmen der *Doors* zuzüglich Spesen, ein Standardvertrag — brachten die Band rasch bei einer Konzert- und einer Werbeagentur unter.

Todd Schiffman war ein ordentlicher Agent, fünfundzwanzig Jahre alt, trug karierte Anzüge und breite Krawatten. Als erstes jagte er die Konzertgagen der *Doors* hoch. Zu der Zeit bekamen sie in Los Angeles pro Abend 750,– bis 1000,– $. Aber in New York, wo sie drei Wochen gastierten, bekamen sie für die ganze Woche bei drei Auftritten je Abend 750,– $. Todd hielt das für entschieden zu wenig. Also machte er sich daran, einen nebenberuflichen Agenten, der für Denver Schulveranstaltungen arbeitete und für zwei Abende im September *Jefferson Airplane* wollte, zu bearbeiten. Nach und nach bekam Todd durch hartnäckiges Reden und Bluffen ihn so weit, daß er statt *Airplane* die *Doors* nahm, für 7000,– $. Wie's so kommt, im September waren die *Doors* auf über 7000,– gestiegen. Aber im April, vor *Light My Fire,* fixierte dieser Abschluß eine Gage, die der Agent zum Nutzen der Band jetzt auch sonst verlangte.

Allerdings wurde eine Ausnahme gemacht: die Vorstellung am 7. Mai im *Valley Music Theater,* am Stadtrand von Los Angeles. Da nahmen sie noch einmal 750,– $; es war ihr Dankeschön an Dave Diamond, der die Veranstaltung organisierte – und dabei über 10000,– $ einnahm – weil er ihnen beim Durchbruch in Los Angeles geholfen hatte.

Mike Gershman, ein gewandter New Yorker, der erst kürzlich nach Beverly Hills gekommen war, um die Rockabteilung von Rogers Cowan and Brenner – die General Motors der Hollywood-Werbung – aufzubauen, informierte sich über die Rock-Szene, indem er in einen Laden ging und nach einem »Dutzend Platten von Bands mit außergewöhnlichen Namen« fragte. Was er mit der Methode herausfand, langte, um *Time* und *Newsweek* mit brieflichen Lobeshymnen der *Doors* zu bombadieren.

Die *Doors* hatten jetzt ihr Team komplett. Sie hatten einen Rechtsanwalt, einen Herrn in den Fünfzigern, dessen Spezialgebiet das Strafrecht war, der aber auch an Zivilrechtsfragen im Schaugeschäft Gefallen fand. Sie hatten Manager, nicht so sehr für ihre Musik, aber für Jims Möglichkeiten als Star. Und sie hatten einen jungen Agenten und einen Werbemann, die beide neue Karrieren starteten und deshalb ihren Wert unter Beweis stellen wollten.

Sommer 1967: Der Juni ließ sich gut an. Am 3. schaffte es *Light My Fire* zum ersten Mal, auf die nationalen Hitlisten zu kommen. Dann gingen die *Doors* nach San Francisco, um zum ersten Mal als Hauptgruppe im *Fillmore* aufzutreten; sie spielten mit der *Jim Sweskin Jug Band* zusammen. Am 11. Juni flogen sie nach New York, trafen sich dort mit dem neuen Leiter der Abteilung für Öffentlichkeitsarbeit bei Elektra, Danny Fields, und zischten in einer extra bereitgestellten Limousine zum *Village Theater* an der Lower East Side, wo Radio WOR-FM sein einjähriges Bestehen feierte. Als die *Doors* ankamen, hatten andere Bands schon ihren Auftritt gehabt, und ein Schwarm New Yorker Jazzer, die sich als Rock'n'Roll-Stars gebärdeten, beendeten gerade eine geräuschvolle Session. Der Moderator, einer der Diskjockeys von Radio WOR-FM, plauderte etwas über ›In-Brand-Setzen‹ und stellte die *Doors* vor. Der Vorhang ging hoch und Jim mit: Er hielt sich mit beiden Händen daran fest. Der Beifall wuchs.

Einen Tag später fing ein Nachtclub-Engagement an, das das letzte der *Doors* werden sollte: drei Wochen in einer der modischen Diskotheken New Yorks. Sie wurde von Steve Paul geleitet, einem netten Typ aus der Szene, der sein eigener Veranstalter war; der Schuppen hieß passenderweise *The Scene*. Wie das *Ondine* war auch *The Scene* ein Mekka der Pop-Kenner; ein Tummelplatz am späten Abend, der die Ereignishungrigen aus Uptown New York in ihren zerknautschten Samthosen und ihren Sächlein aus der Carnaby Street, die immer auf der Suche nach was Neuem waren, anzog. Andere Gäste kamen aus dem East und West Village, gestandene Musik-Freaks mit Federn und Fransen, Friedenszeichen und in ausgefallenen, aber eindrucksvollen Gewändern.

Wie es manchmal so läuft, gerade in dieser Woche waren viele New Yorker in Kalifornien, um beim *Monterey Pop Festival* dabeizusein. An die *Doors* hatte niemand gedacht, bis es zu spät war — so jedenfalls John Simon, der Veranstalter des Festivals. Das ärgerte die *Doors,* zumal *The Scene* die drei Tage über geschlossen war und sie nach Long Island und nach Philadelphia hetzen mußten, um da geschwind aufzutreten.

Jim war niedergeschlagen und soff exzessiv. Er machte — allein — lange Spaziergänge nach dem Aufstehen (meist am Nachmittag), bis es Zeit wurde, in den Club zu gehen. Einmal, an einem Montag abend, begleitete er Danny Fields und Paul Rothchild zu *Max's Kansas City* an der East Side und sprach den ganzen Abend mit keinem ein Wort. Bei dem Auftritt auf Long Island, während des Festival-Wochenends, jagte er den anderen *Doors* einen Schrecken ein, als er auf offener Bühne Anstalten machte sich auszuziehen.

Aber nach wie vor waren die Auftritte gut, und Jims Stimmung hellte sich auf, als Richard Goldstein wieder einen Großteil seiner Kolumne in der *Village Voice* den *Doors* widmete, Jim einen »erotischen Schamanen« nannte und schrieb: »Die *Doors* fangen da an, wo die *Rolling Stones* aufhören.« Lillian Roxon, als Rock-Kritiker gefürchtet, schrieb: »Die *Doors* sind ein kaum auszuhaltender hinausgezögerter Genuß.«

Dann kam Pamela nach New York, um bei Jim zu sein. Jetzt streifte er mit ihr durch die Stadt und traf dabei zufällig eine alte Freundin aus Los Angeles, Trina Robbins, die eine Boutique betrieb, in der Pamela verschiedene weit ausgestellte Samthosen kaufte. Wieder im Hotel, rief Tom Baker an. Pamela sagte, heute sei Jims letzter Tag im *Scene,* ob er nach dem Spielen kommen wolle. Tom sagte ja, und er hätte ein paar Freunde mit, die er dazu bringen wolle, daß sie einen Film machten: Paul Morrissey und Andy Warhol.

Bei der Party nach dem Auftritt machte sich Tom an Jim heran:

»Wie läßt sich's an?«

»Prima, prima!«

Ray gesellte sich dazu:

»Genau. Die *Beatles* haben zehn Stück von unsrer LP gekauft.« Jim fügte hinzu:

»Ja, wir müssen gut sein, Pamela denkt an ein Haus.«

Die folgende Woche hatten die *Doors* zwei weitere Auftritte: als zweite nach Simon und Garfunkel in Forest Hills, New York, und als erste Band in Greenwich, Connecticut, bei einer High-School-Veranstaltung. In Forest Hills sahen sie sich einem typischen Simon-und-Garfunkel-Publikum gegenüber, das an Jims Feuerwerk gar nicht interessiert war und überhaupt mit Rock nicht viel am Hut hatte.

»Wie war's?« fragte Danny Fields, als Jim am nächsten Montag ins Elektra-Büro kam.

»Sie haben mich ausgelacht.«

Dannys Stimme senkte sich:

»Wie meinst du das?«

»Der Vorhang ging auf und ich stand da und sie lachten. Diese Arschlöcher haßten mich, und ich haßte sie. Ich hätte sie umbringen können. Niemals vorher hab' ich jemand so sehr gehaßt. Den ganzen Auftritt über kam ich davon nicht los, so einen Haß hatte ich auf die Typen.«

Zur gleichen Zeit ging's mit Light My Fire weiter aufwärts. Seine Popularität wuchs im Sturm von West nach Ost — wie bei den Doors selbst auch. In der dritten Juniwoche schaffte es den Sprung in die magischen Ersten Zehn der Hitliste, und da blieb es einen guten Monat lang und arbeitete sich noch weiter vor. Schließlich, am 25. Juni, bekamen Sal und Asher einen Anruf von Elektra:

»Würden Sie bitte den Jungs sagen, daß im Billboard (die Bibel der U-Musik-Branche!) der nächsten Woche die Doors die Nummer Eins sind!«

Sie hatten's geschafft. Nummer Eins. Der ganz große Ruhm war greifbar.

5

Um sich etwas Gutes zu tun, brach Jim auf und kaufte sich was zum Anziehen: schwarze lederne Maßkleidung. Sie saß sehr eng — wenn Jim die Hosen anzog und in den mannshohen Spiegel blickte, sah er aus wie ein nackter Körper, in schwarze Tinte getaucht.

Er stand lange Zeit vor dem Spiegel, posierte, zog die Lederjacke an und aus. Schließlich warf er die Jacke in eine Ecke, spannte die gelenkigen, muskulösen Arme, seine Brust und die Bauchmuskeln versteinerten, die Nackenmuskeln ließ er hervortreten. Mit seinem welligen, dunklen Haar und den hohlen Wangen sah er aus, wie David, der nach Hollywood kommt, die Faust im schwarzen Handschuh aus Ziegenleder. Den Frauen gefiel das.

»Damals im Juni«, erzählt Danny Fields, »als ich Jim umgeben von Groupies hinter der Bühne im Fillmore sah, beschloß ich, wenn ich die Öffentlichkeitsarbeit für ihn machen würde, so würde ich zumindest eines tun: seinen Geschmack für Frauen verbessern.«

Später im Juli, führte Danny Jim telefonisch bei Gloria Stavers ein, der Herausgeberin des Magazins *16*. Und als er mitbekam, daß ein paar aus der Andy-Warhol-Clique sich im *Castle,* der oft leerstehenden Wohnung von Phillip Law, dem Schauspieler, rumtrieben, sah Danny zu, daß Jim eins von den Warhol-Mädchen traf.

Nico war ohne Alter, schwer zu fassen, und sie hatte eine ungewöhnliche Ausstrahlung. In Deutschland war sie Fotomodell gewesen; 1958 trat sie in Fellinis *La Dolce Vita* auf; sie war die Freundin des französischen Schauspielers Alain Delon — mit dem sie einen Sohn hatte — und gut bekannt mit Bob Dylan und Brian Jones; in Warhols *Chelsea Girls* hatte sie eine Hauptrolle. Jetzt war sie Vokalistin in Warhols irrem Beitrag zum Rock: *The Exploding Plastic Inevitable* (eine Multi-Media-Schau, Musik: *Velvet Underground*). Sie war genau so groß wie Jim und trank gern einen übern Durst. Für Jim war sie unwiderstehlich.

Die Szenen hätten aus einem Bèrgmann-Film sein können, dessen Drehbuch Bertolt Brecht geschrieben und den Ionesco inszeniert hatte: Jim trank gerade Wein, als der mitbekam, daß Danny ein bißchen Hasch hatte, so acht Gramm. Also rauchte das Jim. Dann fiel ihm ein, daß er noch etwas LSD hatte, das spülte er mit Wodka rein.

Danny redete vom Geschäft:

»Du mußt dir klar machen, wie wichtig dieses Magazin — *16* — ist. Da hast du Zugang zu den Teenies.«

Jim sah Danny konfus an:

»Hast du ein bißchen Tuinal?« fragte er.

»Wir müssen das richtige Image festlegen, Jim, das ist wichtig.«

»Hast du wirklich auch kein bißchen Hasch mehr?«

Jim und Nico bauten sich in Eingängen und Torbögen auf und starrten vor sich auf den Boden.

Spät in der Nacht hörte man Schreie im Hof des *Castles:* Jim hatte Nico an den Haaren. Schließlich konnte sie sich befreien, und Minuten später sah man einen nackten Jim im weißen Schein des vollen Monds den Zaun entlang wandeln.

Am nächsten Tag pflügte Jim durchs Wasser des Swimming Pools im *Castle*. Er schwamm Länge um Länge, ein energisches Ein-Mann-Schwimmfest.

»Jim ist übergeschnappt!« sagte Nico mit ihrer tiefen Walkürenstimme. »Er ist vollständig übergeschnappt!« Ganz offensichtlich fand sie ihn wundervoll.

Nach dieser Nacht kehrte Jim zu Pamela zurück. Nico und manche andere tauchten im Lauf der Jahre immer auf, aber es war Pamela, an die er als seine ›kosmische Partnerin‹ dachte, ein Ausdruck, den er nur auf sie anwandte. Die Nicos in Jims Leben — die Dutzende von Frauen, die in den Hollywood-Nächten auftauchten und gingen — waren Appetithappen, Aperitif und Nachtisch; Pamela war für Jim Nahrung.

In vieler Hinsicht war Pamela wie Jim. Sie war klug, eine glänzende, attraktive Erscheinung, der Stubenhockertyp, der Sport verachtet, nicht besonders kräftig, sie mied die Sonne und schätzte die Anonymität der Dunkelheit. Es machte ihr Spaß, mit Drogen herumzuexperimentieren, aber anders als Jim stellte sie Tranquilizer über Psychedelica und sie schätzte auch eine gelegentliche Dosis Heroin. Sie hatte nichts gegen einen Seitensprung oder eine Nacht mit irgend jemand, den sie irgendwo aufgegabelt hatte. Die herkömmliche Moral bedeutete nichts für sie; das Leben in den sechziger Jahren war existentieller, lustvoller und weniger eingeengt.

In manchem glich Pamela auch Jims Mutter. Er erzählte Freunden, sie könne eine Wohnung gemütlich machen, sei eine gute Köchin. Aber sie war auch nörglig, fühlte sich von den anderen *Doors* zurückgesetzt, und sie sagte Jim unablässig, daß ihr seine bisherige Karriere nicht gefiel, und daß er sich besser mit Poesie beschäftigen sollte. Außerdem meinte sie, er trinke zuviel. Manchmal ging es ihm auf den Geist und es gab Krach. Er stritt sich, wie Pamela erzählte, mit ziemlicher verbaler Brutalität. Zum Beispiel damals in Los Angeles als sie sich zum Aufbruch ins *Cheetah* fertigmachten; die *Doors* wollten wegen ihrer Rückkehr ein Konzert geben:

Jim steckte schon in seinem Lederanzug und kämmte seine frisch gewaschene Mähne vor dem Badezimmer-Spiegel. Er zog die Wangen ein, spannte die Nackenmuskeln, streichelte Hüften und Schenkel, posierte — dreist, narzißtisch, bisexuell.

»Es wird ein gutes Konzert werden«, sagte er zu Pamela, die sich im Schlafzimmer nebenan anzog. »Ich spür's. Das *Cheetah* is' eigentlich schon in Venice, weißt du.«

»Jim«, sagte sie, »willst du schon wieder diese Lederjeans tragen? Du wechselst aber auch nie die Kleider. Merkst du nicht, daß du allmählich zu stinken anfängst?«

Jim sagte nichts. Sie hörten einen Wagen hupen; es war die Limousine, die sie raus zur Los-Angeles-Küste bringen sollte, dorthin, wo genau vor zwei Jahren Jim sich mit Ray getroffen und *Moonlight Drive* gesungen hatte. Sie sprangen die Treppe hinunter, und als Pamela einsteigen wollte, versperrte Jim ihr den Weg.

»Jim?« sagte sie, »was soll das...«

»Ich hab' mir's anders überlegt. Ich will nicht, daß du mitkommst. Du würdest irgend etwas tun, was mich drausbringt.«

Und Jim stieg ein, ließ den Fahrer starten, und Pamela stand auf der Straße.

Light My Fire hielt sich die ganze Augustmitte auf Platz Eins. Also machten sich die *Doors* mit großer Selbstsicherheit daran, ihre zweite LP aufzunehmen: *Strange Days*. Ein Jahr war seit ihrem ersten Album vergangen, und in der Zwischenzeit hatte das Sunset Sound Studio Number One die zur Verfügung stehenden Tonspuren auf acht verdoppelt. Die *Doors* machten von den erweiterten Möglichkeiten vollen Gebrauch.

Zu Jims Gedicht aus seiner High-School-Zeit ›Eine Gegend für Pferde‹ machten Paul und der Toningenieur Bruce Botnik eine elektronische Hintergrundmusik. Auf einer Spur nahm Bruce das Geräusch eines unbespielten ablaufenden Tonbandes auf: von Hand variierte er die Geschwindigkeit und erhielt so ein Geräusch, das dem Wind ähnelte. Jim, John, Robby und Ray spielten alle auf Musikinstrumenten, aber in ungewöhnlicher Weise — z.B. zupften sie die Saiten des Klaviers — und die sich ergebenden zusammenhängenden Töne wurden elektronisch verändert, um noch andere Effekte und verschiedene Tempi zu bekommen. Man ließ sogar eine Cola-Flasche in einen metallenen Abfalleimer fallen, schlug Kokosnußschalen auf den Fliesenboden und bat ein paar Bekannte, heiser zu kreischen. Gegen diesen Hintergrund, kaum daß er sich darüber erhob, deklamierte Jim die Verse seines Gedichtes:

When the still sea conspires an armour...

Im Titelstück *Strange Days* bietet Ray eine der frühesten Aufnahmen mit einem Moog-Synthesizer in der Rock-Musik. In einem dritten Stück, *Unhappy Girl*, mußte er den ganzen Song rückwärts spielen, und auch John spielte elegant rückwärts und lieferte einen weichen, einschmeichelnden rhythmischen Klang.

Es gab noch andere Experimente. Für die Aufnahme mancher Stücke versuchte Paul eine besondere Studio-Atmosphäre herzustellen. Bei einem der Lieder, *I Can't See Your Face In My Mind,* sagte Paul in einer Art leidenschaftlichen Flüsterns, sie sollten sich nach Japan versetzt fühlen, »und weit entfernt hörte man den Klang einer Koto«. Die *Doors* reagierten mit einer lauten Obszönität. Dann wollte Paul, daß Jim ein Mädchen aufgabeln solle, daß es mit ihm trieb, während er *You're Lost Little Girl* singt, ein Lied, von dem sie hofften, Frank Sinatra würde es für Mia Farrow singen. Paul fand soviel Gefallen an dieser Idee, daß er sich sogar erbot, eine Nutte zu bezahlen. Aber auch Pamela gefiel der Gedanke, sie zog, wo sie stand, ihre Klamotten aus und huschte liebevoll zu Jim in den Aufnahmeraum. Paul zählte leise bis 60 und sagte dann:

»Äh, du sagst mir, äh, wenn du fertig bist, Jim.« Vielleicht zwanzig Minuten später kam Jim in den Kontrollraum und Paul zuckte die Schultern:

»Naja«, meinte er, »man kann eben nicht alles haben.«

Jims lyrische Kraft war ungebrochen. Das zeigte sich in der Faszination vom Opfertod beim Ertränken der spanischen Hengste in ›Horse Latitudes‹, im schockierenden Schluß von *Moonlight Drive* und in der offenen, schmerzlichen Ungewißheit von *People Are Strange*. Die elfminütige Aufnahme von *When The Music's Over* enthielt den zornigen Protest: ›Wir wollen die Welt, und wir wollen sie jetzt!‹ Daneben stand Jims Beschäftigtsein mit dem eigenen Tod (›seh' ich sink in den tiefen Schlaf / Will ich ihn hören / Den Schmetterlingsruf‹), und schließlich gab's da Jims Ansichten von Frauen in *Unhappy Girl* (›Du bist eingesperrt in ein Gefängnis / Deiner eigenen Erfindung‹) und im Titel *You're Lost Little Girl*. Die zweite LP war kein ganz so befremdlicher Katalog seelischer Schocks und Qualen wie die erste, aber es war für 1967 immer noch ein verblüffendes Aufgebot von Schmerz und Weh — wo doch jedermann sonst von Räucherstäbchen, Pfefferminz und orangefarbenen Himmeln zu singen schien. Die Platte hatte auch eine ungewöhnliche Hülle: einen Muskelprotz, einen Kornettbläser, zwei Akrobaten, einen Gaukler, zwei Zwerge, die im Moos herumturnten; die einzige Erwähnung der Band war ein kleines Plakat auf einer Hinterhauswand. Elektra hatte ein Photo der Gruppe gewollt, mit Jim im Vordergrund. Aber die Band und vor allem Jim waren unnachgiebig — kein Photo aufs Cover. Als Kompromiß blieb dann ein verschwommenes Photo innen im Album zusammen mit den Songtexten.

Im Spätsommer 1967 waren die *Doors* weiter auf Tournee. Eine Woche lang traten sie vor 9000 Leuten im *Anaheim Convention Center* in Südkalifornien auf. Jim trug ein farbbeschmiertes, ärmelloses altes Turnhemd über den schwarzen Lederjeans und warf brennende Zigaretten ins Publikum, die Fans ihrerseits zündeten Streichhölzer an, als die Band *Light My Fire* spielte. Dann gingen sie eine Woche lang nach Osten und traten in Philadelphia, Boston und New Hampshire auf. Zurück in Los Angeles gab es noch ein Konzert mit *Jefferson Airplane* im *Cheetah*. *Light My Fire* blieb drei Wochen lang die Nummer Eins der Hitliste, dann machte es Platz für *All You Need Is Love* von den *Beatles*.

In dieser Woche gab es von Elektra folgende Pressemitteilung:
Elektra Records haben die Record Industry Association of Amerika (RIAA) ersucht, zu bestätigen, daß sich sowohl die LP als auch die Single der *Doors* für eine Goldene Schallplatte qualifiziert haben. Diese Woche, am 30. August, hat Elektra-Präsident Jac Holzman bekanntgegeben, daß die LP *The Doors* mehr als eine Million Dollar Umsatz im Großhandel erreicht hat, und daß eine Million Platten von der Single *Light My Fire* auf dem Markt sind.

Der Verkaufsdirektor von Elektra, Mel Posner, versichert, daß die getrennt notierten Verkaufskurven der LP und der Single die Millionenmarke fast gleichzeitig überschritten haben.

Dieser doppelte Beweis geschäftlichen Erfolgs macht die *Doors* zur stärksten Gruppe, die seit Jahresbeginn in der Popmusik-Szene in Erscheinung getreten ist. Die *Doors* zeichnen sich jetzt dadurch aus, daß sie dieses Jahr die einzige Gruppe sind, die mit ihrer ersten LP eine Goldene Platte errangen; überdies sind von allen Bands, die 1967 mit Aufnahmen debutierten, die *Doors* die einzigen, die von einer Single eine Million verkauft haben...

Es gab noch andere Erstmaligkeiten im Spätaugust. Beim *Cheetah*-Konzert triumphierten sie zum ersten Mal über ihre Rivalen in Los Angeles: Sie waren die Hauptgruppe vor *Jefferson Airplane.* In der Zeit baute Jim auch zum ersten Mal eine Art Drahtseilakt in seine Show ein: Er schwankte die drei Meter hohe Kante der Bühne entlang und stürzte dann kopfüber ins Publikum. Es wirkte wie ein Unfall und machte schreckliches Aufsehen. Das Publikum war in Ekstase.

Mittlerweile hatten die *Doors* ihre Show verfeinert und vervollkommnet. Manchmal legten sie einen Moment der Stille mitten in ein Stück, oder Jim stoppte mitten zwischen zwei Silben. Owsley, der legendäre Drogenproduzent und Freund der San-Francisco-Rock-Bands, erklärte den *Doors,* daß ihn dieses Schweigen zum Wahnsinn treibe. Manchmal lachten ein paar im Publikum. Einmal passierte das auch in Berkeley, Jim war beleidigt und sagte:

»Wenn ihr hier lacht, dann lacht ihr in Wahrheit über euch selber.« Später erklärte Jim:

»Der einzige Platz, wo ich wirklich lebe, ist die Bühne. Hier kann ich das; das ist ein Platz, wo ich mich verbergen und zeigen kann. Ich seh das nicht nur als einen Auftritt an, kein einfaches Hingehen, 'n paar Lieder singen und abhauen. Ich nehm das alles sehr persönlich. Ich glaube nicht, daß ich etwas richtig gebracht habe, wenn wir nicht jeden im Saal auf einer gemeinsamen Basis gepackt haben. Manchmal halt ich das Stück einfach an und laß ein langes Schweigen raus, laß all die vorhandenen Feindseligkeiten, Unruhen und Spannungen raus, ehe wir alle wieder zusammenfinden.«

Nachdem die Pausen in Berkeley erprobt waren, setzte Jim sie in einem Konzert in einer New Yorker Universität ein. Er hielt in der Mitte von *The End* vier Minuten an; aber dieses Mal moserte niemand, statt dessen glich die Atmosphäre in der Aula der in einem Dampftopf. Wie der Druck anstieg, ging die Temperatur hoch, und gerade als das Publikum im Begriff war zu explodieren, gab Jim der Band ein Zeichen, und sie machten im Stück weiter.

»Es ist, wie wenn man vor einem Bild steht«, sagte er später. »Zuerst ist da Bewegung, dann friert sie ein. Mich interessiert, wie lange sie es aushalten können, wenn sie dran sind überzuschnappen, laß ich sie wieder los.«

»Aber was würdest du tun, wenn sie durchdrehn, Amok laufen, die Bühne stürmen?« fragte man ihn einmal. »Nicht aus Bewunderung, sondern um euch zu killen?«

Jim erinnerte an Norman O. Brown und seine eigene Hypothese zur Sexualneurose der Masse. Er schien sich sicher.

»Ich weiß immer genau, wann ich es machen kann«, sagte er. »Es geilt die Leute auf. Weißt du, was passiert? Sie sind entsetzt, und Furcht ist sehr erregend. Die Leute wollen angetörnt werden. Es ist genau wie der Augenblick vor dem Orgasmus. Jeder will ihn. Es ist der Gipfel schlechthin.«

Was Jim nicht wußte: Als *Light My Fire* die Spitze der Hitlisten wurde, erreichte auch sein Vater den Gipfel seiner Karriere; mit 47 Jahren wurde er der jüngste Admiral der US-Marine. – Er wurde dem Verteidigungsministerium zugeteilt, und die Morrisons – Andy war jetzt achtzehn und Anne zwanzig – zogen nach Arlington, Virginia.

Eines Tages besuchte ein Freund Andy und hatte das *Doors*-Album dabei.

»Sieh mal«, sagte er, »ist das nicht Jim?«

Andy sagte, daß er *Light My Fire* wochenlang gehört und die Stimme seines Bruders nicht erkannt habe. Er lieh sich die Platte, und abends spielte er sie der Familie vor. Seine Mutter ließ das Buch, das sie las, sinken, der Admiral aber las weiter seine Zeitung. Als die Ödipus-Passage von *The End* lief, kam die Zeitung ins Zittern – erst leicht, dann heftiger, als das Thema eindeutiger wurde. Bis auf den heutigen Tag hat sich Admiral Morrison zum Werk seines Sohnes nicht geäußert.

Am folgenden Morgen rief Jims Mutter Elektra Records in New York an und sagte, sie wolle wissen, wo ihr Sohn jetzt sei. Nachdem sie sich durch überzeugend detaillierte Angaben ausgewiesen hatte, gab man ihr die Nummer eines Hotels in Manhattan, in dem Jim war, und den Namen des Tourneemanagers der *Doors*. Sie legte auf und rief in New York an.

»Hallo? Hier Morrison, ist Jim da?«

»Jim — wer?«

»Jim. Jim Morrison. Ich bin seine Mutter.«

»Ach wirklich?« Der Stimme nach zu urteilen, riß das den Mann nicht aus dem Sessel.

Dann war eine andere Stimme in der Leitung:

»Hallo?«

»Jim? O Jim…«

»Ja, Mutter?«

Aufgeregt erzählte sie ihm, wie schön es sei, seine Stimme zu hören; fragte ihn nach seiner Gesundheit, machte ihm Vorwürfe, daß er nicht geschrieben habe, sprach von ihren Sorgen, daß sie einen Privatdetektiv hatte einschalten wollen, sein Vater sie aber hartnäckig gehindert habe. Dann brach der Groll durch; Jims Antworten auf ihre Fragen und Klagen waren nicht viel mehr als ein Gebrumm.

»Jim…«

»Ja, Mutter…«

»Bitte komm doch mal nach Hause, zu einem altmodischen Dankfest-Essen.«

»Äh, …ich fürchte, ich hab gerade dann ziemlich viel vor«, sagte Jim.

»Bitte, versuch's Jim, bitte.«

Schließlich sagte Jim, er sei vermutlich bald in Washington zu einem Konzert. Vielleicht könne sie kommen.

»Noch eins, Jim. Kannst du deiner Mutter einen riesengroßen Gefallen tun? Du kennst deinen Vater — läßt du dir die Haare schneiden, bevor du heimkommst?«

Jim legte auf und wandte sich wieder den anderen im Zimmer zu, die schweigend mitgehört hatten.

»Ich will nicht mehr mit ihr reden.«

Das Konzert in Washington war im Ballsaal des Hilton. Frau Morrison kam zusammen mit Andy am frühen Nachmittag. Sie wartete in der Eingangshalle, bis sie jemand am Empfang von den *Doors* sprechen hörte. Es war Todd Schiffman, der Agent der Band. Morrisons Mutter stellte sich hastig vor und sagte, sie wolle ihren Sohn sprechen. Todd schickte jemanden in den Saal, wo die *Doors* für das Konzert aufbauten. Er kam zurück und flüsterte:

»Jim sagt, ›auf keinen Fall‹.«

Todd beschäftigte Jims Mutter und Andy die nächsten vier Stunden, lud sie zum Essen ein und entschuldigte sich, daß sie Jim erst abends treffen könnten.

»Wir machten alle dasselbe«, sagte Ray, »Ausreden, um sie irgendwie hinzuhalten.«

»Wir alle mußten es tun«, sagt Bill Siddons, damals ein hübscher neunzehnjähriger gewandter Junge, der Tournee-Manager der *Doors*.

Ray erinnert sich an eine Szene:

»Ja, Frau Morrison, grad war er hier, ich sah ihn da laufen...«

»Nein, ich hab' ihn rausgehen sehen«, meldete sich Siddons zu Wort, um die Täuschung fortzusetzen.

Jims Mutter kam früh zum Konzert und hörte Bill sagen:

»Mit der Anlage stimmt was nicht.«

Frau Morrison wußte nicht recht, was eine Anlage ist, aber sie fragte:

»Was meinen Sie damit, daß etwas nicht stimmt? Wo ist Jim? Was stimmt nicht mit der Anlage von meinem Sohn?«

Jims Mutter und sein Bruder standen den Abend über zusammen mit Todd Schiffman seitlich an der Bühne. Todd versprach ihnen, direkt nach der Show würden sie Jim treffen können. Frau Morrison war von der Art, wie diesmal Jim *The End* brachte, schier gelähmt; Andy war etwas verlegen. Nach dem Schrei ›Mutter, ich will dich ficken!‹ warf Jim einen verlorenen Blick auf seine Mutter, dann schrie er noch einmal und zeigte seine Zähne.

Todd brachte nach dem Konzert Mutter und Sohn in ein Hotelzimmer; hier endlich hofften sie Jim zu treffen. Angekommen, gestand ihnen aber Todd, daß Jim schon abgereist war, um in New York in der *Ed Sullivan Show* aufzutreten.

Das *Ed Sullivan Theater* war in der 54. Straße. Jeden Sonntag ging es hinter der Bühne zu wie in einem Tollhaus. Oft gab es über hundert Mitwirkende und die Organisation der Show war kompliziert. Die Gänge und Garderoben waren voll vom Lärm der Taschenspieler, probenden Gruppen, Sängerinnen und Stepptänzern. Die Leute, die an der Produktion arbeiteten, trugen kleine Schreibplatten mit sich rum und versuchten, irgendwie das Tohuwabohu zu organisieren.

Die *Doors* trafen Bob Precht in ihrer Garderobe. Er war der Regisseur der Schau und Ed Sullivans Schwiegersohn.

»Wir haben da ein winziges Problem«, sagte Precht und preßte dabei Zeigefinger und Daumen seiner rechten Hand zusammen.

»Nicht von großer Bedeutung, aber...«

Die vier *Doors* wechselten verwirrte Blicke.

»Es geht um euren Song *Light My Fire,* den ich übrigens für ganz stark halte.«

Die *Doors* blieben stumm.

»Äh..., im Rundfunk..., also wir..., ich meine..., kurz, beim CBS kann man das Wort *higher* nicht sagen. Ich weiß, es ist albern« — er zuckte dramatisch die Achseln, gestikulierte mit den Händen — »aber wir müssen den Text ändern.« Er zog einen Zettel aus der Jacke und las:

»Die Zeile heißt, *Girl we couldn't get much higher*« (Mädchen, noch mehr *high* schaffen wir nicht).

Jim und die anderen waren nicht überrascht. Schließlich hatte ihre eigene Plattengesellschaft *high* aus einem Song ihres ersten Albums herausgenommen. Jim erinnerte sich auch, daß eine Woche vorher Pete Seeger in einem anderen CBS-Programm, der populären *Smothers Brothers Show,* sich der Zensur hatte beugen müssen, und Precht persönlich hatte sogar Bob Dylans Auftritt in der *Sullivan Show* von ›Anstößigkeiten‹ befreit.

»Natürlich«, sagte Jim, »können wir eine andere Zeile bringen.«

Precht grinste breit, sagte den *Doors,* was sie für dufte Typen seien, trabte zur Garderobentür und rief seinen Schwiegervater.

»Ihr Jungs seid großartig, wenn ihr lächelt«, sagte Sullivan.

»Schaut nicht so ernst.«

Jim sah den Show-Master mit halbgeschlossenen Augen an und meinte:

»Mhm, wir sind sozusagen 'ne etwas düstre Gruppe.«

Als Precht und Sullivan gegangen waren, verständigten sich die *Doors* mit Blicken. Klar: bei der Probe 'n andrer Vers und in der Show das Original.

RAY MANZAREK

Als es soweit war, plärrte Bob Precht im Regieraum los.

»Ihr könnt das nicht tun!« schrie er die winzigen Figuren vor ihm auf dem Monitor an. »Ihr Kerle, ihr seid für die Show gestorben. Nie wieder werdet ihr eingeladen!« Nachher kam er weinend an: »Ihr habt mir's versprochen, Jungs, versprochen...«

»Du lieber Himmel«, sagte Jim und zuckte die Schultern, »ich fürchte, bei der ganzen Aufregung haben wir's einfach vergessen.«

In der gleichen Woche war im Weinkeller bei *Delmonico,* einem teuren Restaurant in der Park Avenue, eine Party. Alle wichtigen Journalisten, Schreiber und Leute vom Funk waren da, auch Steve Paul (der Inhaber von *The Scene)* und Andy Warhol. Danny Fields saß bei Gloria Stavers. Groupies kamen, blieben, tranken. Jim war betrunken und warf Eiswürfel nach den Mädchen. Danny versuchte Jim einzureden, die Bar sei dicht. Jim fiel nicht drauf rein. Er realisierte, was für eine Party da lief und köpfte eine Champagnerflasche an der Tischkante. Dann holte er die edleren Weine aus dem Regal, schlug auch ihnen den Hals ab, trank davon und schenkte an die Leute aus.

Auch nach der Party benahm er sich nicht besser.

Andy Warhol schenkte Jim ein französisches Telephon, golden und elfenbeinern. Später saß Jim im Auto zusammen mit Steve Paul, Gloria und Andy. An der Ecke Park Avenue und 53. Straße machte Jim das Fenster auf und schmiß das Telephon in einen Mülleimer.

Es war fast drei Uhr morgens, und Jim wollte noch mit Jac Holzman ein Hühnchen rupfen, weil dieser nicht zu der Party gekommen war. Holzman hatte keine Lust gehabt, auf der Party zu erscheinen, weil sowieso alles prächtig lief. Tatsächlich war der Anlaß der Party, den Erfolg von *Light My Fire* zu begießen. Jac Holzman hatte dafür getan, was er konnte, was sollte er sich jetzt selbst feiern. Das war ein Fehler, wie sich herausstellen sollte.

Lautstark befahl Jim dem Fahrer, zu Holzmans nobler Chelsea-Adresse zu fahren. Gloria fror, Danny widersprach Jim, und Steve bat anzuhalten, er wollte ein Taxi nehmen. Jim hörte nicht hin.

Angekommen, bestand Jim darauf, daß ihn alle zu Holzmans 10-Zimmer-Luxus-Apartment begleiten. Er klingelte am Hauseingang, und als sich bei Holzman nichts rührte, klingelte er überall, bis irgendein Nachbar auf den Summer drückte. Sie konnten rein.

An Holzmans Wohnungstür machte Jim weiter: Er klingelte Sturm, warf sich krachend gegen die Stahltür und ging zu Boden. Als sich immer noch nichts rührte, riß Jim den halben Teppichläufer los und polterte mit seiner Clique durchs Treppenhaus acht Stockwerke runter zur marmorgefliesten Eingangshalle. Dort verteilte er sorgfältig und mit Methode die Teppichreste.

Dann fuhren die *Doors* wieder westwärts.

In der amerikanischen Werbung ist die ›A-Liste‹ die Liste jener Journalisten und Herausgeber, die die Werbeagenturen am liebsten für ihre Kunden interessieren möchten. Das sind in der Regel die Leute von *Time, Newsweek,* der *New York Times;* 1967 gehörten auch *Saturday Evening Post, Life* und *Look* dazu. Die A-Liste für die *Doors* war länger als bei den meisten andren Bands, das mögliche Publikum der *Doors* war breiter gestreut. So reichte ihre A-Liste von der *Times* bis zu den Untergrundzeitschriften, von *Vogue* bis *16.*

»Er hatte eine gute Presse«, sagt Danny Fields, Elektras Mann von der Werbung. »Er war unheimlich stark, gab gute Interviews mit cleveren Pointen. Die schüttelte er nur so raus. Es kam gut an, wenn sie über ihn schrieben. Das war das eigentliche Geheimnis. Er schaffte es, daß die Presseleute selbst Spaß dran hatten, wenn sie über ihn schrieben. Sie haben nicht über ihn gelacht, sie haben ihn ganz ernst genommen.«

Jim und die andren *Doors* wollten ernst genommen werden. Deshalb klangen ihre Interviews fast nach Collegediskussionen. Das Interview, das sie im Oktober in Los Angeles einem Reporter von *Newsweek* gaben, ist ein gutes Beispiel.

»Es gibt Dinge, die man kennt«, sagte Ray und zitierte Jim, »und Dinge, die man nicht kennt, das Bekannte und das Unbekannte, dazwischen gibt es Türen *(doors)* – das sind wir.« Später wurde der Satz William Blake zugeschrieben.

»Man ist immer auf der Suche«, fuhr Jim fort, »eine Tür nach der anderen macht man auf. Bis jetzt gibt es noch keine widerspruchsfreie Philosophie oder Politik. Die Sinnlichkeit und das Böse geben uns *jetzt* ein attraktives Image, aber halten Sie das für eine Schlangenhaut, die einmal abgestreift wird. Was wir tun, unsere Darbietungen sind ein Abmühen um Verwandlung. Zur

Zeit interessiere ich mich mehr für die Schattenseiten des Lebens, das Böse, die dunkle Seite des Monds, die Nacht. Aber in unsrer Musik sind wir drauf und dran durchzubrechen in ein Reich größerer Freiheit und Reinheit.

Es entspricht dem alchimistischen Prozeß. Am Anfang steht die Phase der Unordnung, des Chaos, das Zurückgehen in ein urtümliches Reich des Unheils. Daraus werden durch Reinigung die Elemente gewonnen, ein neuer Keim des Lebens gefunden, der alles Leben verwandelt, alle Materie, die Persönlichkeit, bis schließlich – hoffentlich – das wahre Selbst des Menschen hervortritt und in einer heiligen Hochzeit alle diese Dualismen und Gegensätze aufhebt. Dann spricht man nicht länger von Gut und Böse, sondern von etwas, was vereint und rein ist. Unsere Musik und wir selbst sind in unserem Rock-Theater noch immer in einem Zustand des Chaos und der Unordnung mit vielleicht einem keimhaften Element der Reinheit, fast einem Anfang. Seit wir uns als Personen einbringen, fängt es an: Musik und Personen werden eins.«

Dann kam noch sein bester Spruch:

»Betrachten Sie uns als erotische Politiker.«

Bei einem *Time*-Journalisten freute sich Jim, über seine Auffassung von Rock-Theater sprechen zu können:

»Eine Mischung aus Musik und den Strukturen eines poetischen Dramas.« Über Los Angeles sagte er: »Diese Stadt sucht ein Ritual, um ihre Bruchstücke wieder zu verbinden. Auch die *Doors* suchen so einen Ritus – eine Art elektrische Hochzeit.« Und dann: »Wir verstecken uns in der Musik, um uns in ihr zu enthüllen.«

Die ganze Zeit über war sich Jim über die Bedeutung des Images und der Presse im klaren. Vor jedem Konzert fragte er einen von den Elektra-Werbeleuten, wer an Presseleuten da war und für welche Blätter sie schrieben. Er arbeitete auch eng mit Gloria Stavers bei den Artikeln zusammen, die sie in *16* brachte; jeden ging er Wort für Wort durch, bis er zufrieden war.

Auch die Art, wie Jim mit Photographen arbeitete, war bezeichnend. Während des Aufenthalts der *Doors* im September in New York waren drei wichtige Termine beim Photographen. Nur deshalb ging Jim, ehe er Los Angeles verließ, zu Jay Sebring, Hollywoods modischstem Haar-Stylisten.

»Wie soll's aussehn?«

»So«, sagte Jim und hielt ihm eine Seite aus einem Geschichtsbuch unter die Nase. »Wie Alexander der Große.«

»Also, Jim«, sagte Gloria Stavers, »gib acht.« Sie waren in Glorias Wohnung an der East Side und machten Aufnahmen für *16*.

»Ich will, daß du die Kamera ansiehst, nicht mich. Stell dir vor, die Kamera sei was immer oder wer auch immer du willst — eine Frau, die du rumkriegen willst; ein Mann, den du umbringen könntest; eine Mutter, die außer Fassung geraten soll; ein Junge, den du verführen willst. Was immer du willst, sie ist das. Denk dran.«

Die anderen *Doors* waren gegangen. Jim fing an, in der geräumigen Wohnung herumzusuchen. Er schaute in Schränke und öffnete Schubladen, holte Jacken und Schmuck heraus. Gloria folgte ihm, beobachtete ihn gespannt. Er ging zu einem Spiegel, veränderte seine Frisur, indem er sie systematisch durcheinander brachte. Als Gloria ihn kämmen wollte, fauchte er:

»Weg mit dem Kamm!« Sie kehrte zu ihrer stummen Rolle als Photographin zurück. Jim zog ihre dreiviertellange Pelzjacke über sein besticktes Nehru-Hemd, stand vor einer Wand, die Hände vorm Schritt gekreuzt, die hauteng in Leder gekleideten Beine weit gespreizt. Er schaute unter halbgeschlossenen Lidern auf, als die Kamera zu klicken begann. Dann zog er die Jacke und das Hemd aus und begann daraufhin, ihren Schmuck anzuprobieren.

Am folgenden Tag waren die *Doors* im Studio von Joel Brodsky, dem Elektra-Photographen. Jim trug noch immer seine auf den Hüften sitzenden Lederjeans und war wieder ohne Hemd. Um den Hals trug er ein einfaches buntes Perlenkettchen, das er sich am Abend vorher von Gloria geliehen hatte. Die anderen *Doors* bekamen schwarze Ponchos übergestülpt und wurden vor einen schwarzen Hintergrund gestellt — so sah man auf dem Bild nur von Jim die ganze Gestalt, von den anderen bloß die Gesichter. Eine Stunde lang ließ Brodsky John, Ray und Robby sich kaum bewegen, während Jim posieren konnte, wie er nur wollte. Jim machte Grimassen und blickte wütend, hielt einen Finger anklagend ausgestreckt und bat dann wieder mit einer Handgeste um Hilfe. Geschmeidig wandte, drehte und verzerrte er seinen Körper. Dann fing er an zu trinken, zwischen den einzelnen Pausen stürzte er den Whisky runter. Er warf den Kopf zurück und ließ wie ein Hengst die Nackenmuskeln spielen – die Nachahmung einer Mick-Jagger-Pose. Dann folgte ein Lippenkräuseln, das an Elvis erinnerte: höhnisch, zähnefletschend, fauchend, zischend, die Zunge zeigend; dazu kein Lächeln, kein Lachen.

»Die meisten Bands, die im Studio aufgenommen werden«, meint Brodsky, »albern miteinander rum, machen ihre Späßchen, versuchen sich gegenseitig zu lockern. Die *Doors* waren nie so. Was sie machten, haben sie immer mit großem Ernst betrieben. Und Jim war der ernsteste von ihnen.«

Gloria hatte nur einen Film verknipst. Sobald sie den Kontaktstreifen hatte, schickte sie ihn zusammen mit dem Debutalbum der *Doors* an einen Freund bei *Vogue*. Keine Woche später betrat Jim ein *Vogue*-Studio und ging direkt auf einen Garderobenständer zu, an dem noch die Requisiten von früheren Aufnahmen hingen. Er begann sie anzuprobieren und tanzte herum.

»Ahhhhh«, meinte der Photograph, »da ist Leben drin.«

Im Oktober spielten die *Doors* vor 50 000 Leuten, und gleichzeitig nahmen 35 000 an einem Marsch aufs Pentagon teil. Elektra teilte mit, daß 500 000 Bestellungen aufs zweite Album vorlagen. Fünf amerikanische Mariner wurden in Vietnam getötet, dreißig verwundet, als sie versehentlich von amerikanischen Flugzeugen bombardiert wurden. John Wayne fing mit einem Film über die Green Berets an. Eine Demonstration in San Francisco feierte ›den Tod des Hippies und die Geburt des Freien Menschen‹. Joan Baez, Mimi Farina und ihre Mutter wurden festgenommen, als sie vor dem Einberufungsbüro in Dakland demonstrierten. *People Are Strange* stieß in der nationalen Hitliste unter die ersten Zwanzig vor, und ein gewisser Victor Lundberg, ein Mann der Staatspropaganda in mittleren Jahren, las auf einer Platte vor dem Hintergrund der *Battle Hymn of the Republic* einen ›Offenen Brief an meinen jugendlichen Sohn‹. Der schloß so:

...Falls Du einem Land nicht dankbar bist, das Deinem Vater die Möglichkeit gegeben hat, für seine Familie zu arbeiten, daß Du bekommen hast, was Dir jetzt gehört, und wenn Du nicht genug Stolz fühlst, um dafür zu kämpfen, daß wir diesen Weg weitergehen, dann gebe ich Dir die Schuld, daß Du die wahren Werte unseres angeborenen Rechts verkannt hast. Ich werde Dich daran erinnern, daß Deine Mutter Dich lieben wird, gleichgültig, was Du tust, denn sie ist eine Frau. Und auch ich liebe Dich, mein Sohn. Aber ich liebe auch unser Land und die Grundsätze, für die wir eintreten. Und wenn Du die Entscheidung triffst, Deinen Einberufungsbefehl zu verbrennen, dann verbrenne Deine Geburtsurkunde gleich mit. Von diesem Augenblick an habe ich keinen Sohn mehr.

Die Fronten waren demnach also abgesteckt. 1967 hieß es *Wir gegen Die*. Im Oktober fing Jim an, seine militantesten Songs zu schreiben.

Der erste bezog seinen Titel von einem hochverehrten nationalen Denkmal, dem ›Unbekannten Soldaten‹. Der Song war so ziemlich von der Art der ersten *Doors*-Stücke im *Whiskey a Go Go* und im *Ondine*. Im Lauf von zwei oder drei Monaten wurde er zu einem der erfolgreichsten Rocktheater-Stücke der Band.

> Wait until the war is over
> and we're both a little older.
> The unknown soldier

Plötzlich wurde das Klagelied zur Feier. John und Robby begleiteten Ray in einem Rhythmus, der zugleich nach Militärmarsch und Rummel klang.

> Breakfast where the news is read
> television children fed
> unborn living, living, dead,
> bullet strikes the helmet's head.
>
> And it's all over for the unknown soldier.
> It's all over for the unknown soldier.

Dazu Marschtritt von Jim, Ray und Robby im Gleichschritt. John lieferte den passenden Rhythmus mit einer Schnarrtrommel. Ray intonierte.

> Hut
> Hut
> Hut ho hee up
> Hut
> Hut
> Hut ho hee up
> Hut
> Hut
> Hut ho hee up
> Com'nee
> Halt

Nach dem Marschieren rezitierte Jim einen schrecklichen Vers über einen Gefangenen, der vorm Erschießungskommando steht. Ein Moment Stille, alle Augen auf Jim gerichtet, seine Arme starr hinterm Rücken, der Kopf hoch erhoben und die Brust stolz geschwellt:

> Preeee-zent
> Arms!

Dann ein Trommelsolo, dabei zerbrach Jim meist einen Schlegel an der Schlagzeugkante, es klang wie ein Schuß. Gleichzeitig knickte Jim plötzlich in der Körpermitte ein und fiel auf dem Boden in sich zusammen. Eine zweite, noch längere Stille, und dann fand Ray wieder zurück in sein unheimliches Orgelspiel. Eine zeremonielle Stimme kam aus der zusammengebrochenen Gestalt auf der Bühne:

> Make a grave for the unknown soldier
> nestled in your hollow shoulder
> The unknown soldier

Noch einmal ganz feierlich und Jim tanzte und schrie es in wilder Freude hinaus:

> It's all over!
> The war is over!
> It's all over
> The war is over!

Der zweite von Jims militanten Texten aus dieser Phase — der anfangs als sein militantester wirkte — wurde von nahezu jedermann mißverstanden, denn alle achteten nur auf die beiden ersten Strophen:

> Five to one, baby
> One in five
> No one here gets out alive
> You get yours, baby
> I'll get mine
> Gonna make it, baby
> If we try
>
> The old get old
> And the young get stronger
> May take a week
> And it may take longer
>
> They got the guns
> But we got the numbers
> Gonna win, yeah
> We're takin' over
> Come on!

Der Titel des Song war der erste Vers ›5:1‹, eine statistische Angabe, die Jim nie erklärte. Paul Rothchild glaubt, daß 5:1 sich auf das Verhältnis von Weiß zu Schwarz in den Vereinigten Staaten bezieht und 1:5 auf das Verhältnis der Marihuanarauchenden zu den Nichtrauchenden in Los Angeles. Aber wann immer man Jim drauf ansprach, sagte er nur, für ihn sei der Text unpolitisch.

Hört man ihn vollständig, klingt der Song wie eine Parodie auf die ganze Revoluzzersprache in der Untergrundpresse der späten Sechziger.

Der letzte Vers weist vor allem in die Richtung dieser Deutung, der Vers, auf den das Publikum kaum achtete. In ihm sprach Jim ein paar seiner jungen Anhänger an, die Hippie/Blumenkinder-Gruppen, die er aus dem Boden schießen sah, auf dem Gehweg bettelnd, außerhalb der Konzertsäle:

    Your ballroom days are over baby
    Night is drawing near
    Shadows of the evening crawl across the years
    You walk across the floor with a flower in your hand

    Trying to tell me no one understands
    Trade in your hours for a handful of dimes

Das soll nicht heißen, daß Jim der Blumenkinder-Generation, aus der sich die Band entwickelt hatte, völlig den Rücken kehrte.

»Wir standen immer voll drauf«, sagt Ray. »Als wir noch im *Whiskey a Go Go* spielten, glaubten wir, daß wir, verdammt noch mal, das ganze Land umkrempeln würden, die vollkommene Gesellschaft schaffen könnten.«

Jim selbst meinte 1969:

»Historisch gesehen mag man uns mit der Zeit der Troubadoure in Frankreich vergleichen. Sicherlich wirkt es rückblickend unglaublich romantisch. Ich glaube, in ein paar Jahren nehmen wir uns prima aus; denn es gibt 'ne Menge Veränderungen, und wir haben einen guten Riecher.« In seinen Worten war es eine Zeit der geistigen und kulturellen Wiedergeburt — »wie nach der großen Pest in Europa, die die halbe Bevölkerung niedergemacht hatte. Die Leute tanzten, trugen farbige Kleider. Das war die Zeit eines unglaublichen Frühlings.«

So sehr auch Jim mit seinen jungen Fans fühlte, er unterschied sich auch grundlegend von ihnen. Im Gegensatz zum typischen Hippie hielt Jim die Astrologie für eine Pseudowissenschaft, lehnte die Auffassung von einer voll integrierten Persönlichkeit ab und drückte sein Mißfallen am Vegetarismus aus; ihn störte die oft anzutreffende religiöse Komponente. Das war, wie er sagte, ein Dogma, und Dogmen waren ihm fremd.

Auch Erziehung, Intelligenz und Hintergrund unterschieden Jim von vielen seiner Fans. Er war kein verkrachter Aussteiger, sondern Hochschulabsolvent, ein unersättlich Belesener mit vielseitigen Interessen und kaum der nicht-lineare, postliterate Primitive, den McLuhan beschrieb. Ob es ihm nun paßte oder nicht, Jim war offenbar das Produkt seiner Herkunft: eine Familie der oberen Mittelklasse im amerikanischen Süden. Und entsprechend war Jim, zielorientiert und in mancherlei Hinsicht politisch konservativ. Zum Beispiel blickte er auf die meisten Wohlfahrtsempfänger mit der gleichen Verachtung herab, mit er er die langhaarigen, bettelnden Blumenkinder in ›Fünf zu Eins‹ kritisierte.

Ein weiterer Keil zwischen Jim und seinem Publikum war das Umsteigen von psychedelischen Drogen auf Alkohol. Die Sauftouren näherten sich mittlerweile mythischen Dimensionen.

Asher Dan vertrat die Hypothese: Wenn er und Jim am Abend vor einem wichtigen Konzert weggingen und sich vollaufen ließen, dann reagiere Jim sich ab und sei beim Auftritt relativ friedlich. Die Hypothese wurde an jenem Novemberabend nicht bestätigt, an dem die *Doors* in einer Veranstaltung von Bill Graham im *Winterland* in San Francisco auftraten. Jim und Asher saßen nachmittags von drei bis acht Uhr an der Hotelbar und hatten vielleicht jeder zehn, zwölf Drinks. Dann kam Todd Schiffman dazu, gab einen aus und drängte sie in einen Wagen, die Fillmore Avenue runter. Während der Fahrt schickte Jim ein Obszönitäten-Feuerwerk in den Abend.

»Meinst Du, er schafft's?« fragte Todd.

»Natürlich«, meinte Asher Dan. »Wenn er so besoffen ist wie jetzt, legt er eine viel bessere Show hin.«

Der Wagen hielt. Bill Graham tauchte auf:

»Wo, zum Teufel, wart ihr?« schrie er.

»Hier sind wir, Bill«, rief Asher, offensichtlich so blau wie Jim. »Wir kommen schon recht zur Show.«

Grahams Gesicht wurde zu einer Maske, er stieß heraus:

»Laut Vertrag muß die Band eine Stunde vor Beginn da sein. Das heißt, alle vier Mitglieder der Band! Einschließlich Jim Morrison!« Er deutete mit dem Finger auf Jim: »Er ist betrunken, oder?«

In dem Augenblick, als Jim auf die Bühne kletterte, herrschte Chaos. Das Publikum war ekstatisch, wild vor Anbetung, high. Jim rannte herum und trieb den Mann mit dem Punktstrahler auf seinem Balkon zum Wahnsinn. Er stellte sich auf den hohen Bühnenrand, balancierte über der Light-Show-Ausrüstung im Orchestergraben, wirbelte das Mikrophon wie ein Lasso und ließ es pfeifend über den Zuschauern kreisen. Einige der Zuschauer wurden getroffen.

Bill Graham kam aus seinem Büro runter in den Saal, drängte sich durch die Menge. Er hob die Arme, um Jims Aufmerksamkeit zu erringen. Jim ließ das Mikro kreisen, seine Augen waren geschlossen, die Musik stampfte. Schließlich ließ Jim das Mikro sausen, es traf Bill Graham wie ein Geschoß an der Stirn und warf ihn um.

Später, in der Garderobe, forderte Jim Asher auf, ihn niederzuschlagen. Asher tat's und schickte Jim flach auf die Bretter.

Im November waren die *Doors* an den Zeitungsständen in den Spitzenblättern ihrer A-Liste präsentiert: *Newsweek, Time, The New York Times* und *Vogue*. Es handelte sich nicht um bloße Erwähnungen oder höfliche Plattenbesprechungen – die ganze große Presse kümmerte sich um das Phänomen *Doors* und wollte es ergründen.

Am 6. November schrieb *Newsweek:* »*Die swinging Doors* öffnen sich: eiskalter Stahl, seltsame Geräusche, Walpurgisnacht und verbotene Frucht.« Am 15. sah man Jim in *Vogue* – der Oberkörper nackt, um den Hals seinen indianischen Gürtel mit Silberschnalle. Das Bild illustrierte den Artikel eines Kunstkritikers, der dem Mittelschicht-Amerika erzählte, warum Jim ›die Leute packt. Seine Texte sind gespenstisch, mit einer Art Freudianischer Symbolik befrachtet, Vorstellungen von Sex, Tod und Jenseits werden geweckt... Jim Morrison schreibt, als sei Edgar Allan Poe als Hippie wiedergekommen.‹ Am zwanzigsten griff die *Time* Jims Zitat aus der biographischen Plattennotiz auf: ›Mich interessiert alles über Rebellion, Unordnung, Chaos‹, und beschrieb dann die Musik als eine Suche, die die *Doors* nicht nur hinter die üblichen Grenzbereiche jugendlicher Entwicklung wie Loslösung und Pubertät führe, ›sondern auch in symbolische Bereiche des Unbewußten – in gespenstische Nachtwelten voll erregender Rhythmen, zitternder metallischer Töne, unsicherer Bilder‹. Das illustrierende Photo, hinter der Bühne aufgenommen, zeigte Jim in schwarzem Leder, hingesunken, als stünde er unter Drogen, sein Gesicht als einziges der Kamera verborgen.

›Es hat wirklich kein größeres männliches Sex-Idol gegeben, seit James Dean starb und Marlon Brando einen Bauch bekommen hat‹, schrieb Howard Smith, Nachrichtenlieferant aus der Szene für *The Village Voice*. ›Bob Dylan wird mehr intellektuell verehrt, und die *Beatles* waren immer zu hübsch, um wirklich

Sex-Appeal zu haben. Jetzt haben wir Jim Morrison von den *Doors*. Wenn ich mich nicht irre, könnte er für lange Zeit der Größte sein.‹

Neben diesem prophetischen Wort veröffentlichte Smith eines der Photos, die Joel Brodsky gemacht hatte. Bei Elektra hieß es nur ›das Bild des jungen Löwen‹: eine Nahaufnahme, Jims nackte Brust, eine Schulter, um den muskulösen Nacken ein Perlenkettchen von Gloria Stavers, das Kinn à la Steve Canyon, die Lippen sinnlich geöffnet, in den Augen ein versengender, gespannter Blick, Koteletten, die die hohen Wangenknochen betonten, das Haar nach dem Vorbild Alexander des Großen drapiert.

Selbst die eher zynischen Kritiker mußten zugeben, Jim Morrison war der Übermensch der Kulturszene, er sprach sexuell die Mädchen an und viele Männer, und er genügte den Ansprüchen der Intellektuellen. Der Eierkopf und New Yorker Kritiker Albert Goldman nannte ihn einen ›der Brandung entstiegenen Dionysos‹ und einen ›Hippie-Adonis‹, während Digby Diehl, bald darauf für Bücher im Feuilleton der *Los Angeles Times* zuständig, unter Rückgriff auf Sigmund Freud und Norman O. Brown von seiner ›polymorph perversen infantilen Sexualität‹ sprach.

Beim nächsten Aufenthalt der *Doors* in New York erschien Jim wild um sich blickend und betrunken um Mitternacht bei der Boutique einer alten Freundin an der Lower East Side, wo er und Pamela bei einem kürzlichen Besuch an der Ostküste ein paar Hosen erstanden hatten. Trina Robbins wohnte im Hinterzimmer, und als Jim am Fenster rüttelte, wachte sie auf und ließ ihn rein.

»Er sagte kein Wort, kam rein, zog seine Kleider aus, und stand einfach still da, nackt. Er war so schön, weißt du. Er wirkte etwas scheu. Dann fragte er mich, ob ich mich nicht auch ausziehen wolle.«

Jim traf sich oft mit Gloria Stavers, der Herausgeberin des Kinder-Magazins *16*, ein früheres Photomodell, um die Dreißig, mit spröder Fassade und weichem Kern. John, Ray und Robby warnten Gloria vor Jim, kurz nachdem sie sich zum ersten Mal getroffen hatten; sie erzählten ihr von dem Abend mit dem Feuerlöscher im Aufnahmestudio.

»Sei vorsichtig«, sagte Robby, als Gloria Jim bat, sich für eine Aufnahme vor eine Wand zu stellen, »er folgt dem, was du sagst, er folgt und folgt, aber dann, ganz plötzlich, macht er irgend etwas Seltsames und Gewalttätiges.« Es klang, als spräche Robby von einem lieben Bruder, der manchmal Anfälle bekommt. Die Warnung war sanft und doch nachdrücklich.

Der Gemeinschaftsgeist war zu diesem Zeitpunkt noch intakt. Als Gloria Jim sagte, sie wolle eher ihn photographieren und über ihn schreiben, nicht über die Band, war Jim besorgt, die anderen *Doors* könnten sich zurückgesetzt fühlen. Ziemlich ausführlich kümmerte er sich darum, daß die ganze Sache behutsam angegangen wurde. Als die *Doors*-Manager Jim sagten, er könne ein weit größerer Star ohne die drei anderen werden, auch könne er mehr verdienen, wenn er nicht mit gleichberechtigten Partnern spiele, sondern mit angeheuerten Musikern, sagte Jim, er müsse sich das überlegen. Dann erzählte er es Ray, Robby und John, und die vier erwogen, sich neue Manager zu suchen. Jim sagte zu Gloria:

»Ich brauch nur Ray anzusehen, dann weiß ich, wenn ich zu weit gegangen bin.« Und als Gloria Ray das erzählte, sagte Ray: »Ich mag ihn wirklich gern.«

Bei den Auftritten war der Gemeinschaftsgeist am stärksten.

»Weißt du«, sagt Ray, »wenn der sibirische Schamane sich auf seine Trance vorbereitet, kommen alle Dorfbewohner zusammen, schütteln Rasseln, blasen auf Pfeifen, spielen auf allem, was als Instrument dienen kann, um ihm zu helfen. Es ist ein ständiges, durchgehendes Stampfen, Stampfen, Stampfen. Das dauert Stunden und Stunden. Genauso war's mit den Auftritten der *Doors*. Die Vorbereitungen dauerten nicht so lange; ich denke, unsere Drogenerfahrung ließ uns rasch weit genug kommen. Wir kannten die Symptome des Zustands, in den Jim geraten wollte. Deshalb konnten wir versuchen, uns ihm zu nähern. Es war, als sei Jim ein elektrischer Schamane und wir die Musiker und Helfer des Schamanen, die hinter ihm den Rhythmus stampften. Manchmal fühlte sich Jim nicht danach, als könne er den Zustand erreichen. Aber die Band hämmerte und hämmerte und nach und nach überkam's ihn. Ich konnte, weiß Gott, auf der

Orgel einen elektrischen Stromstoß in ihn hineinschicken. Und John konnte dasselbe mit dem Schlagzeug. Dann und wann konnte man es sehen, zack, ich schlug einen Akkord, und zack, fuhr's in ihn. Und er war wieder fort. Manchmal war es geradezu unglaublich, direkt verblüffend. Und das Publikum spürte das auch.«

Am 9. Dezember 1968 spürte es auch die Polizei. Einen Tag nach Jims 24. Geburtstag traten sie in New Haven, Connecticut, auf. Jim redete hinter der Bühne mit einem Mädchen im Minirock. Polizisten lungerten in den Gängen herum. Roadies schleppten Verstärker. Überall trieben sich Typen wie das Mädchen herum. Es war noch 'ne halbe Stunde bis zum Auftritt.

»Wir können uns hier nicht unterhalten, wir wollen ein ruhigeres Plätzchen suchen.«

Das Mädchen nickte stumm und folgte Jim, der die Tür zu einem Waschraum aufstieß, reinguckte und eintrat.

Ein paar Minuten später waren Jim und die Kleine am Knutschen. Ein Polizist kam rein:

»Auf, Kinder, raus da! Niemand darf hinter die Bühne!«

Jim blickte auf:

»Wer sagt das?«

»Ich sagte ›raus da‹! Also los jetzt, Bewegung!«

»Schluck's!« Jim schlug sich mit der hohlen Hand vorn Latz.

Der Polizist griff zur Chemischen Keule an seinem Gürtel.

»Letzte Warnung, letzte Chance«, sagte er.

»Die letzte Chance, es zu schlucken«, spottete Jim.

Das Mädchen rannte los, als der Polizist rankam, und Jim bekam die Ladung ins Gesicht.

Jim taumelte vorwärts, an dem Polizisten vorbei; blind warf er sich in den Gang, vor Schmerz brüllte er:

»Ich hab's abgekriegt. Das verdammte Schwein!« Es bildete sich eine Menge, und an der Besorgnis, mit der man Jim behandelte, sah der Polizist, daß er einen Fehler gemacht hatte.

Bill Siddons, der Tourneetechniker der *Doors*, kam angerannt, und mit Hilfe des Polizisten brachte man Jim zu einem Waschbecken; sie wuschen ihm die Augen aus. Der Polizist entschuldigte sich.

Die Fans applaudierten oft während der Vorstellung, viele stimmten ein, als Jim rief:

»Wir wollen die Welt, und wir wollen sie ... jetzt!« Als er geringschätzig vor dem Publikum ausspuckte und den Mikroständer umriß, brandete ihm erneut Bewunderung entgegen. Dann, in einem Break von *Back Door Man,* begann Jim zu erzählen:

»Ich möchte euch etwas erzählen, was sich vor ein paar Minuten hier, gerade hier in New Haven ereignet hat. Das ist doch New Haven, nicht wahr? New Haven, Connecticut, USA?«

Im Publikum blieb es still, als Jim die Einzelheiten seiner heutigen Ankunft aufzählte: Essen, Drinks, ein Gespräch über Religion mit der Bedienung, ein Gespräch mit einem Mädchen in der Garderobe. Er und das Mädchen, sagte er, fingen an sich zu unterhalten. Jim spontanes Erzählen bekam vor dem Hintergrund des *Back-Door-Man*-Rhythmus etwas Hypnotisierendes:

»Und wir wollten ein bißchen für uns sein... Und so gingen wir in den Waschraum... Wißt ihr, wir haben nichts gemacht... Standen bloß da und redeten miteinander... Und dann kam dieser kleine Mann herein, ... Der kleine Mann in seinem kleinen blauen Anzug... Und... Seiner kleinen blauen Mütze.«

Eine Reihe von Polizisten stand vor der Bühne, blickten zum Publikum, wie es bei Rock-Konzerten üblich ist, und sollten die mit Instamatics ausgerüsteten Halbwüchsigen auf Distanz halten. Aber bei der Geschichte drehten sich ein paar Polizisten um:

»Was macht ihr da?« ... »Nichts.« ... »Aber er verschwand nicht... Und er griff hinter sich, ... Griff seine kleine schwarze Büchse mit irgend etwas drin... − Sieht aus wie Rasiercreme − ... Und dann... Sprühte er mir's in die Augen.«

Jetzt sah fast jeder Polizist auf Jim. Er hatte seine Geschichte im Tonfall des ›Südprovinzlers‹ erzählt, um den kleinen Mann mitsamt seinem kleinen blauen Anzug lächerlich zu machen. Im Publikum wurde Lachen laut, Lachen gegen die Polizei.

»Die ganze Welt haßt mich«, schrie Jim, »die ganze verdammte Welt... niemand mag mich. Die ganze verdammte Welt ist gegen mich.« Das Publikum war begeistert.

Jim gab der Band ein Zeichen und setzte zum Schlußchorus an: »Oh! Ich bin der Mann von der Hintertür...«

Plötzlich gingen die Lichter an, Robby kam vor und flüsterte Jim ins Ohr:

»Ich glaub, die Bullen sind sauer.«

Da fragte Jim das Publikum, ob es mehr Musik haben wolle, und beim lauten ›Ja!‹ schrie Jim:

»Also macht die Beleuchtung aus!« Das Licht blieb an, und ein Polizei-Leutnant, Leiter der New Havener Jugendpolizei, kam auf die Bühne und eröffnete Jim, er sei festgenommen.

Jim drehte sich zu dem Beamten, die ledergekleideten Beine abwehrend versteift, das lange wellige Haar verschwitzt und verwirrt. Er hielt dem Polizisten das Mikrophon unter die Nase:

»Okay, Bulle«, sagte er in einer Mischung aus jungem Western-Helden auf dem Schulhof und Abscheu eines Erwachsenen vor Autoritätspersonen, »sing dein Lied.«

Ein zweiter Polizist trat hinzu, jeder nahm Jim an einem Arm, sie führten ihn durch den Vorhang ab. Dann schleiften sie ihn ein paar Treppen runter, schlugen sich mit ihm auf dem Parkplatz herum, stellten ihn vor einen Streifenwagen zum Photographieren, schlugen ihn nieder, traten ihn und schmissen ihn in den Wagen, um ihn zur Wache zu fahren. Dort wurde er eines Vergehens gegen die Sittlichkeit, des Hausfriedensbruchs und des Widerstands bei der Festnahme beschuldigt.

Die Polizisten nahmen auch einen Journalisten der *Village Voice* und einen *Life*-Photographen fest und garantierten so unbeabsichtigt Jim ein Maximum an Publizität.

Ein paar Tage später saß Jim im Büro der *Doors* auf dem Boden, mitten unter Riesenstapeln von Verehrerpost, den Zeitungen zweier Wochen und Stößen von Zeitungsausschnitten, die ihr Werbebüro geschickt hatte. Jim schlug einen Artikel des Filmkritikers der *Los Angeles Free Press* auf.

»Mensch«, sagte er nach einer Minute, »hat einer von euch gelesen, was Gene Youngblood über uns geschrieben hat?«

Die anderen sahen hoch. Jim grinste.

»Er sagt, ich zitiere: ›Die *Beatles* und die *Stones* fegen deinen Geist hinweg. Die *Doors* kommen dann an die Reihe, wenn der Geist schon abhanden gekommen ist‹.«

Jim setzte sich aufrecht, als lese er von einer Gedenktafel:

»Hört, was er über die Musik sagt. ›Die Musik der *Doors* hat die größere Reichweite. Da ist nichts Unrechtes; da wird an den Geheimnissen der Wahrheit gerüttelt. Es ist Avantgarde im Gehalt, wenn auch nicht in der Technik. Sie spricht von dem

Wahnsinn, der in uns allen wohnt, von unseren Schlechtigkeiten und unseren Träumen — aber sie wählt dazu relativ konventionelle musikalische Mittel. Darin liegt ihre Stärke und ihre Schönheit — eine Schönheit, die erschrecken läßt.

Die Musik der *Doors* ist eher surreal denn psychedelisch. Sie ist ätzender als Säure. Sie geht über Rock hinaus, ist ein Ritus — der Ritus eines psychosexuellen Exorzismus. Die *Doors* sind die Magier der Pop-Kultur. Morrison ist ein Engel, ein vernichtender Engel«.«

John Densmore nahm Jim den Ausschnitt aus der Hand und las.

»Mensch«, sagte er, »am Anfang schreibt er: Er kam gerade vom Vögeln, und wie er reinkam, spielten wir *Horse Latitude*.«

Alle drängten sich zusammen, griffen nach dem Zeitungsausschnitt.

»Sieh mal«, sagte Bill Siddons, »er schreibt, ›die *Doors* erzielen die unmittelbare Erleuchtung durch Sex‹.«

Es gab Gelächter, zehn Minuten lang machte man Witze. Noch Monate später sagte Jim, Youngblood sei der erste, der gesehen habe, auf was sie hinauswollten.

Und dann kurz vor Weihnachten, an dem Nachmittag, wo sie zum ersten Mal im *Shrine* spielen sollten, fragten Ray und Dorothy Jim und Pamela, ob sie bei ihrer Trauung Brautführer und Brautjungfer sein wollten.

»Toll! Wann, Ray?«

»Heute mittag, im Rathaus.«

An diesem Abend mußte man Jim von der Bühne ziehen — er wollte für die Frischvermählten die ganze Nacht durch singen.

6

Jim hatte ein Zimmer für 10$ die Nacht im *Alta Cienega* gemietet, einem zweistöckigen Motel. Es war an einen Hügel gebaut und einen Katzensprung vom Sunset Strip weg. Die Zimmer hatten alle die gleiche Größe, dieselbe Einrichtung. Für die nächsten Jahre wurde dieses Motel zum Zentrum des Universums von Jim Morrison.

Es war gerade recht für Jim, wenn er zum Beispiel keinen Wagen hatte oder man ihm wegen Trunkenheit den Führerschein abgenommen hatte. Es lag zentral; selbst nach den Maßstäben von Los Angeles konnte man überall zu Fuß hinkommen. Das neue Elektrabüro und das Aufnahmestudio lagen keine hundert Meter weg weiter unten am La Cienega Boulevard, einer breiten Durchgangsstraße, die wegen ihrer guten Restaurants berühmt war. Noch näher lagen das Büro der *Doors* selbst und Jims drei Lieblingskneipen.

Im ersten Stock, Zimmer 32, wohnte Jim; er räkelte sich auf der grünen Decke, die über dem klotzigen Doppelbett lag. Ein schlankes Mädchen von vielleicht 17, 18 Jahren stand neben dem Fenster, mit dem Rücken zum winzigen Badezimmer.

Jim nahm den letzten Schluck aus einer Dose Bier und warf sie nach dem Plastik-Abfallkorb neben der kleinen Blonden. Er verfehlte ihn und traf statt dessen ein Buch — ›Ursprung und Geschichte des Bewußtseins‹ — das zu Boden fiel.

»Scheiß drauf«, brummelte Jim. Er sah nach dem Mädchen, hob das Kinn und signalisierte so, sie solle zum Bett kommen. Er hatte sie am Abend vorher aufgegabelt, sich ihre ganze Lebensgeschichte angehört, sie anschließend in den Arsch gefickt, und jetzt war es ihm langweilig.

»Zeig mir deine Hände«, sagte er.

Das Mädchen streckte die Hände aus. Jim packte eine am Gelenk und fing an, ihr die Ringe abzustreifen. Er war roh, und sie schrie vor Schmerz.

»Die andere Hand!« befahl er, ohne die erste loszulassen.

Das Mädchen zögerte. Er packte sie am Gelenk und wiederholte seinen Befehl. Sie gab nach, und er zog ihr alle anderen Ringe ab; verletzte ihr die Haut.

Dann ließ er sie los. Er hielt die Ringe in einer Hand, lag quer auf dem Bett, zog mit der anderen aus einer Papiertüte die nächste Bierdose und sagte dem Mädchen, sie solle öffnen. Die tat, was sie sollte.

Plötzlich klopfte es an der Tür.

»Ja?« sagte Jim leicht gereizt, »wer is' da?«

»Das ist ein Geheimnis«, hörte man neckisch eine weibliche Stimme.

Jim kannte sie.

»Komm' später noch mal vorbei, ich bin noch nicht angezogen«, sagte er.

»Jim! Ich hab den weiten Weg gemacht und nun läßt du mich noch nicht mal rein.«

»Also, Pam, Liebling, ich hab zu tun.«

»Jim, ich weiß, da ist jemand bei dir. Ich weiß das! Ich kann's nicht fassen, daß du dich wieder so aufführst. Du bist echt abscheulich!«

Jim sagte nichts.

»Jim, ich hab' 'ne wunderbare Lammkeule fürs Abendessen im Backofen, und meine neue Wohnung ist...«

Jim unterbrach sie.

»Hör mal, ich hab' da ne irre Kleine bei mir, sie liegt gerade auf dem Bett, die Beine gespreizt; ich weiß gar nicht, was ich tun soll.«

»Du bist scheußlich, Jim Morrison, ich geh jetzt.«

»Aber Pam, Liebling, es ist doch deine Schwester Judy. Sei doch nicht gleich so wild.«

Jim wandte sich dem Mädchen im Zimmer zu und bedauerte, daß es keine Hintertür für sie gab.

»Und durchs Fenster geht's auch nicht, wir sind sechs Meter überm Gehweg.« Er sah sich um: »Vielleicht kannst du dich in die Duschkabine stellen?«

Pamela schrie: »Ich will sie sehen, Jim!«

Draußen kam das Zimmermädchen dazu und fing mit Pamela zu streiten an; sie mache zuviel Lärm, sie müsse gehen. Jim schlüpfte in Hemd und Hose und ging raus.

»Pam. Liebling«, sagte er und legte den Arm um sie, »ich hab's nicht ernst gemeint. Natürlich ist deine Schwester nicht da.«

Er öffnete die Hand und zeigte ihr die Ringe.

»Schau«, sagte er, »die sind für dich. Eine Verehrerin hat sie mir gegeben.«

Pamela steckte einen Türkisring an und stopfte die anderen in ihre Tasche. Sie gingen zu Pamelas Wagen und stiegen ein.

Das war typisch. Jim konnte sehr zärtlich sein. Manchmal kam er einem wie ein Kuschelteddy vor. Allen versprach er Liebe und im Augenblick, da er das sagte, meinte er es ganz ehrlich. Aber bei vielen, und dazu gehörte auch Pamela, wurde das recht skeptisch aufgenommen.

Um die Stimmung aufzubessern, sagte Jim zu Pamela, er wolle mit ihr, Bob Gover und dessen Freundin nach Las Vegas fahren.

Der vierzigjährige Bob Gover hatte immer zweideutige Witze auf Lager. Er war Autor des ›Ein Hundertdollar-Mißverständnis‹, ein komischer Roman um einen naiven weißen Studenten und eine clevere schwarze Prostituierte mit mehr Durchblick. Robert Gover hatte einen Auftrag vom *New York Times Magazine* für eine Story, die Jim Morrison als ein Produkt machiavellianischer Marionettenspieler aus Hollywood schildern sollte. Man entzog ihm den Auftrag, als er darauf bestand, Jim sei seine eigene Schöpfung. Aber bis dahin waren die zwei dicke Freunde geworden und teilten ihre Liebe zu Büchern, Frauen und Alkohol. Gover hatte früher einmal in Las Vegas gelebt und wollte Jim immer schon mal die Seite der Stadt zeigen, die die Touristen nicht zu sehen bekämen. Wie vorauszusehen war, gerieten Jim und Pamela vorher in Streit, und Jim fuhr ohne sie nach Las Vegas.

Mit noch ein paar stieg Jim aus Govers Wagen aus, stand in der abendlichen, trockenen Wüstenhitze und sah einen Augenblick lang auf die Nachtclub-Markise: *Pussy Cat a Go Go* zeigt *Stark Naked and the Car Thieves*. Jim lachte. Er hatte seit Mittag getrunken, und jetzt war es vielleicht zehn Uhr. Er warf einen flüchtigen Blick auf die anderen in der Clique, steckte einen Finger zwischen die Lippen und zog geräuschvoll an einem nicht vorhandenen Joint.

»Willste zuschlagen?« fragte er.

Ein Parkwächter drehte sich um, als hätte er einen Stoß bekommen, dann sprang er vorwärts und zog gleichzeitig seinen Gummiknüppel.

»Moment mal«, einer von Jims Begleitern kam und stellte sich protestierend vor ihn hin.

Der Wächter schlug mit dem Knüppel auf den nächstbesten Schädel, dann drehte er sich um und machte Jim fertig. Jim sah eher überrascht als verletzt aus, obwohl Blut das Gesicht runterlief, und der Kerl weiterknüppelte.

Die Polizei kam bald und nahm erst mal Morrison und Gover — die beiden langhaarigsten — hinten in den Streifenwagen.

»Hühnerscheiße«, flüsterte Jim und war wieder ruhig.

»Hühnerscheiße«, er hob die Stimme und verstummte wieder.

»Schwein«, sagte er.

Noch einmal: »Schwein.«

»Scheißbulle.«

Die Polizisten überhörten Jims Stänkern, und Gover versuchte, ihn zum Schweigen zu bringen:

»Cool bleiben, Mann, die Burschen können uns 'ne Gehirnerschütterung verpassen, wenn sie wollen; die dürfen das.«

»Nee, Mann, das ist 'ne Frage des Muts«, sagte Jim.

Bob wurde der Trunkenheit in der Öffentlichkeit beschuldigt, Jim ebenfalls, außerdem der Landstreicherei, und man warf ihm vor, daß er sich nicht ausweisen konnte. Wie üblich hatte er außer einer Kreditkarte nichts in den Taschen.

»Hallo, was habt ihr denn da für Vögelchen«, fragte ein Polizist, als man Jim und Bob in die Arrestzelle bringen wollte, »zwei Mädchen?«

»Richtig, guck dir die Haare an, ha-ha!«

»Ich glaub', am besten strippen diese Schönheiten ein bißchen, damit wir genau wissen, ob sie Männchen oder Weibchen sind, was meinst du?«

Bob und Jim mußten sich ausziehen, und nachdem die Formalitäten der Festnahme erledigt waren, konnten sie sich wieder anziehen und kamen in die Zelle. Die Gitterstangen reichten sechs Meter hoch zur Decke. Kaum war die Tür verschlossen, kletterte Jim hoch und blickte in den angrenzenden Raum mit Schreibtischen und Polizisten.

»He, Bob!« schrie er, »sind das nicht die ulkigsten Hühnerfikker, die du je gesehen hast?«

Jim fing zu lachen an:

»Ah-hi-hi-hi-hi-hi...«

Einer der Polizisten kam näher und sah hoch:

»Ich hab' um Mitternacht Feierabend, und dann haben wir zwei ein Rendezvous. Nur du und ich in einem Zimmer, ganz für uns allein. Bis dann... Süße!«

Fünf Minuten vor Mitternacht wurden Jim und Bob von Govers Freunden gegen Kaution aus der Haft befreit. Jim kam so wieder zu seiner Party und entging einer Tracht Prügel.

Auch das ist eine typische Geschichte. In den ersten Monaten des Jahres 1968 erreichte Jims Saufen ein Tempo, das die anderen *Doors* alarmierte. In der ehrwürdigen Tradition von Dylan Thomas und Brendan Behan wurde Jim zwar nicht gerade ein mythischer Trinker — aber ein tagtäglicher.

Auf einer Party bei dem Sänger John Davidson betranken sich Jim und Janis Joplin zusammen. Paul Rothchild erinnert sich, wie jeder die Arme um die Schultern des andern gelegt hatte: »Mr. und Mrs. Rock'n'Roll.« Aber dann drehte Jim durch und riß Janis an den Haaren, preßte ihren Kopf zwischen seine Beine und hielt sie so fest. Schließlich konnte sie sich befreien und floh weinend ins Bad. Man verstaute den sich heftig wehrenden Jim in einen Wagen. Janis setzte ihm nach, langte in den Wagen und fing an, ihm eine Flasche *Southern Comfort* auf den Schädel zu hauen. Jim lachte, als sie abfuhren.

In *The Scene* in New York stolperte Jim und kippte die vollen Gläser auf einem Tisch Janis in den Schoß. Dann torkelte er, von der Musik angezogen, zur Bühne, fiel auf die Knie und ergriff die Beine von Jimi Hendrix in einer inbrünstigen und beschickerten Umarmung.

Wieder in Los Angeles geriet Jim mit seinem Kumpel Tom Baker in *Barney's Beanery* in Streit. In einem Film, den er mit Andy Warhol gemacht hatte, trat Tom nackt auf, und jetzt nannte er Jim — was sexuelle Schau anbelange — einen Schlappschwanz.

»Zum Schluß häng ich alles raus, Mann!« sagte er.

Jim war betrunken, griff nach dem Reißverschluß.

»Also, das kann ich auch«, rühmte er sich. »Das kann ich auch, das ist gar nichts. Das ist keine Kunst.«

Auf einem Flughafen im Mittelwesten — wieder einmal betrunken — bestand Jim darauf, daß ihn jemand in einem Rollstuhl herumkarrte, aus dem er ständig rausfiel, weil er ruckweise hochfuhr, als habe er einen massiven Anfall. Schließlich fiel er wieder heraus und rollte unter eine Bank. Da trat er dann völlig weg. Bill Siddons verstaute ihn rücksichtsvoll zusammen mit dem Handgepäck und den Gitarrenkoffern.

Jim genoß seinen Erfolg in guter alter Rock'n'Roll-Manier: »Dem Sieger fällt die Beute in den Schoß.« Er hatte laufend was mit Mädchen und er begann, wild Geld rauszuschmeißen — nicht für Häuser und Autos, sondern für immense Kneipenrechnungen und Maßkleidung, darunter ein Kroko-Mantel und für 2200,– $ ein Anzug aus dem Leder ungeborener Pferde. Der landete später sorglos in einem Flughafen-Abfalleimer. Jim hatte sich eine kleine Herde Speichellecker zugelegt, die ihn überallhin begleitete und sich in dem besonderen, für die sechziger Jahre charakteristischen, erregenden Licht einer Pop-Berühmtheit sonnte. Diese Leute fuhren Jim hin, wohin immer er wollte, waren scharf drauf, mal eine Zigarette anzünden zu dürfen. Sie machten Botengänge zum Schnapsladen und sorgten dafür, daß im Aufnahmeraum des Studios die Groupies nicht alle wurden.

Jim fing auch an, eine erste Gruppe schwerer Säufer um sich zu sammeln, darunter Tom Baker, den Schauspieler, und den damals eigentlich noch recht unbekannten Sänger Alice Cooper, sowie Glen Buxton, einem Mann aus Coopers Band. Jim war jetzt ernsthaft und methodisch am Saufen. Seine Tage verbrachte er in den Kneipen, die praktischerweise rund um sein Motel lagen, und das Studio betrat er nur noch mit Flasche.

Alkohol wurde Jims Universalmittel, die magische Arznei, die seinen Nöten abhalf, seine Probleme löste. Er mußte geradezu aus geschichtlicher Notwendigkeit saufen. Der Alkoholkonsum war dem dionysischen Bild gemäß, mit dem sich Jim identifizierte, in das er sich versetzte, und er war fest verankert in der kulturellen Tradition Amerikas.

Ob das Trinken Jims gelegentliche Impotenz verursachte oder die Impotenz Anlaß zum Trinken war, ist nicht so wichtig vor der umfassenderen Realität: Jim trank, um die Schmerzhaftigkeit des *Daseins* zu lindern. Diesen Schmerz zu mildern, war wichtiger als irgend etwas sonst, obschon die Impotenz eine ständige Quelle des Schmerzes war.

Etwa zu der Zeit, als die Arbeit am dritten Album begann, ging alles drunter und drüber. Im Übungsraum und auch im Studio hingen massenhaft irgendwelche Typen rum, daß kaum mehr Platz da war. Bruce Botnick erinnert sich an den Abend, wo das fette Mädchen in die Aufnahmekabine ging, das Kleid über die Hüften gerafft und ohne Höschen. Bereit für jeden, der Lust hatte.

Dann kam der Abend, an dem John die Schlegel fallen ließ und endgültig aufhören wollte. Das war schon mal passiert, als Jim zu betrunken war, um beim Semesteranfangs-Ball der *University of Michigan* singen zu können. Aber jetzt sah es aus, als sei es unwiderruflich.

»Das war's!« stieß John hervor. »Ich hab' genug, ich geb auf. Ich hab' endgültig genug; ich geb's auf.« Und dann ging er.

Ray und Robby sahen einander an und dann auf Jim hinunter. Der lag zusammengebrochen im Studio auf dem Boden in einer sich ausbreitenden Urinlache. Ray stand langsam auf und ging rüber zum Kontrollraum. Er zuckte mit seinen schweren Schultern und sagte:

»Ich weiß nicht...« Am nächsten Tag lief der Laden wie üblich, mit allen vier *Doors*.

Diskret begannen John, Robby und Ray herumzuhören, wen man beauftragen könne, um — durchaus freundlich — ein bißchen auf Jim aufzupassen. Paul Rothchild schlug seinen Freund Bobby Neuwirth vor, der damals in New York lebte. Die drei *Doors* sagten, sie hätten von ihm gehört, sei wohl Bob Dylans Tourneetechniker gewesen, oder?

»Viel mehr«, sagte Paul. Neuwirth hatte zu allem möglichen den Anstoß gegeben, er war ein Macher in der Szene, ein großartiger Kerl, eine verantwortungsbewußte Persönlichkeit von strahlendem Äußeren. Außerdem kannte er jeden, den man nur kennen konnte (›Wen wollen Sie treffen — Brando?‹). Joan Baez sagte von Neuwirth, er habe Dylan zu *Like a Rolling Stone* inspiriert.

»Und«, meinte Rothchild gegenüber den dreien, »er ist Jim ewig gewachsen. Er kann ihn unterhalten, mit ihm intellektuell reden, ihn übertreffen, er kann mehr trinken, es härter angehen, weniger schlafen und ihn immer rechtzeitig zur Show schleppen.«

Die drei sagten zu Paul, das klänge gut, und Paul rief Jac Holzman in New York an und sagte ihm, die Situation habe sich so maßlos verschlimmert, daß man nicht sicher sein könne, ob das dritte Album erscheine, es sei denn, jemand kümmere sich um Jim. Holzman bot an, Elektra zahle Neuwirth zur Hälfte.

Bob Neuwirth, nach eigenen Worten ein ›Meister im Herumhängen‹, hatte Jim schon in New York getroffen, sie waren also keine Fremden. Damit das neue Zusammentreffen natürlich wirkte, schleppte Paul ihn an, als er im März die *Doors* auf Tournee begleitete. Ein Projekt wurde entwickelt, Bobby sollte mit einem Film über die *Doors* anfangen — ein kleiner dokumentarischer Streifen, den man vielleicht bei der Promotion einer künftigen Single einsetzen könnte, so wie man auch bei *Break On Through* und *The Unknown Soldier* Filme eingesetzt hatte.

Jim bekam natürlich mit, was da lief.

»Glaubt bloß nicht, die *Doors* hätten das hinter seinem Rücken machen können«, sagt Neuwirth, »niemand hat jemals irgend etwas hinter dem Rücken dieses Burschen gemacht. Mann, wer ihn wirklich kannte, wußte, für doof läßt der sich nicht verkaufen. Der blickte durch — sofort. Ich sollte so eine Art Direktor für nichts sein, versteht ihr? Aber so lief's nicht. Der Kerl blickte durch, bei *jedem* Schachzug.«

So etablierten sie eine gemütliche Beziehung. Zu Anfang wollte Bobby Jim das Gitarrespielen beibringen. Aber Jim sagte, das würde zu lange dauern. Also machten sie, was Bobby am besten konnte; sie hingen rum.

»Es war überhaupt nicht peinlich, Mann, allenfalls etwas lebhaft. Auch ich mag kalte Bierchen, Mann... und Tequila. Sagen wir's klar, es gab keinen Weg, Jim einen Drink auszureden. Es endete immer so, daß man zusammen einen nahm.«

Kurz nachdem man Neuwirth engagiert hatte, besuchte Jac Holzman eine Aufnahmesitzung. Er wurde verschwörerisch in eine Aufnahmekabine gelotst.

»Ich muß dich um einen Gefallen bitten«, sagte Robby.

»Aber gern, Robby.«

Robby erklärte, sie wollten einen Vorschuß auf ihre Tantiemen. Das Geld war zwar schon verdient, wurde aber erst in einigen Monaten zur Zahlung fällig.

»Wieviel braucht ihr?«

»Ich weiß es nicht, wir wollen uns aus unserem Vertrag mit Dann und Bonafede rauskaufen.«

Die *Doors* hatten sich diesen Schritt monatelang überlegt. Dann und Bonafede hatten ihnen einen guten Agenten und eine gute Werbefirma verschafft. Aber sie hatten auch versucht, die Gruppe zu spalten, als sie Jim verleiten wollten, die Sache allein zu machen. Sie schleppten auch zu viele Flaschen für Jim hinter die Bühne. Die *Doors* hatten außerdem das Gefühl, ihre Manager hauten sie übers Ohr, wenn sie auch zweifelten, daß man es beweisen könnte. Man erörterte die Situation mit Robbys Vater und mit Max Fink, dem Rechtsanwalt.

Jac Holzman hatte die Manager der *Doors* nie gemocht. Er glaubte, sie hätten einen Keil zwischen ihn und die Gruppe getrieben, als sie darauf bestanden, daß die *Doors* neue Telefonanschlüsse bräuchten, deren Nummern die Elektra-Leute nicht kennen dürften. Deshalb gab er gern einen Abschlag von 250 000 $, ein Teil dessen, was der Plattenumsatz garantierte. Dann und Bonafede waren mit einem Fünftel davon zufrieden.

Die *Doors* wollten jetzt ihren alten Tourneetechniker Bill Siddons bitten, daß er den Job übernähme. Er hatte sie am Jahresersten verlassen und besuchte wieder eine Schule, um der Einberufung zu entgehen. Mit den 1500,– $ im Monat, die ihm die *Doors* versprachen – statt einer prozentualen Beteiligung – rechnete er sich aus, daß er sich einen Anwalt nehmen könne, der in Einberufungssachen bewandert sei (derselbe erreichte später auch für Robby die Freistellung). Bill, gerade neunzehn Jahre alt, hatte die kanadische Staatsbürgerschaft und den Status eines niederlassungsberechtigten Ausländers. Er wirkte aber wie ein typischer Südkalifornier: groß, blond, gute Figur und besessen von Surfbrettern, Motorrädern, Hasch und hübschen Mädchen.

Damals war es für jemand in Bills Alter und von seiner Unerfahrenheit nicht ungewöhnlich, erfolgreicher Manager einer Rockband zu werden. Die Bands wandten sich oft an ihre Tourneebegleiter, wenn sie in Schwierigkeiten steckten. Außerdem sah man es so: Die *Doors* würden sich in Wahrheit selber managen, alle kreativen Entscheidungen treffen, während Bill das Büro leiten und als Verbindung zwischen der Band und ihrem Anwalt, Agenten, Wirtschaftsberater und ihrer Werbefirma dienen sollte.

Jims Stimmung und sein Verhalten besserten sich, und eine Serie von vier Abenden im neuen *Fillmore East* in New York übertraf alles, was sie in letzter Zeit geboten hatten. Bill Graham hatte sich sehr dagegen gewehrt, den Film zu zeigen, den die *Doors* zu ihrem Song *The Unknown Soldier* gemacht hatten, schließlich aber gab er doch nach. Es war ein leidenschaftlicher Film, voll subjektiver Momentaufnahmen; in ihm wurde Jim an der Küste von Venice an einen Pfosten gebunden und erschossen, Blut floß ihm aus dem Mund.

Die jugendlichen Popfans, die jetzt voll den Ton angaben, sahen in Morrison nicht weniger als einen Gott. In *Crawdaddy* beschrieb es der Journalist Kris Weintraub im Sommer 1968 so:

Er ging zum Mikrophon, packte es oben mit der rechten Hand und den Ständer mit den Fingerspitzen der Linken, dann sah er auf, und das Licht fiel auf sein Gesicht. In diesem Augenblick begann die Schöpfung. Es gibt kein zweites Gesicht in der Welt wie dieses Antlitz. Es ist so wundervoll und nicht einmal hübsch im landläufigen Sinn. Ich glaube, es ist schön, weil du, wenn du es anschaust, spürst, er *ist* Gott. Wenn er für uns am Pfahl sterben will, ist das okay, denn er ist Christus.

Ein anderer etwas gelassenerer Autor schrieb im gleichen Blatt:
Nach seinem symbolischen Tod geht es der ganzen Welt besser, wenn man Morrisons hysterische Stimme hört: »Es ist alles aus, Baby! Der Krieg ist aus.«
Als der Film im *Fillmore East* gezeigt wurde, wandelte sich das junge Publikum — randvoll vom Krieg frustriert — zum Pandämonium. »Der Krieg ist aus« schrien die Jugendlichen in den Gängen. »Die *Doors* haben Schluß gemacht mit dem verdammten Krieg!« Das kleine Passionsspiel hatte das Publikum gepackt; Jimmy und die Jungs hatten es wieder einmal geschafft.

The *Unknown Soldier* machte seinen Weg in die Hitlisten, da kam eine neue Krise. Es war in Los Angeles, die *Doors* waren im Studio. Ray ging zu Vince Treanor, seit vier Monaten ihr Ausstattungsverwalter, und sagte, am Cola-Automaten müsse man irgend etwas auswechseln.

»Apropos wechseln«, sagte Vince, »meinst du nicht, es wäre Zeit, daß ihr euch einen neuen Manager sucht?« Er meinte sich. Ray war von den Socken.

Wie Vince glaubte, tat Bill der Gruppe nichts Gutes. Vince sprach mit jedem der *Doors* einzeln darüber. Dann gingen alle vier mit Paul Rothchild in den Aufnahmeraum; ein bißchen später kam auch Bill herein und gönnte Vince kaum ein Kopfnikken. Die *Doors* entschieden sich für Bill. Sie anerkannten Vince als elektronisches Genie (in einer kniffligen Situation hatte er eines Abends in der Dunkelheit hinter der Bühne Robbys Gitarre auseinandergenommen, repariert und wieder zusammengebaut); sie stimmten weiter darin überein, daß es unmöglich sei, jemanden zu finden, der den *Doors* gegenüber noch loyaler wäre als der melancholische Orgelbauer aus Massachussetts. Aber sie spürten, für den Job war er nicht der Richtige. Er hatte kein glückliches Temperament, und er war einer von jenen wirklich aus dem Rahmen fallenden Menschen, deren Verhalten so manchen auf Armlänge distanziert. Aber die *Doors* beschlossen, Vince solle eine Beförderung und eine Gehaltserhöhung bekommen: vom Ausstattungsverwalter zum Tourneemanager und von 400,– $ im Monat auf 500,– zuzüglich 100,– $ pro Konzert.

Nachdem diese mäßig schwierige Sache ausgestanden war, schenkten die *Doors* ihre Aufmerksamkeit noch einmal einer ungleich schwierigeren Angelegenheit: die Vervollständigung ihrer neuen LP.

Eine umfangreiche Komposition *Celebration of the Lizard* (›Die Feier der Eidechse‹) wurde bis auf einen kleinen Ausschnitt *Not to Touch the Earth* (›Die Erde nicht berühren‹) gestrichen. Jim hatte die beiden ersten Verse ›Die Erde nicht berühren / Die Sonne nicht sehen‹ aus dem Inhaltsverzeichnis von Frazers ›Der goldene Zweig‹ genommen. ›Die Feier der Eidechse‹ dauerte in der ursprünglichen Fassung 24 Minuten; nachdem sie gestrichen worden war – nach vielen Stunden Aufnahme im Studio – war die Hälfte der LP wieder offen.

Deshalb griffen die *Doors* auf das wenige zurück, was von ihrem ursprünglichen Repertoire noch übrig geblieben war, Songs, die Jim in Venice geschrieben hatte, darunter der, der ihr nächster großer Hit werden sollte: *Hello I Love You.* Holzmans kleiner Sohn Adam erinnerte sich an ihn, er war bei ihren alten Demo-Aufnahmen. Für andere Songs wurden neue Arrangements im Studio gemacht, aber das kostete wertvolle Studiozeit. Für einen Song, *My Wild Love,* verzichteten die *Doors* auf die Instrumente und brachten ihn in der Art eines Worksongs. Jeder Anwesende machte mit (selbst Mark James, Billys kleiner Sohn), klatschte in die Hände, stampfte mit den Füßen, alle sangen unisono.

Weitere Zeit wurde von Paul Rothchilds Hang zur Perfektion aufgezehrt. Fast jeder Song auf der LP brauchte mindestens zwanzig Aufnahmen – zugegebenermaßen mußten eine Menge Versionen fallen gelassen werden, weil Jim sie verpatzte. – Für den *Unknown Soldier,* in zwei Teilen gebracht, waren 130 Aufnahmeversuche notwendig. Das Album wurde schließlich im Mai fertig.

Jim kämpfte sich entschlossen durch; aber mehr und mehr zeigte er Frust und Langeweile, vernachlässigte die Musik und widmete seine Zeit einer wachsenden Zahl nichtmusikalischer Aktivitäten. Eine davon war der Film.

Als der französische Regisseur Jean-Luc Godard zur amerikanischen Premiere seines Films ›Die Chinesin‹ an die *University of Southern California* kam, saß Jim in der ersten Reihe. Bob Gover, der mit ihm befreundete Schriftsteller, saß an einem Drehbuch, und man redete darüber, ob Jim nicht mitmachen wolle. Joan Didion, die einen schmeichelhaften Artikel über Jim in der *Saturday Evening Post* geschrieben hatte, und ihr schreibender Eheman John Gregory Dunne hatten eine Option auf die Filmrechte an dem Buch *Needle Park* und wollten Jim und seinen Freund Tom Baker für tragende Rollen. Bobby Neuwirths kurze Schwarzweiß-Dokumentation ›Die Erde nicht berühren‹ kam heraus und wurde als Prototyp für weitere Werbefilme der *Doors* angesehen.

»Wir meinten«, sagte Bobby, »die *Doors* sollten nie in der *Dick Clark Show* oder dergleichen auftreten müssen. Sie würden einfach ihren jüngsten Film schicken. Auf diese Weise brauchte niemand Verstärker herumzuschleppen und keiner müßte nüchtern bleiben.«

Bobbys Film wurde nie eingesetzt. Aus *Not To Touch the Earth* wurde doch keine Single, und Bobby schied aus dem *Doors*-Team aus. Mit Bobbys Weggang fiel die Entscheidung, einen programmfüllenden Dokumentationsstreifen zu drehen. Die vier *Doors* waren sich rasch einig, die Kosten zu teilen; alle glaubten, der Film sei eine Investition, die sich auszahlen könnte. Falls er in die Schlagzeilen käme und so einschlagen würde wie z.B. Dylans *Don't Look Back,* dann brächte er Gewinn. Schon eine Fernsehübernahme würde dem Projekt in die schwarzen Zahlen helfen. Auf jeden Fall glaubte man, der Film würde das Ansehen der Kreativität der Gruppe heben und höhere finanzielle Forderungen der *Doors* rechtfertigen. 1968 waren Filme für Rock-Bands eine außerordentlich interessante Sache, und die *Doors* waren mit die ersten, die damit anfingen.

20 000,– $ wurden für Kameras, Lampen, Ton- und Schneidgerät ausgegeben, drei Vollzeitmitarbeiter angeheuert. Zwei waren frühere Kollegen von Jim und Ray aus ihrer Filmstudien-

zeit. Der eine, Paul Ferrara, war ein gutaussehender, geschmeidiger Kerl, der zur Venice-Szene der ersten Stunde gehört hatte und jetzt als Photograph arbeitete. Der andere war Frank Lisciandro, ein stiller und leicht verrückter Zen-Schüler, der zusammen mit seiner Frau Kathy — später Sekretärin der *Doors* — zwei Jahre in Afrika im Friedenscorps gearbeitet hatte. Der dritte war Babe Hill, einer von Paul Ferraras alten High-School-Freunden. Bis vor kurzem hatte er mit Frau und zwei Kindern in einem dieser flachen Vororte, Inglewood, gelebt.

Das nächste Vierteljahr folgten diese drei Männer den *Doors* durch ganz Südkalifornien — von Disneyland bis Catalina — und dann quer durch die USA, um sie bei der Arbeit und den Auftritten zu filmen. Wie jedermann, der in den Kreis der *Doors* trat, waren sie von der Magie angezogen, die Jims Persönlichkeit ausstrahlte, und von seiner Freigebigkeit. Mit der Zeit wurden sie seine engsten Freunde, vor allem der kindliche Babe, dessen offenes und williges Vertrauen, das er allem und jedem entgegenbrachte, Jim für ihn einnahm.

»Ich weiß nicht, ob der Kerl bescheuert oder genial ist«, meinte Jim einmal, »aber ganz sicher weiß er, wie's sich leben läßt.«

Zur gleichen Zeit schlug sich Jim wieder mit der Poesie rum. Obgleich die anderen in der Band *Celebration of the Lizard* für eine Art Mühlstein an ihrem Hals hielten und es aus dem dritten Album gestrichen wurde, war Jim mit seinem Text zufrieden und hielt das Stück für ›reines Drama‹. Es wiederholte viele seiner wichtigsten Themen, wie Gefängnis, Wahnsinn, Träume und Tod. Unglücklicherweise blieben nur zwei der 133 Verse im öffentlichen Bewußtsein haften: *I am the Lizard King / I can do anything.* Damals machte es Jim auch Spaß, alte Texte aus seiner Studienzeit für ein Magazin, *Eye,* auszugraben. Er schickte einen vieles antippenden Essay über Vision, poetisch und voller Einsicht, aber so esoterisch, daß die Herausgeber sich genötigt sahen, durch eine Menge Fußnoten die entlegenen Bezüge zu erläutern.

Pamela schenkte Jim ein geprägtes Ledertäschchen für die Gedichte, die er so sorgfältig und eifrig abtippte; und sie arrangierte ein Treffen mit Michael McClure, dem Dichter aus San Francisco. Jim hatte gesagt, er wolle gern McClures umstrittenes neues Stück *The Beard* sehen, und Pamela rief einen Freund ihrer Schwester an, der McClures literarischer Agent war. Er verschaffte ihm Karten für die Aufführung in Los Angeles, und nach der Vorstellung traf Jim den Beat-Poeten, der zu seinen Helden in der High-School-Zeit gehört hatte. Die Begegnung war eine Enttäuschung. McClure hatte keine Zeile von Jims Gedichten gelesen, und Jim war so verlegen und scheu, daß er sich unmöglich betrank. Trotzdem ging Jim stolz davon: Michael Hamilburg, ein Literaturagent, hatte gesagt, er wolle Jims Sachen lesen, und er hatte zugesagt, er wolle sie unbefangen lesen, nicht als die Gedichte eines Rock-Stars.

Mittlerweile setzte die Langeweile ein, die der Rock-Ruhm für Jim brachte. Ursprünglich hatten er und Ray sich die *Doors* als eine Gruppe gedacht, in der intelligent und spritzig Theater, Lyrik und perfekte, Möglichkeiten erkundende Musik miteinander verschmelzen sollten. Offenbar, und das sah auch Jim, taugte dieses Konzept nicht für ihr Publikum. Dessen überwiegender Teil suchte das Sensationelle, das Sex-Idol, den Süchtigen, und dazu hatte sich Jim ja auch tatsächlich entwickelt.

Jetzt aber verachtete er sein Publikum, kehrte sich gegen seine Fans. Monatelang hatte er auf sie gespuckt — oder auf das Bild, das sie sich von ihm machten — und sich betrunken, daß oft die Shows darunter litten. Im Frühsommer 1968 begann Jim mit blanker Geringschätzung die geistlose Zustimmung, die man ihm entgegenbrachte, zurückzuweisen.

Es war der 10. Mai, die *Doors* waren in Chicago. Jim stolzierte vom Garderobenwagen zum Theater; eine Phalanx von Polizisten hielt die Menge von ihm ab. Vielleicht dachte er an die Semesterarbeit über Sexualneurosen der Masse, die er an der Universität Florida geschrieben hatte. Gewiß war, was folgte, durchdacht. Jim gab das auch nachträglich zu. Es war für Bands schick geworden, ihr Publikum dazu zu bringen, daß es die Bühne stürmte. Jim wollte wissen, ob er die Leute noch einen Schritt weiter kriegen könnte — er wollte sehen, ob sich Aufruhr provozieren läßt.

Die anderen waren schon auf der Bühne und spielten eine typisch *Door*sche quälend-jagende Eröffnung. Jim warf seine Tasche hin, strich sich beiläufig übers lange Haar und stieg die Treppe zur Bühne hoch. Mit sechs großen Schritten stand er in der Mitte der Bühne; er griff zum Mikro, seine Stimme grollte.

Das Publikum ging voll mit wie bei einer Nazi-Versammlung. 15000 jubelten ihm zu, und er gab's ihnen zurück: Er führte die Band durch alle begeisternden Songs. Am Anfang stand *The Unknown Soldier*. 1968 wuchs die Antikriegsstimmung wie ein Hefeteig. Tatsächlich war dieser Song sogar der Radiozensur zum Opfer gefallen, und der leidenschaftliche Film, den die *Doors* zur Werbung für ihn gemacht hatten, durfte nicht im Fernsehen gezeigt werden. Dennoch war die Platte unter den ersten 40 und wurde ein Kampflied für das, was man damals hoffnungsvoll »Revolution« nannte.

Als nächstes spielten sie *Break On Through* und dann *Five to One*. Und als Jim in *When the Music's Over* hinausschrie: »Wir wollen die Welt und wir wollen sie jetzt!«, schrie es die Masse mit. Jim wuchs über sich hinaus. Er setzte jeden Trick ein, den er kannte, er fiel um und schnellte auf, er krümmte sich in täuschender Agonie, er warf sich mit solcher Gewalt auf die Bühne, daß er sich an der Seite verletzte. Er steckte sich die Rumba-Rasseln vorne in die engen Leder-Jeans und warf sie dann den Mädchen in der ersten Reihe zu. Dann riß er sich das Hemd vom Leib und schmiß es hinterher.

Es gab zwei Zugaben. Dann kam die Ansage von Bill Siddons: »Die *Doors* sind gegangen, sie haben bereits das Gebäude verlassen.«

Es war die gleiche Ansage, wie sie bei Konzerten der *Beatles* oder der *Rolling Stones* gemacht wurde.

Die Menge kochte und schrie wie ein Mann:
»Zu-ga-be, Zu-ga-be, Zu-ga-be, Zu-ga-be.«

Jemand stand auf der Brüstung der Theaterempore, balancierte da und schien zu einem Kopfsprung anzusetzen — fünfeinhalb Meter über der tobenden Menge. Es entstand ein vibrierendes Gemurmel und ein plötzliches Atemanhalten, als jedermann im Saal zu dem namenlosen Teenager aufblickte, der von der Brüstung sprang, die Arme wie Flügel gebreitet.

Die Menge teile sich, um ihm Platz zu machen, ein gedämpfter Aufklatsch, niemand schien zu atmen. Er stand auf und brach das Schweigen: »Wow! Was für ein Törn!«

Die Masse explodierte. Sie stürmte die Bühne. Drang ein paar Meter über die Absperrung hinaus, wurde zurückgedrängt, und dann ergoß sich eine Menschenwoge über die Instrumente.

Schließlich drängten die Begleitmannschaften der *Doors* und Bürgermeister Daleys Polizisten die letzten Fans zurück. Sie traten und schlugen mit Gummiknüppeln, Johns Trommelschlegel und Jims Mikro-Ständer. Jim Morrison hatte den Beweis für seine Theorie.

Für Hunderttausende, vielleicht Millionen in seinem Publikum war Jim ein willkommener Rebell, ein Partner bei Sexualphantasien, der *Lizard King*, romantisch verrückt. Für das mittelständische Amerika war er obszön, arrogant, eine Gefahr für die Öffentlichkeit. Es war Jims apokalyptische Seite.

Privat, unter Freunden, entfaltete Jim eine ursprüngliche Einfachheit, ergänzt durch ehrliche Scheu und eine leise Stimme. Aber wie er selbst sagte, zogen ihn Extreme an:

»Ich glaube, der höchste und der tiefste Punkt sind die wichtigsten. All die anderen Punkte dazwischen sind eben dazwischen. Ich will die Freiheit, alles versuchen zu können; ich glaub', ich will alles erfahren, zumindest einmal.« Jim konnte äußerst entgegenkommend, höflich und auch gebildet sein. Doch bei anderen Gelegenheiten war er plump oder, wie er zu sagen vorzog, »primitiv«.

Mehr als alles andere aber war Jim Morrison ein Charismatiker.

Zu seinen Freunden konnte er ruhig und höflich sein, geradezu ehrerbietig. Jac Holzman sagt:

»Er hätte niemals jemand, den er mochte, durch irgendein Wort verletzen wollen. Ich glaube, er suchte immer einen Weg, um mit einem auszukommen. Wie ein Japaner, der nicht ›nein‹ sagt, sondern ›ja, aber…‹.« In Interviews reagierte Jim auf Aussagen, bei denen er anderer Meinung war, meist mit: »Ich verstehe, was Sie meinen, aber vielleicht…« In dem Zusammenhang ist auch das Mitgefühl zu erwähnen, das er manchmal Fans entgegenbrachte. In Philadelphia beispielsweise kümmerte er sich darum, daß zwei Teenager, die von Freunden im Stich gelassen worden waren, für die Nacht ein Hotelzimmer bekamen. Nach einem Konzert in New York sprach er beruhigend auf einen jungen Zuschauer ein, der verletzt worden war. Und einmal zog er seine Jacke aus und gab sie einem Kind, das in stürmischem Regen am Straßenrand zitterte. Jac Holzman sagt:

»Jim hatte mehr Kinderstube, als die Leute gedacht hätten.« Wenn er wollte, hatte er ausgezeichnete Manieren und war ein bemerkenswerter Gesprächspartner.

Jim konnte auch mitfühlend sein. Ein Beispiel ist jener Junge, für den Jim sowohl Held als auch größerer Bruder war; vor allem letzteres schien Jim zu gefallen. Denny Sullivan hatte die *Doors* über einen ihrer Tourneetechniker kennengelernt. Als er sie dann im Konzert erlebte, war er so gepackt, daß er irgendwie den Weg ins Hollywooder Büro der *Doors* fand. Vielleicht hielt ihn niemand auf, weil er klein und erst dreizehn war. Kurz darauf kannte ihn die ganze *Doors*-Familie. Und abermals kurz darauf befand Bill Siddons, Denny hinge öfters im Büro rum, als dem Geschäftsablauf gut tue, er solle etwas sparsamer kommen. Denny war am Boden zerstört. Aber Jim hob die Entscheidung dadurch auf, daß er ihm die Sorge über die Fan-Post anvertraute, die damals täglich korbweise kam. Denny bekam für jeden beantworteten Brief zehn Cents.

Jim fiel es gerade schwer, sich seinen Fans zu widmen, und er glaubte wirklich, Denny könne sich der Post mit dem notwendigen Fingerspitzengefühl annehmen, besser jedenfalls als die professionellen Dienste, die die *Doors* bisher damit beauftragt hatten. Also kam Denny jetzt noch öfters ins Büro. Er schwänzte sogar die Schule, um näher bei den Leuten zu sein, die ihm über alles gingen.

An einem Freitagnachmittag, Wochen später, fragte Jim Denny unvermutet, warum er das Haar so kurz trage. Denny erzählte, seine Eltern hätten darauf bestanden.

»Die haben's verlangt?« Jim runzelte die Stirn. »Also, das sollen sie nie wieder tun.«

»Wieso nicht?«

»Weil ich es sage«, bestimmte Jim. »Weil ich's nicht zulasse. Von jetzt an brauchst du nichts zu tun, was du nicht möchtest. Du brauchst dir nicht die Haare schneiden zu lassen, wenn du es nicht willst, klar?« Jim knuffte Denny in die Seite; er wußte, seine Anteilnahme brachte für den die Welt wieder in Ordnung.

»Wenn sie dich wieder ärgern, sagst du's mir; ich werd' dir sagen, was du tun sollst.«

Das schwere Saufen ging unvermindert weiter. Es war, wie auch andere Seiten seines Verhaltens, nicht zu stoppen. Außerdem glauben viele, daß Jim in der Gruppe den meisten Druck aushalten mußte, das gab ihm ein Recht zu trinken, wenn er es brauchte oder wollte. Tatsächlich war Jim in einer Position, wo er sich alles erlauben konnte — gleichgültig, wie sehr es irgendeinem in seiner Umgebung mißfallen mochte. Und er erlaubte sich alles. Es war nicht darauf abgesehen, aber es lief auf Selbstzerstörung hinaus.

Er wirkte kraftlos, aufgedunsen; sein Haar bekam schon graue Strähnen. Rettungsringe wölbten sich über den Leder-Jeans; er versuchte, sie mit dem Hend über der Hose zu kaschieren. Als ihm ein Fan auf der Straße sagte, er werde zu dick, wurde er Mitglied im Gesundheitsclub von Beverly Hills. Später gab er es wieder auf.

Am schlimmsten war: Paul Rothchild sagte ihm, daß er an Stimme verliere. Paul war nie davon überzeugt gewesen, daß Jim ein sonderlicher Sänger sei, auch wenn er manchesmal behauptet hatte, Jim sei »der erste Sänger mit wirklichem Gefühl, der es seit Frank Sinatra geschafft habe«. Aber Jim »dachte nicht wie ein Sänger. Er dachte eher in theatralischen als in musikalischen Kategorien. Und er ruinierte seine Stimme mit dem Saufen«.

Noch immer gab es Beifall. Anfang des Jahres 1968 wählten die Leser der *Village Voice* Jim zum ›Vokalisten des Jahres‹. (Die *Doors* erhielten den Preis ›Entdeckung des Jahres‹, Ray Manzarek wurde als drittbester Musiker des Jahres nach Eric Clapton und Ravi Shankar eingestuft, und das Debutalbum der Band rangierte als zweites nach *Sergeant Pepper*.) Ein siebenseitiger Artikel in *Life* machte sich stark für die Bedeutung und den literarischen Wert der *Doors* und referierte Jims Festnahme in New Haven mit Sympathie — für Jim. Die Band fand auch Aufnahme im *Who's Who in America*, in diesem Sektor fürwahr eine seltene Ehre.

Aber wie die Kritikerin Diana Trilling über Marilyn Monroe schrieb: Der Ruhm hat es an sich, früher oder später den Stars Schläge auszuteilen. Sie sprach vom ›Gesetz der negativen Kompensation‹. Für Jim sollte es im Juni soweit sein, bei einem üblichen Treffen der *Doors*.

Jim parkte seinen Wagen, einen Shelby GT 500 Cobra (er fuhr nur amerikanische Wagen), in einer Parklücke vor einer Obenohne-Bar in der Nähe des *Doors*-Büros in West-Hollywood. Jim sah, daß der ebenerdige Übungsraum leer war, also ging er langsam die Außentreppe hoch und öffnete die Tür.

Im ersten Zimmer standen drei, vier gewöhnliche Tische, eine billige Couch, ein Plattenspieler, eine Kaffeemaschine, und es gab das allgemeine Durcheinander von Verehrerpost, Zeitschriften, Zeitungen, Schallplatten. In einer Ecke war ein winziges Badezimmer mit Dusche. An den Wänden hingen die Goldenen der *Doors*, bis jetzt vier.

Jim ging leise zu seinem Schreibtisch in der hinteren Ecke und sagte nichts zu den Anwesenden, der Sekretärin, Bill Siddons, den anderen *Doors*. Er überflog das Wichtigste und Interessanteste unter der heutigen Fan-Post – es wurde ihm, wie er es wollte, täglich rausgelegt. Dann holte er einen Hamburger aus einer Tüte und fing an zu essen. Er kaute langsam, wie er auch langsam sprach und sich langsam bewegte. Nach zwei, drei Minuten sah er auf und sagte zu den anderen, er mache Schluß mit der Musik.

»Was?!« Jeder Kopf flog herum.

»Ich mache Schluß«, sagte Jim.

Jetzt sprach jedermann gleichzeitig. Endlich kehrte Ruhe ein und Bill fragte:

»Warum?«

»Es ist einfach nicht das, was ich künftig machen möchte. Das war's mal, aber jetzt ist es das nicht mehr.«

Die *Doors* hatten einen bewährten Grundsatz, wenn sie in einer Sache – Konzert, Song, was auch immer – nicht einer Meinung waren, dann ließ man es bleiben. Einstimmigkeit mußte herrschen. Jim hatte nur eine von vier Stimmen, aber jetzt konnte man ihn nicht überstimmen.

Die anderen *Doors* und Siddons redeten wieder durcheinander: wie gut es mit der Band jetzt lief, sie müßten sich nicht um Engagements bemühen, alles stünde ihnen offen.

»Es ist nicht das, was ich machen will«, wiederholte Jim. Er blätterte die vor ihm liegende Post durch, nahm noch einen Bissen.

Ray trat vor ihn und sagte ernst mit einem Hauch Furcht in der Stimme:

»Noch ein halbes Jahr. Laß es uns noch ein halbes Jahr machen.«

Es ist nie leicht, aus einem fahrenden Zug auszusteigen. Auch Jim schaffte es nicht. Schon standen die *Doors* mitten in den Proben für ihr bislang ehrenvollstes Konzert, eine Show am 5. Juli im Hollywooder Stadion. Dann kam das riesige *Singer*-Stadion in New York. Eine Europa-Tournee stand bevor; gleichzeitig erschien, es war Juli, ihre dritte LP und eine neue Single. Beide wurden sofort Hits. Eine solide Basis war da, von der aus eine Band ein Jahrzehnt und länger leben konnte.

Zu gleichen Zeit schienen die *Doors* versuchen zu wollen, sich selbst zu übertreffen. Für das Konzert in Hollywood hatten sie drei weitere Kameramänner engagiert — in allem waren es nun fünf — und für den Klang verteilten sie 52 Verstärker auf der 21 Meter breiten Bühne. Das hieß 60000 Watt allein auf Jims Mikro; das langte, um seine Stimme bis weit in die Berge hinter das Stadion zu tragen. Die Verstärkung für die übrige Band hatte noch mehr Power.

Es gab keinen Halt im Erfolg. Haupt-Band im Hollywooder Stadion — das stellte die *Doors* in eine Reihe mit den *Beatles*, machte sie zu Amerikas *Rolling Stones*. Elektra hatte fast eine halbe Million Vorbestellungen auf das neue Album. In zehn Wochen waren 750000 Stück verkauft; damit war die LP an der Spitze der Album-Sellerliste. *Hello I Love You* wurde Nummer eins in der Hitliste der Singles und wurde die zweite 45er der Gruppe, die über eine Million mal verkauft wurde.

Während der fünf Monate Produktion wurde der Titel der LP mehrfach geändert, von *American Nights* (wie Jim erst wollte) über *The Celebration of the Lizard* (dazu stellte sich Jim die Plattenhülle in imitierter Eidechsenhaut vor) zu *Waiting for the Sun* (der Titel eines Songs, der dann rausfiel). Zwischendurch wollte Jim immer nach einem Stück ein Gedicht rezitieren, aber schließlich entschloß man sich, den Text des Gedichtes, das immer noch nicht musikalisch arrangiert erschienen war, *The Celebration of The Lizard*, auf einer Albuminnenseite abzudrucken.

Jim erklärte, warum ihn Reptilien faszinierten.

»Wir müssen uns erinnern, daß Eidechse und Schlange mit dem Unbewußten und den Kräften des Bösen assoziiert werden. Es gibt tief in der menschlichen Erinnerung etwas, das stark auf Schlangen reagiert, selbst wenn man vorher nie eine gesehen hat. Ich glaube, eine Schlange symbolisiert schlicht alles, was wir fürchten.« Sein langes Gedicht war, wie er sagte, »eine Art Einladung zu den dunklen Kräften«. Das galt aber nicht für das Bild des *Lizard King*, »das ist nur so dahergeredet«, versicherte er.

»Ich glaube nicht, daß die Leute das merken. Es ist nicht ernst gemeint. Wenn du den Schurken in einem Western spielst, heißt das auch nicht, daß du das bist. Es ist ein Aspekt, um des Effektes willen herausgestellt. Ich nehm's nicht ernst. Es ist ironisch gemeint.«

Die *Doors* gingen wieder auf Tournee. Im Juli, nach dem Konzert in Hollywood, gingen sie nach Dallas und Huston, nach Honululu und dann nach New York. Das Größte und Denkwürdigste in dieser Konzertserie fand am 2. August im *Singer*-Stadion in New York auf dem ehemaligen Weltausstellungsgelände statt. Bill Graham hätte die *Doors* gern im *Fillmore East* gehabt. Aber der freie Platz in Queens war fünfmal so groß und ermöglichte ihnen ein Programm mit den *Who* zusammen, der britischen Band, die gerade Pläne für eine Rock-Oper angekündigt hatte. Die *Doors* sahen zuversichtlich einem guten und aufregenden Abend entgegen.

»Morrison, Morrison, Morrison, Morrison...«

Jim stieg aus der schwarzen Limousine. Seine Dokumentarfilmer bauten sich vor und hinter ihm auf. Rückwärts gingen sie vor ihm her, und sie folgten im Kielwasser des ledergekleideten Helden. Er schien entspannt und ging langsam durch das ziemliche Mädchen-Gedränge. Hinter der Bühne umringte ihn schützend ein Trupp New Yorker Polizisten.

»Morrison, Morrison, Morrison...«

Sein Name war ein Mantra; die Menge sang es über das ganze Gelände hinweg. Jim wirkte feierlich, als er auf die Bühne stieg. Die Polizisten bezogen ihre Stellung vor der Bühne, und die Kameramänner, Paul und Babe, kletterten hinter Jim auf die Bühne. Nur die Knöpfe der Verstärker leuchteten und die Räucherstäbchen auf Rays Orgel, sonst war die Bühne dunkel.

»Morrison, Morrison, Morrison...«

Die drei Instrumentalisten begannen mit der Einleitung zu *Back Door Man*. Jim ging ans Mikrophon, ein Punktstrahler leuchtete auf, das Publikum explodierte und Jim erfüllte die Luft mit einem langen, schmerzenden, ohrenzerreißenden Schrei.

Einen Augenblick stand er ohne Bewegung, dann fiel er zu Boden, verzerrt, um sich tretend.

In der folgenden Stunde war Jim eine Vision in schwarzem Leder und dem Hemd eines mexikanischen Peon. Er wirbelte auf einem Bein, brach in urtümlicher Qual zusammen, um sich wieder zu erheben, wölbte die Hände vorm Schritt, sprang vorwärts, die Augen geschlossen, die Lippen in Ekstase gespitzt. Die Teenager im Publikum fingen an, auf die Bühne zu kommen wie Käfer in eine Heizsonne fliegen. Die Polizisten mußten direkt auf die Bühne und bildeten einen Wall aus kurzärmligen blauen Hemden und dunklen blauen Hosen zwischen den *Doors* und ihrem rasenden Publikum.

Niemand konnte etwas sehen. Jim lag schmerzverkrümmt auf der Seite, die Hände zwischen die Schenkel gepreßt. Die Musik stampfte. Die jungen Leute fingen an, über die Rücken anderer zu klettern, um sich an der Bühne hochziehen zu können — nur um von den Polizisten gepackt und buchstäblich zurück in die Dunkelheit geworfen zu werden.

Hunderte von hölzernen Klappstühlen wurden nach den Polizisten geschleudert; Hunderte von Teenagern bluteten.

Das Konzert wurde abrupt beendet und das wurde zum Krawall Nummer zwei. In einer Zeit, in der Rock-Krawalle zumindest im Untergrund schick wurden und Schlagzeilen eintrugen, stieg mit jedem neuen Krach die Reputation der Band. Und dieser Trend nahm noch zu. *Hello, I Love You* war vier Wochen lang national die Nummer Eins. In *Vogue* wurden die *Doors* wieder einmal herausgestellt, in einem Artikel über Rock-Theater. Kritiker nannten im *New York Magazine* und in der *Los Angeles Times* das dritte Album das bislang beste der Band. Und die Europa-Tournee lag vor ihnen.

Hello I Love You war der erste große Hit der *Doors* in Europa; er bildete die Basis für ihre explosiven drei Tourneewochen. Der hypnotisierende Song rangierte in den britischen Hitlisten schon ziemlich hoch, als die Band in London landete. Hunderte von Fans erwarteten sie am Flughafen, außerdem ein Aufnahme-Team von *Granada TV*, das nicht nur die Ankunft und Zollabfertigung filmte, sondern auch das erste ihrer Konzerte im *Roundhouse.*

Europa war reif für die *Doors* und die *Doors* wußten das. Das *Roundhouse* war ein relativ intimes Theater mit nur 2500 Sitzplätzen. Es war kleiner als die Hallen, an die sich die *Doors* gewöhnt hatten. Vier Shows an zwei Abenden waren vereinbart, also 10 000 Karten, die schnell ausverkauft waren. Tausende von Leuten trieben sich an den Eingängen herum, in der Hoffnung, die Erregung, die drinnen erzeugt wurde, wenigstens zu hören. Diskjockey John Peel schrieb in seiner Kolumne in *Melody Maker*:

»Die Briten empfingen die *Doors* so herzlich, wie die Amerikaner unsere *Beatles*.«

Die Roundhouse-Konzerte wurden ein uneingeschränkter Erfolg. Das Publikum ging mit und die Band war in bester Form. Bei der Intimität durch das kleinere Publikum kam Jims theatralisches Vermögen besser zur Geltung als je sonst. Jedesmal wurden Zugaben verlangt. Die englische Presse nahm von den mit auftretenden *Jefferson Airplane* kaum Notiz und widmete die zur Verfügung stehenden Spalten fast nur den *America's Kings of Acid Rock*. Die glücklichen zehntausend, die Karten bekommen hatten, gaben das Wort an die weiter, die nicht dabei gewesen waren. *Granada TV* versprach allen anderen den Film. Das Ansehen der *Doors* erreichte legendäre Ausmaße, nachdem sie nur eine Woche dagewesen waren.

Morrison hatte England getroffen. Es war klar, der Westen hatte gewonnen. Jetzt ging es nach Kopenhagen, Frankfurt und dann Amsterdam.

Ernsthafte Schwierigkeiten gab es bei der Tournee nur in Amsterdam. In Frankfurt hatte jemand Jim ein halbdaumengroßes Stück Hasch gegeben. Als die *Doors* am nächsten Tag in Amsterdam das Flugzeug verließen und sich dem Zoll näherten, fragte Bill Siddons:

»Hat irgend jemand was?«

Jim sagte ja, er habe da dieses Hasch. Jedermann sonst war clean. Siddons sagte:

»Also, werd's los.«

Jim kaute drauf rum und schluckte es runter.

An Bord der Maschine hatte Jim ein paar Drinks gehabt und beim Essen mit den Veranstaltern in Amsterdam kippte er noch ein paar. Dann brach er auf, um Amsterdams berühmtes Vergnügungsviertel zu erkunden.

Siddons sagte einem der Tourneetechniker:

»Geh mit Jim und sorg dafür, daß er heute abend rechtzeitig da ist.«

Den Nachmittag hindurch und den frühen Abend soff Jim weiter, und als ihm ein Fan noch einen Brocken Hasch gab, schluckte er auch den. Gegen 21.00 Uhr bekam ihn sein Begleiter in ein Taxi.

Noch einmal spielten die *Doors* mit *Airplane*, die zuerst auftraten, zusammen, Jim kam hinter der Bühne vor und platzte in den Auftritt der *Airplane* bei einem ihrer populären Songs. Er versuchte zu singen, zu tanzen, herumzuwirbeln, hüpfte aber nur betrunken rum.

Was jetzt genau passierte, ist unsicher, die Zeugen weichen voneinander ab. Einige sagen, Jim brach vor den Kulissen zusammen und wurde weggetragen. Andere behaupten, man habe ihn in die Garderobe der *Doors* geführt. Dort soll er auf einem Klavierstuhl gesessen haben, in fast komatösem Zustand, den Kopf angelehnt, die Augen glasig, halb geschlossen, während die anderen überlegten, was man machen könne.

Erst einmal sagte man den Leuten von *Airplane*, sie sollten ihren Auftritt strecken. Dann wurden die Begleitmannschaften beider Bands gebeten, die zeitraubenden Arbeiten, Abbruch der *Airplane*-Ausrüstung, Aufbau der Ausrüstung der *Doors*, durchzuführen. Hinter der Bühne entschied man, daß Vince Treanor ankündigen solle, Jim Morrison sei krank, die verbleibenden *Doors* würden aber trotzdem gerne spielen.

»Und sag ihnen, jeder, der sein Geld zurückwill, kriegt es sofort«, schloß Bill.

Plötzlich rutschte Jim von seinem Stuhl, als sei er still in sich zusammengefallen. Bill stürzte zu ihm, zog einen kleinen Spiegel aus der Tasche, hielt ihn Jim vor Mund und Nase und wartete auf einen Atemhauch.

»Ruhe!« brüllte er die anderen an. »Ich seh nicht, ob er atmet. Ruhe, verdammt!«

Bill beugte sich wieder über den daliegenden Jim, blickte angestrengt und voller Hoffnung auf das Stückchen Glas in seiner Hand. Jims Gesicht hatte die Farbe alten Elfenbeins, sein Atem war sehr schwach. Aus dem Publikum eilte ein Arzt herbei und sagte nach kurzer Untersuchung:

»Der *Mijnheer* hat das Bewußtsein verloren.«

Das brach den Bann. Jim kam in ein Krankenhaus. Die erste Anteilnahme wich der schwer zu unterdrückenden Wut: Die übrigen *Doors* waren so wütend, daß sie an diesem Abend spielten — Ray sang —, als seien sie schon immer ein Trio gewesen.

Jims erstaunliche Kräfte brachten am nächsten Tag im Krankenhaus wieder Farbe in sein Gesicht.

»Ihr hättet hören sollen, was mir der Arzt heute morgen gesagt hat«, erzählte er den anderen. »Er fragte mich, wie das gekommen sei, und ich sagte, ich sei wohl müde gewesen, und, äh, er dozierte zwanzig Minuten lang über die Gefahren des Showgeschäftes. Er sagte, ich müsse vor habgierigen Managern auf der Hut sein, die Talente verheizten.«

Bill und die anderen strahlten ihn an, und Jim lächelte scheu zurück.

7

Pamela wohnte in London während der Europa-Tournee in einem pompösen Apartment, das sie im teuren und vornehmen *Belgravia* gefunden hatte. Die ersten Tage entdeckte sie mit Jim zusammen London. Sie schlenderten durch die Carnaby- und die Oxford-Street, Pamela kaufte sich da ein paar Sachen zum Anziehen. Am 6. Oktober sahen sie im Fernsehen *The Doors Are Open*. Der Film des *Granada*-Teams stellte Jim in einen revolutionären Zusammenhang: In die Aufnahmen vom *Roundhouse*-Konzert waren Schnitte eingeblendet, und zwar Wochenschaumaterial vom Parteitag der Demokraten in Chicago und einer Demonstration vor der amerikanischen Botschaft in London. Was das sollte, war nur allzu klar, aber Jim meinte, die *Doors* kämen dennoch gut dabei weg.

Eine Woche später stieß Michael McClure, der Dichter, zu ihnen. Er war nach London gekommen, um einen amerikanischen Filmregisseur, der da im Exil lebte, zu treffen. Dieser Regisseur, Elliot Kastner, plante eine Filmfassung von McClures Stück *The Beard*, und er wollte Jim für die Rolle des Billy the Kid. Jim und Michael kamen rasch über die alte unangenehme

Suffgeschichte hinweg, und in den paar Tagen in London, voller Gespräche und Trinken, festigten sie ihre Freundschaft. Für Jim, Michael und Pamela war es wichtig, betrunken zu sein, befanden sie sich doch auf dem Boden alter poetischer Traditionen. In der ersten Nacht waren alle schwer angetrunken und versuchten vergeblich, ein Taxi anzuheuern, das sie die acht Stunden nach Norden ins Seengebiet fahren könnte. Bei jedem Versuch liefen sie demselben Bobby in die Arme, der ihnen — morgens um vier — drohte, sie einzubuchten, wenn sie sich in dem Zustand noch einmal aus dem Haus wagten.

Am späten Morgen hatte Michael einen Kater »schlimm wie ein Mescalin-Trip« und müßig begann er in Gedichten von Jim zu lesen, die auf dem Tisch lagen. Er wußte, daß Jim schrieb, aber er hatte nie vorher ein Gedicht von ihm gesehen. Er war »stark beeindruckt«. Er hatte schon angefangen, Jim als menschliche Verkörperung von Alastor zu sehen — jene androgyne Figur bei Shelley, halb Geist, halb Mensch, der in den Wäldern lebt und geistige Schönheit verehrt — die Gedichte, die er jetzt vorm Frühstück gelesen hatte (manche von ihnen erschienen später in *The New Creatures*), gaben keinen Grund, diese Auffassung zu ändern.

Als Jim zum Frühstück erschien, sagte Michael, er glaube, die Gedichte müßte man veröffentlichen. Jims Ärger über Pamela, daß sie die Gedichte so offen hatte rumliegen lassen, schwand schnell beim Lob aus Dichtermund. Er fragte Michael, was er davon halte, die Sachen als Privatdruck zu veröffentlichen.

»Ich sagte, wenn ein Privatdruck aus guten Gründen erscheine, sei es etwas anderes als eine Publikation aus Eitelkeit«, erinnert sich McClure. »Jim wollte keine Anerkennung als Dichter, nur weil er der Rock-Star Jim Morrison war. Rock und Poesie sollten getrennt gewürdigt werden. Ich sagte ihm, daß auch Shelley sein Werk als Privatdruck habe erscheinen lassen, und daß ich wüßte, auch Lorcas erste Arbeit sei privat ediert worden. Eines meiner Bücher ist auch so erschienen.«

Das Gespräch über die Poesie erstreckte sich über zwei, drei alkoholische Tage. Jim sagte, er werde die Gedichte Pamela widmen, sie sei sein Lektor.

»Sie geht drüber und streicht alle ›Verdammt‹ und ›Scheiße‹«, sagte Jim grinsend.

Michael sah ihn an:

»Auch Mark Twains Frau hat das getan.«

Er blätterte ein paar Gedichte durch und kommentierte sie:

»Kennst du William Carlos Williams' Gedicht *The Red Wheelbarrow* (»Der rote Schubkarren«)? Es ist eines der großen *sachlichen* Gedichte und es gibt Bezüge zu deinem *Ensenada*. Es erinnert mich an *The Red Wheelbarrow* in seiner Gegenständlichkeit, seiner Länge, obschon es im Aufbau impressionistisch ist. Es bewegt sich wie ein Film durch den Raum.«

In der ersten Woche, die Jim wieder in Los Angeles war, besuchte er das Büro von McClures literarischem Agenten, Mike Hamilburg. Er hatte 42 Seiten Lyrik bei sich und 20 Photos, die er auf einem Trip nach Mexiko gemacht hatte. Es war das Manuskript von *The New Creatures* (›Die neuen Geschöpfe‹). Außerdem hatte er noch ein langes Gedicht dabei: *Dry Water*. Der Agent fand die Texte ganz gut und stimmte auch zu, daß Jims Image als Rock-Star nicht herausgestellt werden sollte. Ende Oktober lagen »*Die neuen Geschöpfe*« auf dem Tisch eines Verlags (Random House, New York), und Jim dachte an einen Privatdruck in Los Angeles.

Zu der Zeit geriet die Filmerei in eine Krise. Fast 30 000 $ hatte man in das Projekt gesteckt, und alle außer Jim hätten es gerne fallen gelassen. Wie die Sache aussah, war man von der Fertigstellung weit entfernt. Von den geplanten nichtdokumentarischen Szenen war noch keine einzige aufgenommen. Man kam zu einem Kompromiß. Die Pläne für weitere Aufnahmen wurden eingestellt. Paul Ferrara und Frank Lisciandro waren einverstanden, ohne Honorar weiter zu arbeiten, und die *Doors* steckten noch mal 3 000 – 4 000 $ rein, um aus dem vorhandenen Material etwas fertig zu machen. Man hoffte, einen abgeschlossenen Film ans Fernsehen verkaufen zu können.

Die letzten Oktobertage verschwand Jim im Schneideraum, ein Zimmer hinter dem Übungsraum im Büro der *Doors*. Wohin man sah, überall lagen Filmspulen, und an einer Pinnwand hingen Vorschläge für den Filmtitel. Die meisten stammten aus Jims Gedichten. *Mute Nostril Agony* (»Stumme Nüstern – Todeskampf«) wurde von John Densmore propagiert; aber einer von Rays Vorschlägen wurde dann genommen: *Feast of Friends* (aus *When the Music's Over*). Jim saß an der *Moviola*-Maschine, machte ein paar abgesprochene Schnitte und schlug seinerseits neue Szenensequenzen vor. Aber die endgültige Entscheidung überließ er Paul und Frank.

»Jim war völlig klar, daß ein Film nicht an einem bestimmten Punkt gemacht wird«, sagt Frank, »sondern in einem Entwicklungsprozeß, wo sich Szene an Szene reiht, bis sich alles zum fertigen Produkt zusammenschließt, das mehr ist als die Summe seiner Szenen. Jim war an diesem Prozeß sehr interessiert.«

Während Jim das Material sichtete, machte er eine ihn erschreckende Entdeckung. Babe, Frank und Paul waren beim New Yorker Konzert im *Singer*-Stadion auf Draht gewesen und hatten auch Gewaltszenen bei der Show aufgenommen: Jim in parodierter Agonie sich auf der Bühne windend und nur ein paar Schritte weg Polizisten, die Teenager durch die Luft zurück ins Publikum warfen.

»Als ich die Aufnahmen zum ersten Mal sah, war ich ziemlich bestürzt«, sagte Jim später. »Ich war eine der Hauptfiguren im Film, aber auf der Bühne hatte ich alles nur unter einem Blickwinkel gesehen. Jetzt plötzlich sah ich eine ganze Ereigniskette, von der ich geglaubt hatte, ich hätte sie unter Kontrolle... Jetzt sah ich, was wirklich los war... Ich merkte plötzlich, daß ich nur eine Marionette war in einem Kraftfeld, das ich nur annäherungsweise verstand.«

Wie sehr auch Jim ›bestürzt‹ gewesen sein mag, über das Chaos und die Gewalt, die von ihm ausgingen – am 1. November starteten die *Doors* die krawallreichste Tournee ihrer Karriere. Sie heuerten vier der stärksten Leibwächter an, die Parkers Detektivagentur stellen konnte – eine Gruppe gutmütiger Schwarzer, von denen jeder gut seine 115 Kilo wog und die berechtigt waren, eine Schußwaffe zu tragen.

Die Konzerte in Milwaukee und Columbus am 1. und 2. November verliefen wie üblich. Der einzig bemerkenswerte Unterschied zu sonst war: Jim sang mehr Blues und weniger eigene Stücke. Aber das hatte er auch bei einigen Auftritten in Europa so gehalten. In den folgenden acht Tagen gab es aber Verletzungen, Krawalle und Festnahmen in Chicago, Cleveland, St. Louis und Phoenix.

Die *Phoenix Gazette* brachte auf der Titelseite die Schlagzeile »Fast ein Aufstand im *Coliseum*«, und drunter stand: »Gestern abend kam es bei der Landwirtschaftsausstellung im *Coliseum* fast zu einem Krieg zwischen Teenagern und der Polizei. Die Schuld tragen die *Doors*, die vielleicht umstrittenste Band auf der ganzen Welt. Leadsinger Jim Morrison trat in schäbiger Kleidung auf und gab sich streitbar. Die Menge saß seinen dummen Possen auf, die unter anderem darin bestanden, daß er von der Bühne aus Gegenstände ins Publikum warf, fluchte und unanständige Gesten machte.« Es kam zu über zwanzig Festnahmen.

Wenn man Jim fragte, wie er sich bei solchen Gewaltszenen in einem Konzertsaal fühlte, waren seine Antworten nicht eindeutig. Einem Journalisten sagte er, sie hätten »eine Menge Spaß gehabt«, es sei »sehr lustig« gewesen.

»Wir haben unsern Spaß, die Teenager haben ihren Spaß, und die Polizei hat ihren Spaß. Es ist eine Art verrücktes Dreieck. Aber man muß es logisch betrachten. Wenn keine Polizisten da sind, würde keiner auf die Bühne wollen! Denn was wollen die aus dem Publikum machen, wenn sie dort sind? Wenn sie bis zur Bühne kommen, sind sie richtig friedlich. Sie machen überhaupt nichts. Der einzige Anreiz, die Bühne zu entern, ist, daß es eine Absperrung gibt. Ich bin mir da sicher. Es ist aber interessant, weil die Jugendlichen die Möglichkeit bekommen, die Polizei zu testen. Man sieht heute Polizisten in Uniform und bewaffnet herumlaufen, und eigentlich ist jeder neugierig, was genau passiert, wenn man sie herausfordert. Ich halte die Sache für gut – die Jugend hat die Möglichkeit, Autorität zu testen.«

Einem anderen Journalisten sagte er:

»Ich versuchte, ein paar kleine Krawalle zu stimulieren. Und nach ein paar mal hab ich gemerkt, was das für ein Spaß ist. Bald war der Punkt erreicht, wo die Leute nicht mehr glaubten, das sei ein gutes Konzert, falls nicht jedermann aufstand und ein bißchen herumrannte. Es ist ein Witz, weil es zu nichts führt. Ich glaube, es wäre besser ein Konzert zu besuchen und dabei all diese Gefühle unterdrückt zu halten; so daß jedermann, wenn er geht, diese Energien mitnimmt auf die Straße und in die Wohnungen.«

Mittlerweile hatte das Publikum gemerkt, was es von einem *Doors*-Konzert erwarten durfte: Außergewöhnliches und Krawall. Wenn das fehlte, konnte man zumindest den *Lizard King* sehen, wie er sich in einer Weise benahm, wie es sonst keiner konnte oder wollte: völlig high taumelt er von der Bühne, völlig betrunken schreit er sich durch vergessene Strophen, völlig weggetreten spielt er am Verstärker, dann fällt er auf die Bühne, unfähig, sich zu erheben. Die *Doors* boten eine Schau; eine Schau, anders als alles, was man vorher gesehen hatte: eine *freak show*.

Die *Doors* arbeiteten hart, um diesen Erwartungen zu genügen. Sie waren bei weitem die theatralischste Band im Umkreis, und sie zogen die Teenager *und* die Durchblicker aus dem Untergrund an. Morrison konnte durch schlichtes Dasein dem Publikum Erfahrungen und Schauder vermitteln.

Aber je mehr Jim begriff, daß man über seine Worte und die Musik hinweghörte, um so stärker schlug seine Frustration auf der Bühne und außerhalb explosiv um. Am Anfang war es einfach gewesen, das Publikum zu begeistern, es war offen für alles. Jetzt war die Menge nur mit dem zufriedenzustellen, von dem sie gehört hatte, von dem sie glaubte, man hätte es ihr versprochen. Wie sollte man damit fertig werden?

Die *Doors* waren überlebensgroß geworden. Ihre Beziehung zum Publikum wurde mit jedem Auftritt unrealistischer. Jim glaubte nicht, daß er diese Verehrung verdiene. Er wurde auch immer verwirrter, wenn er sich überlegte, was man eigentlich in dieser Situation tun könne. Vielleicht, überlegte er, lag der Ausweg darin, sich gerade entgegengesetzt zu dem von der Werbung verbreiteten Image zu verhalten. Das war keine sofortige Lösung, aber vielleicht konnte er auf lange Sicht die Forderungen des Publikums herunterschrauben und vielleicht endlich gar seine Beziehung zu ihm verbessern.

In der ersten Dezemberwoche, nachdem die Band ihre erste Fernsehschau nach mehr als einem Jahr gemacht hatte – *The Smothers Brothers Show* –, ging Jim in die *Troubadour-Bar*. Er hatte fast zuviel getrunken, um noch gehen zu können, überredete aber eine der Bedienungen, mit ihm zu kommen. Auf dem Weg zu seinem Auto, das er *Blue Lady* nannte, machten sich zwei Homosexuelle an ihn ran.

»Laßt mich in Ruhe!« sagte er barsch. Sie gingen ihm weiter nach, drängten sich ihm vors Auto. Jim startete schnell, trat das Gas runter und steuerte zum Doheny Drive. Er fuhr auf der verkehrten Straßenseite und raste. Plötzlich war da ein Baum, man hörte Schreie, Reifen quietschten, Hupen, und aus irgendeinem Grund stand der Wagen, als er den Randstein berührte. Die Türen flogen auf, die Insassen fielen unverletzt raus. Jim stieg wieder ein und zischte weiter in die Nacht.

Ein Mädchen ging ins *Troubadour* zurück, um nach einem Taxi zu rufen. Da tauchte Jim wieder auf und schrie, sie solle mit ihm kommen. Sie lehnte ab, er sei verrückt. Jim raste davon, aber seine Fahrt endete nach einem guten Kilometer. Er setzte *Blue Lady* an einen Baum am Sunset Boulevard. Bewußtlos, aber sonst unverletzt transportierte man ihn in sein Motel.

Nach einer halben Stunde rief die Kellnerin an, und er bettelte, sie solle sofort zu ihm kommen. Sie eilte ins Motel und Jim fing an zu schluchzen:

»Ich will niemand verletzen; ich will niemand verletzen.« Sie fragte, was er damit meine. Aber er wiederholte nur:

»Ich will niemand verletzen; ich will niemand ver...«

Niemand war verletzt, und ein paar Tage später wurde der Wagen zur Reparatur nach Beverly Hills abgeschleppt.

Die folgende Woche, am Freitag, dem 13. Dezember, spielten die *Doors* zum ersten Mal seit dem Konzert im Hollywooder Stadion wieder in ihrer Heimatstadt. Sie waren die Haupt-Band im *Forum* mit seinen 18 000 Sitzplätzen. Nachmittags hatten sie die ersten Stücke für ihre vierte LP aufgenommen. Und ein paar Stunden, ehe die Wagen kamen, die sie ins Konzert bringen sollten, verließ Jim das Elektra-Studio zusammen mit seinem Bruder Andy, der jetzt 19 war und von San Diego aus auf Besuch gekommen war. Sie gingen einen Block weiter zu einem Schnapsladen, sie kauften dort einen Sechserpack Bier und eine Flasche Wodka. Jim trank das alles auf dem Weg zurück zum Elektra-Parkplatz; sobald er eine Flasche leergetrunken hatte, schmiß er sie an die Wand.

Die Werbung für das Konzert war vorzüglich gewesen. Fernsehspots hatten schon Wochen zuvor Jim in Leder mit blitzenden Gürtelschnallen gezeigt. Von der Küste bis West-Hollywood hingen überall in Los Angeles die Konzertplakate und jeder Sender mit Rockprogramm in der Stadt verbreitete die Nachricht: Die *Doors* sind zurück! Die Arena war gerichtet, die Hoffnungen waren groß.

Das Publikum ignorierte die Vorgruppen. Ray hatte eine Band, die chinesische Folk-Music machte, genommen, aber seine eigene Einleitung bekam mehr Applaus als die gesamte Folk-Music. Dann spielte Jerry Lee Lewis Country-Songs, und das Publikum schrie ihn jedesmal nieder. Als die *Doors* kamen, verlangten die Zuschauer ständig *Light My Fire*. Irgend jemand warf eine Handvoll Knallfrösche auf die Bühne und verfehlte Jim nur knapp. Jim trat vor:

»He, Mann«, schrie er in die Menge, und seine Stimme dröhnte durch 32 neue riesige Verstärker, die Vince aufgebaut hatte. »Mach keinen Scheiß!« Im Publikum kam Unruhe auf. »Haltet's Maul!« Man spürte Ungeduld, hörte Gelächter, einige riefen »in Ordnung!«

»Warum seid ihr eigentlich da? Warum seid ihr gekommen?« fragte Jim — keine Antwort. Jim war klar, diese Reaktion hatten sie nicht erwartet.

»Wir können die ganze Nacht hindurch Musik machen, aber das ist doch gar nicht, was ihr wollt! Ihr wollt was andres, stärker und größer als alles, was ihr je gesehen habt. Hab' ich recht?«

Das Publikum brüllte.

»Okay! Fickt euch ins Knie. Wir sind da, um Musik zu machen.«

Sie spielten, fanden zusammen in *The Celebration of the Lizard*. Die sparsame, unheilverkündende Eröffnung hätte Zwischenrufe provozieren können, nichts geschah. Als die Musiker in den Kern des Stückes eintauchten, kam Spannung auf. Die Darbietung war makellos. Jim sprach mit starker Betonung, mit neuer Leidenschaft, er tanzte nicht, sprang nicht herum und schrie kein einziges Mal. Das Stück dauerte fast 40 Minuten, und als es vorbei war, saß das Publikum ohne Bewegung: kein Krawall, keine Ovation, kein Applaus. Die Musiker verbeugten sich nicht, und sie winkten nicht zum Abschied. Stumm gingen sie von der Bühne, dann in die Garderobe. Die Menge saß wie betäubt. Allmählich brachen einzelne auf, verließen den riesigen Zuschauerraum, verschwanden in der Nacht von Los Angeles.

Nach dem Konzert gab es eine Party für die Presse. Jim und Pamela wurde der Eintritt verwehrt; die Sicherheitsmannschaft kannte sie nicht, und sie standen nicht auf der Gästeliste. Jim behielt die Ruhe. Er sah die Situation mehr komisch.

»Ich habe einflußreiche Freunde«, sagte er zu den Türstehern.
»Es bleibt dabei, wir können Sie nicht reinlassen.«
Jim wurde dann doch noch identifiziert und durfte hinein.
Nach der Party spielte Jim mit seinem Bruder und Pamela Fußball mit einer leeren Bierdose auf dem leeren, großen, nachtstillen Parkplatz vom *Forum*.

Monatelang hatte Bill Graham versucht, die *Doors* zu einem Auftritt im *Fillmore East* in New York zu bewegen. Aber Bill Siddons weigerte sich beharrlich. Das nächste Mal, sagte er, wenn die *Doors* nach Osten kämen, würden sie im *Madison Square Garden* spielen. Der Name und die Kapazität von 20 000 Sitzen machten den *Garden* zur lukrativsten und prestigesteigerndsten Konzerthalle der Stadt.

»Es war ein bißchen vor deiner Zeit, Bill, aber ich war derjenige, der die *Doors* ins *Fillmore* in San Francisco holte, ehe sie einen einzigen Hit hatten, ich verhalf ihnen zum Durchbruch.«

»Ja, richtig«, gab's ihm Bill zurück, »wenn ich mich recht erinnere, hast du ihnen auch 350$ gezahlt.«

»Hör mal, du kleiner, dreckiger Scheiß...«

Das Gespräch endete ungut, und Siddons setzte alles daran, daß ein anderer an Grahams Stelle Produzent der Auftritte im *Garden* wurde. Die *Doors* würden die ersten sein, die vom *Fillmore* zum *Madison Square Garden* ›aufsteigen‹, und deshalb hatte Siddons angenommen, Graham hätte da gerne mitgemacht.

Aber Graham lehnte ab.

»Du kannst in so einem riesigen Ding nicht alles an Kommunikation mit dem Publikum machen«, sagte er. »Erzähl mir nichts von Vibrations in 'ner Zementfabrik. Es freut mich für die Jungs, daß sie Erfolg haben, aber du kannst ihnen sagen, meiner Meinung nach schadet's dem Geschäft, wenn sie in Hallen von der Größe auftreten.«

Mitte Januar 1969 stand es gut um die *Doors*. Sie waren tatsächlich ›die amerikanischen Beatles‹, die größte amerikanische Band. Musikhallen, die ihren festen Fans nicht wenigstens 10 000 Sitze boten, lehnten sie ab. Für einen Abend verlangten sie 35 000$ (damals ungefähr 130 000 Mark) oder 60% der Einnahmen, was in der Regel mehr war. Ihre letzte Platte, *Touch*

Me, ein überraschend traditionelles Liebeslied, das Robby geschrieben hatte, erreichte als Single wieder die Millionengrenze. Um ihren Sound aufzufrischen, heuerten die *Doors* für New York einen Bassisten und einen Jazz-Saxophonisten an sowie ein paar Streicher von den New Yorker Philharmonikern. In einer Leserumfrage, die diesen Monat in *Eye* erschien, waren die *Doors* die Top-Band und Jim »der Mann mit dem meisten Sex im Rock 'n' Roll«.

Am Tag nach dem triumphalen Konzert im *Garden* gab Jim eine Einladung in seiner Suite im *Plaza*. Der schnurrbärtige David Anderle, eine Art Adjudant, den ihm Elektra zur Seite gestellt hatte, machte ihn mit einer entzückenden kleinen Blondine bekannt: Diana Gardiner vom New Yorker Elektra-Büro, die jetzt Jims Werbung machen sollte. Diana war attraktiv, umgänglich, sie stammte aus Kalifornien, hatte das College-Studium abgebrochen und war jetzt 21. Sie hatte schon bei Dutzenden von erfolgreichen Bands — unter anderem für *Cream*, die *Bee Gees* und *Jefferson Airplane* — an der Werbung mitgearbeitet; aber die *Doors*, und vor allem Jim Morrison, machten sie nervös. Jim wurde betrunken und erzählte Witze, die sie in Verlegenheit brachten.

»Was«, fragte Jim, »ist der Unterschied zwischen einem verschnupften Löwen und einer Raucherin, die einen Verband am Mund hat?«

Ahnungsvoll blickten die Anwesenden betreten zu Boden.

»Also«, sagte Jim, »der Löwe faucht durch den Rotz...«

Diane bat Jim, er solle mit nach nebenan ins Schlafzimmer kommen. Sie sagte, es sei ein dringender Anruf zu erledigen.

Als sie ihn im Zimmer hatte, sagte sie:

»Schau, Jim, du bist ein großartiger Kerl bei Pressekonferenzen und solchen Sachen. Aber jetzt bist du... verdammt noch mal, du fällst um und... Und ich muß diesen Job machen, und ich kann diesen Job verlieren... also, ich geh jetzt raus und sag, du hättest mit jemand telephoniert und seist jetzt weg, den Kerl zu treffen. Dann bist du weg, ich entschuldige dich.«

Diane sah Jim an, der nichts sagte. »Gottverdammtnocheins, Jim, ich versuch dir doch zu helfen, bitte sag doch was...«

Jim trug dieselben Sachen wie am Abend vorher im Garden: ein mexikanisches Hemd aus ungebleichtem Leinen, schwarze

Lederjeans, schwarze Stiefel. Er stand neben der Schlafzimmertür, ein Arm gegen den Pfosten gestützt, die entgegengesetzte Hüfte vorgestreckt, einen Bourbon in der rechten Hand. Er grinste Diane jungenhaft von der Seite an und fiel rücklings aufs Bett. Er sah in ihr betrübtes Gesicht; eine Hand hatte er unterm Kopf, die andere hielt das Glas überm Schritt fest:

»Ich möcht' dich ficken«, sagte er.

»Ja, Jim, ja«, genervt ging Diane aus dem Zimmer.

Draußen dämmerte es. Jede Menge Alkohol war geschluckt worden zusammen mit Haschisch-Plätzchen, die Ellen Sander mitgebracht hatte, eine scheue, aber dickbusige Brünette. In ihrer Kolumne in der *Saturday Review* hatte sie Jim einen »Mickey-Mouse-de-Sade« genannt. Man hatte das verrückte Gefühl, alle die da saßen, hätten Wurzeln geschlagen und keiner würde je gehen. Plötzlich fiel Jim auf den Boden und kroch auf den Knien zu der Couch, wo Ellen Sander saß. Er fing an, vor- und zurückzuschwingen, brachte sein Gesicht näher und näher an das von Ellen.

»Sing uns ein Lied, Ellen.«

Ellen zog die Füße hoch unter ihren Körper.

»Ich sing nicht, Jim, ich bin von Beruf Zuhörer.«

»Los, Ellen«, bettelte Jim, »bitte sing uns ein Lied.«

»Wirklich Jim, ich kann schreiben, aber nicht singen.«

Jim legte sich zurück und drohte:

»Ich sagte: siiiiinnnnnnnggggg!«

Ellen protestierte weiter.

»Ich singe nicht, sing du, du bist der Sänger. Sing du etwas für uns, Jim.« Ihre Stimme klang nicht überzeugend; sie bat: »Ich bin doch nur ein Kritiker...«

Jim fuhr fort, einschüchternd vor- und zurückzuschaukeln; er starrte drohend auf Ellen. Schließlich begann sie zu singen, mit dünner, ängstlicher Stimme, den Anfang von *Hey Jude*, dem *Beatles*-Song, gerade vier Zeilen. Jedermann applaudierte und alles war wieder gut. Jim ging ins Schlafzimmer und drehte den Ton des flimmernden Fernsehers lauter.

»Mickey-Mouse-de-Sade!« brummte er vor sich hin.

Das ganze Wochenende über war Jim schlechter Laune. Der *Garden*-Auftritt war gut gelaufen, New York war ein voller Erfolg. Aber irgend etwas stank ihm, und er sprach während des ganzen Wochenendes mit keinem der anderen *Doors*. Später kam es dann heraus: Als Jim mit Pamela und Michael McClure in London gewesen war, war Jac Holzman, der sich um die Rechte an der *Doors*-Musik kümmerte, von einer Werbeagentur gefragt worden, ob sie für 50000$ *Light My Fire* in einem Werbespot für Buick verwenden dürften. Holzman sagte, er müsse die *Doors* fragen. Da Robby, John, Ray und Bill Siddons Jim nicht erreichen konnten, entschieden sie ohne ihn und stimmten zu. Jim hörte *Come on, Buick, Light My Fire*, als er in die Staaten zurückkam. Er ging schnurstracks zu Holzman, drängte ihn in eine Ecke von David Anderles Büro und sagte, ihm sei der Song heilig, auch wenn er es leid sei, ihn im Konzert zu singen.

»Ich will das mal klarstellen, dazu sag ich dir's jetzt. Ich will, daß das ganz klar ist: Mach so was nie wieder! Der Song ist für mich kostbar, und ich will, daß niemand ihn benützt.«

Der Song wurde nie wieder verkauft. Aber das Wochenende über strafte Jim alle mit seinem Schweigen, ohne irgend jemand außer Holzman zu sagen, was ihn aus dem Gleichgewicht gebracht hatte.

Es war aber mehr, was ihn aus dem Gleichgewicht gebracht hatte.

In New York schloß Jim eine neue Freundschaft. David Anderle brachte Fred Myrow ins Plaza, damit Jim ihn kennenlerne: Fred Myrow, wortgewaltig, pausbäckig, gesellig und mit 28 Jahren Assistent bei Leonard Bernstein, Vertragskomponist bei der New Yorker Philharmonie.

Jim nahm den Drink von der Rechten in die Linke und gab Fred Myrow förmlich die Hand. Sofort zog er ihn fast verschwörerisch auf die Seite. Er hatte viel von Fred Myrow gehört – daß er einer der kommenden Avantgarde-Komponisten im klassischen Musiksektor sei. Daß er aber da raus wolle. Fred hatte die *Beatles* gehört und hielt seine eigenen Sachen nicht mehr für so wichtig. Er wollte mehr ins Populäre. Jim kam aus der entgegengesetzten Ecke, aber ihre Interessen waren fast gleich: Jeder wollte einen bedeutsamen Wechsel.

»Wenn ich mich bis zum nächsten Jahr nicht kreativ weiterentwickelt habe«, sagte Jim, gleich als er Fred traf, »taug' ich nur noch zu nostalgischen Zwecken.«

Fred war von dieser Erklärung sehr beeindruckt. Er wußte, wie selten es bei einem Künstler ist, unmittelbar nach einem riesigen Erfolg so weitblickende Überlegungen anzustellen. Aber das Schicksal, sich selbst zu überleben, erfüllte Jim mit Furcht. Er hätte das niemals so offen und frei zu irgend jemand als einem engsten Freund gesagt. Er hielt sich für eine revolutionäre Erscheinung; für einen, der in der Opposition zu seinem Vater für einen sozialen Ausgleich zu sorgen hat, – oder so etwas ähnliches. Jim gab's nur ungern zu, aber er hatte mit seinem Vater vieles gemeinsam. Ihre Ziele waren vielleicht entgegengesetzt, aber sie hatten die gleiche Art Ehrgeiz und Unternehmungsgeist.

Jim wollte nicht notwendigerweise eine Revolution anführen, aber falls es zu einer kommen sollte, war er ganz dafür. Obwohl er für sich in Anspruch nahm, daß einige seiner Songs ihm in einer Vision offenbart worden waren, war er sich doch immer über die aufrührerische und apokalyptische Natur dieser Vision im Klaren. Wenn seine Fans und das Rock-Publikum ihn allmählich für eine Gallionsfigur der politisch-sozialen Bewegung, die da stattfand, ansahen, so blieb Jim öffentlich ruhig, insgeheim aber schmeichelte es ihm.

Lange Zeit glaubte er, Schallplatten könnten demselben Zweck dienen, den Bücher und gedruckte Manifeste in früheren Revolutionen hatten. Er war sich nicht sicher, ob das falsch gedacht war. Aber er spürte, daß er eine neue Richtung brauchte, und nachdem sie ein gemeinsames späteres Treffen verabredet hatten, kehrte er nach Los Angeles zurück. Dort ging er bei den Schülern des radikalsten Theater-Theoretikers, Antonin Artaud, in die Lehre: den 32 Mitgliedern des *Living Theatres*, das gerade auf USA-Tournee war.

Als er zum ersten Mal Artaud gelesen hatte, damals an der Uni in Florida, war Jim ein Anhänger des »Theaters der Grausamkeit« gewesen. Im Sommer 1968 hatte er John Carpenter, einen Mitarbeiter der *Los Angeles Free Press*, über einen Freund ausgefragt, der Mitglied des *Living Theatres* war. Dann wollte er von Michael McClure weitere Informationen, als er hörte, der kenne die Gründer der Truppe Judith Malina und Julian Beck. Im November hatte er einen Artikel über dieses radikale Theater in *Ramparts Magazine* immer wieder gelesen, bis er ihn teilweise auswendig konnte:

»Es sind nicht eigentlich Schauspieler«, schrieb Stephen Schneck, der Autor, »eher eine herumvagabundierende Gruppe von Paradiessuchern. Und unter Paradies verstehen sie die totale Befreiung. Sie experimentieren mit Hypnose und treten für das Paradies jetzt und hier ein. Daß sie da sind und was sie machen, steht in eindeutiger Opposition zu dem repressiven und totalitären Zustand, der da heißt ›Recht und Ordnung‹.«

Die Theatergruppe kam im Februar 1969 zur *University of Southern California*. Als Jim davon hörte, ließ er sich 16 Karten für jeden der angekündigten fünf Abende reservieren. Mark Amatin, den Vorreiter der Truppe, lud er zu sich zum Essen ein.

›Zu sich‹ meint das komfortable, etwas abgelegene Haus, das Jim für Pamela in den Beachwood Hills in Hollywood gemietet hatte. Den Abend über behandelte Jim Pamela recht grob, er machte auch ein weiteres anwesendes Paar nicht mit Mark bekannt. Nach dem Essen schmiß er alle bis auf Mark raus.

Jim trank und schluckte kleine weiße Pillen. Er bot Mark welche an, ohne ihm zu sagen, daß es Benzedrin war. Sie unterhielten sich ohne Pause bis zum Morgen.

Mark ging aus sich heraus. Er erzählte Jim, wie sehr er sich verändert hatte.

»In jener Nacht, als ich *The Living* kennenlernte, ging ich mit dreizehn Leuten heim, die ich nie vorher gesehen hatte. Ich war außer mir, nachdem ich mich auf der Bühne ausgezogen hatte. Ich hatte vorher von allem möglichen geträumt, das war völlig anders. Also, am nächsten Tag wußte ich, das war's, so sollte das Leben sein. Ich ging in meinen normalen Job in einem Reisebüro zurück, und als man mir sagte, ich solle meine sieben Zwetschgen packen, sagte ich dem Chef, er könne sich selbst ins Knie ficken und ging.«

»Ich machte, was ich für eine politische und geistige Mission hielt«, sagt Mark Amatin heute, »das war's, was Jim interessierte. Seine Sachen hatten als religiöse Erfahrung begonnen und waren zur Unterhaltung verkommen, er war völlig unbefriedigt. Das *Living Theatre* bestand aus Leuten, die als Zuschauer gekommen waren und nicht mehr weggehen konnten. Jim wollte diesen Enthusiasmus kennenlernen. Er sagte, er suche nach Wegen, um politische Botschaften mit seiner Arbeit transportieren zu können. Aber er wußte nicht, wie man das machen, wo man auch nur anfangen könnte. Er fühlte, jeder wartete, daß er spreche, wollte ihm folgen. Das war eine ungeheure Verantwortung — und Jim wußte nicht, wie er es sagen sollte.«

»Was ist am *Living Theatre*, daß es so sehr in Begeisterung versetzt?« fragte Jim. »Wie erreichen wir diese Bindung, diese Hingabe? Was muß *ich* tun?«

Die Kette der Ereignisse, die direkt zum Sturz der *Doors* aus der Gunst des Publikums führte, setzte Freitagabend ein, am 28. Februar 1969, als *The Living Theatre* sein Bravourstück *Paradise Now* aufführte. Es wurde für Jim zu einem durchschlagenden, umwälzenden Ereignis.

Er saß mit Freunden in der ersten Reihe, wie schon die ganze Woche über. Das Spiel begann mit dem »Ritus des Guerilla-Theaters«. Die Schauspieler mischten sich dabei unter die Zuschauer. Sie sprachen den ersten von fünf Schlüsselsätzen.

»ICH HABE KEIN RECHT, OHNE PASS ZU REISEN.«

Das *Living Theatre* bereiste die USA erstmals wieder nach vier Jahren selbst auferlegten Exils in Europa. In diesen vier Jahren war die Truppe in ihrer Zusammensetzung international geworden und kannte die Schwierigkeiten bei Grenzübertritten aus erster Hand. — Sie verwickelten die Zuschauer in Dialoge. Wenn nötig, quälten sie Antworten aus ihnen heraus. Sie schrien ihren Text frustriert und unter Qualen.

»Ich kann nicht frei reisen, ich kann mich nicht bewegen, wie ich will!«

»Ich bin von meinen Mitmenschen getrennt. Meine Grenzen stecken willkürlich andere ab.«

»Die Pforten des Paradieses sind mir verschlossen!«

Nach wenigen Minuten standen die Schauspieler vor der Hysterie, das Publikum war verwandelt. Jim und viele andere standen auf, schrien mit, brüllten nach dem »Paradies: Jetzt!«

Die Schauspieler zogen sich stumm zurück, gingen wieder auf die Bühne, machen eine kleine Pause und begannen mit dem zweiten Satz:

»ICH WEISS NICHT, WIE MAN KRIEGE BEENDET!«

Und so ging es weiter, ein Katalog von Klagen, vorgetragen mit explosiver Energie.

»ICH KANN NICHT OHNE GELD LEBEN!«
»ICH HABE KEIN RECHT, HASCHISCH ZU RAUCHEN!«

Und schließlich:
>»ICH HABE KEIN RECHT, MEINE KLEIDER ABZULEGEN!«

»Der Körper, aus dem wir sind, ist tabu!«
»Wir schämen uns vor dem Wunderbarsten, wir fürchten uns vor dem Wunderbarsten!«
»Wir dürfen nicht natürlich miteinander umgehen.«
»Die Kultur unterdrückt die Liebe!«
»Ich habe kein Recht, meine Kleider abzulegen!«
Die Schauspieler begannen sich auszuziehen. Sie ließen viele Kleidungsstücke fallen. Dann standen sie auf der Bühne und in den Gängen, die ›verbotenen Körperzonen‹ bedeckt haltend. Es war eine greifbare Demonstration des Verbots. Als das Ausziehen an die Grenze des legal Erlaubten kam, riefen sie noch einmal:
»Ich habe kein Recht, meine Kleider abzulegen! Die Pforten des Paradieses sind mir verschlossen!«
An diesem Punkt schritt die Polizei ein und verhinderte den Fortgang des Stückes.

Am nächsten Tag sollten die *Doors* das Miami-Konzert geben. Danach wollten Jim und Pamela eine Woche auf Jamaika verbringen; ein Haus war schon für sie gemietet worden. Aber schon vor der Fahrt zum Flughafen hatten sie einen Streit. Im Flughafen selbst stritten sie wieder, und Jim schickte Pamela heim. Dazu verpaßte Jim auch noch seine Maschine. Er fluchte und buchte einen anderen Flug, ging zur Flughafenbar, wartete und trank. Endlich an Bord, kippte er so viele Drinks, wie er der Stewardess in der Ersten Klasse nur abschmeicheln konnte. In New Orleans mußte er umsteigen. Jim ging aber zur Flughafenbar und verpaßte wieder den vorgesehenen Abflug. Er buchte einen anderen Flug und rief die Konzerthalle an, um den anderen sagen zu lassen, er werde sich etwas verspäten, er sei betrunken.
Er trank weiter – die ganze Strecke bis Miami.

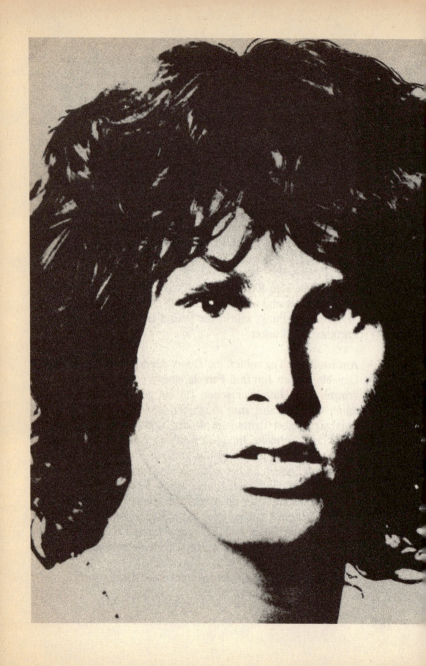

Der Pfeil fällt

8

Eine heiße, schwüle südliche Nacht.

Jims Beine knickten ein. Mit einer Hand hielt er sich am riesigen schwarzen Verstärker auf der Bühne zu seiner Rechten fest, in der anderen war eine große, braune Bierflasche. Jim soff. Ums Kinn trug er einen neuen Bart; er gab ihm einen mephistophelischen Schlenker. Über den schwarzen Lederjeans trug Jim ein dunkles, kragenloses Hemd; es sollte den Whisky-Bauch verdekken. Jim schielte in die Rauchschwaden über seinem Publikum.

Es war ein paar Minuten vor elf, als er das letzte Bier runterschüttete. Die *Doors* waren seit einer Stunde überfällig, das Publikum in fiebriger Erregung. Bei einer Popularitätsumfrage an der *University of Miami* waren die *Doors* die Sieger geworden; deshalb gaben sie dieses Konzert, ihr erstes in Florida. Aber selbst die ergebensten Fans können ungehalten werden, wenn man viel zu viele von ihnen in einen alten Hangar für Wasserflugzeuge pfercht — ohne Sitze, ohne Ventilation.

Ray, Robby und John gingen in der Dunkelheit zu ihren Instrumenten. Rays Blick streifte nervös John, der war über Jims Verspätung so erbittert, daß die Knöchel weiß hervortraten, als er nach den Stöcken griff. Dann wanderte Rays Blick weiter zu Robby. Der hielt seine Gitarre geistesabwesend wie ein Baby im Arm, als spüre er die Spannung nicht.

Hinter der Bühne stritten die Veranstalter zornig mit Bill Siddons und einem der Agenten der *Doors*, der von New York runtergeflogen war. Siddons hatte den Veranstaltern geglaubt, als sie versicherten, ihre maximalen Einnahmen lägen bei 42000$. Deshalb akzeptierte er eine pauschale Gage von 25000$ ohne die üblichen 60% im Vertrag festzulegen. Nachdem der Vertrag unterschrieben und zurückgesandt war, ließen die Veranstalter die Sitze in der Halle entfernen und verkauften weitere 7000 Karten. Bill war beleidigt und wütend.

Jim lehnte überm Mischpult hinterm Schlagzeug und fragte Vince Treanor nach einem weiteren Bier. Obgleich es Treanors offizieller Job war, beim Aufbau, Abbau und während des Konzerts sich um die eindrucksvolle Elektronik der *Doors* zu kümmern, hatte er inoffiziell auch die Aufgabe, Jims Getränke zu verwalten. Diesmal schüttelte er den Kopf; er hatte kein Bier mehr. Wie wär's mit 'nem Cola?

»Laß uns nicht im Stich«, sagte Vince ruhig. »Wir sind zum ersten Mal in Miami.«

Jim drehte sich weg, ging an den Bühnenrand und rülpste. Er spähte ins unruhige Dunkel und fragte, ob jemand was zu trinken habe. Irgend jemand brachte eine Flasche mit billigem Wein.

Ray sagte John, sie wollten mit *Break On Through* beginnen, dem üblichen Anfang ihrer Auftritte. Sie spielten die Einleitung fast zehn Minuten lang. Es lief nicht. Jim hörte nicht zu. Er sprach mit ein paar Teenagern im Publikum, trank mit ihnen aus einem Pappbecher. Die Musik verstummte wieder, als Jim mühsam auf die Beine kam und nach dem Mikrophon griff.

»Ich rede nicht von einer Revolution!«

Die Stimme kam als wilder Schrei, es klang nach der Überschrift eines Gedichtes.

»Ich rede davon, daß wir schönere Zeiten brauchen. Ich rede von einer schönen Zeit, jetzt, in diesem Sommer. Ihr kommt alle nach Los Angeles, ihr kommt alle. Wir werden uns in den Sand legen und die Zehen im Ozean baden. Es wird eine *schöne* Zeit sein. Seid ihr dazu bereit? SEID IHR BEREIT? SEID IHR BEREIT? Seid ihr wirklich bereit? Seid, seid, ...«

Die Band legte mit dem Anfang eines populären Stücks aus ihrem Debutalbum los: *Back Door Man*.

»Lauter! Lauter die Band! Auf, lauter! Auf! Yeahhhh! Yayehhhh. Ich bin der Mann von der Hintertür...«

Nach vier Zeilem brach Jim das Singen ab und fing wieder zu reden an. Es klang, als bitte er um Entschuldigung.

»Hört«, rief er, »ich bin allein. Ich brauche etwas Liebe. Ihr alle: Auf! Ich brauch' 'n bißchen bessere Tage. Ich will Liebe. Liebe. Mag denn niemand meinen armen Arsch? Kommt doch.«

Den Leuten blieb die Luft weg.

»Ich brauch euch. So viele von euch sind da und niemand, der mich mag. Komm Herz! Ich brauch's, ich brauch's, ich brauch's, brauch dich, brauch dich, brauch dich, brauch dich! Komm! Yeah! Ich liebe dich. Komm! Niemand kommt und hat mich lieb — äh? In Ordnung, Baby. Schade. Ich werd jemand anders finden.«

Währenddessen hielten sich die Musiker gerade noch so an ihr Stück. Als Jim eine Pause machte, fingen sie mit *Five to One* an. Jim griff es auf, sang verständlich und zusammenhängend die erste Strophe. Dann fiel er wieder in eine Ansprache – offensichtlich durch die Raffgier der Veranstalter ausgelöst, die so viele Menschen zusammengepfercht hatten. Aber auch die *Paradise-Now*-Erfahrung spielte hinein.

»Ihr seid alle ein Haufen verdammter Idioten.«

So was hatten die Leute noch nie erlebt.

»Laßt euch vorschreiben, was ihr tun sollt! Laßt euch herumstoßen. Wie lange noch? Wie lang wollt ihr euch noch herumstoßen lassen? Wie lang? Vielleicht habt ihr's gern? Mögt's, wenn man euch die Schnauze in die Scheiße stößt...?«

Jim verhöhnte das Publikum, wie die Schauspieler vom *Living Theatre* ihre Zuschauer verhöhnten, um sie aus der Lethargie zu rütteln.

»Ihr seid ein Haufen Sklaven«, schrie Jim. »Was wollt ihr dagegen tun? Was werdet ihr machen, was?« Seine Stimme war ein heiseres Schreien. Dann fand er ins Singen zurück: »Kind, die Zeit zum Schwofen war / Und die Schatten kriechen übers Jahr.«

Irgendwie brachten sie das Stück zu Ende, und Jim machte weiter.

»Ich sage nicht, es soll keine Revolution geben. Ich sage nicht, es darf nicht demonstriert werden. Ich rede nicht vom Auf-die-Straße-Gehen. Ich rede davon, daß wir etwas Spaß brauchen. Ich rede vom Tanzen. Ich meine: Mögt Euch! Packt eure Freunde an! Ich rede von Liebe. Ich rede von ein bißchen Liebe. Liebe, Liebe, Liebe, Liebe, Liebe. Packt eure verdammten Freunde an und liebt sie! Los geht's! Yeahhhh!«

Dann, als wolle er ein Beispiel geben, zog Jim das Hemd über den Kopf und warf es ins Publikum, wo es verschwand wie ein Stück Fleisch, das man einer hungrigen Meute vorwirft. Jim sah's, steckte den Daumen in den Jeansbund, spielte mit der Gürtelschnalle. Das war der Augenblick, an den Jim gedacht hatte, seit er *Paradise Now* gesehen hatte. Er hatte sich sorgfältig vorbereitet, aber niemand in der Band etwas gesagt.

Ray rief nach *Touch Me*, hoffte, er könne Jims Aufmerksamkeit wieder auf die Musik lenken. Jim sang zwei Zeilen und brach ab.

»He, Moment, Moment. He, wartet, das ist doch alles Scheiße. Nein, stop, wartet, wartet! Du hast's verdorben. Du hast alles verdorben! Also jetzt, eine Minute! Ich schluck den Scheiß nicht, verdammt!« brüllte er.

Sein Gesicht war rot angelaufen, seine Stimme brüllte, grollte, schier rammte er sich das Mikro in den Mund.

»Beschiß!« schrien Leute aus der Menge.

Jim fing an, die Gürtelschnalle aufzumachen. Ray schrie:

»Vince, Vince, halt ihn auf! Laß ihn nicht!«

Vince sprang über sein Mischpult und mit zwei Sätzen stand er hinter Jim; eine Hand hielt Jims Hose im Rücken, die andere packte Jim. Er konnte die Hose nicht mehr aufkriegen.

»Mach's nicht, Jim. Mach's nicht!« beschwor ihn Vince.

Obwohl Jim nur selten Unterwäsche trug, diesen Abend trug er so große Boxer-Unterhosen, daß er sie sogar hatte umschlagen müssen. Er hatte sich seiner Jeans entledigen wollen, ohne sich zu entblößen. Er hatte sich an die ›gesetzliche Grenze‹ wie in *Paradise Now* halten wollen. Jim wußte, was er tat; es war sorgfältig geplant. Nun machten Rays und Vinces Eingreifen seinen Plan zunichte. Die Ankunft im Paradies mußte vertagt werden.

Komischerweise spielte die Band immer noch *Touch Me*, wenn auch eher aus Versehen. Schließlich erholte sich Jim und das Konzert begann wieder.

Jim blieb aber offensichtlich betrunken, auch wenn es mit dem Bier aus war und er sich nichts mehr aus dem Publikum holte. Er verschleuderte heiser die Worte, vergaß Texte, verfing sich mitten in Strophen und mußte dann noch einmal von vorne anfangen. Er hielt eine Schmährede über das Thema, in Florida geboren zu sein und dort zur Schule gehen zu müssen; »...aber dann wurde ich schlauer und zog ins wunderbare Kalifornien.«

Ein Bekannter aus Los Angeles, ein Exzentriker namens Louis Marvin, bei dem die *Doors* in einem ganz frühen Auftritt 1966 bei einer Party gespielt hatten, kam zur Bühne. Er trug ein Lamm und gab es Jim zum Halten.

»Weißt Du, ich würd's ja ficken«, sagte Jim, »aber es ist zu jung.« Dann nahm er einem Polizisten die Mütze weg und ließ sie in die schwitzende Menge segeln... Und der Polizist nahm einen Hut, den man Jim gegeben hatte und warf ihn zum großen Gelächter in dieselbe Richtung.

Jim hatte bestimmte Sätze, zu denen er immer wieder zurückkehrte, auch mitten in einem Song. »Ich will Tanzen sehn, ich will Freude sehn« war einer davon; »es gibt keine Regeln, es gibt keine Grenzen« ein anderer. Es war klar, woher er das hatte, welche Motive ihn trieben.

»Hört«, rief er, »ich glaub', das Ganze ist ein Riesenspaß. Etwas zum Lachen. Letzte Nacht traf ich Leute, die machten was. Sie wollten die Welt verändern. Auf den Trip will ich. Ich will die Welt verändern.«

Fast eine Stunde lang reizte Jim immer wieder das Publikum, lud es zu sich auf die Bühne ein. Nach einer Stunde kamen die Leute nach vorn. Einer der Veranstalter schrie durchs Mikrophon:

»Jemand kann verletzt werden!« drohte abzubrechen. Die jungen Leute drängten weiter. Es waren über hundert, die sich da rumtrieben, zur Musik tanzten, die da oben irgendwie immer noch gemacht wurde.

»Wir gehen erst, wenn wir abgehottet haben!« schrie Jim. Er fing mit zwei, drei Mädchen zu tanzen an. Die Bühne vibrierte so stark, daß John und Robby fürchteten, sie stürze ein. Noch mehr kamen vor, hielten sich mit den Händen am Bühnenrand, zogen sich hoch. Schließlich kam einer der Sicherheitsleute der Veranstalter, der den Schwarzen Karate-Gürtel trug, langte in den Trubel auf der Bühne, und mit geübtem Griff warf er Jim runter. Jim landete in irgendeiner Lücke, rappelte sich auf, drängte sich durch die Menge und zog Hunderte von Jugendlichen hinter sich her. Nach ein paar Minuten war er wieder oben, winkte der Menge, dann verschwand er in der Garderobe. Die Show war vorbei.

Vielleicht zwei Dutzend Leute waren zusammen, und alle schienen auf einmal zu reden. Ein paar jammerten, wieviel Ausstattungsmaterial zu Bruch gegangen war, daß es Beleidigungen gegenüber dem Publikum gegeben hatte. Bill Siddons erzählte später, Jim habe so etwas wie »oh, ich hab' mich draußen etwas bloßgestellt« gesagt. Andere erinnern sich, daß er sagte: »Jetzt wollen wir sehn, was Buick aus *Light My Fire* macht.« Wieder andere erzählen, er lachte, amüsierte sich und sagte nichts von Bedeutung oder was des Erinnerns wert gewesen wäre. Im ganzen war man erleichtert, zum Teil, weil am Ende eines Konzerts immer der Druck nachläßt. Aber auch Bill Siddons Späßchen spielten eine Rolle, die er machte, als er dem einen Polizisten etwas Geld für die Mütze gab, die Jim genommen und in die Menge geworfen hatte. Selbst das halbe Dutzend anwesender Polizisten lachte; sie sagten, es hätte ihnen Spaß gemacht.

Eine halbe Stunde später waren nur noch Vince, die Licht- und Tontechniker der *Doors* und ein paar Sicherheitsleute in der zur Konzerthalle umfunktionierten alten Flugzeughalle. Sie packten zusammen und besichtigten die umfangreichsten Verwüstungen. Die Bühne war beschädigt und hing bedenklich zur Seite. Aber noch eindrucksvoller waren die vielleicht tausend leeren Wein- und Bierflaschen und die Menge Höschen und BHs, mit der man ein ganzes Wäschegeschäft hätte ausstatten können.

»Alle Meter lag was zum Anziehen«, erinnert sich Vince.

Hatte man auch Jim noch davon abgehalten, sich auszuziehen und das Paradies zu erreichen — sein Publikum in Miami hatte sich offenbar nicht abhalten lassen.

In den folgenden drei Tagen — Jim machte wie geplant Ferien auf Jamaika, aber ohne Pamela — wurde Jim Morrisons Zukunft und die der *Doors* durch die Presse, Polizisten und Politiker in Miami abgesteckt. Am Sonntag schrieb eine der Miami-Zeitungen, Jim habe drei Polizisten von der Bühne geworfen, ehe ihn sechs weggeschleift hätten. Am Montag wurde ein Sergeant der Polizei zitiert:

»...man muß den Teenagern eines zugute halten, man muß sie loben. Dieser Bursche hat alles versucht, um einen Krawall anzuzetteln. Die jungen Leute haben sich nicht gerührt.«

Der amtierende Polizeichef ließ verlauten, sowie er einen Polizisten als Zeugen für eine strafbare Handlung hätte, fertige er die Unterlagen für Jims Festnahme aus.

Am gleichen Tag dachte ein politisch ambitionierter Stadtamtmann laut darüber nach, wie ›so etwas‹ in einer *städtischen* Halle hatte passieren können.

Bis Dienstag gab es eine Balgerei um Mehrheiten, als der Präsident der Kriminalkommission von Groß-Miami, ein ehemaliger städtischer Anklagevertreter, nach einer Untersuchung durch eine *Grand Jury* verlangte... Ein Parlamentarier, Präsident des Börsenclubs von Miami, verlangte nachdrücklich vom Bürgermeister in Jacksonville, er müsse das fürs nächste Wochenende geplante *Doors*-Konzert verbieten... Der Leiter der Abteilung für innere Sicherheit bei der Polizei in Miami teilte mit, er werde ganz bestimmt Jim festnehmen lassen... Und ein neunzehnjähriger ehemaliger Football-Spieler namens Mike Levisque machte im Büro einer regionalen katholischen Zeitung Pläne für eine ›Demonstration gegen die Obszönität‹.

Der Schlag kam am Mittwoch, den 5. März: Bob Jennings, 22 Jahre alt, Angestellter im Büro des Staatsanwaltes, war bereit, als Kläger aufzutreten. Jim Morrison wurde eines Verbrechens – obszöne und unzüchtige Zurschaustellung – und dreier Vergehen – Ungebührlichkeit, Gotteslästerung und Trunkenheit in der Öffentlichkeit – beschuldigt. Der Vorwurf des Verbrechens machte besonders neugierig und wurde in der Öffentlichkeit unterschiedlich betrachtet. In der Klageschrift wurde behauptet, Jim habe ›obszön und unzüchtig sein Glied enthüllt, seine Hände auf den Penis gelegt, ihn geschüttelt. Weiter hat der genannte Beklagte masturbatorische Akte und die Fellatio mit einem anderen simuliert‹. Auf einer Pressekonferenz teilte der Polizeichef mit, daß Jim Morrison, werde er der Anklagepunkte überführt, sieben Jahre und 150 Tage Gefängnis in Raiford, einem berüchtigten Gefängnis in Florida, bekommen könne.

In der Zwischenzeit verlebte Jim schreckliche Tage in der Karibik. Er war das einzige weiße Gesicht in dem alten Gutshaus, das für ihn gemietet worden war. Ray und Dorothy waren auf Guadeloupe, der französischen Insel, John und Robby waren mit ihren Freundinnen Julia und Lynn zwar auf Jamaika, aber in einem Haus weiter weg. Es war, wie Jim später Freunden erzählte, ›gespenstisch‹. Als ihm einer der schwarzen Diener Marihuana anbot, fürchtete sich Jim, wie er später sagte, es zurückzuweisen. So rauchte er einen Joint von der Größe einer Havanna und hatte dann einen ›Freakout, der die Erfahrung meines eigenen Todes einschloß‹. Erst Monate später griff Jim wieder zu einem Joint.

In wilder Panik verließ Jim das Haus, suchte John und Robby am Strand. Aber er konnte ihrem Wassersport nichts abgewinnen und so kehrte er bald, genervt und sichtlich durcheinander, nach Kalifornien zurück.

Es schien unbegreiflich, daß das, was Bill Siddons am Anfang ›halt eine schmutzige Show der *Doors*‹ genannt hatte, soviel Aufmerksamkeit erregte und sich so stark auf die Gruppe auswirkte. In der ersten Woche machten die *Doors* noch Witze darüber. Als Jim ins Büro kam und Leon Barnard fragte ihn, »Wie ging's in Miami?«, grinste Jim und sagte schlagfertig:

»Du, Leon, hättest der Sache nicht die rechte *Liebe* entgegengebracht.«

Als Zeitungen überall im Land über Mike Levisque schrieben und seine ›Demonstration für den Anstand‹, die im *Orange-Stadion* stattfinden sollte, dachten die *Doors* über eine eigene Anstands-Demo nach. Sie sollte im *Rose-Stadion* stattfinden, und Jim sollte dabei dem extra aus Florida eingeflogenen Levisque einen dicken Scheck überreichen.

Aber das Lachen verging ihnen. In nicht ganz drei Wochen wurde klar, daß das, was in Miami geschehen war, die Zukunft der Band bedrohte. Vertrauliche Rundschreiben, die an die Mitglieder der Vereinigung der Konzertagenturen gingen, warnten vor der Unberechenbarkeit der *Doors* und zählten die Beschuldigungen gegen Jim auf. Ergebnis: Die Band stand fast überall auf der schwarzen Liste.

Die erste Stadt, die ein vereinbartes Konzert absagte, war Jacksonville. Dann folgten Dallas und Pittsburgh, später Providence,

Syracuse, Philadelphia, Cincinnati, Cleveland und Detroit. Selbst die *Kent State University* sagte ab. Am schlimmsten für die Zukunft aber war: Radiosender in verschiedenen Städten setzten die *Doors*-Platten ab.

Auch die Presse hackte auf den *Doors* rum. Jede Entwicklung, bedeutend oder unbedeutend, wurde breitgetreten. *Rolling Stone* brachte gar einen ganzseitigen Steckbrief als Poster im Western-Stil. Zum ersten Mal in ihrer Karriere hatten die *Doors* die Presse gegen sich.

Als bei der Demonstration im *Orange-Stadion* Anity Bryant und Jackie Gleason in Person teilnahmen — und dazu 30000 andere — wurde die Entrüstung über Jims Vorstellung zur nationalen Bewegung. In verschiedenen anderen Städten fanden ähnliche Demonstrationen statt, mit dem ausdrücklichen Wohlwollen Präsident Nixons.

Ende März hielt es das FBI für richtig, Jim der gesetzeswidrigen Flucht zu beschuldigen; eine lächerliche Behauptung, denn Jim hatte Miami verlassen, drei Tage bevor überhaupt ein Festnahmebeschluß erwirkt worden war. Aber das FBI schickte einen seiner Leute mit der Fluchtbeschuldigung ins *Doors*-Büro. Jetzt wußte die Gruppe, daß die Situation ernst war.

Bill Siddons gab unter diesen Umständen eine ruhige Erklärung heraus, die aber verriet, wie ängstlich die *Doors* hofften, dieser bizarre Spuk ginge vorüber:

Wir wissen nichts zu sagen, was die Sache besser machen könnte. Wir lassen schlicht jedermann sagen, was er will. Jeder soll seine Wut loswerden können... Und wenn das alles vorbei ist, wollen wir unseren Weg weitergehen. Zur Sache haben wir nichts zu sagen, nichts Gutes, nichts Böses, nichts Indifferentes.

Für Jim ging kein Tag vorbei ohne Mahnung an Miami. Am 4. April stellte er sich in Gegenwart seines Anwalts dem FBI. Er blieb gegen eine Kaution von 5000$ auf freiem Fuß.

In der Zwischenzeit war *Feast of Friends* soweit fertig, daß mit den ersten Vorführungen begonnen werden konnte. Jim fing einen neuen Film an. Er gründete eine eigene Produktionsgesellschaft, *HiWay Productions*, und setzte seine Freunde Frank Lisciandro, Babe Hill und Paul Ferrara auf die Lohnliste. Das meiste an Ausrüstung, das man für die Aufnahmen von *Feast of Friends* gekauft hatte, kaufte Jim auf und brachte es in zwei kleinen Zimmern in einem Haus mit dem unwahrscheinlichen Namen *Clear Thoughts Building* (›Haus der klaren Gedanken‹) unter, direkt gegenüber Elektra Records.

Ostern begannen die Filmarbeiten. Wieder bestimmte ›Tod in der Wüste‹ die Handlung: Ein bärtiger Jim Morrison kam von den Bergen bei Palm Springs herunter, fuhr per Anhalter nach Los Angeles und begegnete dabei einem sterbenden Coyoten. Dann ermordete er den ersten Fahrer, der ihn zum Mitfahren eingeladen hatte.

Während der Schluß in Los Angeles aufgenommen wurde, rief Jim etwas geheimnisvoll bei Michael McClure in San Francisco an. Als Michael abhob, nannte Jim seinen Namen nicht.

»Ich hab' ihn vergeudet«, sagte er bloß.

Michael erkannte Jims Stimme.

»Jim...« Er dachte, Jim sei vielleicht betrunken, aber er war sich nicht sicher.

Jim legte abrupt auf und verließ die Zelle mit einem Lächeln.

»Jetzt gehen wir zum *9000 Building*«, sagte er.

Er hatte seit Stunden ständig getrunken, aber er war nicht betrunken. Ginni Ganahl, die damalige *Doors*-Sekretärin, und Kathy Lisciandro, Frank, Babe, Paul und Leon waren dabei. Es war schon dunkel, als sie mit dem Fahrstuhl rauf auf das siebzehnstöckige Gebäude am Sunset Boulevard fuhren.

Was Jim vorhatte: Er wollte sich einen Strick um die Hüfte binden — den man im Film nicht sehen würde — und auf der 45 Zentimeter breiten Brüstung ein Tänzchen machen, 17 Stockwerke über der Straße. Die Freunde sollten das Seil halten, um ihn zu retten, falls er abstürzte.

Als Jim die Szene erklärte, erschraken alle. Sie wußten aber, man konnte ihn nicht davon abhalten, genau das zu tun, was er sich vorgenommen hatte. Aber sie wären nicht seine Freunde gewesen, wenn sie nicht wenigstens protestiert hätten.

»Du willst das doch nicht wirklich tun, oder?« sagte Leon.

Jim sah ihn böse an, offenbar hielt er die Frage für ein starkes Stück. Theatralisch nahm er das Seil von der Hüfte, sprang auf die Brüstung, sagte Paul, er solle mit dem Filmen beginnen, und dann machte Jim sein Tänzchen. Er beendete die Vorführung, indem er runter auf den Sunset Boulevard pinkelte. Die ganze Szene war sinnlos. Wenn man Jim nicht kannte, war es schlicht die verrückte Tat eines Betrunkenen.

In den Filmszenen reflektierte der Wagehals seine Rock-'n'-Roll-Star-Existenz; seine Bücher werfen Licht auf seine Identität als Poet.

Er freute sich sehr an den Gedichten, die er hatte drucken lassen. Die Buchausstattung bei *The Lords* war äußerst extravagant: Es handelte sich um 82 Beobachtungen, die an Rimbaud gemahnten. Ihre Gegenstände waren Visionen und Filmkunst; das Ganze auf bestem Pergament, im Format 22 auf 28cm, in königsblauem Karton mit einem roten Bändchen, der Titel in Gold. *The New Creatures* war etwas unauffälliger ausgestattet: Oktavformat, 42 Blatt, neuere Gedichte auf hellgelbem Papier der Art, wie es bei manchen Magazinen für den Einband genommen wird, das Ganze in braune Pappe gebunden wie ein Arbeitsbuch für die Schule, der Titel wieder in Gold. Die Einbände beider Bücher trugen den Namen, den Jim als Poet trug: James Douglas Morrison. Von jedem Buch kamen hundert Exemplare ins Büro, sie lagen gestapelt neben Bill Siddons Schreibtisch.

Überall in den Texten von *The New Creatures* waren Worte und Phrasen, die vom sexuellen Konflikt redeten, verknüpft mit Bildern von Schmerz und Tod. Da gab es Ermordungen, Lynchjustiz, Erdbeben, Geisterkinder, Mundflora, Tripper, böse Schlangenwurzeln, Menschen, die auf zerbrochenen Knochen tanzen, Plünderungen, Krawalle, Künstler in der Hölle. Es war eine groteske Gegenwelt, in der man die Nähe von Hieronymus Bosch und Howard Lovecraft spürte.

Diese Gedichte erlaubten einen weiten und tiefen Blick in Jims Verzweiflung: eine Verzweiflung, die vielleicht nie richtig erklärt oder verstanden werden wird, die aber in diesen Gedichten glänzend ausgedrückt und schmerzhaft deutlich ist.

Die vier New Yorker Journalisten, zu einer Fernsehdiskussion versammelt, waren aufs äußerste überrascht, als Jim locker ins Studio von *Kanal 13* schlenderte. Das letzte Mal, als sie ihn gesehen hatten, im *Madison Square Garden*, vor fünf Monaten, war er glatt rasiert gewesen und in schwarzes Leder gekleidet.

Jetzt trug er Vollbart, getönte Fliegerbrille, gestreifte baumwollene Eisenbahnerhosen, dazu rauchte er eine lange dünne Zigarre und sah aus, wie ein hübscher muskulöser Che Guevara. Er hatte wie immer Ausstrahlung und jetzt war er gesetzt und bezaubernd. Er erzählte jedermann, wie es ihn freue, in einer Fernsehrunde mit gebildeten Teilnehmern zu sein, wo man Wort und Musik ernstnahm, und es keine Zensur gab.

Jims Hinweis auf die Zensur war keine nur zufällige Bemerkung. Die *Doors* planten nämlich eine unzensierte Fassung des Songs *Build Me a Woman*. Als dieses Stück ein Jahr später in ein Live-Album aufgenommen wurde, tilgte man die Zeilen *Sunday trucker/Christian motherfucker*. In der Sendung des PBS (*Public Broadcasting System*) blieben sie. Allerdings milderte Jim die Sache dadurch, daß er das kritische Wort etwas verschluckte.

Die *Doors* trugen auch das lange poetische Stück vor, das ihrer vierten LP den Namen geben sollte, *The Soft Parade*. Während des zehnminütigen Interviews Richard Goldsteins mit der Band zog Jim ein Exemplar der *New Creatures* hervor und las daraus. Als man ihn fragte, ob er nicht länger als ›erotischer Politiker‹ angesehen werden wolle, räumte er zum ersten Mal öffentlich ein, daß er das seinerzeit bloß gesagt habe, um einem Journalisten eines von den Schlagwörtern zu liefern, die offenbar alle hören wollen.

Das war der ›neue‹ Jim Morrison — offen, ernsthaft, »auf Anraten seines Anwaltes« es höflich ablehnend, sich zu Miami zu äußern, jungenhaft bezaubernd und poesiesprühend.

Aber für jeden, der genauer zusah, wurde deutlich, daß Jim wieder die Medien manipulierte. Er wechselte die Garderobe, ließ sich einen Bart stehen, legte Wert auf seine Lyrik, sprach aufrichtig über seine machiavellistische Vergangenheit und baute so an seinem neuen Image. Das neue war ehrlicher. Nicht, daß die vorhergehende ledergekleidete Figur nicht authentisch gewesen wäre; aber sie hatte ihn eingeengt, und er war ihr augenscheinlich entwachsen. Sein neues Image hatte beides: Es war leichter zu ertragen und es war leichter, ihm entsprechend zu leben. Jim lernte.

Das Interview war Jims erstes seit Miami. Das zweite begann keine Woche später. Der Interviewer war der Los-Angeles-Korrespondent jener Zeitschrift, die Jims Image, wie er glaubte, am meisten angekratzt hatte: *Rolling Stone.* Jim traf Jerry Hopkins viermal in einem Zeitraum von zwei, drei Wochen und gab ihm sein ausführlichstes und wahrscheinlich tiefstes Interview. Er schien bedacht darauf zu sein, den Gesprächspartner zufrieden zu stellen, sich verständlich zu machen. Er wählte seine Worte mit Bedacht, sorgfältig, fast wie ein Edelsteinschleifer die rohen Steine prüft.

Wie zu erwarten war, weigerte er sich — aus rechtlichen Gründen, wie er sagte — über Miami zu sprechen. Aber unerwarteterweise sprach er über seine Familie, nicht besonders tiefschürfend, aber ehrlich und mit festem Standpunkt. Vor kurzem hätte er sich das noch nicht zugestanden. Jerry fragte Jim, warum er die Story aufgebracht habe, seine Eltern seien tot. Jim dachte einen Augenblick nach, dann antwortete er:

»Ich wollte sie einfach da nicht reinziehen. Es ist einfach genug, persönliche Details auszugraben, wenn man sie wirklich will. Wenn wir geboren werden, nimmt man uns schon die Fußabdrücke und dann geht's so weiter. Als ich sagte, meine Eltern seien tot, war das vermutlich eine Art Scherz. Ich hab' einen Bruder, aber ich hab' ihn vielleicht ein Jahr lang nicht gessehen. Ich seh niemand von meiner Familie. Und ich hab' noch nie so viel über sie geredet wie jetzt.«

Diese Antwort enthüllt nicht viel, aber der Umstand, daß Jim die Existenz seiner Familie überhaupt zugeben konnte, verrät viel über die Art, wie Jim anfing, sein Leben in anderen Bereichen anzugehen. Oder, wie Bill Siddons einmal in einem Interview sagte:

»Jim hatte eine Menge kleiner Dämonen, die in ihm herumkrabbelten. Ich glaube, jetzt sind es nicht mehr so viele. Er scheint sie aus sich herauszuarbeiten.«

Einige seiner Antworten waren hübsch aufpoliert:

»Ich interessiere mich für den Film, weil er für mich als künstlerisches Mittel die engste Annäherung an das fließende Bewußtsein — sei's im Traum oder in der Alltagswahrnehmung — ist, die wir haben.«

Für ›Ritus‹ bot er folgende Definition:

»Es ist so etwas wie eine menschliche Plastik. In einer Hinsicht gleicht er dem Kunstwerk, denn er gestaltet Energie, in anderer Hinsicht ist er ein Brauch, eine Wiederholung, ein gewohnheitsmäßig wiederholtes Vorhaben, ein bedeutungsvoller Auftritt: Der Ritus durchdringt alles. Er gleicht einem Spiel.« Oder dieser Gedanke: »Die logische Ausweitung des Ichs ist Gott« und »die logische Ausweitung des Umstands, in Amerika zu leben, ist, Präsident zu werden.«

Am Ende des dritten Gesprächs räkelte sich Jim lässig und fixierte Jerry, dem die Fragen ausgegangen zu sein schienen.

»Willst du nicht über mein Trinken sprechen?« fragte Jim und machte sichs lächelnd im Sessel bequem.

»Schon, ja, natürlich«, sagte Jerry, »du hast einen gewissen Ruf als...«

»...Säufer«, ergänzte Jim. »Also, das ist wahr. Alles stimmt. Betrunken zu werden ist, hm... betrunken zu werden, du bist unter völliger Kontrolle... bis zu einem gewissen Punkt. Es ist deine Entscheidung, jeder Schluck. Es gibt eine Menge kleiner Entscheidungen.«

Es entstand eine lange Pause. Jerry wartete auf mehr.

»Es ist wie... ich glaub', es ist der Unterschied zwischen Selbstmord und langsamer Kapitulation.«

Glaubte Jim wirklich, er trinke sich langsam zu Tode, dachte er nicht daran, daß er sich in die von ihm so geliebte poetische Tradition einreihte? Oder hatte er einfach nur um des dramatischen Effektes willen vorgeschlagen, das sei sein Schicksal?

Jerry wollte es genauer wissen:

»Was meinst du damit?« fragte er.

Jim lachte leicht.

»Mann, ich weiß es nicht. Laß uns ein Haus weiter gehen und was trinken.«

Beim letzten Treffen sagte Jim zu Jerry, er wolle lieber ein langes Gedicht lesen als weitere Fragen beantworten. Damals noch ohne Titel, wurde es später als *An American Prayer* (›Ein amerikanisches Gebet‹) veröffentlicht. Wie viele seiner frühen Gedichte und einige seiner besten Songtexte hat dieses Gedicht die anstürmende amerikanische Apokalypse zum Gegenstand. Der Form nach ist es ein Katalog der Klagen aus der Mitte unseres Jahrhunderts – oft persönlich und mit Wut vorgetragen.

Als er ein paar Wochen später das veröffentlichte Interview in Händen hielt, war Jim zufrieden: Den Titel zierte Jim in Lederjeans, ohne Hemd, photographiert von Paul Ferrara; auch das Gedicht war abgedruckt, formal wie er es sich gewünscht hatte und mit dem Copyright-Vermerk ›James Douglas Morrison‹.

»Jetzt lernt es dieses Käseblatt doch noch, echtes Talent zu erkennen, wenn es ihm begegnet«, sagte Jim zu Freunden.

Bis zum Juni war die vierte LP der *Doors* endlich fertig. Ein ganzes Jahr war daran gearbeitet worden. Es war die bislang frustrierendste Arbeit an einer Platte gewesen. Von Jim stammte etwa die Hälfte der Songs. Offenbar konzentrierte er seine Energien jetzt mehr auf Gedichte als auf Songtexte. Deshalb, und weil Jim nicht wollte, irgend jemand könne glauben, der Text ihrer nächsten Single *Tell All the People* stamme von ihm, standen auf diesem Album individuelle Verfasserangaben statt des früheren ›Songs by the Doors‹.

Aber so wie auf früheren Alben gab es auch auf *The Soft Parade* verschiedene ›Jim-Morrison-Verse‹, Zeilen, die einfach zu unheimlich und zu malerisch waren, als daß sie von sonst jemand hätten stammen können. In *Shaman's Blues* findet sich das Bild der ›kalt mahlenden Grizzly-Kiefer / hart dir auf den Fersen‹ und in *The Soft Parade* die Litanei *Catacombs, nursery bones / Winter women growing stones / Carrying babies to the river* — wobei der letzte Vers es offen läßt, ob die Kinder gebadet oder ertränkt werden.

Easy Ride, ein Song, von dem Jim hoffte, er werde auch als Single erscheinen, hatte durchgehend klare und zugängliche Bilder. Aber in der letzten Strophe konnte Jim seiner poetischen Neigung nicht widerstehen: *Coda queen now be my bride / Rage in darkness by my side / Seize the summer in your pride / Take the winter in your stride / Let's ride.*

Aber alles in allem war der lyrische Einfluß geringer als bei den vorhergegangenen Alben. Der Einsatz der, wie Vince Treanor es nannte, ›La Cienega Symphony‹ — Geiger der Philharmonie Los Angeles und Bläser aus den Reihen der lokalen Jazzgrößen — machten den einst so klaren *Doors-Sound* noch verschwommener.

Die *Doors* mußten Arbeit finden. Die Produktion des Albums hatte 86 000 $ verschlungen. Eher noch erschreckender war der anhaltende wirtschaftlich schädigende Einfluß dessen, was Jim jetzt den ›Miami-Vorfall‹ nannte. Ray erinnert sich an 25 abgesagte Konzerte und John spricht heute von entgangenen Auftritten im Wert von einer Million Dollar.

Veranstalter aus einem Dutzend Städte verlangten Entschädigungen, wenn ums Wohl der Stadt besorgte Stadtväter den Auftritt der *Doors* verboten. Obwohl sich ihr letzter Single-Hit, *Touch Me*, der zur Zeit des Miami-Vorfalls ausgeliefert worden war, fast so gut wie *Light My Fire* verkaufte, ging das Geld doch rasch an Rechtsanwälte weg. Und die Plattenverkäufe gingen stark zurück, als die Band von Radiostationen in zwanzig wichtigen Sendebereichen auf die schwarze Liste gesetzt wurde. Dieses Absacken war aber nur kurzfristig, und als die Nation wieder Neues von den *Doors* hörte, stiegen die Plattenverkäufe wieder an.

Obwohl *Touch Me* vor dem Miami-Vorfall aufgenommen worden war, suggerierte doch das Auslieferungsdatum, beides hätte miteinander zu tun. Nachrichten von ›schamverletzender Entblößung‹ und die Aufforderung *Touch Me* ließen sie die Hitlisten erklettern. Die jungen Leute nahmen es in aller Unschuld hin. Die *Doors*-Fans waren auf ihre Band stolz, sah man von Streichern und Bläsern ab, das hielten sie für Mätzchen.

Endlich hatte Bill Siddons mehrere gute Nachrichten:

»Wir haben ein paar feste Termine, Chicago und Minneapolis am 14. und 15. Juni, Eugene in Oregon am 16. und am 17. das Pop Festival in Seattle.«

»Halt«, sagte Jim ruhig und kam mit einer Dose Bier vom Büro-Eisschrank, »ich dachte, wir seien übereingekommen, nie mehr im Freien zu spielen.«

Die anderen *Doors* sahen Jim verblüfft an.

»Diese Termine sind *fest*, Jim«, sagte Bill. »Wir brauchen Arbeit. Seit Miami sind's drei Monate. Das ist eine lange Zeit zwischen zwei Auftritten.«

»Und wieso haben wir jetzt vier hintereinander? Was hat die Agentur versprochen? Daß ich die Hosen nicht runterlasse?«

»Wir müssen eine Summe hinterlegen, Jim. 5000$ pro Schau. Wir verlieren den Betrag, wenn es zu einer Sauerei kommt. So steht es in den Verträgen.«

»Eine verdammte Klausel«, brummte Jim. Er ließ sich auf die Couch fallen und nuckelte an seinem Bier.

»Ich wette, das gibt's zum ersten Mal im Rock 'n' Roll.«

Jim war in beiden Städten vorsichtig; kein Leder, keine Ferkeleien. Es gab Gründe für die Vorsicht: In Minneapolis standen, gerade als sie anfingen, der Organisator und die Polizei in den Kulissen für den Fall einer ›unzüchtigen Entblößung‹ bereit. Die Post-Miami-Paranoia hatte eingesetzt.

Am 16. flogen die *Doors* nach Eugene und dann am 17. zum Festival in Seattle. Auch hier mußte man, zur Enttäuschung des Publikums, Vorsicht walten lassen. Aber die Gruppe begann auch das Gefühl wieder zu gewinnen, daß sie eine Vorstellung gab. Ansonsten war das Festival nicht sehr befriedigend. Seit dem Auftritt in Hollywood glaubten die *Doors*, ihre Musik eigne sich nicht fürs Freie. Trotzdem war klar, daß die *Doors* selbstverständlich auch im Freien spielen konnten. Jedes Konzert war musikalisch besser, freier, spontaner als das vorhergehende. Auch Jims Verhalten während der Tournee war ruhiger geworden — die Tage, wo er sieben Essen bestellt hatte, nur um jedes zu versuchen, waren vorbei. Er verbrachte seine Freizeit mit Lesen, Kino gehen, Sehenswürdigkeiten betrachten, und er mied die Hotelbars und Nachtclubs.

Er war zufrieden, freute sich sogar daran, wie die Dinge liefen. Die Publikumserwartungen schienen wieder runterzugehen. Vielleicht hatte er in Miami doch Erfolg gehabt, als er, wie er einem Journalisten sagte, »den Mythos bis zur Absurdität strapaziert und ihn damit zerstört hatte«. Aber es gab trotzdem noch welche, die nicht wegen der Musik kamen, sondern die einen nackten *Door* sehen wollten, wenn er *Touch Me* sang.

Mit dem Sommer kamen weitere Konzerte — Toronto, Mexico City, San Francisco, Philadelphia, Pittsburgh, Las Vegas und Los Angeles. Aber mittlerweile steckte Amerika bis zum Bauch in der ›Zeit der Paranoia‹, wie *Rolling Stone* formulierte. Es war ein Jahr, bevor Martin Luther King und Robert Kennedy ermordet wurden. Die Manson-Morde wurden gerade dazu benutzt, die Jugendkultur, die man erst kurz zuvor mit offenen Armen begrüßt hatte, zu verleumden. Es war völlig klar: Die *Doors* waren ein Teil von dem, auf das man sich jetzt einschoß.

Als sie in Toronto die Bühne betraten, eröffnete man den *Doors*, daß die Stadtpolizei zum Zupacken bereitstand, falls Jim auch nur an seiner Hose zupfe. Zwei Tage vor dem Konzert in Philadelphia grub der Bürgermeister ein Gesetz von 1879 aus, das es ihm ermöglichte, die Erlaubnis für eine Veranstaltung zu widerrufen, falls diese ›ihrer Natur nach unmoralisch oder unangenehm und dem Geschmack schädlich‹ ist. Als die Veranstalter die Entscheidung erfolgreich anfochten, wurden die *Doors* gewarnt, die Fahrer der ihnen zur Verfügung gestellten Wagen seien Spitzel. In Pittsburgh wurde die Schau gestoppt, als Hunderte von Teenagern die Bühne stürmten. Und in Las Vegas kam der Sheriff mit vorgefertigten Haftbefehlen für jeden einzelnen der *Doors* zum Konzert, je nachdem was die Band vielleicht trieb, brauchte er nur noch die Beschuldigung einfügen.

Trotz des Druckes wurden die Shows immer straffer und funkelnder. Jim genoß es, einfach zu singen und zu unterhalten, und er entwickelte sogar einen gewissen Humor für die groteske Situation. Aber die Engstirnigkeit der Behörden irritierte ihn auch, und er fing nun an, daran zu denken, doch ein für allemal was dagegen zu tun.

Mit gemischten Gefühlen erwarteten die *Doors* die Konzerte in Mexico City. Sie waren für das Ende des Monats in der Plaza Monumental, der größten Stierkampfarena der Stadt, vorgesehen. Das hieß wieder ein Freiluftkonzert vor großem Publikum (48 000), aber die *Doors* spürten, das Prestige dieser Veranstaltung zählte mehr als der ästhetische Gewinn. Da der Eintritt zwischen 1,50 bis 3,50 DM kosten sollte, glaubten sie, auch die Armen hätten Zutritt. Außerdem war ein Wohltätigkeitskonzert für einen Fond der Vereinten Nationen oder das Rote Kreuz im Hotel *Camino Real* vorgesehen und ein Auftritt in einem noblen Abendrestaurant.

Doch der Veranstalter in Mexico City, ein junger bärtiger Innenarchitekt namens Mario Olmos, schaffte es nicht, alle notwendigen Genehmigungen zu beschaffen. Deshalb wandte er sich an Javier Castro, einen sechsundzwanzigjährigen Sänger, dem das *Forum* gehörte, ein Abendrestaurant mit 1000 Sitzplätzen, im Stil und Publikum grob vergleichbar dem New Yorker *Copacabana*. Er sagte, er könne die *Doors* für vier Abende − je Abend für 5000 $ − bekommen. Zusammen trieben sie einen Freund auf, der einen bestätigten 20 000 $-Scheck als Sicherheit für die *Doors* hinterlegte. Am nächsten Morgen kündigte in den Mexico-City-Zeitungen eine ganzseitige Anzeige an, daß die *Doors* am Wochenende im *Forum* auftreten würden.

Die *Doors* hatte niemand gefragt. Sie waren wütend, als die Herren Olmos und Castro, die Zeitungsanzeige und den Scheck in den Händen, wilde Versprechungen auf den Lippen, ihr Büro betraten. An diesem Abend war das Büro schwach beleuchtet; Bill Siddons Schreibtisch war voll mit Plakaten, den *Forum*-Anzeigen und leeren Bierflaschen. Mitglieder der Band saßen mit langen Gesichtern da und fragten sich, ob sie einen Hellseher konsultieren sollten. Der Gedanke war aufgetaucht, als sowohl Alan Ronay als auch Leon Barnard von Vorahnungen vom Tode Jims gesprochen hatten. Das war nicht das erste Mal, aber es wirkte auf sie wie ein Herold des Untergangs.

Bill Siddons hatte solche Nachrichten nie völlig gelassen zur Kenntnis genommen. An einem Dutzend von Montagen im vergangenen Jahr hatte es Gerüchte von Jims Tod gegeben — Opfer eines Wochenend-Exzesses! — und jedesmal geriet Bill in Panik, telephonierte halb wahnsinnig herum, um Jim zu finden, bis Jim selbst den wilden Stories jede Grundlage entzog, indem er ins Büro kam, um seine Post zu lesen.

»Man hört, du bist tot«, pflegte dann Bill lächelnd und offenbar erleichtert zu sagen.

»Ja?« sagte dann Jim, öffnete den Eisschrank im Büro und holte sich ein Bier, »wieder einmal? Wie geschah's denn diesmal?« Man sagte Jim nichts von den Vorahnungen, die Leon und sein enger Freund Alan spürten. Man packte weiter für die Reise nach Mexico.

»Jiiieeem! Jiiieeem! Wo ist Jiiieeem?« Tausende von *Doors*-Fans waren zum Flughafen gekommen, um die Band in Mexico willkommen zu heißen.

Die *Doors* gingen durch den Zoll in die Flughafenhalle. Mit dem Vollbart wurde Jim nicht erkannt: Er sah nicht so aus, wie der Jim Morrison, den man an die Wand des *Forums* gemalt hatte, und bei seinen Anhängern hörte man unzufriedenes Murren. Siddons sollte mit Jim reden und er tat's auch. Aber der Bart blieb.

Die Auftritte zählten zum Besten, was sie je geboten hatten. Die *Doors* waren in Mexico viel bekannter als sie gedacht hatten. Das Echo der reichen jungen Leute, die jeden Abend ins *Forum* einfielen, forderte die Band zu ungewohnten musikalischen Höhen heraus — auch wenn die *Doors* merkten, wie *fremd* manches an dieser Popularität war. Am meisten irritierte sie die Reaktion auf *The End.*

Am ersten Abend überhörten Jim und die anderen die Rufe nach diesem Stück, aber am zweiten Abend gaben sie nach. Als sie sich der ödipalen Passage näherten, hörte man so viele ›psts‹ im Publikum, daß es klang, wie ein Zimmer voller Schnaken.

»Vater?« — »Ja, Sohn?«

»Jim schreckte vor der Antwort, die zum Vers gehörte, zurück, als plötzlich alle im Saal schrien:

»*I want to kill you!*« — allerdings sprachen sie's ›kiel‹ aus.

Jim blickte sichtlich aus der Fassung gebracht ins Dunkel.

»Mutter?« kam es vorsichtig aus ihm raus.

»*I want to...*« und wieder kam vom Publikum die Antwort.

Jim war beeindruckt.

So populär war das Stück in Mexico. Es gab es auf einer 45er mit doppelter Spieldauer, und es lief so oft in den Musik-Boxen, daß man auf die Bedeutung des Textes kaum noch achtete. Später sagte jemand zu Jim:

»Mexico ist ein ödipales Land. Es geht alles im nationalen *Machismo* und in der ›Mutter Kirche‹ auf.«

Die *Doors* wurden wie Fürsten behandelt, und im Lauf der Woche lernten sie den Komfort des längeren Engagements schätzen. Sie hatten Zeit sich umzusehen, und dazu benutzten sie standesgemäße weiße und schwarze Cadillacs mit Chauffeur. Eine Frau, sie hieß Malu und machte normalerweise die Werbung fürs *Forum*, war nur für sie da als Dolmetscherin und Mädchen für alles. Was sie nur wollten, gab es rund um die Uhr. Das Motel war in bester Lage in der Nähe des *Forums*. Sie wurden dem Sohn des mexikanischen Präsidenten vorgestellt, der sich in den letzten Schrei von der Carnaby Street kleidete und in dessen Kielwasser eine Schar US-amerikanischer Mädchen war, die nur die Präsidenten-Groupies hießen (eine, die sich Jim beim Besuch des Völkerkundlichen Museums anlachte, ähnelte stark seiner Pamela). Hinter der Bühne empfing jemand die *Doors* mit einer Plastiktüte, in der etwas war, was stark nach einem Pfund Kokain aussah, und bot ihnen davon an, soviel sie wollten.

Die ganze Woche hindurch hatte Bill Verabredungen. Als erstes versuchte er, ein Freiluft-Konzert in einem Park zu arrangieren. Das wurde aber zurückgewiesen. Die Regierung hütete sich, so viele junge Menschen an einem Platz zusammenkommen zu lassen (ein Jahr vorher hatte es Studentenunruhen und massive Streiks gegeben). Daraufhin versuchte Bill eine Fernsehschau zu bekommen, und schließlich wurde auch ein Vertrag über eine zweistündige Sendung über die *Doors*, ihre Musik und ihre Vorstellungen unterzeichnet. Die Show kam trotzdem nicht zustande.

Nach dem letzten der fünf Auftritte kehrten die *Doors* in ihr Motel zurück. Der Fahrer von Jims Cadillac fuhr mit 130 Sachen durch die breite Allee, und nur in scharfen Kurven ging er auf 80 runter. Das Tempo machte die *Doors* nervös.

Jim bildete aus Daumen und Zeigefinger eine Pistole und ahmte den Knall von Pistolenschüssen nach.

»Andele! Andele!« (»Tempo! Tempo!«) schrie er. Die *Doors* donnerten in die mexikanische Nacht.

Es war für die Band noch immer schwierig, ein Engagement zu finden. Noch ehe sie Mexico wieder verließen, waren zwei weitere Konzerte – in St. Louis und Honolulu – abgesagt worden. Es blieb ihnen für den ganzen Juli nur eine feste Sache in Los Angeles im Aquarius-Theater. Das hatte ihre eigene Plattenfirma für ein paar Montagabend-Shows gemietet. Die Karten waren innerhalb einer Stunde verkauft.

Es gab zwei Shows. Vor jeder verteilte Jim Kopien von einem sehr persönlichen Gedicht, das er auf den Tod des kürzlich verstorbenen *Rolling-Stone*-Gitarristen Brian Jones gemacht hatte: *Ode to L. A. While Thinking of Brian Jones, Deceased* (›Ode an Los Angeles, in Gedanken an Brian Jones, verstorben‹). Wie in *An American Prayer* gab es da Joycesche Wortspiele und ein durchgehendes Nachsinnen über den Tod.

Die stürmische Presse nach dem Miami-Vorfall ebbte endlich ab. Im Juni, Juli und August, eine Zeit, zu der die *Doors* meist ohne Engagement waren, veröffentlichten verschiedene für Jim wichtige Blätter schmeichelhafte Artikel.

Eine Zeitung aus Los Angeles nannte die Show im *Aquarius* ›eines der aufregendsten Rock-Konzerte seit Jahren‹ und eine andere erschien mit der Schlagzeile ›Ein neuer Jim Morrison‹. *Rolling Stone*, das Magazin, über das sich Jim während der

JOHN DENSMORE

ROBBY KRIEGER

Miami-Nachwehen so ärgern mußte, brachte eine wohlwollende Kritik des Films *Feast of Friends*, dann das Interview von Jerry Hopkins mit über 8000 Worten und Jims Photo als Titelbild und anschließend den Bericht über die Konzerte in Mexico (4000 Worte). Die Juli-Nummer von Pat Kennelys *Jazz & Pop* besprach sehr lobend den Auftritt der *Doors* in der Fernsehsendung von *Kanal 13*. Schließlich erschien in der ersten Augustwoche in der *Los Angeles Free Press* eine umfangreiche Würdigung der *Doors* von dem jungen Dramatiker Harvey Perr. Mit der Zeit wurde Harvey ein Freund Jims und sein Artikel wurde in *The Doors Complete* aufgenommen, eine Zusammenstellung aller *Doors*-Stücke. Harvey Perr schrieb:

Ich bin mir ganz und gar nicht sicher, ob meine Bewunderung für die *Doors* etwas mit ihren Songs zu tun hat. Ein paar davon sind – zugegebenermaßen – schwach. Aber ich finde, die Art, wie die *Doors* sich einfach geben, ist beeindruckender als die Art, wie mäßige Künstler bewußt Einfachheit vermeiden. Ich glaube, wenn eine Gruppe wirklich die Höhe der Poesie erreicht hat, dann soll sie sich auch an dem Luxus erfreuen, große Fehler machen zu dürfen; etliche andere machen auch diesen oder jenen Schnitzer. Es ist wie mit Morrisons Lyrik: das meiste ist das Werk eines wirklichen Dichters, eines Whitman der revolutionären sechziger Jahre, aber manches davon ist einfach peinlich besserwisserisch. Es ist kein Verbrechen, von einem künstlerischen Extrem ins andere zu gehen; das sind schließlich menschliche Irrtümer, und es gibt keine Kunst ohne Menschlichkeit. Aber, noch einmal, ich bewundere die *Doors* weder wegen ihrer Musik, noch wegen ihrer Texte oder ihrer Musikalität. Auch nicht wegen ihrer Ausstrahlung, ihrer Platten oder des *Aquarius*-Konzerts, so seltsam und schön und aufregend das alles ist. Stattdessen sind es die Vibrations, die von ihnen zu mir rüberkommen, die Sache, an die sie ranwollen, wo sie uns mitnehmen wollen. Es geht um eine Welt, in der die festgelegten Grenzen des Rock aufgehoben werden, eine Welt, die offen ist für Film, Theater und Revolution. Man muß Morrison sehen, nicht auf der Bühne, in seinem Leben, in diesen unaufdringlicheren Augenblicken, wenn er eine Aufführung von Mailers ›Hirschpark‹ sieht, jede Vorstellung des *Living Theatre* besucht, bei der Eröffnung des *James Joyce Me-*

morial Liquid Theatre des *Company Theatre*. Immer ist er am richtigen Platz zur rechten Zeit, mächtig erfaßt von jener Kunst, die mitten im Leben und nicht an seinen Rändern ist. So jemand muß keine Poesie in sich tragen, aber falls doch, wenn er Dichter ist, schaust du genauer hin, nimmst es ernster. Im Fall Jim Morrison und den *Doors* lohnt sich die Mühe. Sic sind der Kunst nahe gekommen, gleichgültig, wie oft sie die Rock-Kritiker das Fürchten lehrten, sie verärgert oder amüsiert haben. Die Maßstäbe für ihre Kunst sind älter als der Rock und liegen tiefer.

Ein paar Tage nach den *Aquarius*-Konzerten, an einem Donnerstagnachmittag, kam Jim ins Büro und ging zur Toilette. Denny saß an Jims Schreibtisch, die Post vor ihm ausgebreitet, und telephonierte.

»Scheiße«, schrie er.

»Heut' sind wir aber poetisch«, sagte jemand.

»Was ist los?« fragte Jim und zog sich den Reißverschluß hoch.

»Nichts«, murmelte Denny und tat, als lese er die Post.

»Was heißt hier ›nichts‹? Sag' niemals nichts«, witzelte Jim. »Ich knappse mir Zeit ab, um vielleicht irgendwo zu helfen — eine nette Geste, die du einfach ignorierst.« Jim war hörbar guter Laune.

Denny hatte verzweifelt versucht, eine Karte für ein Konzert der *Rolling Stones* zu bekommen. Die Karten waren schon seit Wochen ausverkauft, und mit seinem letzten Anruf hatte er alle seine Möglichkeiten erschöpft. Es gab keine Karten mehr.

»Kannst du mir Karten besorgen?« fragte Denny zögernd.

»Warum willst du Mick Jagger sehen, wo du doch mich in Lebensgröße vor dir hast?« fragte Jim und spielte den verletzten Helden.

Denny wußte keine Antwort. Er hatte nicht geglaubt, daß er Jim mit so was verletzen könnte; aber er wollte die Karten wirklich gern, und er wußte, ein kleiner Anruf hätte genügt und Jim hätte die Karten gehabt. Aber Jim ließ Denny weiter im Dunkeln tappen.

»Wann ist das Konzert eigentlich? Diesen Freitag doch. Ich dachte, wir hätten da was vor«, sagte Jim und dann noch so einiges, bis er ins Nebenzimmer zu einer Besprechung mußte.

Am nächsten Nachmittag, dem Tag des Konzerts, kam Jim wieder ins Büro. Denny saß wieder an Jims Schreibtisch und sortierte die Tagespost. Beide taten, als hätte die gestrige Unterhaltung nicht stattgefunden, als Jim zwei Karten aus der Tasche zog.

»Seht mal, was mir gestern abend jemand gegeben hat. Einfach so. Er sagte nur: ›Da, Jim, zwei Karten für die *Stones*, du sollst sie haben.‹ Und er gab sie mir. Könnt ihr euch das vorstellen?« Jim sah auf die Karten: »Verdammt noch mal, dritte Reihe. Ich kann mich nicht zerreißen, also ich brauch die Karten nicht, will sie sonst jemand?«

Außer Jim waren noch drei Leute im Zimmer, die auch gestern da gewesen waren.

»Gern Jim«, sagte die Sekretärin, »wenn du sie nicht willst.«

Bill sagte, er hätte schon Karten, ebenso Ray. Denny blieb stumm und verlegen.

Jim setzte sich auf seinen Schreibtisch vor Denny und legte die rechte Hand auf den Brief, den Denny gerade las.

»Heute ist dein Glückstag, mein Junge, ich möcht' mit dir ein Geschäft machen.«

Denny guckte hoch und sagte:

»Ich will aber kein Geschäft mit dir machen.«

»Möchtest du vielleicht nicht erst wissen, um was es geht?« beschwichtigte ihn Jim.

Denny nickte.

»Okay«, fuhr Jim fort, »du läßt mich wieder an meinen verdammten Schreibtisch und kriegst dafür die zwei Karten.« Er legte sie auf den Tisch.

Denny sprang auf, raste um den Tisch, fiel Jim um den Hals, schnappte die Karten und rannte zur Tür.

»He!« fuhr ihn Jim an.

»Was denn?« Denny blieb stehen.

»Du könntest zumindest Danke schön sagen.«

Pamela war wieder in ihrem Apartment in der Norton Avenue in West-Hollywood, nur einen Katzensprung vom *Doors*-Büro entfernt. Sie war auf Tranquilizern und fühlte sich ziemlich kaputt. Jim hing am Telephon und wollte Babe Hill sprechen. Pamela fuhr ständig dazwischen, im Hintergrund hörte man sie brummeln und nörgeln.

»Ja, he Babe, ...«

»Jim, hör mir zu«, sagte Pamela, »leg jetzt den Hörer hin und hör mir zu. Das ist wichtiger, als wo du und Babe wen auch immer treffen wollt...«

»Entschuldige, Babe, was...?«

»...was ihr immer macht, euch besaufen. *Ich* rede jetzt mit dir, Jim. *Jim!*«

Jim wollte sie überhören, beugte sich übers Telephon und drehte ihr den Rücken zu.

»Babe, es tut mir leid, wegen dem Krach im Hintergrund. Du weißt ja, wie Pamela ist...«

»Jim! Willst du Streit?« Pamelas Stimme ging eine halbe Oktave und 20 Dezibel rauf. »Verdammt Jim, jedesmal wenn du Streit anfängst, haust du anschließend ab und dann bist du besoffen und machst irgend etwas Schauriges. Verdammt noch mal, Jim.«

Pamela nahm bei den meisten von Jims Freunden keine Rücksicht. Genauer gesagt, sie war bitter eifersüchtig auf jeden, mit dem Jim seine Zeit verbrachte statt mit ihr. Mit der Zeit wurde sie ziemlich sauer, wegen Jims Rolle als ständiger Gast, und noch mehr haßte sie seine halsstarrige Schweigsamkeit. Auf der anderen Seite tolerierten Jims Freunde Pamela aus der Einsicht heraus, daß Jim sie wirklich liebte und daß sie, von ihrem spielverderberischen Besitztrieb abgesehen, gut zu ihm war und gut für ihn war.

Jim mochte viele ihrer Freunde nicht. – Einige von ihnen waren homosexuell. Pamela versuchte Jim zu erklären, daß er an anderen ablehne, was er an sich nicht mochte oder sich gar nicht eingestehen konnte. Auf jeden Fall waren das Kumpels, die Pamelas menschliche Bedürfnisse befriedigten, auf ihre Sorgen eingingen und ihr in einer Weise Sympathie entgegenbrachten, die Jim verschlossen war. Sie forderten nichts Körperliches als Gegenleistung. Jim hatte aber persönlich den Eindruck, daß einige Pamela nur dazu benutzten, um an ihn heranzukommen. Da hatte er auch teilweise recht – aber er brachte es nicht über sich, Pamela die Augen zu öffnen.

Jim haßte auch die Drogen, die sie sich ausgesucht hatte. Er hielt Tranquilizer für gefährlich. Gleichzeitig fühlte er sich aber auch in gewisser Weise schuldig, denn er hatte sie auf Drogen gebracht. Also schluckte er seine Abneigung gegen ihren Drogenkonsum. Von ihren Heroinerfahrungen wußte er nichts, und sie wiederum hatte Schuldgefühle, weil sie ihm diese verheimlichte.

Die wechselseitige Täuschung schob einen Keil zwischen beide, und da sich keiner von ihnen zur Ehrlichkeit aufraffen konnte, wuchs das üblicherweise zu einem Streit aus. Meist fing es mit irgendetwas Nebensächlichem an, etwa in welches Kino sie heute gehen wollten. Einmal gerieten sie schrecklich aneinander, weil sie sich über die durchschnittliche Lebenserwartung eines Apportierhundes nicht einigen konnten. (Sie hatten einen, er hieß *Sage* — der Weise.) Töpfe, Bücher und Geschirr flogen dann. Einmal, als Pamela darüber jammerte, wie dreckig seine Bücher seien, schmiß Jim — sie wohnten im 2. Stock — ein paar hundert aus dem Fenster. Ihr Schreien und Toben hallte im Haus. Dann verschwand entweder Jim, oder Pamela ging ein paar Häuser weiter zu ihren homosexuellen Freunden in den Beachwood Hills und sagte:

»Heut ist's einfach wieder beschissen.«

Manchmal rächte sich Pamela, indem sie den Prachtschlitten kommen ließ, mit dem Jim und die *Doors* manchmal nach Mexico fuhren. Da der Fahrer sonst Jim fuhr, wußte sie, wenn sie sich zum Einkaufen fahren ließ, ihr Bummel würde ihm wiedererzählt werden. Es war nicht ungewöhnlich, daß sie bei solchen Protztouren 2000$ und mehr ausgab.

Einmal, nach einem besonders dramatischen Auftritt, der sich an Jims Saufen entzündet hatte, wühlte Pamela wütend in ihrer Make-up-Schublade, bis sie fand, was sie suchte, und als Jim aus dem Haus ging, schrieb sie mit rotem Lippenstift quer über den Badezimmerspiegel:

»Es gibt Sex-Symbole, die kriegen ihn nicht mal hoch!«

Nach anderen Streitereien flippte Pamela auf Tranquilizer aus oder schnüffelte auch ab und zu. Man sah sie auch in der Öffentlichkeit mit einem Kellner aus der *Berverly Hills Polo Lounge* unter einem Tisch im *Troubadour* beim Zungenhakeln. Im protzigen Rock-Star-Klüngel zog sie von Party zu Party, oder sie lag bei Spielchen auf Limousinen-Rücksitzen. Sie hatte Dutzende von Affären. Eine von ihnen, mit einem jungen französischen Grafen mit Besitzungen in Nordafrika und der gleichen Neigung zum Heroin, wurde als etwas Ernstes angesehen. Auch eine andere, diesmal mit dem Sohn eines toten Film-Magnaten, war mehr als ein bloßer Ausrutscher.

Jim fing wieder mit seinen alten Affairen an, telephonierte mit seinen gelegentlichen Freundinnen Anne Moore, Pamela Zarubica (Susi Creamcheese) oder Gayle Enochs. Seine Tage als sexueller Freund und Helfer waren weitgehend passé. Aber obwohl er Anne, Pamela (Zarubica) und Gayle höchstens zwei oder dreimal im Monat sah, waren die Beziehungen doch fast etabliert.

Gayle war die sanfte Brünette, die er mit nach New York nahm, als die *Doors* im Fernsehen in einem Fortbildungsprogramm auftraten. Manchmal besuchte er sie zu Hause; sie wohnte nicht weit von Pamela entfernt in den Beachwood Hills. Wenn er kam, quatschten sie meistens die Nacht durch. Bei anderen Gelegenheiten bummelten sie über den Hollywood Boulevard, aßen in einem der kleinen Restaurants mit afroamerikanischer Küche, die Jim so mochte. Oder sie gingen mit einer Flasche Wein in eines der Kinos in der Western Avenue, die sich auf ausländische Filme spezialisiert hatten.

Jims Beziehung zu Anne war förmlicher. Sie studierte Archäologie und Völkerkunde an der *University of Southern California* und schrieb für ein paar Teenager-Magazine. Die beiden verloren sich oft in weitschweifigen Gesprächen über ägyptische und talmudische Flutsagen oder über Ginsberg, Corso und Kerouac. Jim hatte ihr diese Schriftsteller empfohlen und ihr außerdem vorgeschlagen, ein paar Film-Vorlesungen zu hören.

Pamela Zarubica sah er seltener; und wenn, kam er gewöhnlich spät nachts und sturzbesoffen in ihre kleine Wohnung in Hollywood. Er wollte dann über Dichtung reden. Sie konnte dann liebenswert spotten:

»Dichter? Laß mich mal überlegen, Dichter? Lord Byron? Und wie stufst du dich ein, Liebling? Nicht schlecht jedenfalls für einen Jungen aus Los Angeles.«

Jim mochte das. Und wie die anderen mochte Pamela Jim sehr gern und Jim erzählte allen, daß er sie alle mochte. Manchmal glaubte er das auch. Aber meistens versuchte er bloß, als Mensch geliebt und akzeptiert zu werden und nicht als Star.

Aber es war Pamela Courson, mit der er sich am engsten verbunden fühlte. Er nannte sie noch immer seine ›kosmische Partnerin‹. – Im August wies Bob Green, sein Finanzberater, Jim darauf hin, daß seine kosmische Partnerin das Geld in kosmischen Summen ausgab, und daß sein letztes Geschenk ihn finanziell ruinieren könne. Jim riet, sich nicht aufzuregen. Lieber solle Pamela das Geld bekommen als die Anwälte. Pamela wollte eine eigene Boutique haben, und Jim bezahlte.

Der Laden, den sie fanden, gefiel Pamela. Er war im Erdgeschoß des *Clear Thougths Building*, praktisch unter dem HiWay-Büro. So konnte Pamela untertags ein Auge auf Jim haben. Ein befreundeter Künstler aus Topanga sollte die Inneneinrichtung machen, Handwerker wurden bestellt. Ursprünglich wollten sie den Laden *Fuckin' Great* nennen, sie hatten sogar schon Geschäftskarten mit dem Namen drucken lassen — aber schließlich kamen sie auf *Themis*, nach der griechischen Göttin der Gerechtigkeit, des Gesetzes und der Ordnung.

Unten setzten Handwerker winzige Spiegelscheiben in die Decke, oben im Raum G, dem Schneideraum des HiWay-Büros saß Jim, rauchte eine dünne Zigarre und hatte die Füße auf dem Tisch. Er sprach über die Sharon-Tate-Morde der vergangenen Woche. Einer der Getöteten, Jay Sebring, hatte ihm 1967 die Alexander-der-Große-Frisur gemacht.

Das lag erst zwei Jahre zurück, aber Jim hatte sich sehr verändert. Sein Haar war nicht mehr gekräuselt und sorgfältig in Unordnung gebracht. Er war nicht mehr hohlwangig, hager und muskulös, als habe man ihn aus Tauen geflochten. Leder und Perlenkettchen waren passé. Mittlerweile sah Jim fast durchschnittlich aus: wie ein netter, biertrinkender Student mit längerem Haar und kantigem Kinn. Und er fing an, mehr zu lächeln.

9

Obgleich die Beziehung zwischen Pamela und Jim mit dem Sommerende friedlich wurde, verbrachte Jim doch mehr und mehr Zeit mit den Leuten, die Pamela am wenigsten mochte: Frank Lisciandro, Babe Hill und Paul Ferrara. Mit ihnen schloß er jetzt den Film ab, dessen Dreharbeiten im März in Palm Springs begonnen hatten. Mittlerweile hieß er HWY.

Ein paar der größten Enttäuschungen, die Jim erlebte, erwuchsen aus seinem Interesse am Film. Monatelang hatten er, Frank, Babe und Paul viele Projekte geplant. Sie hatten mit Timothy

Leary über eine Dokumentation seines Wahlkampfes um den Gouverneurssitz in Kalifornien gesprochen, aber dann wurde Leary verhaftet. Sie trafen sich mit Carlos Castaneda, um sich die Filmrechte an den ›Lehren des Don Juan‹ zu sichern, mußten aber hören, daß sie zu spät gekommen waren. Jim wurde von einem amerikanischen Drehbuchautor angegangen, die Musik zu einem italienischen Film zu machen; Jim zog sich aber wieder zurück, als herauskam, er solle selbst mitspielen, und zwar einen Rocksänger, der sich in der Londoner *Albert Hall* die Ungnade seines Publikums zuzieht.

Dann machte ihn Elmer Valentine, Jims alter Freund aus *Whiskey a Go Go*, mit Steve McQueen bekannt. McQueens Produktionsgesellschaft legte gerade die Besetzung von ›Adam um sechs Uhr morgens‹ fest; aber nachdem McQueen Jim einmal gesehen hatte, wies er ihn kalt zurück. Offenbar sprach Jim zuviel, erklärte, wie man den Film machen, das Drehbuch umschreiben müsse. Obwohl er sich für die Besprechung rasiert hatte, sah er nicht gut aus: übergewichtig, übernächtigt.

»Sie hatten Angst vor seiner Trinkerei«, sagt Elmer, »das war das Schlimmste.«

Etwas später trafen sich Jim Morrison und Jim Aubrey. Aubrey war der schon legendäre Ex-Präsident von CBS, bekannt als die ›Lächelnde Cobra‹, Vorbild für ›Die Liebesmaschine‹ von Jacqueline Suzanne. Zu der Zeit interessierten sich gerade zwei Show-Business-Imperien für Aubrey (bald darauf führte er MGM).

Als erstes sah sich Aubrey Jims beide Filme an, dann traf er sich mit ihm zu einem ausgedehnten Essen im *Luau* in Beverly Hills. Auch Bill Belasco, Aubreys zungenfertiger persönlicher Assistent, war dabei. Sobald sich Jim verabschiedet hatte, sagte Aubrey zu Belasco:

»Jim Morrison wird der größte Filmstar der nächsten zehn Jahre sein. Der Knabe wird der James Dean der siebziger Jahre.«

Er sagte, Belasco müsse ihn um jeden Preis einstellen.

Jim kam von diesem Essen mit Argwohn zurück. Zu Frank Lisciandro sagte er:

»Diese Burschen behaupten, sie wollen das Drehbuch, das ich mit Michael zusammen geschrieben habe, verfilmen. Ich glaube, in Wahrheit wollen sie nur mich auf die Leinwand kriegen.«

Jims Schwierigkeiten mit dem Gesetz nahmen an Bedrohlichkeit zu. Die Behörden in Florida versuchten, mit der lächerlichen Beschuldigung der ›Flucht vor der Justiz‹ seine Auslieferung zu betreiben; das FBI stürzte sich in intensive Ermittlungen, erforschte seine Herkunft, seine Beziehungen, vernahm frühere Freunde und zog Erkundigungen bei der Staatsuniversität Florida ein.

Am 9. November 1969 erschien Jim vor Richter Murray Goodman im Gericht in Miami und stellte förmlich den Prozeßeinwand ›nicht schuldig‹. Die Kaution wurde auf 5000 $ festgesetzt, die Verhandlung sollte im April sein.

Am 11. November, wieder in Los Angeles, hatten Jim und Pamela einen sehr heftigen Streit. Nach ein paar Stunden, am späten Nachmittag, kam Jim ins *Doors*-Büro. Er sah sich um.

»Hey, Leon, Frank! Hättet ihr Lust, mit nach Phoenix zu fliegen? Die *Rolling Stones* spielen.«

Bill Siddons und Rich Linnell, der auch für die *Doors* Werbung machte, hatten die Promotion der Show und Jim hatte vier Karten für die erste Reihe bekommen. Jim rief noch Tom Baker an. Die vier kauften sich einen Sechserpack Bier und eine Flasche Courvoisier und tranken das Zeug auf dem Weg zum Flughafen.

»Ich heiße Riva«, sagte die Stewardess und begann mit den Einweisungen vorm Abflug.

»Falls Sie Riva heißen«, gröhlte Baker, »dann heißt Ihr Alter ›Old Man Riva‹.«

Jim, Leon und Frank stimmten mit Tom ein:

»That *Old Man Riva*, he just keep rolling...«

Die Stewardess war sichtlich verstört, aber begann mit den Instruktionen zu den Sauerstoffmasken. Als ihr eine Maske aus der Hand fiel, schrie wieder Tom:

»Meine Freundin hat auch so ein Ding, aber sie nennt es ›Pessar‹.«

Tom ging dann zur Toilette, und auf dem Rückweg warf er ein Stückchen Seife in Jims Drink. Jim drückte den Knopf, um die Stewardess zu rufen, und als sie kam, sagte er weinerlich:

»Er hat mir Seife in meinen Drink getan.«

»Schon gut, Jim, schon gut, ganz ruhig bleiben. Ich bring 'nen anderen.«

Statt dessen brachte sie aber den Kapitän, der sagte:

»Wenn ihr jungen Leute euch nicht benehmt, drehen wir um nach Los Angeles und ich lasse euch festnehmen, alle vier.«

Sie waren wirklich eine Weile ruhig. Aber als eine andere Stewardess, Sherry, vorbeiging, langte ihr Tom an den Schenkel.

Kurz darauf warf Jim die Sandwiches, die man ihm gebracht hatte, nach Leon. Tom warf einen leeren Plastikbecher nach Jim.

Die Besatzung schien über die Rüpeleien hinwegzusehen, aber als die Maschine in Phoenix ausrollte, wurde sie von Polizei-Fahrzeugen mit Blinklichtern umstellt.

Über Lautsprecher kam die Ansage:

»Meine Damen und Herren, die Continental-Fluggesellschaft bittet Sie um Verständnis, aber das Aussteigen und Gepäckausladen verzögert sich um wenige Augenblicke.«

Plötzlich stand der Pilot vor Jim und Tom.

»Als Kapitän dieses Flugzeuges stelle ich Sie beide unter Arrest. Die anderen Passagiere steigen zuerst aus, und Sie werden vom FBI hinausbegleitet werden.«

FBI? Das haute sie um.

»Warum? Was haben wir getan?«

»He, Mann«, Baker schrie dem sich abwendenden Kapitän nach, »belehren Sie mich über meine Rechte!«

»Wie lauten die Beschuldigungen?« fragte Leon.

Außer den vier und den Beamten von der FBI-Dienststelle Phoenix war niemand mehr im Flugzeug. Jim und Tom wurden die Hände mit Handschellen auf dem Rücken gefesselt, dann führte man sie raus zu den wartenden Photographen.

»Wie lauten die Beschuldigungen?« fragte Leon noch einmal und übernahm eine Art Beschützerrolle.

Tom senkte den Kopf, als sie die Maschine verließen, und drehte sein Gesicht von den Kameras weg. Ganz im Gegensatz dazu stieg Jim in arroganter Haltung aus: die Brust rausgestreckt, den Kopf hoch erhoben und mit einem stolzen Grinsen auf den Lippen.

Nachdem sie die Nacht und fast den ganzen folgenden Tag in der Zelle verbracht hatten, wurde Jim und Tom eröffnet, wessen man sie beschuldigte: Trunkenheit, ungebührliches Benehmen und Streit mit der Besatzung eines Flugzeugs – letzteres ein Verstoß gegen das neue Flugzeugentführungsgesetz, der mit bis zu 10 000 $ und zehn Jahren Gefängnis geahndet werden konnte. Jim war noch keine 26; diese mögliche Strafe und dazu noch die drei Jahre, die schon über ihm schwebten: Das konnte heißen, daß er die nächsten dreizehn Jahre seines Lebens im Gefängnis sitzen würde.

Elektra drängte die *Doors*, so schnell als möglich eine weitere LP zu machen. Es war noch kein halbes Jahr her, daß *The Soft Parade* herausgekommen war, aber Elektra wollte bis Weihnachten ein Live-Album. Die *Doors* hatten im September angefangen, neue Stücke einzuüben, im November begannen sie mit Aufnahmen.

Komischerweise waren die neuen Songs stark und vital — trotz der deprimierenden Nachwehen von Miami. Was die Songtexte anging, würde das neue Album Jims bestes seit Jahren werden, und Ray, Robby und John stellten sich der Anforderung und gaben auch ihr Bestes.

Ein Grund für ihre wiedergewonnene Stärke war, daß Jim im Frühjahr eine äußerst produktive Periode durchgemacht hatte. Während seiner Filmerei hatte er weiterhin Songs geschrieben. Schließlich schien er es sich selbst einzugestehen, daß er einen bleibenden Einfluß auf die Musik ausüben werde, aber nicht auf den Film. Aus dieser Einsicht gewann Jim den Schwung für eine Reihe sehr guter Songtexte — nur ein Jahr, nachdem er gefürchtet hatte, er sei kreativ ausgedörrt.

Morrison Hotel hatte seinen Namen von einem richtigen Motel im Herumtreiberviertel Downtown Los Angeles, wo man für 2,50 $ die Nacht ein Zimmer bekommen konnte. Ray und Dorothy hatten es bei ihren Wochenend-Expeditionen durch die Stadt entdeckt. Die LP hatte viele packende Songs, die für das Amerika von 1969 bezeichnend waren. Einer, *Peace Frog*, enthielt zwei kraftvolle Verse, die ein Kindheitserlebnis Jims widerspiegelten. Die Melodie von *Peace Frog* war so knisternd, daß Robby, John und Ray das Stück auch ohne Text aufgenommen hätten. Aber dann fand Ray in einem der Notizhefte Jims ein Gedicht, *Abortion Stories* (›Abtreibungsgeschichten‹), das sie fast vollständig als Song übernehmen konnten. Es war wirklich verblüffend, wie sehr Jims Text und die Musik der anderen zusammenpaßten.

> There's blood in the streets, it's up to my ankles,
> There's blood on the streets, it's up to my knee.
> Blood on the streets in the town of Chicago,
> Blood on the rise, it's following me.

Während einer Probe dichtete Jim den Refrain aus dem Stegreif:

> Blood in the streets runs a river of sadness
> Blood in the streets it's up to my thigh.
> The river runs down the legs of the city
> The woman is crying rivers of weeping.

Beim zweiten Refrain sang Jim:

> She came into town and then she drove away,
> Sunlight in her hair.

Den Rest des Stücks kehrte er zum Gedicht zurück. Es kamen die beiden Verse, die an den Unfall mit dem sterbenden Indianer, ein Kindheitserlebnis, erinnerten. Es klang niederdrückend:

> Indians scattered on a dawn's highway bleeding,
> ghosts crowd the young child's fragile eggshell mind.

Und dann sang er:

> Blood in the streets of the town of New Haven,
> Blood stains the roofs and the palm trees of Venice.
> Blood on my love in the terrible summer,
> Bloody red sun of Phantastic L.A.
> Blood screams the pain as they chop off her fingers
> Blood will be born in the birth of a nation.
> Blood ist the rose of mysterious union.

Der *Roadhouse Blues*, der ursprünglich dem Album seinen Namen geben sollte, war, wie so viele von Jims Songs, auf Pamela gemünzt. Wenn er schrieb und sang: »Halt die Augen auf die Fahrbahn / Halt die Hände ans Steuer / Wir fahren zum Rathaus / Machen uns 'nen schönen Tag«, so wiederholte er Sätze, die er ihr gesagt hatte, als Pamela sie zu dem Häuschen fuhr, das er ihr in Topanga — *die* Gegend für die Szene in Los

Angeles — gekauft hatte. Auch in *Blue Sunday* sang er von seiner Liebe zu ihr: »Now I have found / My girl...«. Pamela war auch die Besungene in *Queen of the Highway:* »Sie war Prinzessin / Königin des Higway / Das Zeichen am Weg sagt / Nimm uns mit zur Mutter / Niemand konnt' sie retten / Nur der blinde Tiger / Der war ein Untier / in schwarzem Leder...« Der Schlußvers ironisierte ihre schwierige Liebe: »Ich hoffe es dauert / Noch 'ne kleine Weile länger.«

Obwohl die Songs schnell fertig wurden, war Jim doch meistens während der Aufnahmen betrunken. Oft dauerte es die ganze Nacht, um auch nur den Text für einen einzigen Song aufs Band zu bekommen. Einmal kam Pamela ins Studio, und als sie Jims Flasche sah, trank sie sie leer, um ihn vom Trinken abzuhalten.

»Da waren nun die zwei, völlig außer sich und weinten«, erzählt Bruce Botnick, der Toningenieur, der einzige, der gerade dabei war. »Er fing an, sie heftig zu schütteln. Ich glaube, er wollte mich veräppeln. Sie flehte ihn heulend an, er dürfe nichts mehr trinken und nur deshalb habe sie die Flasche ausgetrunken. Ich fing an aufzuräumen und sagte: ›He Mann, es ist ziemlich spät!‹ Jim sah auf, schüttelte sie nicht länger, meinte ›ja richtig‹, gab ihr 'nen Schmatz, und sie gingen Arm in Arm raus. Ich glaube, er tat's meinetwegen. Ich hatte das schon öfters gesehen; anschließend schenkte er einem immer einen freundlichen Blick, um zu sehen, wie man reagiert.«

Die Schwierigkeiten türmten sich.

Jim hatte noch einen Unfall mit *Blue Lady*. Diesmal fuhr er fünf junge Bäume am La Cienega Boulevard in der Nähe seines Büros um. Er ließ den Wagen stehen, rannte in die nächste Telephonzelle und rief Max Fink an, daß er seinen Wagen als gestohlen melde.

Feast of Friends wurde in *Variety* — ein Blatt, das für die Filmverleihchancen von Einfluß war — als enttäuschende Zeitverschwendung kritisiert: ›Entweder aus Ausschnitten von einem größeren Projekt zusammengestückelt oder ein unverkäuflicher Versuch, tagsüber ins Fernsehen zu kommen, wenn die Kinder aus der Schule zurück sind.‹ *Rolling Stone* merkte an: »Schräg, anmaßend, dumm, sentimental, unerträglich langweilig, alles in allem der abgebrochene Versuch eines Amateurfilmers.« Falls das nicht ausreichte, um Jim auf Null zu bringen, dann das Durchfallen des Streifens bei den Film-Festivals in San Francisco und Santa Cruz.

Runnin' Blue, die letzte Single der *Doors*, war Otis Redding gewidmet. Die Auskopplung aus *Soft Parade* und die dritte Single einer Serie, die Robby geschrieben hatte, kam in die Hitlisten und erreichte die Nummer 64.

Die Verhandlungen in Miami und Phoenix rückten näher.

Die ersten Vorführungen von Jims Anhalter-Film HWY brachten als Echo, der Film sei — irgendwie — nicht ganz fertig.

Eine der Freundinnen Jims wurde schwanger.

Jims Buchhalter ritt auf Pamelas Extravaganzen herum. Ihr Taschengeld hatte seinen Segen; selbst was fürs Zechen und Drogenschlucken draufging, hielt sich noch in den Grenzen einer gesunden Wirtschaftsführung. Mit der Boutique aber wurde es aschgrau. Jim hatte schon 80000$ gezahlt, und Pamela war gerade in Europa, um neuen Plunder zu kaufen. Für Jim war das das Schlimmste an der Sache. Sie hatten Streit gehabt und Pamela war, wie sie ihren Freundinnen erzählt hatte, abgehauen, um ihren geliebten französischen Grafen zu treffen.

Jim soff.

Alle soffen. Tom und Frank und Babe und, wie gesagt, selbstverständlich Jim. Sie hingen in *Barney's Beanery* rum und soffen.

»Du bist 'ne Schnecke, Morrison«, sagte Tom, um seinen Freund zu reizen. »Du bist 'ne gottverdammte ungräfliche Schnecke!«

Jim überhörte den Spott. Frank und Babe starrten in ihre Gläser. »Sagen Sie uns doch, Rock-Star Mister Jim Morrison«, fuhr Tom mit einer Stimme fort, die die ganze Kneipe füllte, »sagen Sie uns, was geschah wirklich in Miami.«

Das Thema ging Jim allmählich auf den Geist. Er warf einen mürrischen Blick auf Tom, nahm noch einen Schluck.

»Auf, Jim, sag, was war, ein für allemal!«

»Ja«, sagte Jim ruhig. »Ich hab's getan.«

»Was, Jim?« Toms Stimme war schrill und jubelnd.

»Ich hab' den Schwanz gezeigt.«

»Warum, Jim? Als ich meinen im Film zeigte, hast du gesagt, das sei keine Kunst.«

»Also«, sagte Jim mit gedämpfter Stimme, und jeder mußte sich anstrengen, um ihn zu verstehen:

»Ich wollt mal sehen, wie er sich im Rampenlicht macht.«

Es gab eine kleine Pause, ehe Babe und Frank gleichzeitig in ein Lachen ausbrachen, daß ihre Drinks übern Tresen sprühten. Jim grinste übermütig.

Die Szene bei Ahmet und Mica Ertegun war weniger lustig. Ahmet war ein reizender Junge, Sohn eines türkischen Diplomaten. Er hatte Atlantic Records gegründet und war dadurch recht wohlhabend geworden. Seine Frau war eine der beliebtesten Gastgeberinnen von Manhattan. Ahmet wußte, daß der Vertrag zwischen den *Doors* und Elektra auslief, und er hätte gerne Jim für seine Gesellschaft gehabt. Also lud er ihn zu einer Party ein. Wie Ertegun heute noch weiß: Jim war eben noch der klassische Südstaaten-Gentleman, wußte interessante Geschichten, zeigte Manieren, und im nächsten Augenblick tobte er im Suff, stand auf der Couch, zerrte an den wertvollen Bildern – Dr. Jekyll und Mr. Hyde.

Jim feierte seinen 26. Geburtstag am 8. Dezember 1969 zusammen mit Bill Siddons, dessen Frau Cheri, Frank und Kathy Lisciandro und Leon Barnard im Haus der Siddons an der Manhattan Beach. Nach dem Essen stellte man Jim eine Flasche Schnaps hin, für die anderen wurden Joints gedreht. Marihuana machte Jim mittlerweile nur nervös oder paranoid.

Jim und Leon sprachen beiläufig darüber, daß sie zusammen einen Comic Strip machen könnten, dann kam das Gespräch auf Mick Jagger. Jim war ausnahmsweise – vielleicht war's auch blanker Hohn – großzügig und nannte Jagger ›unter Männern ein Fürst‹. Dann dankte er jedermann ehrlich für die Party, leerte die Flasche und nickte ein.

»Herrgott, guckt euch das an!« schrie Leon bald darauf, »da – Jim!« Leon sprang von seinem Sitz. Auf seinem Stuhl weggesackt und ohne Bewußtsein, hatte es Jim fertiggebracht, sich das Glied aus der Hose zu holen, und jetzt pinkelte er auf den Teppich.

»Du lieber Gott!« Bill raste quer durchs Zimmer, schnappte ein großes Kristallglas und hielt es Jim unter. Zu seiner Verblüffung wurde es voll. Bill nahm ein zweites Glas vom Tablett, und Jim füllte auch das und noch ein drittes.

Leon, Frank, Kathy und Cheri kamen vor Lachen schier um.

Später nahmen Frank und Kathy Jim mit, fuhren ihn zum Büro der *Doors* und legten ihn dort — er schlief immer noch — auf die Couch.

Die Spannungen wurden unerträglich. Jim wurde von allen Seiten geschubst und gestoßen. Frank, Paul und Babe wollten mehr Geld, um die Filme fertig machen zu können. Ray, Robby und John wollten, daß man mit dem Filmen ganz aufhört. Sie glaubten, es entziehe Jim Energien, die besser der Band zugute kämen. Außerdem wollten sie, daß Jim den Bart abnehmen und ein paar Pfunde verlieren solle, ehe in ein paar Wochen eine Serie von Konzerten in New York anfangen würde. Pamela verlangte unablässig, daß Jim seine Karriere als Sänger bei den *Doors* überhaupt aufgeben solle. Stattdessen sollte er ein häusliches Leben mit ihr zusammen anfangen und, wie sie es sich ausmalte, friedlich an seinem lyrischen Werk arbeiten. Zur gleichen Zeit waren nicht weniger als 20 Vaterschaftsklagen gegen Jim anhängig. Jim wußte, daß das Publikum bei der geplanten Tournee von ihm irgendwelche Groteskereien erwartete, während er nur dastehen und singen wollte. Seine Anwälte verboten ihm, über Miami zu sprechen. Er hatte es aber verzweifelt nötig, seine Unschuld hinauszuschreien und seinen Ekel über die Heuchelei bei der ganzen Geschichte. Außerdem war da noch der stark empfundene Druck, nicht einfach einmal unerkannt durch eine Straße schlendern zu können (deswegen auch der Bart) — etwas Lästiges, wie Jim immer stärker merkte.

Jim saß am Tag nach seiner Geburtstagsparty auf der Bürocouch. Er trank ein Bier und versuchte, diese ganze Latte von Forderungen irgendwie zu sortieren. Da kamen Bill und die anderen herein. Man hatte Jim die *Los Angeles Times* auf den Schreibtisch gelegt und der widmete er sich jetzt. Er starrte dumpf auf die Zeitung: Die ›Vietnamisierung‹ wurde in Südostasien fortgesetzt; die Indianer hielten jetzt die dritte Woche Alcatraz Island besetzt; gestern — an seinem Geburtstag! — hatte es eine vierstündige Schießerei zwischen der Polizei und Schwarzen Panthern in Los Angeles gegeben; vor einer Grand Jury war Anklage gegen Charlie Manson und vier andere wegen Mordes an Sharon Tate erhoben worden. Jim ließ die Zeitung sinken, verlagerte das Gewicht seines Körpers, räusperte sich.

»Ich glaube«, sagte er langsam, »ich hab' 'nen Nervenzusammenbruch.«

Jeder eilte, um ihn zu trösten, wollte dringend etwas sagen, was ihn wieder aufrichten könnte — und gleichzeitig war jedermann von der Gewißheit erschreckt, daß auch die Gruppe zerbräche, wenn Jim sich nicht mehr halten könne. Bill ging zur Tür und rief Vince Treanor aus dem einen Stock tiefer gelegenen Übungsraum. Jim sah Bill böse an.

»Als du mir gestern abend diese Flasche Courvoisier hingestellt hast, hast du dazu gesagt, ›das ist für den Mann, der trinkt‹. Ich mußte sie austrinken.«

Dann drehte er sich Vince zu, als der reinkam:

»Ich wußte, was ich tat, Vince. Ich trug in Miami Boxer-Unterwäsche. Hast du das nicht gesehen? Ich wußte, was ich machte, und du hast mich einfach festgehalten.«

Jetzt kam Leon an die Reihe. Er erinnerte ihn daran, wie sie auf dem *9000 Building* standen und Leon vorschlug, er solle nicht auf die Brüstung:

»Verstehst du nicht?« fragte Jim. »Ich mußte das tun. Ich konnt's nicht lassen.«

Es war eine seltsame und verstörte Bitte um Verständnis. Niemals zuvor hatte er sich diesen Leuten gegenüber so trostlos verwundbar gezeigt.

In der nächsten Woche heuerten die *Doors* einen anderen Babysitter für Jim an: einen 1,93 großen schwarzen Football-Spieler von der University of Southern California, der bei der letzten *Rolling-Stones*-Tournee der persönliche Leibwächter von Mick Jagger gewesen war.

Jim mochte Tony Funches sofort.

»Wir wollen was trinken«, sagte er.

»Okay, Jim, alles, was du willst.« Tony zwinkerte mit den Augen. »Vielleicht kannst du mich auf so eine Oben-ohne-Tänzerin anspitzen?«

Jim war in Mexico und machte mit Frank Urlaub. Die anderen *Doors* waren in New York und warteten ängstlich, daß Jim rechtzeitig zum Konzert komme. Nach allerlei Hin und Her und der Aufnahme der jetzt üblichen ›Sittlichkeitsklausel‹ hatte die Band ein Engagement für das renommierte *Felt Forum*.

Das Telephon klingelte in Bill Siddons Hotelzimmer.
»Äh,... ich hab' mein Flugzeug verpaßt.«
»Herrgott, Jim.« Bill dachte sofort daran, wie Jim schon einmal wegen eines versäumten Fluges — nach Miami! — angerufen hatte. »Jim, bist du nüchtern?«
»Also, äh...«
Die Konzerte am 17. und 18. Januar — mit zwei Shows pro Abend — wurden von Siddons, den anderen *Doors* und Elektra gleicherweise als wichtig betrachtet. Die Auftritte sollten für das Live-Album, das man letzten Sommer angefangen hatte, aufgezeichnet werden. In New York arbeiteten die meisten Redakteure und Journalisten; die Konzerte im *Felt Forum* sollten beweisen, daß die *Doors* durchaus noch in der Lage waren, als Band aufzutreten. Keine Show — oder schlimmer noch eine Zurschaustellung wie in Florida — wäre selbstmörderisch.

Siddons sprach im verärgerten Ton erbitterter Eltern:
»Jim, hast du einen neuen Flug gebucht?«
Jim sagte ja und nannte Bill die Flugnummer.
»Wir halten 'ne Limousine bereit, Jim.«
»Äh... wir haben einen Zwischenaufenthalt in Miami.«
»Jim? Bleibst du *bitte* im Flugzeug?«
Nachdem er aufgelegt hatte, rief Bill noch Tony Funches:
»Steig in ein Flugzeug und flieg sofort nach Miami. Fang Jim ab. Geh an Bord, wenn die Maschine in Miami landet und versichere dich, daß Jim drin bleibt. Wir buchen für euch beide den Rückflug nach New York.«

Die Konzerte wurden ein Erfolg. Sie spielten meist ältere Sachen: *Moonlight Drive, Back Door Man, Break on Through, Light My Fire, The End*. Dazwischen lagen bemerkenswerte Momente, so als John Sebastian und Dallas Taylor, Schlagzeuger von Crosby, Stills, Nash und Young, bei einem Auftritt für ein paar Stücke die *Doors* begleiteten. Oder als ein junger Homosexueller sich an Jim schmiß, ihn umarmte und seine Beine um seine Knie schlang. Als man ihn schließlich abgestreift und weggetragen hatte, sagte Jim beiläufig:

»Also das ist euer New York. Die einzigen, die die Bühne stürmen, sind Schwule.« Der Satz blieb, ohne Erklärung, im Life Album. Ein Zuruf, der nicht draufkam, fiel als jemand Jim einen Joint zuwarf, der den Durchmesser eines Bleistiftes hatte:

»Das mag ich an den New Yorker Joints«, sagte Jim, »man kann sie als Zahnstocher gebrauchen.«

Während die *Doors* in New York waren, fanden einige Besprechungen statt. Ein paar drehten sich um Werbung und Absatz bei der LP *Morrison Hotel*. Die *Doors* waren immer dazu eingeladen, aber Jim haßte Besprechungen und kam selten. Er zog es vor, andere für sich entscheiden zu lassen. Aber er war im Elektra-Büro, als sein Image diskutiert wurde. Ein Papier ging herum, das eine neue Werbe-Kampagne vorschlug, Jim hatte sich auf eine Couch fallen lassen, während der Werbeexperte ernsthaft über ›Jim Morrison als Renaissance-Mensch‹ redete.

Das Vierseitenpapier hob sehr darauf ab, daß man Jims Gefühle berücksichtigen müsse.

Jim Morrison ist ein Mann der Öffentlichkeit, der seinen künstlerischen Horizont erweitern will. Alle Persönlichkeiten des öffentlichen Lebens brauchen ein öffentliches Image. Das beste Image ist so beschaffen, daß sowohl der Künstler als auch die Öffentlichkeit glücklich mit ihm werden. Der Mann der Öffentlichkeit kommt dabei zuerst. Er muß schließlich intim mit seinem Image leben. Ein Renaissance-Typ zu sein, schließt ein ständiges Untersuchen von allem und jedem beim schöpferischen Streben, im kreativen Prozeß, ein; ich glaube, Morrison könnte mit diesem Image gut leben. Einmal in dieses Bezugssystem gestellt, kann er versuchen, machen, leben, was und wie er will und wie es ihm gefällt, ohne sich der Gefahr auszusetzen — oder auch nur darüber nachdenken zu müssen — einen guten oder schlechten Ruf zu haben.

Außerdem wurde an einer Stelle angemerkt:
»Zur Zeit sind keine Leonardos auf der Szene und in Poughkeepsie wird's gefallen.«

Jim wollte sich sein Image nicht von der Plattenfirma vorschreiben lassen. Außerdem hätte Elektra drei Jahre Öffentlichkeitsarbeit für die *Doors* annuliert, wenn sie jetzt anfingen, Morrison statt der Gruppe herauszustellen. Er rächte sich dafür am nächsten Tag bei einer Elektra-Party.

Das war ein Teil des Rituals, mit dem die Gesellschaft ihre Stars umwarb. Die meisten Plattengesellschaften geben für ihre erfolgreichen Gruppen sorgfältig arrangierte Parties, wenn sich der Zeitpunkt der Vertragsverlängerung näher.

Diese Party bei Elektra war außergewöhnlich: Es gab Königskrabben aus Alaska, schwarzen Kaviar, Dom Perignon. Außerdem illustre Gäste, darunter Ingrid Bergmans Tochter Pia Lindstrom und eine ganze Gruppe von Warhol-Stars im Transvestiten-Look. Das Ganze fand in einem Penthouse im 44. Stock mit eindrucksvollem Blick auf Manhattan statt. Zum Ausklang des Abends wurde Hitchcocks *39 Steps* vorgeführt.

Es war nach zwei Uhr in der Nacht, als Jim und Pamela gingen. Als sie an ihrem Gastgeber, Elektra-Präsident Jac Holzman, vorbeikamen, ließ Pamela einen vernichtenden Satz zum Abschied fallen. Holzman war überzeugt, daß Jim sie drauf gebracht hatte.

»Also«, sagte Pamela ganz süß, »falls nächstes Jahr unser Label Atlantic heißt, schönen Dank für die großartige Party.«

Jim lächelte bloß.

Die Kampagne mit dem Renaissance-Mann wurde abgeblasen.

In der ersten Februarwoche wurde die neue LP ausgeliefert. Außerdem gab es überraschend zufriedenstellende Konzerte in der *Arena* auf Long Beach und im *Winterland* in San Francisco. Alle waren ausverkauft und wurden gut besprochen. Jim hatte den Bart abgenommen, trug schwarze Jeans und schwarzes Hemd und sang so gut wie eh und je. Und schließlich wurde von Jim Morrison, Bill Belasco und Michael McClure eine Vereinbarung über die Verfilmung von *The Adept* unterzeichnet. Jims Firma, HiWay, und Belascos Firma, St. Regis Films, hatten eine gemeinsame Option von einem Jahr auf die Filmrechte an McClures unveröffentlichtem Roman. Sie zahlten 500$ auf das volle Honorar von 5000$ an.

Im März brachten alle Wirtschaftsblätter Berichte darüber, daß *Morrison Hotel*, das fünfte Album der *Doors*, eine Goldene Schallplatte bekommen hatte. Damit war die Gruppe die erste amerikanische Hard Rock Band, die hintereinander fünf Goldene für LPs bekommen hatte. Obgleich ein Konzert in Buffalo rückgängig gemacht wurde, fanden andere statt: in Salt Lake City, Denver, Honolulu, Boston, Philadelphia, Pittsburgh, Columbus und Detroit. Obschon *Morrison Hotel* keinen einzelnen Hit brachte, verhalf es doch den *Doors* dazu, wieder von der Kritik geschätzt zu werden. Fast alle wichtigen Blätter brachten günstige Besprechungen. Zwar gab es diesmal keine Streicher und Bläser, dafür hatte die Band bei einigen Stücken die Zeit gehabt, an ihnen auf Tournee zu arbeiten, ehe sie aufgenommen wurden. Seit ihrer ersten LP hatten sie diese Chance zum ersten Mal wieder. Und es machte sich bezahlt. *Morrison Hotel* hatte eine Intensität, die den beiden letzten Alben fehlte. Jims Stimme war reifer und tiefer geworden, die anderen waren als Instrumentalisten noch gewachsen. Es war ein künstlerisches Comeback. Den *Doors* waren Stücke gelungen, starke Stücke, die unheimlich zusammenpaßten.

Dave Marsh, damals Herausgeber des Magazins *Creem* schrieb:

»Die *Doors* haben uns mit dem entsetzlichsten Rock 'n' Roll beschenkt, den ich je gehört habe. Aber wenn sie gut sind, sind sie schlicht unschlagbar. Ich weiß, das ist die beste Platte, die ich bisher gehört habe.«

Rock Magazine schwärmte ebenfalls:

»Morrison sei nicht mehr sexy, sagt ihr, er wird alt und fett. Also, man kann auf einer Platte keine Speckwülste sehen, aber man kann Sex hören. Das fünfte *Doors*-Album ist ohne Zweifel ihr stärkstes und bestes.«

Das *Circus Magazine* äußerte in der Mainummer 1970 ähnliches: »*Morrison Hotel* ist vielleicht das bisher beste Album der *Doors*, es wird Morrison neue Anhänger gewinnen und solche wie mich, die die beiden letzten Platten für Flops hielten, wieder auf *Doors*-Kurs bringen. Es ist guter — und sehr böser! — Hard Rock, eine der besten LPs unseres Jahrzehnts. Mehr Macht für Morrisons Lederjeans!«

Nur *Rolling Stone* war im Lob zurückhaltend und blieb dabei, daß nur die beiden ersten Alben der *Doors* wirklich zählten, und daß man *Morrison Hotel* nur jemandem mit persönlichem Interesse an den *Doors* empfehlen könne.

Jim blieb die ganze Zeit etwas abgelenkt. Seine Gedanken waren bei der drohenden Verhandlung in Phoenix und den möglichen schweren Verurteilungen, denen er entgegensah: bis zu drei Monaten und 300$ für die tätliche Beleidigung und bis zu *zehn*

Jahren und 10000$ für die Beschuldigung des Bundeskriminalamts, er habe auf einem Zivilflug das Flugpersonal in einen Streit verwickelt. Jim, Frank, Tom und Leon flogen am Mittwoch, den 25. März, nach Phoenix zu einer kurzen Besprechung mit Bill Siddons und Jims Anwalt Max Fink vor der Verhandlung am nächsten Tag. Man bestellte beim Hotelpersonal etwas zu trinken. Wie üblich fingen Jim und Tom an, sich miteinander zu messen. Tom wurde aggressiv. Er dachte nicht daran, *hier* was zu trinken, er wollte *weg*, um einen zu heben.

»Scheiß auf den Im-Hotel-kann-man-auch-trinken-Schwindel! Los, Jim!« Jim meinte, ei gewiß, und rappelte sich auf. Siddons schlug vor, sie sollten in der Nähe bleiben. Er wollte nicht, daß sich Jim in der Öffentlichkeit zeigte, nicht heute nacht. Ihm war höllisch klar, daß Jim mindestens wegen Trunkenheit eingebuchtet würde — einen Tag vor der Verhandlung würde das ein wirklich zauberhaftes Presseecho machen.

Plötzlich stand Leon auf einem Couchtisch und blaffte Jim an: »Arschloch! Arschloch! Arschloch!«

»Warum nennst du mich so?« erkundigte sich Jim.

»Warum plärrst du mich so kindisch an?«

»Weil du dich wie ein Kind aufführst!«

Frank kam rein und sagte Leon, er solle sich um *seine* verdammten Geschäfte kümmern, als sie durch ein Klopfen unterbrochen wurden. Jemand ging an die Tür und ließ eine superbusige Blondine rein.

»Ich suche Jim«, sagte sie.

Jim war blitzschnell dran und hatte das Gesicht in der Bluse. Die anderen verschwanden auf Zehenspitzen.

Am nächsten Morgen trugen beide, Jim und Tom, weiße Hemden, Krawatten und zweireihige Blazer, das lange Haar hinter die Ohren gekämmt. Leon und Frank waren als Zeugen geladen, ebenso die Stewardessen Riva Mills und Sherry Ann Mason. Es war Sherrys Aussage, die den Richter überzeugte. Sie sagte aus, daß sie während des ganzen Fluges von einem der beiden Angeklagten begrapscht worden war — trotz verschiedener Warnungen, er solle seine Hände von ihr lassen. Als Übeltäter identifizierte sie Jim.

Jim war verwirrt. Jedesmal, wenn Sherry etwas beschrieb, was er getan haben sollte, war's tatsächlich etwas, was Tom angestellt hatte. Offenbar hatte sie die beiden verwechselt. Es war wie eine Szene aus ›Alice im Wunderland‹. Schließlich verlangte der Staatsanwalt, seine Zeugin solle nicht von Herrn Morrison und Herrn Baker sprechen, sondern von ›der Person auf Sitz A‹ und ›der Person auf Sitz B‹. Jim wurde von der Beschuldigung des FBI freigesprochen, schuldig gesprochen wurde er der ›tätlichen Beleidigung, der Bedrohung, Einschüchterung und der Störung des Dienstbetriebes‹ in seinem Verhalten gegenüber den Stewardessen. Tom wurde in allen Anklagepunkten freigesprochen. Die Urteilsverkündung sollte zwei Wochen später erfolgen.

Jim, Leon, Tom, Frank, Bill Siddons, Max Fink und der örtliche Rechtsanwalt, der mit dem Fall befaßt gewesen war, gingen ins Hotel zurück und ließen sich in der Bar im Foyer nieder. Große Überraschung! Da waren schon die beiden Stewardessen und der Pilot, der Tom und Jim festgenommen hatte.

Bill und Leon gingen rüber und brachten freundliche Glückwünsche an. Jim bestellte den ersten Doppelten.

Bill flirtete mit ihnen, beschwatzte sie eine halbe Stunde und kam dann mit den beiden Mädchen zurück an den Tisch. Sherry setzte sich neben Jim, der mittlerweile den vierten Doppelten hatte und ihr sagte, sie sei einfach schön.

»Sehen Sie«, meinte er, »unter anderen Umständen hätten wir zusammen was starten können.«

Ein Weilchen — und ein paar Doppelte — später beschloß Jim zu singen. Er kam aus seinem Sitz hoch und schwankte zur Bar mit dem Klavier.

»Es ist doch recht, wenn ich mitsinge, nich'?« fragte Jim den überraschten Pianisten. Der Geschäftsführer kam über Jim, so schnell wie ein Football-Spieler beim Foul stürzt:

»Nein, nein, nein. Es tut mir leid, Mr. Morrison, aber nein, nein.«

Jim war über diesen Einbruch der Autorität aufgebracht.

»Fick dich ins Knie, Mann! Scheißkerl!«

Max Fink und der jüngere Anwalt brachten Jim irgendwie aus dem Raum und der Rest der Gesellschaft schloß sich an. In der Eingangshalle gab Tom der Vermutung Ausdruck, Jim traue sich nicht, in den Brunnen draußen zu springen.

Jim guckte Tom betrunken und böse an und raste zu dem Brunnen.

Jetzt war's Bills Arbeit, Jim aufzuhalten und mit einiger Hilfe von anderen brachte er Jim in den Hotel-Fahrstuhl. Als sich die Türen schlossen, hörte man Jim noch einmal schreien:

»Scheiße!«

Am nächsten Morgen kehrten alle nach Los Angeles zurück. Jim und Tom gingen sofort in die *Palms Bar*, begleitet von zwei Mädchen. Das eine hatte Jim rätselhafter Weise und irgendwie aus Phoenix mitgebracht, das andere war ein in Ehren ergrautes *Doors*-Groupie. Sie tranken ziemlich und spielten Billard. Tom wurde betrunken und schmiß den Billard-Tisch um. Der Wirt rief im Büro des Sheriffs an, und Jim und Babe brachten Tom mit Gewalt ins *Doors*-Büro um die Ecke.

Auf dem Weg dahin brüllte Tom:

»Morrison, verdammte Niete. Kein Mensch mag dich. Niemand! Verdammte Niete!«

Im Büro meinten Jim, Babe und noch ein paar, Tom solle jetzt gehen. Schließlich erklärte Jim, was an ihm nagte: Er hatte Tom den ganzen Phoenix-Trip bezahlt, Flug, Hotel, Essen, Trinken, Anwälte, die ganze Zeche. Er hatte auch noch die Vorwürfe gegen Tom auf sich genommen, und alles, was er sich dafür einhandelte, war diese Scheiße.

Jim stürzte sich auf Tom und versuchte, ihn aus der Tür zu prügeln. Tom lachte.

»Scher dich raus«, knurrte Jim, »das ist ein Platz, wo gearbeitet wird.«

Ein Freund von Tom kreuzte auf und warf sich auf Jim; dann kam Tony Funches und griff sich Toms Freund. Babe half Tony, diesen Freund zu vermöbeln. Jim floh in Bill Siddons Büro und rief den Sheriff an. Sofort kam ein Wagen — derselbe, der gerade vorher zur *Palms Bar* gekommen war.

»*Du* hast die Polypen alarmiert?« fragte Tom. Er stand jetzt abseits von den anderen und starrte verdutzt auf Jim.

Auch die Polizisten waren verblüfft:

»*Sie* haben uns gerufen?«

Babe fing an, die Polizisten zu beschimpfen. Die beschlossen, es zu überhören und verschwanden. Tom fuhr mit seinem Freund weg. Jim, Babe und Tony standen auf dem Gehweg. Als Tom nach zehn Minuten wiederkam, um einen Stein durchs

Fenster ins Büro zu werfen, war Jim schon zu *Barney's Beanery* aufgebrochen. Er wollte was trinken. Jim sah Tom Baker fast ein Jahr lang nicht mehr.

Den ganzen April hindurch machten Jim seine Rechtshändel immer mehr zu schaffen. Ehe er am 6. nach Phoenix fuhr, hatte er den eindrucksvollen 63seitigen Schriftsatz gelesen, den Max Fink für Miami ereicht hatte. Jim hatten Finks rednerische Fähigkeiten vor dem Gericht gutgetan — er nannte ihn einen ›echten Perry Mason‹ — und er war sehr zufrieden, als er sah, daß Fink verfassungsrechtliche Bedenken gegen die gesetzlichen Grundlagen seiner Festnahme vortrug.

Die ersten zehn Seiten erklärten ›die gegenwärtigen sozialen Einstellungen und gesellschaftlichen Werte‹, wie Fink (und Jim) sie sahen:

»Die Jugend — und ein Großteil der erwachsenen Bevölkerung — hat gegen die Heuchelei, Falschheiten, gegen die lilienweiße Oberfläche und das Verrottete, was sie verbirgt, rebelliert. Falsche, kurzlebige, viktorianische Auffassungen sind angesichts des Fortschritts der Bildung, der Wissenschaften und der Erziehung verschwunden...«

Max Fink stützte sich auf frühere Strafverfahren, die wegen der Filme *I Am Curious Yellow* und *Midnight Cowboy* angestrengt worden, bezog sich sowohl auf Henry Millers ›Wendekreis des Krebses‹ als auch auf die Malerei Gauguins, Picassos und Michelangelos. Lange Passagen waren der Darlegung gewidmet, daß die Zusätze Eins und Vierzehn zur amerikanischen Verfassung die Kunstfreiheit im Theater schützen. Daran schloß sich ein historischer Exkurs über die ›Angst vor den politischen Möglichkeiten des Theaters‹. Weiter wurde die höchstrichterliche Rechtssprechung zur freien Rede zitiert. Schließlich widmete sich Fink den Anklagepunkten im einzelnen und legte dar, daß sie alle entweder direkt den Ersten, Achten oder Vierzehnten Verfassungszusatz verletzten, ›verschwommen und nicht im Wesen der Verfassung begründet‹ oder unbeweisbar waren. Zu den vier Gesetzen, die Jim verletzt haben sollte, wurde angemerkt, daß das jüngste immerhin aus dem Jahre 1918 stammte.

Am 6. April fuhr Jim wieder mit Fink nach Phoenix, wie jeder glaubte, um das Urteil in der Flugzeuggeschichte zu hören. Als

Fink aber dem Gericht mitteilte, die Stewardess Sherry Ann Mason habe sich geirrt und wolle ihre Aussage korrigieren, vertagte der Richter die Urteilsverkündung und lud Jim zu einem späteren Termin noch im laufenden Monat vor.

Am 7. trafen die ersten Exemplare seines Buches, bei Simon and Schuster (New York) verlegt, ein. Jim hielt den schmalen Band stolz in Händen: *The Lords and The New Creatures*, darunter stand ›Gedichte‹. Nicht glücklich war Jim über die Nennung seines Namens; er hatte sich James Douglas Morrison gewünscht, der Verlag aber hatte Jim Morrison genommen. Außerdem war das Bild des ›Jungen Löwen‹ auf dem Umschlag verwandt worden, und auf dem Waschzettel war von seiner Rock-Karriere die Rede und seinem Teenagerpublikum — auch das gefiel Jim nicht. Und nur höchst oberflächlich ging der Waschzetteltext auf seine Poesie ein. Man las nur:

»Er sieht das zeitgenössische Amerika und spricht davon: Großstädte, Drogenszene, Filme, Geldmachen, die alten Vorstellungen und neue Freiheiten in der Liebe...«

Trotzdem schickte Jim dem zuständigen Redakteur ein Telegramm nach New York, das mit den Worten begann:

»Herzlichen Dank Ihnen und Simon and Schuster, das Buch ist über meine Erwartungen schön geworden.« Und gegenüber Michael McClure sagte er:

»Das ist das erste Mal, wo man mich nicht reingelegt hat!«

McClure schwört, Jim hatte Tränen in den Augen.

Am nächsten Tag fiel Babe Hill nach einer Sauftour mit Jim aus einem fahrenden Wagen und brach sich zwei Wirbel im Nacken. Den Tag darauf stand Jim betrunken in Boston auf der Bühne.

Das Konzert dauerte lange. Und gegen zwei Uhr morgens entschied der Direktor der Konzerthalle, daß man jetzt den Stecker aus der Dose zieht: Die Band war ohne Strom. Geheimnisvollerweise stand aber Jims Mikro noch unter Saft. Jim wurde sauer. Dann nahm der das kleine goldene Mikro vom Ständer und murmelte hörbar: »Schwanzlutscher«.

Ray sprang hastig vor. Das war genau das, was er und die anderen gefürchtet hatten. Blitzschnell legte er eine Hand auf Jims Mund, nahm ihn auf den Arm und trug ihn von der Bühne wie eine Schaufensterpuppe.

Das Publikum wollte mehr Musik.

Einen Augenblick später hatte sich Jim von Ray losgerissen und war wieder auf der Bühne. Er torkelte nach vorn und schrie: »Wir müssen zusammenstehen und ein bißchen Spaß haben – die werden nämlich gewinnen, wenn wir sie lassen.«

Zu der Zeit, als Jim am nächsten Morgen aufwachte, war das Konzert für diesen Abend in Salt Lake City bereits abgesagt. Der Veranstalter aus Salt Lake City war am Abend in Boston unter dem Publikum gewesen, und was er da sah, hatte ihm gar nicht gefallen.

Die Miami-Paranoia grassierte. So ziemlich bei jedem Konzert wurde Vince gebeten, er solle den Ton ausblenden, wenn Jim irgend etwas ›Umstrittenes‹ sage. Jeden Tag waren die *Doors* im Zweifel, ob nicht ihr nächstes Konzert abgesagt werden würde – buchstäblich in letzter Minute.

Auch bei anderen Bands wurden in Dutzenden von Städten ›Antiobszönitäts-Klauseln‹ in die Konzertverträge aufgenommen, die die Bands verpflichteten, eine Kaution zu hinterlegen. Die verfiel, wenn irgend etwas ›Ungesetzliches, Unanständiges, Obszönes, Unzüchtiges oder eine unmoralische Entblößung‹ auf der Bühne geschehen sollte. Der Miami-Vorfall hatte das ganze Gewerbe infiziert.

Am 17. und 18. April spielten die *Doors* in einer riesigen Kongress-Halle in Honolulu. Dann trennte sich Jim von den anderen, um mal kurz Urlaub zu machen. Er flog mit Bill Siddons nach Phoenix, um sich mit Max Fink und der Stewardess Sherry zu treffen. Sherry widerrief am 20. ihre Aussage und die Anklage gegen Jim wurde fallengelassen.

Jim hatte Patricia Kennely, eine New Yorker Redakteurin und Kritikerin, letzten September geschrieben, sie angerufen und im März die Verbindung wieder aufgenommen. Als sie im April seinen Gedichtband in ihrer Zeitschrift *Jazz and Pop* besprach, schickte er ihr telegraphisch seinen Dank.

Patricia war eine in einem Kult verbundene, praktizierende Hexe, Hohepriesterin einer Hexengruppe; etwas, was Jim faszinierte. Am Tag, nachdem sie sein Telegramm bekommen hatte, war sie in Philadelphia und besuchte Glaubensschwestern. Die *Doors* spielten am gleichen Tag in Philadelphia im *Spectrum*. Patricia besuchte das Konzert und unterhielt sich mit Jim kurz hinter der Bühne. Jim sagte ihr, daß sie am nächsten Tag in Pittsburgh auftreten müßten, anschließend aber käme er nach New York. Dort verbrachte Jim die eine Hälfte der Woche mit Pamela im *Navarro Hotel*, die andere mit Patricia in ihrem kleinen Apartment.

Mit Pamela und Bill Belasco, die sich ihm immer noch anschlossen, wenn Jim sich auf einen seiner Ausflüge aus der Stadt raus begab, ging Jim in der 5th Avenue Shopping. Zum Essen gingen sie in *Lüchow's* und *Mama Leone's*, im Showgeschäft bekannte Restaurants. Mit Patricia ging Jim ins *Fillmore East,* um die *Jefferson Airplane* zu hören. Sie saßen mit Allen Ginsberg in der Beleuchtungskabine.

Mittlerweile hatte Grace Slick, die Sängerin der Band, auf Zwischenrufe eine neue Antwort. Irgend jemand schrie:

»Sing *White Rabbit*, Gracie!«

»Oh, wie ich sehe, ist Jim Morrison heute abend hier«, rief Grace Slick etwas höhnisch zurück.

Jim brummelte ein »Dankeschön, Grace« und beließ es dabei. Er war anfänglich nur widerstrebend zu dem Konzert gekommen, und anschließend sagte er zu Patricia, er halte *Jefferson Airplane* für »die langweiligste Band, die ich je in meinem Leben gehört habe. Alle vorne dran. Jeder spielt so laut es geht und keiner macht ein bißchen Show. Da gibt's kein Feingefühl, kein Aufeinandereingehen wie in meiner Band.«

Ende Mai erschien im *Amusement Business*, dem Magazin, das bei Konzertagenturen und -veranstaltern am verbreitetsten war, ein weiterer negativer Bericht über die *Doors*. Das Blatt hatte seit der Zeit der Festnahme in New Haven puritanisch seine Nase über die Heldentaten der *Doors* gerümpft. Jetzt las man auf der Titelseite:

»Jim Morrison und die *Doors* haben einen neuen Schachzug, um Konzertmanager zu ärgern.« Der Manager der *Cobo Hall* in Detroit wurde zitiert. Die *Doors* hatten den Saal gefüllt, das las sich so: »Sie haben buchstäblich das Haus besetzt, jetzt haben sie deswegen Hausverbot.« Das Konzert von jenem Abend war von der Band und ihren Fans gleichermaßen als gelungen betrachtet worden.

Jim schien den drohenden ›Nervenzusammenbruch‹ abgeschüttelt zu haben. Er wirkte entspannt, aber etwas zurückhaltend. Die letzte Maiwoche fuhr Jim mit Babe nach San Francisco zu einer Premiere, außerdem sang er mit den Begleitkapellen in einigen der Oben-ohne-Schuppen an der North Beach. Anschließend war er ein paar Tage in Vancouver. Dort trieb er sich mit Ihor Todoruk in der City herum. Todoruk war Maler; er gab ein kanadisches Pop-Magazin heraus und hatte einen Monat vorher ein Jim-Morrison-Film-Festival veranstaltet. – Jim erzählte Todoruk endlos von Paris; er sagte ihm, sowie er alles in Ordnung gebracht habe, was irgendwie in Ordnung gebracht werden müsse, ginge er hin.

Nach einem ausverkauften, aber katastrophalen Konzert in Vancouver und einem weiteren in Seattle wurde Jims Kalender nicht durch Konzerte, sondern durch Gerichtstermine bestimmt. Der Miami-Prozeß war für August terminiert, und die Anwälte machten einen allerletzten Verzögerungsversuch. Am 9. Juni brachten sie einen Antrag beim Bundesgericht ein, das Verfahren mit der Begründung einzustellen, daß die drei Gesetze, nach denen Jim belangt werde, unklar seien und zu Strafen führten, die außerhalb der Polizeigewalt lägen. Der Antrag wurde verworfen, und drei Tage später standen die Anwälte vor einem anderen Gericht in Miami und erwarteten das Urteil einer Jury.

Zwischen zwei Gerichtsterminen fand eine weitere Vorführung von HWY für Freunde und Agenten statt. HWY war mehrfach vorgeführt worden, aber nur ein einziges Mal öffentlich – beim Film-Festival in Vancouver. Die meisten Vorführungen waren in privaten Räumen erfolgt oder bei Synanon (eine Suchthilfe-Selbstorganisation). Schließlich hatte ein junges Produzentenpaar, Bobby Roberts und Hal Landers, Jim gedrängt, einen Film mit Michele Phillips, früher bei den *Mamas and the Papas*, zu machen. Statt einer Antwort führte ihnen Jim HWY vor. Sofort redeten Landers und Roberts davon, wie man Geld bekommen könnte, um den Film abendfüllend lang zu machen. Als Jim den Eindruck bekam, das sei nur ein neues Ausbeutungskomplott, brach er die Verhandlungen sofort ab. Frank wollte ihn umstimmen, aber er blieb eisern.

»Sie wollen mich nur auf die Leinwand bringen, es wär' schrecklich.«

Die Verhandlungen mit MGM waren erfolgversprechender. Jim hatte sich regelmäßig mit Belasco und Aubrey wegen des Projektes *The Adept* getroffen. Sie hatten ihn überzeugen können, daß man das Bühnenstück zur Zufriedenheit aller kürzen könne, wenn man es, wie Jim mit schiefem Lächeln anmerkte, »von einem Mammutbaum zu einem Zahnstocher« zusammenstrich.

Belasco und Jim hielten nach einem neuen Regisseur Ausschau und kamen schließlich auf Ted Flicker. Der hatte eine gewisse Bekanntheit erlangt als Leiter einer improvisierenden Theatergruppe, die *Premise Players*, und durch eine unterschätzte Satire, die er mit James Coburn zusammen realisiert hatte: *The President's Analyst*. Nach und nach schien das Geschäft in Gang zu kommen. Aubrey wollte Jim als Schauspieler, nicht nur in *The Adept*, sondern auch in einem anderen Film, *Corky*. Jim gefiel das Drehbuch nicht (die Rolle, für die ihn Aubrey vorgesehen hatte, wurde dann von Robert Blake übernommen), aber er war damit einverstanden, für seinen eigenen Film etwas abzunehmen — schließlich: hatte jemals jemand von einem fetten Kokain-Dealer gehört? — und den Bart abzurasieren, den er sich wieder hatte wachsen lassen.

Mitte Juni offerierte ihm MGM im wesentlichen das, was er wollte: 35 000 $ für die endgültige Fertigstellung des Drehbuches und bei Annahme desselben weitere 50 000 $ für seine Mitarbeit als Koproduzent (zusammen mit Delasco) und als Schauspieler. Nach Hollywoodmaßstäben waren die Summen nicht sonderlich groß, aber Jim war zufrieden. Er instruierte seine Anwälte, das Geschäft so weiter zu betreiben, überwies 600 $ Buße, die die Bundesluftraum-Kontrollbehörde im Zusammenhang mit dem Phoenix-Flug verhängt hatte (unabhängig vom Gerichtsspruch) und begann, einen Reisekoffer zu packen — für einen Ausflug nach Frankreich und Spanien.

10

Patricia Kennely bekam einen gelinden Schrecken. Als sie und Jim aufwachten, hatte Jim erhöhte Temperatur. Sie ging daraufhin nicht zur Arbeit, um sich um ihn zu kümmern. Sie kaufte nur etwas Krankenkost — ein Süppchen und Ginger Ale. Zwei

Stunden später hatte Jim 39,4°. Patricia gab ihm Aspirin, Breitband-Antibiotica, Wasser und machte ihm Alkoholwickel. Außerdem versuchte sie, Leon Barnard aufzutreiben. Ihr Arzt, der nur zwei Straßen weiter wohnte, machte keine Hausbesuche. Jims Temperatur stieg auf 40,6°.

Mit den letzten Bändern für ihr Live-Album war Jim am Tag vorher nach New York gekommen. Mit Leon und einem von Leons Freunden wollte er weiter nach Europa. Obwohl Jim, als ihn Patricia in seinem Hotel aufsuchte, schon ziemlich abgefüllt war, wurde es doch ein angenehmer Abend ohne besondere Vorkommnisse: Sie hatten sich Mick Jaggers letzten Film *Ned Kelly* angesehen und dann gleich zweimal den neuesten Bergman-Film *Passion*. Allenfalls bemerkenswert war, daß Jim, ehe sie ins Bett gingen, Patricias Pessar rausfingerte und wie eine Frisbee-Scheibe durchs Zimmer schmiß. Und jetzt, am nächsten Tag im trüben New York in Patricias Apartment, fühlte sich Jim, als müsse er sterben.

Um zwei Uhr wollte Patricia noch einmal das Fieber messen, ehe sie einen Krankenwagen rief. Die Temperatur sank plötzlich, innerhalb einer Viertelstunde, von 40,5 auf 38,3°. Nach drei Stunden war Jim wieder auf den Beinen und lief herum, als sei nichts gewesen. Er ging ins Hotel, zog sich um, und er, Patricia und Leon gingen essen, noch mal ins Kino und kauften bei Brentano ein paar Bücher.

Am nächsten Abend waren Jim und Patricia verheiratet.

Patricia war damals 24 Jahre alt, Chefredakteur eines Rock-Magazins und eine der wenigen den *Doors* noch loyal Gesonnenen in der Ostküsten-Kritikerzunft. Seit dem Augenblick, in dem sie Jim getroffen hatte, verehrte sie ihn; das war vor 18 Monaten gewesen, als sie ihn im *Plaza* interviewte. Er war aufgestanden, als sie ins Zimmer kam, und nach der Vorstellung hatte er ihr förmlich die Hand gegeben. Sie weiß die Szene noch:

»Das einzige, was ich denken konnte, war: ›Mein Gott! Seine Mutter hat ihm Manieren beigebracht, und er *erinnert* sich tatsächlich noch daran!‹ Als wir uns die Hand gaben, sprang ein elektrischer Funke über. Natürlich, die statische Auflading meiner Schuhe auf dem Teppich, aber richtige Funken, wie im Roman. Jim freute sich. ›Ein Omen‹, sagte er, und er hatte damit recht.«

Seit der Zeit hatte Patricia öfters in ihrem Blatt über die *Doors* geschrieben, durchdacht, kritisch, mit literarischen Bezügen, Zitaten. Sie nahm Jim immer ernst — war Kritikerin dessen, was er brachte, nie seiner selbst.

»T. S. Eliot als Rockgruppe«, schrieb sie einmal, »das sind die *Doors* und *The Soft Parade*«. In einer Besprechung von *The Lords and The New Creatures* meinte sie:

»So schnell wie möglich wieder einmal die ›Poetik‹ des Aristoteles zu lesen oder besser noch das ›Vorwort zu den lyrischen Liedern‹ könnte dazu beitragen, wieder zu den bitter benötigten vordringlichen Aufgaben der Dichtung zu finden.«

Patricia hatte zu so ziemlich allem gut durchdachte Ansichten, eine lockere, scharfe irische Zunge — ähnlich wie Jim — und sah überdurchschnittlich gut aus, mit langem, kastanienrotem Haar, braunen Augen und sinnlicher Figur. Sie hatte umfassende Kenntnisse auf dem Gebiet des Okkulten und eine außergewöhnliche Gabe, Geschichten zu erzählen.

Die Beziehung war in verschiedener Hinsicht sehr typisch für Jim. Sieht man von Pamela ab, gab es kein einziges Mädchen, das er sehr oft sah oder mit dem er länger als ein paar Tage zusammen war. In den Monaten, die sich Jim und Patricia jetzt kannten, waren sie vielleicht sieben oder achtmal im gleichen Zimmer gewesen. Sie hatten auch nicht oft miteinander telephoniert. Es gab ein Bündel eigenartig persönlicher Briefe, ein paar Geschenke — Schmuck, seltene Bücher — Exemplare von Jims drei privat gedruckten Büchern, aber nichts, was auf ein leidenschaftliches Umwerben deutete.

Auch die Art, in der Jim Patricia gegenübertrat, unterschied sich kaum davon, wie er mit anderen umging. Auch mit ihr zog er rum, trank, spielte unentwegt seine Spielchen:

»Wir konnten zum Beispiel in einer Kneipe sitzen«, erinnert sich Patricia, »und er rückte mit einer seiner völlig ungereimten, nichtssagenden Geschichten raus. So die Art: ›Eines Abends schlief ich im vollen Mondlicht ein, und als ich aufwachte, war's das Gesicht meiner Mutter, die auf mich runtersah. Wie findest du das? Was kann das nur bedeuten?‹ Er mußte ständig Leute auf die Probe stellen, herausfinden, wieviel man sich von ihm gefallen ließ, wie man reagierte. Er traute niemandem. Er schien mir nie zu glauben, wenn ich ihm sagte: ›Ich liebe dich‹. Vermut-

lich hat er es auch von jeder Frau gehört, mit der er je schlief. Ich meinte es trotzdem wirklich. Aber dabei spürte ich auch, daß ich ihm eine Waffe gegen mich in die Hand gab, etwas, was drohend über mir hing, wenn ich ihm sagte, daß ich ihn liebte. Als ich ihm zum ersten Mal sagte, was ich für ihn empfand, meinte er: ›Also, wenn du mich jetzt liebst, werd' ich dich wohl nie mehr loswerden‹. Ich fragte: ›Ja, willst du mich denn loswerden, Jim?‹ Er lächelte nur, schloß die Augen und sagte: ›Nein‹. Und dann sagte er, er liebe mich. Wahrscheinlich glaubte er es sogar auch.«

Es war 1970, eine Mittsommernacht. Kerzen brannten in Patricias neugotischem Zimmer. Die Trauungszeremonie wurde erklärt. Hexen oder ›Wissende‹ sind keine Teufelsanbeter; sie dienen den alten Kräften der Natur, der Dreifachen Göttin, der Großen Mutter und ihrem männlichen Ebenbild, dem Herrn, dem Gehörnten Gott. Das sind religiöse Traditionen, die angeblich in vorchristliche, vorjüdische Zeit zurückreichen. Manche Wissenschaftler glauben, es seien Überbleibsel der ältesten universalen Religion.

Eine Hexenhochzeit, erklärte Patricia, ist eine Verbindung der Seelen auf einer karmisch-kosmischen Ebene, die auch die künftigen Wiedergeburten der Partner beeinflußt: Der Tod kann das Paar nicht scheiden, das Treuegelöbnis gilt ›ewig in den Augen der Göttin‹. Patricia erzählte Jim, daß einer Legende zufolge Heinrich VIII. und Anne Boleyn nach Hexenritus getraut worden sein wollen, wahrscheinlich aus eben solchen Gründen.

Eine von Patricias Freundinnen, Hohepriesterin einer Hexengemeinschaft, führte zusammen mit einem Hohenpriester die Zeremonie durch. Die beiden führten Patricia und Jim durch einen traditionellen, von Händen und Armen gebildeten Bogen; dazu kamen Gebete, Anrufungen der Göttin und Segenssprüche. An Handgelenk und Unterarm machten sie bei beiden kleine Schnitte. Ein paar Blutstropfen des Paares wurden in einem geweihten Becher mit Wein gemischt und später getrunken. Es folgte das rituelle Schreiten über einem Besenstiel, wechselseitige Gelöbnisse und schließlich das Herabrufen der Göttin.

Für Patricia war die ganze Zeremonie ein völlig natürlicher Vorgang ihrer Religion, während Jim von dem Ritus ziemlich überrollt wurde. Er schenkte Patricia einen silbernen *Claddagh*, den traditionellen irischen Ehering, und sie gab ihm einen entsprechenden goldenen. Die amtierende Priesterin und Patricia in ihrer Eigenschaft als Priesterin stellten zwei Dokumente aus, eines mit Druckbuchstaben in Englisch, das andere mit Hexenrunen. Die Anwesenden unterzeichneten die Schriftstücke, Jim und Patricia mit ihrem Blut. Es wurde verkündet, daß sie jetzt Mann und Frau seien, und Jim wurde es etwas schwach.

Am Samstag brachen Jim und Leon nach Paris auf. Sie stiegen im vornehmen *Georges V.* ab – 210 DM die Nacht! – und begannen, die Stadt zu erkunden. Sie tranken sich durch Dutzende von Straßencafes, besuchten die Existentialisten in ihren Domizilen am *rive gauche*, mengten sich unter die Zigeuner, die am Montmartre ihre Vorführungen machten, pilgerten zu Balzacs Wohnung, zu Napoleons Grab und zu den Katakomben. Dann fuhr Leon weiter nach Kopenhagen und Jim traf zufällig seinen Freund Alan Ronay, der ungefähr eine Woche früher mit seinem jährlichen Parisurlaub begonnen hatte.

Alan hatte Jim oft von Paris erzählt. Tatsächlich war das einer der Gründe, warum Jim jetzt in Paris war. Das Filmmaterial für *Feast of Friends* und *HWY* war in der Firma entwickelt worden, in der Alan arbeitete; und Jim und Alan hatten einander in den Jahren seit ihrer gemeinsamen Studienzeit an der Uni in Los Angeles oft gesehen. Alan war einer von Jims ›geheimnisvollen‹ Freunden, man wußte nicht allzu viel über ihre Beziehung. Alan hing sehr an Jim, und obschon er ihn mit Frank und Babe und all den anderen teilen mußte, so doch wenigstens nicht zur gleichen Zeit, am gleichen Ort. Sieht man davon ab, daß Jim und Babe manchmal morgens um drei betrunken bei Alan reinstolperten, um ihn von der Nachtruhe abzuhalten, sahen sich Alan und Jim meistens allein.

Eine Woche lang war Jim der typische amerikanische Tourist, eine zerzauste Gestalt, die sich durch den Regen kämpfte. Aber einen Tag vor dem Rückflug fühlte er sich wieder fiebrig.

»Lungenentzündung? Herrgott, *wo* is' er? *Wie* geht's ihm? Weiß Max Fink Bescheid? Wir sollten besser den Gerichtstermin verschieben lassen.«

Bill Siddons spielte nervös mit einem Bleistift und hörte Babe am Telephon zu. Jim war aus Paris zurück, sagte Babe. Er war bei Pamela in ihrem Apartment in der Norton Avenue, und er hatte Lungenentzündung. Aber es ging ihm gut. Noch am gleichen Tag sprach Bill mit Jim. Jim erzählte ihm, daß er Alan in Paris zurückgelassen habe und per Bahn und mit Mietwagen durch Spanien und Marokko gefahren sei. Er wäre schon in New York vor seiner Abreise krank gewesen, und in Europa hätte es ziemlich geregnet.

Jim war fast drei Wochen weggewesen. Gerade als er nach Los Angeles zurückgekommen war, verwarf das Bundesgericht in Miami den Antrag, aus verfassungsrechtlichen Gründen das Verfahren einzustellen. Der Richter meinte, für den Fall eines Schuldspruchs könnte dieses Problem bei der Berufung bedacht werden. Auch wollte man den Termin wegen Jims Erkrankung nicht verlegen. Jim wurde natürlich rasch wieder gesund, und als Ende Juli das Live-Album ausgeliefert wurde, war Jim schon wieder voll da und durchstreifte den Sunset Strip und die Kneipen am Santa Monica Boulevard.

Am 4. August saß er allein in der Bar *The Experience*. Als sie dichtmachte, bat er den Inhaber, Marshall Brevitz, ob er ihn heimfahren könne. Noch vor einem Jahr wäre Jim selber gefahren, gleichgültig wie betrunken er auch gewesen wäre. Jetzt war er tatsächlich zu betrunken, um auch nur gehen zu können.

»Ich hatte mal 'nen Laden in Miami«, erzählte Marshall Jim und verstaute ihn in seinem Auto. »Was dich interessieren wird: Meine Partner waren die zwei Typen, die versucht haben, dich anzuschmieren, als du da unten aufgetreten bist und sie dich angezeigt haben. Wegen denen bin ich weg von Miami.«

Jim nickte und schmatzte: »Jetzt links... glaub' ich.«

Marshall fuhr links rein und redete weiter:

»Hast du gewußt, daß diese Typen in einem der Hotels 'ne Geschenkboutique hatten? Außerdem hatten sie noch 'n Geschäft mit Sonnenschutzöl und einen Plakatanschlag... Müßten wir nicht allmählich da sein, wo du hinwillst?«

Jim murmelte etwas, was nach »jetzt links... glaub' ich« klang.

Nachdem sie eine Stunde lang die eine Straße rauf, die nächste runtergefahren waren und zehn oder fünfzehn Blocks umkreist hatten, fand Jim endlich das kleine Haus in West-Los-Angeles, das er suchte. Oder jedenfalls glaubte er das.

»Das ist's«, sagte er.

Marshall begleitete ihn zur Tür.

»Pst!« zischte Jim. »Da wohnt 'ne Kleine, die ist scharf auf mich und...« Er klopfte zögernd an die Tür.

Stille.

Er klopfte noch mal, lauter.

Noch immer keine Antwort.

Jim klopfte jetzt *noch lauter*.

»Also, Jim«, sagte Marshall etwas nervös. »Ich seh dich bald«, und er trat einen hastigen Rückzug an. Jim blieb, an die Tür gelehnt, zurück.

Am nächsten Morgen lag Jim da, und so fand ihn die 68-jährige Bewohnerin des Hauses. Sie hielt den bärtigen Langhaarigen für einen zweiten Charlie Manson und rief gleich den Sheriff an. Jim wurde unter dem Vorwurf der Trunkenheit in der Öffentlichkeit festgenommen.

Das war Donnerstagmorgen.

Am Freitag flog Jim nach Miami zu seiner Verhandlung.

»Schau!« Jim deutete nach oben; ein kleines Flugzeug zog eine Fahne hinter sich her mit der Aufschrift:

»Wir lieben Spiro Agnew!«

»Glaubt jemand an Vorzeichen?« fragte Jim.

Die Luft war sehr feucht; die Temperatur lag bei 35°, und da die reichen Wintergäste fehlten, war Miami leer. Die großen Hotels an der Küste wirkten wie Grabsteine. Jim stand vorm *Carillon Hotel*, einem Grabstein mittlerer Preislage mit sandfarbenem Marmor in der Eingangshalle, kristallenen Kronleuchtern und einem Trimm-Dich-Gerät beim Swimming Pool. Bislang war sein Aufenthalt in Florida ohne besondere Vorkommnisse gewesen. Am Sonntag hatte er ein mexikanisches Ballspiel sehen wollen; er mußte aber hören, daß die Spielplätze den Sommer über geschlossen waren, also ging er statt dessen zum Hunderennen. Die übrige Zeit blieb er im Hotel, lag beim Schwimmbassin rum, trank in der klimatisierten Bar oder war in der Sauna unterm Dach. In einer Besprechung mit Max Fink diskutierte man, ob alle anderen *Doors* als Zeugen auftreten sollten, und kam zu einem Ja. Außerdem redete man über ein eintrittsfreies Konzert. Von der Verhandlung sprach man nicht viel, und beruhigende Scherze fielen auch keinem ein.

Dann, am Montag, den 10. August, während er auf das Taxi zum Gericht wartete, machte Jim ein Späßchen über das Agnew-Schriftband. Er trug Cowboy-Stiefel, schwarze Jeans, ein mexikanisches Bauernhemd, in der Hand hielt er ein in Kunststoff gebundenes Notizbuch. Schließlich sagte er:

»Also, wollen wir mal« und stieg mit Babe, seinem Anwalt Max Fink und seinem Werbeberater Mike Gersham ins Taxi. Die anderen drei *Doors* und Tony Funches folgten in einem zweiten.

Eine halbe Stunde später war Jim im Zentralgericht von *Dade County*; er stand vor der Abteilung ›D‹ und blätterte einen Stoß von 150 Photos durch, den ihm sein Anwalt aus Miami, Bob Josefsberg, gerade gegeben hatte. Er freute sich an den Bildern. Zwischendurch hielt er an und erklärte Babe und den anderen ein Bild:

»Schaut, da hätte ich eigentlich Robbys Gitarre die Führung überlassen sollen, nicht wahr. Und da is' das mit dem Lamm... das Lamm hielt völlig still und, ich schwör's euch, schnurrte mitten in dem ganzen Chaos. Ich seh' fast teuflisch aus, wie einer, der ein Lamm zum Metzger trägt. Ja, ja, und die Band hat weitergespielt. Ihr seht, ich fang an, an meine Unschuld zu glauben.«

Er machte immer noch Scherze, aber er war voller Befürchtungen. So sachlich und kühl er sich auch gab — nach außen hin vertrat er, daß er hier für die Freiheit der Kunst kämpfe — er konnte seine Furcht doch nicht abschütteln. Und seinen Zorn auch nicht. In den fünf Tagen, die sie jetzt in Florida waren, hatten sie eine ganze Menge über die politische Landschaft in Florida und den psychologischen Hintergrund des Falles gelernt. Der Richter, Murray Goodman, war für eine freigewordene Stelle beim Gerichtshof vorgeschlagen und blickte seinem ersten Wahlgang im November entgegen. Bedachte man den Zeitpunkt, so würde eine Verurteilung Morrisons ihm öffentlichen Rückhalt bringen. Außerdem glaubte man, Goodman habe etwas gegen Jims Anwalt aus Miami. Denn Bob Josefsberg hatte man das Richteramt vor Goodman angetragen, er hatte aber abgelehnt. So war es nicht nur ›Das Volk von Florida gegen James Morrison, Aktenzeichen 69-2355‹, es war mal wieder ›Die gegen Uns‹.

Max Fink machte das der Presse klar. Eine Woche früher hatte er noch angekündigt, er werde beantragen, daß die Jury eine Aufführung von *Hair* sehen müsse und den Film über *Woodstock*, damit sie Jims Auftritt im richtigen Zusammenhang sehen könne. Jetzt sagte er:

»Sie müssen auch das sehen, wogegen Leute protestieren, die zwischen den Generationen stehen, wie Morrisons Band, die *Doors*. Sie protestieren gegen die Probleme, die ihre Eltern geschaffen haben.«

Max Fink rechnete mit sechs bis zehn Wochen Prozeßdauer, zumal er an die hundert Entlastungszeugen aufrufen wollte. Monatelang hatte ein junger Rechtsanwalt namens Dave Tardiff mögliche Zeugen befragt, die alle bereit waren auszusagen, Jim habe sich nicht entblößt. Die Verteidigung hatte auch Sachverständige aufgeboten, darunter zwei Professoren der Psychologie von der Universität Miami, die über die allgemeinen zeitgenössischen Wertvorstellungen aussagen sollten; einen Anglisten, der als Etymologe zu Jims umstrittenen Ausdrücken Stellung nehmen sollte; den Universitätspfarrer, der darlegen sollte, daß Jims Sprache nicht ruchlos, sondern polemisch sei, und die Unterhaltungsredakteure lokaler Zeitungen, sie sollten sagen, was die Unterhaltungskünstler in den Restaurants alles an Schlüpfrigkeiten ungestraft bringen können.

Richter Goodman gab bekannt, daß sein Terminkalender zu voll sei, um vor Mittwoch mit der Verhandlung beginnen zu können. Also mieteten sich Ray, Robby und John dienstags einen Wagen und fuhren nach Key West, während Jim in seinem Zimmer blieb und las.

»Übrigens«, fragte Max Fink zwei Tage später jedes voraussichtliche Jurymitglied, »falls bewiesen wird, daß Mr. Morrison Dinge tat, die in Bestsellern beschrieben und in Theaterstücken gezeigt werden, wollen Sie dann auch bedenken, ob er den gleichen gesetzlichen Schutz wie jedermann sonst genießt?« Und: »Falls Mr. Morrison Jargon-Ausdrücke gebraucht, die Sie persönlich für stark halten — bestimmte ›unanständige‹ Worte — und eben diese Ausdrücke sind in Wort und Schrift in einer andersdenkenden Szene dieses Landes gegenwärtig, in Büchern, bei Schauspielern, bei jungen Leuten: Sind Sie dann empört?« Man kann darüber streiten, ob diese Fragen etwas genützt haben. Die Jury, vier Männer, zwei Frauen, die am Freitag vereidigt wurde, bestand aus einem früheren Armeekoch, der jetzt an einer Maschine stand, einem angestellten Plattenleger, einem Mechaniker, der seit 23 Jahren in der Küstenwache tätig war, einem Kunsterzieher aus der Grundschule, einer Hausfrau mit einem 23jährigen Sohn und einer 30jährigen Tochter und noch einer Hausfrau, die früher als Versicherungsvertreter gearbeitet hatte. Bob Josefsberg lehnte sofort die gesamte Jury ab und meinte, wenn wirklich fair über Jim geurteilt werden sollte, dann müßten die Leute der Jury unter Dreißig sein. Der Richter lächelte gezwungen, beriet sich, und vertagte die Verhandlung aufs Wochenende.

Als Jim den Gerichtssaal verließ, wurde er von Terrence McWilliams, dem jungen Anklagevertreter, angesprochen. Er trug einen olivgrünen Anzug und ein orangefarbenes Hemd und schien etwas verlegen zu sein, denn er trat nur zögernd näher. Schließlich fragte er Jim, ob er zufällig ein Exemplar des neuen Albums dabei habe. Er, McWilliams, habe schon alle anderen bis auf *Absolutely Live*, das sei in allen Läden in Miami ausverkauft. Der Ton seiner Stimme sagte alles: Es tat ihm leid, er hatte den Fall nicht gewollt, er war dazu eingeteilt worden; jetzt tat er nur seinen Job.

Das hieß nicht, daß McWilliams die Anklage etwa lässiger vortragen würde. Aber wie er tatsächlich über den Fall dachte, geht eher aus einem Zettel hervor, den er Jim später zukommen ließ. Auf dem stand ein holpriger Limerick:

> *The Doors*, so hieß mal 'ne Band,
> Die sang reichlich indezent
> Ihren Jugendprotest
> Laut Zeugenattest.
> Und dabei hat ihr Leader sich von der Hose getrennt.

An diesem Abend gingen Jim, Babe und Tony ins *Miami Beach Convention Center* um *Credence Clearwater Revival* zu hören. Anschließend besuchten sie das *Marco Polo Hotel*, dort, im *Hump Room*, spielte *Canned Heat*, und Jim sprang bei vier Songs ein.

»Damals«, notierte Babe in seinem Tagebuch, »gingen Jim, ich und Ina (Ina Gottlieb, eine Stewardess, die sie auf dem Flug nach Miami kennen gelernt hatten) ins *Fountainebleau*, wo *Credence Clearwater Revival* abgestiegen war, spielten Billard und tranken, bis ich auf 'ner Couch neben dem Billardtisch wegsackte. Als ich wieder zu mir kam, lag Jim unterm Tisch...«

Montag war man wieder in der Abteilung ›D‹ des Bezirksgerichts. Diesmal trug der Anklagevertreter ein leuchtend rotes Hemd und stand neben Jim, als er seine Eröffnungsrede mit einer dramatischen Verlesung der Anklagepunkte beschloß.

»Der Angeklagte hat unzüchtig und lasziv das Glied entblößt, in anstößiger respektive obszöner Weise und in der Absicht, dabei beobachtet zu werden, nahm er sein Geschlechtsteil in die Hand und führte schüttelnde Bewegungen aus. Überdies hat besagter Angeklagter den masturbatorischen Akt an sich selbst und oral-genitale Kontakte an einem anderen simuliert...«

Als er fertig war, sah McWilliams langsam von seinen Akten auf und warf Jim nicht den üblichen vernichtenden Blick zu, sondern er sah ihn scheu und staunend an. Jim blickte still zurück.

Aus einer Bandaufnahme zitierte McWilliams Passagen, die beispielhaft für Jims Auftritt sein sollten:

»... Ihr seid alle ein Haufen verdammter Idioten. Die Schnauze drückt man euch in die Scheiße der ganzen Welt. Pack deinen verdammten Freund und lieb ihn. Wollt ihr meinen Schwanz sehen?« Die Jury hörte ruhig und ohne Bewegung zu.

Mittags begann Max Fink mit seiner Eröffnungsrede. Er bot das Bild eines leicht tadelnden, letztlich aber verständnisvollen Opas. Er hoffte, die Jury dazu bringen zu können, sich mit diesem zu identifizieren.

»Ehe Sie Ihrer Phantasie freien Lauf lassen: Bedenken Sie, daß es einen Unterschied zwischen den Behauptungen der Anklage und ihren Zeugen gibt. Unstreitig fielen die inkriminierten Worte. Ich bin jetzt 62 und war nie bei einem dieser Konzerte. Aber es sind Worte, wie sie heutzutage gebraucht werden. Die jungen Leute reden so, ohne irgendeinen lüsternen Gedanken. So sind sie, so reden sie. Ein Rock-Konzert ist Ausdruck einer Haltung, die nicht der offiziellen entspricht. Darüber sollten wir uns im klaren sein. Es waren an jenem Abend 26 Polizisten in

Uniform da und viele andere in Zivil. Niemand hat Jim Morrison wegen seines Bühnenauftritts festgenommen. Heute arbeitet ein Rock-Sänger hart. Er verläßt die Bühne schweißgebadet. Jim Morrison machte noch ein paar Scherze mit den Kollegen hinter der Bühne, dann ab ins Hotel, dann nach Jamaika. Da gab es kein Verbrechen und keine Festnahme. Wir geben zu, daß diese inkriminierten Worte fielen; aber wir haben die Freiheit des Wortes — das Böse passiert in den Köpfen.«

Die erste Zeugin der Anklage schien völlig umgedreht worden zu sein. Sie trug weiße Schuhe, rosa Minikleid, das blonde Haar als Pferdeschwanz. Sie war bei dem Konzert der *Doors* erst 16 gewesen, sagte sie, und sie hatte gesehen, daß Jim die Hosen bis zum Knie fallen ließ, sich für zehn Sekunden entblößte, und dann, sie stockte, sich anfaßte. Gefragt, welche unüblichen Worte Jim auf der Bühne gebraucht habe, antwortete sie:

»Das eine, das mit ›f‹ beginnt.« Auf die Frage, wie das Erlebnis auf sie gewirkt habe, sagte sie:

»Ich war entsetzt und angewidert.«

Während seines ausführlichen Kreuzverhörs zitierte Max Fink eine beeidete Aussage der Zeugin vom April. Damals hatte sie gesagt, sie habe gesehen, wie Jim sich auf der Bühne an einem Mädchen rieb, daß sie aber nicht wisse, ob er dabei die Hosen heruntergelassen habe.

»Ist Ihr Erinnerungsvermögen in den letzten Monaten irgendwie beeinflußt worden?« fragte sie der Anwalt. Sie brach in Tränen aus, und Richter Goodman ordnete eine kurze Unterbrechung an, damit sich die Zeugin wieder fassen könne.

Die ganze Zeit über machte sich Jim wild Notizen, füllte Seite auf Seite mit Beobachtungen. Er schrieb noch immer, als ein paar Minuten später eine seiner Verehrerinnen die Zeugin ansprach:

»Warum bist du so gemein zu Jim?« Sie antwortete:

»Hau ab, du Nutte!«

Nach dieser Pause widersprach sich die Zeugin noch zweimal. Außerdem sagte sie, daß sie und ihr Freund keine Karten zu dem Konzert gekauft hatten. Ihr Schwager, ein städtischer Polizeibeamter, hatte ihnen freien Eintritt verschafft.

Anschließend an das Mädchen trat ihr Freund in den Zeugenstand; er bestätigte ihre Aussage. Wieder griff Max Fink Unschlüssigkeiten zwischen der Aussage des Zeugen vor Gericht und einer beschworenen früheren Aussage an. Damals hatte er nur ›eine vage Erinnerung‹, was Jim getan und gelassen hatte. Mittlerweile war sein Gedächtnis präsizer geworden. Auf eine Frage des Anklagevertreters meinte der junge Mann, ihn selbst habe das Konzert nicht aus der Fassung gebracht, schließlich sei er damals schon zwanzig gewesen, aber wegen seiner jungen Freundin habe er sich gesorgt. In Antwort auf eine weitere Frage Finks jedoch räumte der Zeuge ein, er habe das Mädchen mit in den Film *Woodstock* genommen, obwohl er wußte, daß da Szenen mit nackten Leuten vorkommen.

Die nächste Zeugin war die Mutter des Mädchens, die zwar nicht das Konzert besucht hatte, aber aussagte, ihre Tochter sei beim Nachhausekommen sichtlich verstört gewesen.

Ein zweites Drama begann Montag abend: Patricia Kennely kam an. Jim hatte Freitag, den 14. mit ihr telephoniert. Sie hatte ihm gesagt, sie sei schwanger, und er hatte sie gebeten, zu ihm nach Miami zu kommen. Seinen Werbemann und einen seiner Anwälte und dessen Frau hatte er zum Flughafen geschickt, um Patricia abzuholen.

Jim war sehr herzlich, als sie an der Hotelbar saßen und was tranken. Er ging aber nicht darauf ein, als Patricia das Gespräch auf ihren Zustand bringen wollte. Auf seine Bitte hin hatte sie ihm 30 Exemplare der letzten Nummer ihres Magazins mitgebracht. Jim war auf dem Titelbild und im Innenteil war ein neues Gedicht abgedruckt, *The Anatomy of Rock*. Jim blätterte die Bilder durch, die viel Atmosphäre hatten, und las das Gedicht.

Schließlich sah er Patricia an und meinte, vielleicht beeindrucke den Richter die Tatsache, daß er nicht bloß ein Rock-Star sei, sondern als Dichter etwas für die Gesellschaft tue. Er schickte Patricia auf ihr Zimmer und versprach nachzukommen, tat es aber nicht.

Mittlerweile hatte Richter Goodman festgelegt, daß jeden zweiten Tag verhandelt werde. Jim hatte also Dienstag frei. Wieder drückte er sich darum, Patricia zu treffen. Zweimal sagte er am Telephon, er komme. Er erschien aber nicht, sondern verbrachte den Tag mit Babe.

Am Mittwoch war wieder Verhandlungstag. Auch Patricia war im Gerichtssaal, wütend zwar, aber sie versuchte, sich zu beherrschen. Ein Fernseh-Aufnahmeteam filmte Jim und Patricia, als sie im Gerichtssaal diskutierten. Gerade als Jim versprach, daß sie sich am Abend treffen würden, kam der Richter.

Diesmal rief die Anklage drei Zeugen auf. Die erste Zeugin war eine Polizistin, die im Juni ausgesagt hatte, sie hätte nichts Obszönes gehört, jetzt aber das Gegenteil bezeugte. Den Anklagevertreter brachte sie dadurch in Verlegenheit, daß sie zugab, in der Zwischenzeit von dem Konzert eine Tonbandaufnahme gehört zu haben. Der zweite Zeuge war ein Student, der Photos gemacht hatte; er hatte keine Entblößung gesehen. Dieser Zeuge war eine Enttäuschung für die Anklage, aber der nächste rückte alles wieder ins Lot. Es war ein 22jähriger Rotschopf namens Bob Jennings. Er hatte die ursprüngliche Beschuldigung unterschrieben. Jetzt zitierte er ausführlich Jims Bühnenmonologe und sagte unter Eid, Jim habe sich für fünf bis acht Sekunden entblößt. Es war überzeugend. Das einzig Nachteilige, was Max Fink im Kreuzverhör zu Tage fördern konnte, war, daß der Zeuge die letzten drei Jahre einer Tätigkeit im Büro des Staatsanwalts nachgegangen war, daß auch seine Mutter im gleichen Haus arbeitete, und daß seine Schwester die Sekretärin eines hiesigen Richters war. Jim und seine Freunde waren jetzt überzeugt, daß ihn Leute, die für den Staatsanwalt arbeiteten oder in Beziehung zu ihm standen, aufs Kreuz gelegt hatten.

»Geh schon rauf in dein Zimmer«, sagte Jim zu Patricia. Sie waren wieder im Hotel und hatten da noch was getrunken.

»Ich zieh mich um und komm so in 'ner halben Stunde.«

Eine halbe Stunde später begann tatsächlich das langversprochene Gespräch.

»Ich weiß selbst«, sagte Patricia, »es ist jetzt nicht gerade die beste Zeit und der beste Ort, um mit dir das Ganze zu bereden, bei dem Prozeß und all dem Zeug. Aber es ist und bleibt nun einmal, es ist passiert und jetzt...«

Jim lächelte unbeholfen und sagte:

»Wir werden das schon schaukeln.«

»Schau, ich bin von dem Gedanken auch nicht gerade hingerissen, weißt du. Aber du bist nun mal der einzige Mann, den ich jemals für gut genug gehalten habe, ein Kind von ihm zu kriegen. Und jetzt ist es soweit, und ich weiß nicht, was ich tun soll. Ich glaube wirklich, du schuldest mir ein bißchen mehr als nur einen Scheck.«

Jim blickte sie leer an und sah weg.

»Falls du dieses Kind bekommst, ist es aus mit uns. Ein Kind kann mein Leben überhaupt nicht ändern, aber deines wird völlig umgekrempelt, für immer.«

»Ich könnte vor Gericht gehen.«

Jim sah bei dem Gedanken überrascht aus.

»Noch 'n Prozeß? Das kannst du natürlich machen. Aber es wird genauso laufen wie der Prozeß jetzt. Es wird lange dauern, immerhin. Erst brauchst du mal das Baby. Das dauert, nun, ein halbes Jahr. Dann kommen diese einleitenden Gutachten, serologische Untersuchungen und all das Zeug, nur um zu sehen, ob überhaupt was dran sein könnte. Ich kann alles abstreiten, du brauchtest Zeugen. Vielleicht findest du gar keine, weil ich alle vorher gekauft hab'. Und selbst wenn schließlich der Prozeß läuft, mußt du ihn nicht unbedingt gewinnen. Sicher ist dir nur 'ne unglaubliche Publizität, wenn du sie brauchen kannst. Aber selbst wenn du letztlich gewinnst, was hättest du davon? Ein bißchen Geld, 'ne gewisse Befriedigung und 'ne Menge schlechter Gefühle. Ich kann mir nicht vorstellen, daß es dir das wert ist.«

»Ich kann's einfach nicht glauben, daß du so was sagst.« Jetzt liefen ihr die Tränen übers Gesicht.

»Was wolltest du denn, was ich sagen sollte?«

»Ich weiß es doch nicht, verdammt noch mal! Ich vermute, es macht für dich keinen Unterschied, daß es *unser* Baby ist, deines und meines, nicht deins und Pamelas?«

»Ich..., nein, das ändert nichts. Ich könnte ein Kind nicht aushalten. Ich will kein Kind. Ich kann es mir nicht leisten, und ich kann die Verantwortung nicht tragen.«

»Du kannst es dir nur gefühlsmäßig nicht leisten«, schoß Patricia zurück.

»Also, wär's nicht besser, ein Kind mit jemandem zu haben, der auch sein Vater sein will?«

»Offenbar. Was schlägst du also vor?«

»Es ist wirklich deine Sache. Wenn du das Baby bekommst, ist es dein Kind. Wenn du den Schwangerschaftsabbruch willst, werde ich ihn zahlen. Ich würde nach New York kommen, um dabei zu sein, ich versprech's, ich werde kommen. Ich werde ganz bei dir sein, du wirst sehen, alles wird gut gehen. Du kannst's an einem Wochenende machen lassen, ich hab' dann keinen Verhandlungstermin, vielleicht können wir anschließend ein bißchen wegfahren.«

Patricia starrte auf ihre Fingernägel, ihre Ringe, die Spitzen ihrer hüftlangen Haare, dann blickte sie auf und Jim direkt in die Augen.

»Abgemacht«, sagte sie mit kalter, leiser Stimme.

Sie schwiegen sich lange an. Dann setzte Jim sein berühmtes jungenhaftes Lächeln auf und sagte mit seltsamer Stimme:

»Es wäre ein wirklich erstaunliches Kind, weißt du, mit einem Genie als Mutter und einem Poeten als Vater.«

»Sehr wahrscheinlich«, entgegnete trocken Patricia. »Aber das scheint kein ausreichender Grund zu sein, es zu haben. Weißt du, es wäre ein überflüssiges Experiment, herauszufinden, ob zwei phantastische Eltern ein phantastisches Kind bekommen können. Ich mag Kinder ohnehin nicht sehr. Der einzige Grund, es zu wollen, war, daß es von dir ist. Und das ist wahrscheinlich der schlechteste Grund von allen, um ein Kind zu kriegen.«

Jim reagierte darauf nicht:

»Weißt du, es ist das erste Mal, daß ich mit so was konfrontiert bin.«

Patricia ging hoch.

»Hör mit diesem Schwindel auf! Ich weiß es besser. Ich hab' von mindestens vier Fällen gehört und *sicher* weiß ich es bei Suzy Creamcheese und...«

»Nein, nein, das ist nicht wahr, nichts davon stimmt. Es ist das erste Mal. Glaubst du nicht, daß es für mich genauso schwer ist wie für dich? Wie du ganz richtig gesagt hast: Es ist auch mein Kind. Du mußt jetzt tapfer sein.«

Patricia antwortete nicht mehr. – Schließlich schlug Jim vor, wieder in die Hotel-Bar zu gehen; ihr war es recht.

»Ich will's noch einmal klarstellen: Ich laß es abtreiben, du zahlst, und du kommst nach New York und stehst mir bei. Stimmt's so?«

»Vollkommen.«

»Und was glaubst du, machen wir anschließend?«

»Wir weinen zusammen darüber, nehm' ich an.«

»Also dann, laß uns was trinken«, sagte Patricia.

Da die *Doors* Samstag und Sonntag zwei Konzerte in Kalifornien geben wollten, war der Richter damit einverstanden, am nächsten Tag, Donnerstag, mit der Zeugenbefragung weiterzumachen und dann bis Dienstag zu unterbrechen. Es war ein Tag verschiedenster, aber letztlich katastrophaler Ergebnisse. Patricia hatte Jim erlaubt, die Nacht bei ihr zu verbringen. Ihre Beziehung war wieder in Ordnung, jedenfalls den Umständen entsprechend gut. Am nächsten Tag wurden die 150 Fotos als Beweismittel vorgelegt. Keine Aufnahme zeigte Jim in irgendeiner anzüglichen Pose. Auch der einzige Zeuge sagte, er habe nichts Derartiges gesehen. Aber dann entschied der Richter, daß das Gericht keine Beweise zulasse, die sich auf das ›allgemeine Wertempfinden‹ beziehen. Auf die Weise war Jims Verteidigung in der Taktik gestört.

Als Jim die zwei Seiten lange richterliche Entscheidung las, verfärbte sich sein Gesicht. Er legte sie ruhig vor sich und sah auf Max Fink, der zornig aufstand, um zu protestieren.

»Euer Ehren!« sagte der Anwalt in nachdrücklichem Ton, »kann die Jury bitte entlassen werden?«

Die Jury wurde entsprechend angewiesen, und Fink setzte mit seinen Ausführungen ein:

»Beweismaterial auszuschließen, das sich auf das allgemeine Wertempfinden bezieht, und das bei beanstandeten Worten, von denen wir sogar zugeben, daß sie fielen«, sagte Fink mit erhobener Stimme, »verletzt die Regeln der fairen Prozeßführung. Die Aussagen von Sachverständigen zur Frage, wie diese Worte auf ein Publikum dieses Alters heutzutage wirken, sind prozeßerheblich.« Fink setzte seine Beweisführung mit Feuereifer fort, eine halbe Stunde lang. Er spürte der geschichtlichen Entwicklung der Freiheit des Wortes nach, zeigte ihre Auswirkungen auf das Drama und das Recht des Künstlers, seine Auffassungen in seiner Weise zu artikulieren. Es war, wie Jim ein paar Monate später sagte, ›ein brillanter historischer Überblick – aber ohne jede Wirkung‹. Der Richter hörte zu, das Kinn in die Hände gestützt, die Hornbrille auf der Nasenspitze, und dann lehnte er den Antrag kommentarlos ab.

Freitag morgen flogen Jim und seine Begleitung nach Los Angeles, wo sie sich mit den anderen *Doors*, die schon früher zurückgekehrt waren, trafen. Sie fuhren mit einem Bus nach Norden, zu einem Konzert in Bakerfield, dann nach Süden, zu einem zweiten am folgenden Abend in San Diego. Beidesmal waren es starke Auftritte, aber sie strengten Jim auch an.

Trotzdem rappelte er sich nach dem Konzert noch einmal auf und zog mit Babe zu einer kleinen Tour los.

»Wir waren völlig ausgeflippt!« erinnert sich Babe. »Wir lachten und lachten und zogen durch die Straßen.« Die Stewardessen, die sie mit sich schleppten, waren nicht so fröhlich: Sie verschwanden. Jim und Babe aber lachten weiter. Sie lachten und lachten.

Dann flogen sie zurück nach Florida. Dort blieb Jim die ganze Nacht auf, schnupfte Koks und quasselte ohne Unterbrechung von Mitternacht bis acht Uhr in der Früh mit seinem Freund Harvey Perr, der bei Elektra in der Werbung arbeitete.

Morgens um acht hörte Jim mit der Rederei auf, bestellte beim Zimmerkellner eine Wassermelone, aß sie fast ganz und traf sich dann mit seinen Anwälten wieder in der Abteilung ›D‹. Die Anklage hatte für heute vier weitere Zeugen vorgesehen, alles Polizisten und Geheimagenten, die entweder Gotteslästerliches aus Jims Mund gehört oder seine Genitalien gesehen haben wollten. Einer wußte sogar, daß Jims Glied ›im Begriff war, zu erigieren‹.

Am Mittwoch fuhren Jim, Ray und Babe in die Everglades. Sie fuhren mit einem Luftkissenboot herum, sahen Alligatorenkämpfe und aßen Froschschenkel mit Mehlklößen.

Die Verhandlung wurde am Donnerstag fortgesetzt. Die Anklagebehörde präsentierte einen weiteren Schwung Zeugen: noch drei Polizisten und eine Zivilangestellte, die als Telephonistin bei der Polizei arbeitete und durch einen befreundeten Polizisten in das Konzert gekommen war. Sie alle beschuldigten Jim irgendwelcher strafbaren Dinge. Und auf Finks Frage: »Wenn sich Jim Morrison so obszön gebärdet hat, warum wurde er nicht nach dem Konzert hinter der Bühne festgenommen?« sagte einer der Zeugen, man habe den Krawall der Menge gefürchtet.

»Welcher Menge?« fragte Fink. »In der Garderobe war doch niemand außer den *Doors*, ihren Freunden und die Polizei.«

Die Frage wurde nicht beantwortet und war schnell vergessen, als die Anklage eine Kassette als Beweismittel vorlegte, die jemand aus dem Publikum mit einem kleinen Kassettenrecorder aufgenommen hatte. Der Recorder wurde auf die Absperrung vor die Jury gestellt, dann lief das Band. Eine Stunde und fünf Minuten lang erfüllte die rauchige Musik der *Doors* und die grollende Stimme Jims den Gerichtssaal.

»...mag denn niemand meinen armen Arsch? ...Ihr seid alle ein Haufen verdammter Idioten... Ich will die Welt ändern... ah... ah... Ich möchte hier oben ein paar Leute sehen, die Spaß haben... Keine Grenzen, keine Gesetze.«

»Versteht ihr«, meint Harvey Perr, »Jim und Max Fink waren sich einig, daß die Bänder abgespielt werden sollten. Sie wollten zeigen, daß alles in einem Zusammenhang stand, aus einem grundlegenden Rhythmus erwuchs. Es war eine Art Gedicht, ein durchgehendes Gefühl; sie wollten zeigen, daß das ›Obszöne‹ integriert war. Wenn Jim *fuck* sagte, hatte es die Bedeutung von ›lieben‹. Ich will damit sagen, mit all dem Obszönen rief Jim das Publikum zum Aufstand auf, zur Revolte gegen die überhöhten Eintrittspreise für diese Gesellschaft, zur Revolte gegen das System. Die Waffe im Kampf: sich lieben. Er sagte: ›Fick deinen Nächsten!‹. Und das alles hatte diesen durchgehenden Rhythmus, fast wie bei seinen Gedichten. Es war wie ein langes, tosendes, trunkenes Gedicht, das zur Revolte aufrief. Es war wie Dylan Thomas.«

Freitag abend flog Jim nach London und weiter mit einer kleinen Maschine zur Isle of Wight. Dort sollten die *Doors* in dem einzigen Konzert auftreten, das von der fehlgeschlagenen Europa-Tournee übriggeblieben war. Es war Samstag abend, und Jim war seit 32 Stunden auf den Beinen. Die *Doors* spielten bis zwei Uhr in der Früh, dann kam die Band, auf die das Publikum noch wartete: *The Who*. Die *Doors* mußten unter äußerst schlechten Bedingungen spielen, nämlich im Freien, im kalten Wind, verkehrte Beleuchtung, schlechte Tontechnik. Es war, wie es ein englisches Pop-Magazin formulierte, »in gewisser Weise, als ob ein *Doors*-Album mit einem schlechten, langsamer laufenden Plattenspieler abgespielt wurde«. Jim war nicht voll da, und während des ganzen Auftritts hing er schlaff am Mikrophon. Anschließend zog er stundenlang übers Festival-Gelände, gab dem Mitarbeiter eines britischen Magazins ein kurzes, oberflächliches Interview und beobachtete vor allem das Publikum. Als er nach

London zurückflog, stand sein Entschluß fest: Dieses Festival sollte sein letzter öffentlicher Auftritt gewesen sein...

Die Anklage schloß am Mittwoch ihr Plädoyer, nachdem noch mal zwei von Jims Ausfällen geschockte Zeugen aufgetreten waren. Jetzt waren Jim und die Verteidigung an der Reihe.

Bob Josefsberg verlangte die Einstellung des Verfahrens, da die Anklage selbst berechtigte Zweifel an der Richtigkeit der Beschuldigungen erbracht habe. Der Richter schmetterte den Antrag mechanisch ab und setzte dann der Verteidigung Grenzen. Nur 17 Entlastungszeugen sollten zugelassen sein, soviel, wie auch die Anklage Zeugen aufgeboten hatte. Überhaupt nicht zulassen wollte er ›sogenannte‹ Sachverständige.

Den verbleibenden Tag und den ganzen nächsten Tag riefen die Verteidiger ihre ersten fünf Zeugen auf. Alle sagten aus, daß sie von ihrem Platz das Geschehen aus nächster Nähe hatten verfolgen können. Daß sich aber Jim entblößt hätte, hatten sie nicht gesehen. Die Aussagen wirkten überzeugend, aber so war es auch bei den Zeugen der Anklage gewesen, die etwas gesehen hatten. Langeweile legte sich wie ein Schleier über den Gerichtssaal, unsichtbar zwar, aber zu spüren wie die Klimaanlage. Es war beinahe eine Erleichterung, als am Ende des Tages eine elftägige Unterbrechung verkündet wurde. Jim und Babe gingen nach Nassau und trafen sich dort mit Frank und Kathy Lisciandro. Eine Woche lang Alkohol und Sonnenschein.

Der Prozeß wurde am 14. September fortgesetzt. Die Verteidigung bot nicht weniger als zehn Zeugen in zweieinhalb Stunden auf. Am folgenden Tag befragte sie weitere fünf. Damit war die vom Gericht gesetzte Grenze von 17 Zeugen überschritten. Da aber Max Fink unheimlich rasch voranschritt, erhob niemand Einspruch. Geladen waren Hausfrauen und Studenten, Doktoren und Polizisten, und alle versicherten entlastend, sie hätten nicht gesehen, daß sich Jim entblößt hätte. Es war, als ob ein Querschnitt durch die Bevölkerung von Miami denselben kleinen Ausschnitt aus einem Stück spielte, so glichen sich die Aussagen. Jedesmal, wenn der Richter die Anklagevertretung fragte, ob sie den Zeugen fürs Kreuzverhör wolle, lehnte McWilliams ab.

Nachdem sich nun der Prozeß länger als einen Monat hingeschleppt hatte, ging es jetzt rasch aufs Ende zu. Nicht einmal die

Aussagen Jims und der anderen *Doors* am 16. und 17. September waren besonders bemerkenswert.

»Ich hätte nicht aussagen müssen«, sagte Jim später, »aber wir meinten, es wäre nicht schlecht für die Jury, wenn sie sähe, wie ich bin; alles, was sie konnte war, mich anzusehen. Ich glaube, für den Prozeß hat es nichts gebracht, weder in die eine noch in die andere Richtung.«

Jims Aussage war ruhig und vernünftig. Er beantwortete die Fragen der Anklage und der Verteidigung mit gleicher Höflichkeit und Bereitwilligkeit. Er wählte seine Worte langsam und sorgfältig, mit nachdenklichen Pausen. Mit den Fingerspitzen strich er sich dabei über seine Koteletten; was er sagte, wirkte klar, entgegenkommend, überzeugend.

Schließlich erklärte Max Fink:

»Die Verteidigung hat ihre Beweisführung abgeschlossen.«

Richter Goodman war damit einverstanden, daß am Samstag verhandelt wurde, um die Schlußplädoyers zu hören und den Fall der Jury zu übergeben. Noch vor der Verhandlung las Jim an diesem Morgen in einer örtlichen Zeitung, daß Jimi Hendrix in London gestorben war. Und wieder wollte er gerne wissen:

»Glaubt jemand an Vorzeichen?«

Die Verteidigung ging in ihrem Schlußwort darauf ein, daß die Berufung auf die ›gegenwärtigen gesellschaftlichen Wertvorstellungen‹ verworfen worden war. Länger als drei Stunden zerpflückte Max Fink das Beweismaterial. Er rief noch einmal die unschlüssigen und widersprüchlichen Aussagen in Erinnerung. Dann nahm Bob Josefsberg die Fabel von des Kaisers neuen Kleidern und paßte sie in einem Vortrag von einer Stunde oder noch länger den gegebenen Umständen an. Am Ende seiner Ausführungen wandte er sich mit höflicher Verbeugung der Anklage zu und sagte:

»Mr. McWilliams mag nun übernehmen.«

McWilliams sprach eine halbe Stunde lang. Sein Plädoyer wirkte beinahe verteidigend. Dann setzte er sich, ohne Jim auch nur anzusehen. Samstag, 21.00 Uhr, begann die Jury ihre Beratung. Gegen 23.00 Uhr war sie bei dreien von vier Anklagepunkten zu einem Ergebnis gekommen. Sie erkannte auf ›Unschuldig‹ bei den Punkten Eins und Vier: unzüchtiges Verhalten (der Vorwurf der simulierten Masturbation und der simulierten oralgenitalen Kontakte) und Trunkenheit in der Öffentlichkeit (ein bloßes Vergehen). Auf ›Schuldig‹ erkannte sie bei Punkt Drei: lästerliche Reden (ebenfalls ein Vergehen). – Im Zeugenstand hatte Jim, gefragt, ob er sich entblößt habe, geantwortet:

»Ich kann mich nicht erinnern, ich war zu sehr betrunken.« So wirkte es wie Hohn, daß er gerade vom Vorwurf der Trunkenheit freigesprochen wurde. Die Jury teilte dem Gericht mit, daß sie im Punkt Zwei der Anklage, die Entblößung (auch sie ein Vergehen), zu keiner Einigung gekommen sei. Daraufhin schloß der Richter die Jury in einem Hotel in Miami von der Öffentlichkeit ab und unterbrach die Sitzung bis 10.00 Uhr, Sonntagfrüh. Dann sollte die Jury ihre Diskussion wieder aufnehmen.

Am Sonntagmorgen las Jim Irving Stones Jack-London-Biographie *Sailor on Horseback*, als die Jury den Sitzungssaal betrat und ihr Sprecher den Spruch bekanntgab: Man hatte Jim der Entblößung für schuldig befunden.

Die Urteilsverkündung wurde auf Ende Oktober angesetzt. Da Jim wegen eines Vergehens nicht von Kalifornien ausgeliefert werden konnte, wurde die Kaution von 5000 auf 50 000 $ heraufgesetzt. Das sollte ihn veranlassen, sich wieder zu stellen.

Als er den Gerichtssaal verließ, in schwarzen Jeans, Stiefeln und einem bestickten Sweatshirt, das ihm eine Verehrerin geschenkt hatte, blieb Jim bei den Reportern stehen und sagte ernst:

»Dieser Prozeß und sein Ausgang werden meinen Stil nicht ändern. Ich bleibe dabei, daß ich nichts Unrechtes getan habe.«

Die Monate nach dem Verfahren waren in gewisser Weise schlimmer als der Prozeß selbst. In Miami hatte es den Anschein gehabt, als trete Jim auf der Stelle, jetzt überließ er sich dem Sog zur Katastrophe.

Sowie er aus Florida zurückkam, hörte er, daß Janis Joplin an einer Überdosis gestorben war. Ihn packte eine verzweifelte Angst. Erst Jimi – jetzt Janis. Verschiedenen Freunden, mit denen er auf Sauftour war, sagte er:

»Du trinkst mit Nummer Drei.«

Er geriet mit Pamela in einen so entsetzlichen Streit, daß sie ihn verließ. Sie warf das Handtuch, packte und flog nach Paris, um sich dort mit ihrem reichen französischen Grafen zu treffen.

Die nächsten Tage verbrachte Jim in Kneipen, die Nächte in dem Hotel am Sunset Strip, wo er und Babe in benachbarten Zimmern wohnten.

»He Babe! Schau mal!«

Jim hing außen am Balkongeländer im *Hyatt House Hotel*, zehn Stockwerke überm Sunset Strip. Er hatte zu viel getrunken und Koks geschnieft.

»Mir wär's lieber, du würdest das nicht tun, es macht mich nervös.«

Er ging auf den Balkon, schaute übers Geländer, wo sich Jim nur mit den Händen hielt.

»Du versammelst da 'ne hübsche Menge Leute«, sagte er. Unter anderen war der Geschäftsführer des Hotels unten auf dem Gehweg und wedelte mit den Armen. Minuten später donnerte es an die Tür. Babe half Jim beim Hereinklettern ins Zimmer. Dann ließ er den zornigen Geschäftsführer und ein paar Leute vom Büro des Sheriffs rein.

»Was macht ihr hier? Was zum Teufel glaubt ihr Burschen, daß...«

»Es ist alles in Ordnung«, sagte Babe und deutete auf Jim. Die Polizisten drangen ins Zimmer. Später beriefen sie sich darauf, daß Babe die Tür weit geöffnet habe, sei eine Einladung gewesen, die Handbewegung zu Jim hin interpretierten sie als ›Begrüßungsgeste‹. Während sie das Zimmer durchsuchten, konnte Babe das Kokain verstecken. Er steckte es in einen dreiseitig gefalteten Pappständer auf der Frisierkommode mit der Aufschrift: ›Besuchen Sie das Waffenzimmer!‹ Aber die Polizei entdeckte doch etwas Marihuana, und da es in Babes Zimmer war, wurde Jim nicht festgenommen. Aber man brachte ihn auf der Hinterseite des Hotels unter — mit Blick auf den Parkplatz.

Als ihn Salli Stevenson für das *Circus Magazine* interviewte, ließ sich Jim erweichen und sprach über das Miami-Konzert.

»Ich glaube, ich hatte einfach das Image satt, das um mich herum aufgebaut worden war. Ich hatte dem manchmal bewußt und meistens unbewußt Vorschub geleistet. Es war einfach zu viel für mich, das zu verdauen. Deshalb machte ich eines schönen Abends dem allen ein Ende. Vermutlich war das alles darin zusammengepackt, daß ich dem Publikum sagte, es sei ein Haufen bescheuerter Idioten. Was geschah aber? Was ich eigentlich sagen wollte war, macht euch klar, ihr sollt nicht da rumsitzen, um ein paar Songs von 'ner guten Band zu hören. Ihr seid aus einem ganz anderen Grund da. Gebt das doch zu und macht was!«

Weiter sagte er, er halte das Gespräch für »eine Form der Kunst mit wachsender Bedeutung, mit Beichtstuhl, Palaver und Kreuzverhör als Vorläufer«. Er regte sich über die Polizisten in Los Angeles auf:

»Sie sind Idealisten und glauben fast fanatisch an die Berechtigung ihrer Sache. Hinter ihrem Terror steht eine ganze Philosophie.«

Im Interview waren viele Überlegungen, die folgerichtig aufgebaut waren. Vielleicht zum ersten Mal deutete Jim öffentlich an, daß er vom Leben genug habe.

»Ich leugne nicht, daß es mir die letzten drei, vier Jahre gutgegangen ist. Ich hab' 'ne Menge interessanter Leute getroffen, und ich hab' in kurzer Zeit Dinge erlebt, die andere in zwanzig Jahren nicht kennenlernen. Ich kann nicht sagen, daß ich das bedaure.« Aber er fügte hinzu: »Wenn ich es noch einmal tun müßte – ich glaube, ich wählte den ruhigeren Weg des Künstlers, der sein Gärtlein umgräbt.« Wie würde es weitergehen, wenn er ins Gefängnis müsse? Er hoffte, die drei anderen würden »weitermachen, zu einem eigenen instrumentalen Sound finden, der unabhängig von Songtexten wäre – die sind in Wirklichkeit ohnehin nicht für die Musik notwendig«.

Am 30. Oktober flog Jim nach Miami zur Urteilsverkündung. Vor dem Urteil sprach Richter Murray Goodman einige einleitende Worte:

»Die Behauptung, Ihr Benehmen habe in Einklang mit allgemeinen Wertvorstellungen gestanden, ist schlicht nicht wahr. Wenn man einräumt, daß dieses Volk unzüchtige Zurschaustellung und die provozierende Sprache, die Sie wählten, mit seinen allgemeinen Wertvorstellungen vereinbare, so hieße das, eine kleine Minderheit, die sich obszön ausdrückt, die Gesetz und Ordnung nicht respektiert, und die nur Verachtung für unsere Institutionen und unser Erbe empfindet, bestimme unser aller Wertvorstellungen.«

Jim hielt das für eine ausgesprochen gute Wahlrede, die dem Richter nächsten Monat ein paar Stimmen mehr einbringen würde. Im Urteil wurde, wie erwartet, die Höchststrafe verhängt. Für die gotteslästerlichen Flüche 60 Tage Zuchthaus im Bezirksgefängnis, für die Entblößung nochmal vier Monate dasselbe, anschließend zwei Jahre und vier Monate Bewährung, dazu noch 500$ Geldstrafe.

In der ersten Novemberwoche ging Patricia Kennely in ein New Yorker Krankenhaus, die Schwangerschaft wurde in der 20. Woche abgebrochen. Jim kam nicht und er rief auch nicht an.

Innerhalb von 14 Tagen nach dem Urteil legte Fink Berufung beim *U. S. District Court* ein. Zur gleichen Zeit lieferte Elektra eine LP aus, *13*, eine Blütenlese der ersten fünf *Doors*-Alben.

Die Beziehungen zwischen der Band und ihrer Plattengesellschaft waren zur Zeit etwas dünn. Jac Holzman wollte auf alle Fälle verhindern, daß man seine Gesellschaft mit dem Miami-Urteil in Verbindung brachte. Seine Mitarbeiter waren instruiert, das Thema zu meiden, wo es nur ging. Der persönliche Verkehr blieb herzlich; aber als Elektra das *Doors*-Büro um Zustimmung für die Anthologie-LP bat, verstand man das als reine Formalität. *Morrison Hotel* hatte sich gut verkauft — bedenkt man die Umstände, unter denen es erschienen war, und daß keine ausgekoppelte Single als Hit beim Verkauf half. *Absolutely Live* war einige Monate später erschienen, die Herstellung war teuer gewesen, der Verkauf schwach, nur 225000 Exemplare, halb soviel wie bei *Morrison Hotel*. Elektra wollte die neue LP fürs Weihnachtsgeschäft, also bekam sie, wenn auch widerwillig, den Segen der *Doors*. Jim willigte sogar ein, sich den Bart fürs Photo abnehmen zu lassen, das auf die Rückseite der Hülle kommen sollte.

Jim gefiel das Cover von *Absolutely Live* überhaupt nicht. Ursprünglich sollte es eine wirkungsvoll grobkörnige, bläuliche Rückenansicht der Band auf der Bühne des *Aquarius Theatre* sein, wo man *Celebration of the Lizard*, das auf der Platte drauf war, mitgeschnitten hatte. Die Werbeabteilung bei Elektra entschied aber, daß das Photo allein kein ausreichender Blickfang sei. Eine Farbaufnahme von Jim, beim Konzert im Stadion von Hollywood aufgenommen und also über ein Jahr alt, wurde direkt auf das Cover geklatscht und die Platte ausgeliefert, ehe das Büro der *Doors* etwas davon wußte. Jim war sauer.

Genausowenig gefiel ihm das Cover von *13*. Auch das zeigte einen jüngeren Jim Morrison, der auch noch durch seine Größe von der Band abstach. Offensichtlich wollte Elektra den ›hübschen‹ Jim Morrison. Überraschenderweise beklagte sich Jim nur bei einigen engsten Freunden. Obgleich Ray, Robby und John sich daran gewöhnt hatten, daß die Aufmerksamkeit auf ihren Leadsinger gelenkt wurde, ärgerte es Jim doch.

13 wurde ausgeliefert; die Woche drauf starb Felix Venable, Jims alter Freund aus Uni-Tagen in Los Angeles, an Magenkrebs.

Jim war ziemlich mitgenommen. Aber durch die Proben für die neue Platte wurde sein Arbeitsplan wieder ausgefüllt. Da viel von dem, was auf die Platte sollte, schon vor langer Zeit geschrieben worden war, kam das Material rascher zusammen, als man gedacht hatte. Das unheilschwangere *Cars Hiss by My Window (Window starts to remble with a sonic boom / A cold girl will kill you in a darkened room)* stammte aus einem der wenigen noch erhaltenen Notizbücher aus der Venice-Zeit. Der Text von *The Wasp (WASP* als Abkürzung bedeutet *white anglo-saxon protestant,* außerdem bezeichnet es eine Rundfunk-Station: *Texas Radio & The Big Beat)* war im Souvenir-Buch der *Doors* 1968 erschienen; im gleichen Jahr hatte Jim auch den Song *The Changeling* geschrieben. *L'America* war noch von Antonionis *Zabriskie Point* übrig.

Bei den neuen Sachen waren zwei Songs, einer sieben, der andere acht Minuten lang, beide poetisch und groß autobiographisch, beide sehr lyrisch und sehr musikalisch. Das eine, *L. A. Woman,* war ein verzweifelter Gruß an Los Angeles, eine Stadt, die er als krank und fremd erlebte. *Are you a lucky little lady in The City of Light? / Or just another lost angel — City of Night.* Für Jim *war* Los Angeles eine ›Stadt der Nacht‹ (das Wort war aus einem Roman von John Rechy übernommen). In einer anderen Strophe beschrieb er Los Angeles so: *Drivin' down your freeways / Midnight alleys roam / Cops in cars, the topless bars / Never saw a woman — / So alone, so alone...* Und darauf setzte er noch grausamer: *Motel money murder madness / Let's change the mood form glad to sadness.* In der nächsten Strophe redete er sich selber an: *Mr. Mojo Risin'* (= Anagramm von Jim Morrison) */ Keep on risin' / Got to keep on risin' / Risin', risin'...*

J.M. / Doors

L.A. Woman

Well, I just got into town about
      an hour ago
Took a look around, see which
      way the wind blow
Where the little girls in their
      Hollywood bungalows
Are you a lucky little lady in
      the City of Light?
Or just another lost angel —
      City of Night (4)

L.A. Woman (●) (2)
L.A. Woman Sunday afternoon (3)
Drive thru your suburbs
Into your blues (●) (2)
Into your blue-blue Blues
Into your blues

›L.A. Woman‹ in der Handschrift von Jim Morrison

Break
I see your hair is burning
Hills are fill'd w/ fire
If they say I never lov'd you
You know they are a liar
Drivin' down your freeways
Midnite alleys roam
Cops in cars, the topless bars
Never saw a woman —
So alone (2)
So alone-lone lone
So alone

Motel money murder madness
Let's change the mood from glad
      To sadness

Break

Mr. Mojo Risin' (4)
Keep on risin'
Got to Keep on risin'
Risin' risin' (8)

Repeat 1st Verse
    dawn to... 'City of Night'

L.A. Woman (2)
She's my woman
Little L.A. Woman
L.A. Woman C'Mon

Riders on the Storm kam ohne Wortspiele aus, es war langsamer, aufreizender und melodischer als *L. A. Woman*. Es galt auch als autobiographischer. *Riders on the storm / Into this house we're born / Into this world we're thrown / Like a dog without a bone / An actor out on loan / Riders on the storm*. In einer anderen Strophe tauchte ein vertrautes Thema wieder auf, ein Ruf nach Pamela und nach Liebe: *The world on you depends / Our life will never end / Girl you gotta love your man*. Das Bild *There's a killin' in the road,* das in dem Song auftauchte, war wohl aus dem Film *HWY* entliehen.

Die *Doors* gingen mit diesen Songs zu Paul Rothchild. Ihre Beziehung zu Paul hatte sich seit sie im Januar die Arbeit an *Morrison Hotel* abgeschlossen hatten, verschlechtert. Rothchilds zur Gewohnheit gewordener Perfektionismus hatte bei den früheren Alben zu so vielen neuen Einsätzen, Unterbrechungen und Wiederholungen im Studio geführt; seinetwegen braucht man so viele Konzerte für eine Live-Album. Dieser Hang zum Perfektionismus ›fing an, uns auf den Geist zu gehen‹, – wie John es ausdrückte. Schlimmer aber: Paul gefielen die neuen Sachen nicht.

»Sie waren scheußlich«, sagt er heute noch. »Das Zeug war schlecht, die dahinterstehende Haltung war schlecht, die Darbietung war schlecht. Drei Tage lang hörten wir's uns an. Dann schrie ich durch die Sprechanlage ›das reicht!‹ und machte Schluß. Wir gingen essen, und drei geschlagene Stunden hab' ich an sie hingeredet. ›Schaut‹, hab ich gesagt, ›ich finde, das stinkt! Ich kann mir nicht denken, daß die Leute das hören wollen. Zum ersten Mal in meinem Leben habe ich mich in einem Aufnahmestudio gelangweilt; ich will in mein Bett. Ihr habt ungewöhnlich starke Spannungen zwischen euch.‹ Und zu Jim sagte ich: ›Das ist *deine* Platte. Du hast sie gewollt, also mach sie. Warum macht ihr die Produktion nicht selber? Ich steig aus.‹«

Die Kritik verletzte; vor allem, als Paul *Riders on the Storm* als ›Cocktail-Musik‹ abqualifizierte. Die *Doors* räumten ein, daß sie nicht sauber gespielt hätten und daß sie vielleicht noch nicht so weit waren, um Aufnahmen machen zu können. Aber sie ließen sich ihren Glauben an die Sachen nicht ausreden. Nach dem Essen gingen sie mit Brude Botnick, ihrem Toningenieur, ins Studio zurück und beschlossen, mit ihm zusammen die Aufnahmen zu machen.

Pamela blieb in Europa und Jim sah sich nach was Neuem um. Er suchte ein Mädchen, das, wie Bill Siddons sagte, ›bis zum Ende mitgeht‹.

»Jim machte alles bis zum Ende«, sagt Bill. »Jim — besonders wenn er betrunken war — verfolgte eine Sache bis zur letzten Konsequenz, ob er nun in höllische Schwierigkeiten oder in himmlische Freuden geriet. Das ist auch einer der Gründe, warum die Leute zu ihm hielten, sie spürten das. Cheri, meine Frau, hat einmal zu ihm gesagt, eines Tages werde er eine Frau haben wollen, die so weit gehen könne wie er selbst.«

Vielleicht glaubte Jim, er habe diese Frau in Ingrid Thompson gefunden, eine große, blühende Frau, die aus Skandinavien stammte, ein Typ wie Julie Newmar. Am 19. November, als ihr Ehemann zu einer Geschäftsreise nach Portugal fuhr, zog Jim ins *Chateau Marmont,* ein anderes Hotel am Sunset Boulevard. Von da an sahen sie sich öfter.

Ingrid öffnete die Haustür einen Spalt breit, und Jim klemmte seinen Fuß dazwischen. Er war betrunken. Mit seinem wieder gewachsenen Bart und in einer schäbigen Drillichjacke sah er aus wie ein benebelter Hinterwäldler. Ingrid machte die Tür weiter auf.

»Du weißt, ich hab' dich immer geliebt«, versicherte ihr Jim.

In der drauffolgenden Zeit kam Jim regelmäßig an zwei, drei und auch vier Abenden der Woche zu Ingrid. Oft hatte er noch ein anderes Mädchen dabei; irgendeine, die er rumgekriegt hatte, ihn ›heim‹-zubringen und mit der er noch auf der Türschwelle knutschte, ehe sie eintraten. Ingrid haßte das, und sie sagte ihm das auch. Aber Jim zuckte nur die Schultern und sagte, er gebe ihr so viel, wie er könne. Am Ende des Monats sagte er ihr, er wolle mit ihr ein Kind. Und mit dramatischer Geste warf er ihre Antibaby-Pillen ins Kaminfeuer.

»Wir verstanden uns wirklich gut«, sagt Ingrid heute. »Keiner hatte das erwartet. Er liebte das Leben wirklich und ich auch. Die einzig schlimme Sache war das viele Kokain, das brachte uns um den Verstand. Er dachte, ich sei irrer als er, und er wollte sehen, wie weit ich ginge.«

Jim hatte schon über ein Jahr Kokain geschnupft. Das erste Mal war er schwer drauf eingestiegen, als er und Michael McClure MGM dazu brachten, ihnen 1000$ ›Projektförderung‹

zu zahlen, während sie an ihrem Drehbuch schrieben. Dann schnupfte er wieder stärker, als Paul Rothchild drauf war – während der Aufnahmen zu *Morrison Hotel*. Einmal kauften Jim und ein Angestellter von MGM 30 g Kokain, und Jim sagte:

»Du sperrst es bei dir ein und gibst mir immer nur ein kleines bißchen, egal, was ich sage, ja?« Und zu Pamela sagte er einmal:

»Wenn ich hinterm Haus einen Berg Koks hätte, ich würde ihn schnupfen – weil er da ist.«

Eines Abends, als er bei Ingrid vorbeikam, hatte er Champagner mit und in einer Kleinbild-Filmdose Kokain, mehr als sonst. Beide Arme freudig erhoben, kam er rein und setzte sich an den Couchtisch. Er machte Komplimente – auf Ingrids Intelligenz, ihr gutes Aussehen, ihren europäischen Charme – und leerte sein Glas in einem Zug. Dann schraubte er das Filmdöschen auf und schüttete das Häufchen Kokain auf die Glasplatte des Couchtisches. Langsam und schweigend zog er mit seiner Kreditkarte zwei etwa fünf Zentimeter lange lines. Aus einer frischen Hundertdollarnote rollte er ein Röhrchen; beide schnupften sie – jeder für etwa 50$.

Die Wirkung zeigte sich sofort. Das Herz schlug schneller, die Temperatur stieg etwas an, die Pupillen erweiterten sich, die Gesichter glühten. Minuten später waren beide quasselig, unruhig, aufgeregt. Sie waren von sich überzeugt und fühlten sich dem Leben gewachsen. Sie schnupften noch mal so viel.

Der Kokainrausch ist kurz und süß. Wer es sich leisten kann, nimmt noch eine Prise. Erst kürzlich hatte Jim mit Steve Stills und ein paar anderen ziemliche Mengen geschnupft; jetzt ging es mit Ingrid weiter. Nach drei Stunden war das Filmdöschen fast leer. Sie waren beide nackt und tanzten im Mondlicht. Dann schmissen sie sich gegenseitig ins Bett. Ingrid fing an, von ihrem Heimatland zu erzählen, den merkwürdigen Freunden, die sie dort hatte. Sie sagte, manchmal trinke sie Blut.

»Schwindel!« sagte Jim.

»Nein, das stimmt«, versicherte Ingrid und nickte ernsthaft mit dem Kopf. »Ich tu's manchmal...«

»Okay«, antwortete Jim und lächelte, »wir wollen jetzt ein bißchen Blut trinken.« Es klang ernst.

Ingrid versuchte, es in einen Witz umzudrehen. Sie schnappte mit dem Finger und sagte:

»Ich hab' ganz vergessen, der Blutmann ist heute nicht gekommen.«

»Wir wollen jetzt ein bißchen Blut trinken«, wiederholte Jim.

Er dachte an das Blut, das Patricia ihm von Unterarm und Handgelenk für ihre Trauzeremonie genommen hatte. Wahrscheinlich hatte er damals deshalb den Schwächeanfall; Jim hatte daher eine gewisse Panik vor scharfen Gegenständen.

»Hast du Rasierklingen?« fragte er.

Ingrid merkte an der Art wie er fragte, daß sie das Blut würde liefern müssen. Sie ging ins Badezimmer und suchte. Kurz darauf hielt sie eine Rasierklinge an einer Ecke fest und berührte ihre linke Hand zwischen Daumen und Zeigefinger. Nervös und mit geschlossenen Augen versuchte sie, sich zu schneiden. Als sie die Augen wieder öffnete, sah man kein Blut. Sie versuchte es noch mal.

Beim fünften Schnitt spritzte das Blut nur so. Jim brüllte, schnappte ein Champagnerglas und fing das Blut auf. Sie liebten sich, tanzten wieder und schmierten sich ihre Körper rot ein.

Am nächsten Morgen erwachte Jim auf blutigem Laken. Überall am Körper hatte er trockene braune Flecken von Ingrids Blut. Jim erschrak. Die Paranoia wuchs.

Von Ende November bis Anfang Dezember bekam Jim im *Chateau Marmont* fast täglich Besuch von Marry Marcus und einem anderen Dramatiker, Syrus Mottel, einem Freund von Larry. Wenn sie kamen, klopften sie in einem bestimmten Rhythmus. Jim sah dann aus dem Fenster im zweiten Stock, um zu sehen, wer da war. Schließlich ließ er sie in sein Allerheiligstes. Da reichten die Bücher von Wand zu Wand, der Kühlschrank war voll Bier, Eßbares war nicht drin.

Die Filmideen, an denen sie strickten, kreisen um das Problem der Identität. Sie beschlossen, einen Einfall von Jim für einen Film zu nehmen: Die Geschichte eines jungen Film-Dramaturgen aus Los Angeles, der eines Tages Beruf, Frau und Kinder verläßt, im mexikanischen Urwald verschwindet, auf — wie Jim sagte — ›einer wahnsinnigen Suche nach dem absoluten Nichts‹. Jim und Larry machten mit May Finks Hilfe einen Vertrag. Larry garantierte persönlich haftend Jim für seine Dienste als Koautor, Koproduzent und Schauspieler 25000$.

Am Abend gingen sie manchmal ins *Cock 'n' Bull,* ein Restaurant am Sunset Strip. Einmal, Frank Lisciandro war dabei, fing Jim an, die Filmidee zu parodieren. Er redete und redete, machte sie völlig kaputt, erstickte alle Hoffnungen Larrys und erbarmungslos auch seine eigenen. Ein andermal, als Syrus und Larry dabei waren, trank Jim während des Essens drei Flaschen Scotch. Dann stürzte er auf den Sunset Strip und lenkte den Verkehr mit seinem Mantel, als donnerten die Kampfstiere von Pamplona an ihm vorbei.

Einmal gabelte Jim Larry Marcus in den Columbia Studios auf. Ohne ein Wort zu sagen, kurvte er mit ihm in einem alten Leihwagen einen halben Tag lang durch Los Angeles. Noch nicht mal das Radio hatte er an. Larry staß stumm dabei. In der Falle.

11

Am 6. Dezember wählte Jim eine Nummer, die ihm Jac Holzman gegeben hatte. Er sprach mit dem Toningenieur, der das Elektra-Studio aufgebaut hatte.

»Übermorgen hab' ich Geburtstag«, sagte Jim, »und ich würde gerne etwas Lyrik aufnehmen.« Am 8. Dezember trafen sie sich im Studio *Village Recorders.* Das lag zwei Blöcke vom *Lucky U* weg, wo Jim während des Studiums gerne etwas getrunken hatte. Jetzt trank er mit Frank, Kathy, Alan Ronay und einer Schwedin, ehe er ins Studio ging. Dort angekommen, bot ihm der Toningenieur als erstes eine Flasche irischen Whiskey an. Jim begann mit seiner Lesung und trank dazu.

Wie in *An American Prayer* hatte vieles von dem, was er las, den Charakter einer Anrufung. Vier Stunden lang las sich Jim durch ein dickes Bündel sauber getippter Manuskripte. Dabei trank er immer mehr.

Jim stimmte zu, am Freitag, dem 11. Dezember, wieder in Dallas aufzutreten und am folgenden Abend in New Orleans.

Dallas war ein Triumph. An diesem Abend bewiesen sich die vier *Doors* selbst und ihren Kritikern, daß sie noch immer stark waren, daß man mit ihnen rechnen mußte. Sie hatten zwei ausverkaufte Konzerte mit 6000 Leuten. Nach jedem Auftritt gaben sie zwei Zugaben. Jim war gut aufgelegt, die Band war stark, hielt zusammen. Sie spielten zum ersten Mal öffentlich *Riders on the Storm,* das Publikum war hingerissen. Hinter der Bühne beglückwünschten sich die *Doors* nach der zweiten Show zu ihrem erfolgreichen Auftritt.

New Orleans aber wurde zur Tragödie. Wenn Dallas das Gute war, Miami das Üble, dann war New Orleans der Schluß. An diesem Abend sah Ray, wie Jims Genius ihn verließ.

»Mann, jeder der da war, hat's gesehen. Alle seine Energien verließen ihn mitten im Auftritt. Er hing am Mikrophon, und es rutschte einfach weg. Du hast gesehen, wie er abbaute. Er war verbraucht.« Wie um sich über die eigene Schwäche lustig zu machen, packte Jim den Mikro-Ständer und knallte ihn ein paar mal auf die Bühne, wieder und wieder, bis man Holz splittern hörte. Dann warf er ihn ins fassungslose Publikum, drehte sich um und plumpste aufs Schlagzeug. Er saß da, bewegungslos. Es war das letzte Mal, daß die *Doors* öffentlich zu viert auftraten.

Zurück in Los Angeles wurde Jims Leben wieder etwas sonniger: Pamela kam aus Frankreich zurück. Sie war entzückt, als sie hörte, daß Jim in ihrer Abwesenheit durchgedreht hatte. Aber sie gab auch Freunden gegenüber zu, daß auch bei ihr nicht alles so gelaufen war, wie sie es gerne gehabt hätte. Sie sagte, sie sei froh, wieder in der Norton Avenue zu sein; auch wenn Jim noch im Hotel blieb. Er glaubte, er brauche das eigene Zimmer für seine geschäftlichen Besprechungen. Pamela wußte, daß Jim bald genug zu ihrem Tisch und ihrem Bett zurückfinden würde.

Als Jim ein paar Tage vor Weihnachten ins *Doors*-Büro rüber kam, sagte ihm Kathy Lisciandro, die Sekretärin der *Doors* und Franks Ehefrau, auf seinem Tisch sei eine Nachricht für ihn.

So war es.

»Ich bin hier«, stand auf dem Zettel, »ruf mich an, Patricia.« Die Nachricht war mit einem Dolch auf die Tischplatte gespießt.

Seit Miami hatte Jim Patricia nicht mehr gesehen; zu der Abtreibung war er nicht mitgegangen. Die angegebene Telefonnummer war die von seiner früheren Werbeberaterin Diane Gardiner. Jim kannte die Nummer, denn Pamela hatte die Wohnung über Diane und benutzte, da sie keinen eigenen Anschluß hatte, deren Telefon. Patricia wohnte also bei Diane.

Eine halbe Stunde später rief Jim an. Die *Doors* hatten beschlossen, ihr Album in ihrem Übungsraum unterm Büro aufzunehmen. Jim lud Patricia ein, sie solle kommen, bei den Aufnahmen zuhören. Sie lehnte ab; Plattenaufnahmen langweilten sie... Er versprach zu kommen, tat es aber nicht.

Vier Tage später, Weihnachten, nahm Patricia bei Diane das Telefon ab. Der Anruf war für Pamela. Patricia entschloß sich raufzugehen und Pamela zu rufen. Sie hatte lange genug ein Zusammentreffen vermieden. Vorher hatten sie sich nur kurz bei der Party im *Hilton* in New York getroffen. Jetzt, nach diesem Anruf, kamen sie ins Gespräch. Pamela war schon stark auf Tranquilizern; zusammen mit ihr rauchte Patricia Marihuana – ausreichend, um ein halbes Dutzend Leute high zu kriegen. Sie tranken Wein und redeten fast drei Stunden. Es gab keine unguten Gefühle, keine Feindseligkeiten. Pamela erzählte Patricia, daß sie und Jim nicht richtig verheiratet seien – etwas, was sie selten zugab, allenfalls gegenüber engen Freunden. Sie nannte sich auch ›Mrs. Morrison‹, wenn sie im *Doors*-Büro anrief. Patricia erzählte Pamela von dem Schwangerschaftsabbruch, aber nichts von der Hochzeit nach Hexenritual.

»O je«, sagte Pamela, »das ist schön.« Sie machte eine Pause. »Aber es wäre noch schöner, wenn du Jim genug hättest lieben können, um das Kind zu bekommen.«

Patricia war sauer: »Mir scheint, ich habe Jim, mich und das Baby genug geliebt, um es *nicht* zu bekommen.«

»Jaaa, aber wenn du das Kind gehabt hättest, hättest du weggehen können, irgendwo auf dem Land leben. Natürlich hätte dir Jim niemals Geld geschickt, weil, das ist die Art, wie er...«

Sage, Pamelas Hund, bellte. Jim kam die Treppe hoch. Patricia stand auf, Pamela wurde totenbleich, stürzte raus und überschüttete Jim mit einem Wortschwall.

»Jim! Jim komm nicht rein, komm nicht rein. Es ist nur Diane...«

Jim lachte und stieg die Treppe weiter rauf zu Pamelas Wohnung. Pamela rannte wieder in Dianes Wohnung und blickte Patricia wie wahnsinnig an:

»Was soll ich tun? Jim bringt mich um. Er weiß, daß ich hier mit dir gesprochen hab'. Er weiß, daß du es bist.« Dann ging sie die Treppe rauf und folgte Jim.

Jim kam allein runter und behandelte Patricia entgegenkommend, war richtig nett zu ihr. Er schenkte ihr Wein nach, redete mit Gefühl, sagte ihr, daß er sie wirklich liebe. Er war betroffen, als sie sagte, wie er sie in Miami behandelt habe, hätte sie sich wie ein Groupie gefühlt. Jim meinte, es wäre ein unglückliches Zusammentreffen gewesen – mit dem Prozeß und all dem.

»Aber gerade du solltest es am besten verstehen. Du warst ja dort.«

Als Pamela wieder kam, war das Zimmer voller Leute. Diane war gekommen und hatte Gäste mitgebracht. Jim und Patricia saßen auf dem Boden, zum Umfallen betrunken, und spielten ›Krieg‹, ein Kartenspiel. Jim ließ Pamela mitspielen und gewann gegen beide, zwanzigmal hintereinander.

Nach einiger Zeit versuchte Pamela, Jim zu sich raufzulotsen. Er sagte nein, er bleibe, wo er sei. Jedermann im Zimmer war betreten, als die beiden so aneinanderrasselten. Schließlich gab Diane gutmütig Pamela etwas Amylnitrat, brachte sie rauf, als sei sie ihr Schützling, halb Freundin, halb Kind.

Später, als alle zu Bett gegangen waren, meinte Jim, Patricia solle mit ihm ins Hotel gehen. Dann änderte er seine Meinung, sagte, er könne nicht mehr fahren, gestand ihr noch einmal seine Liebe und schlug vor, auf dem Boden zu schlafen. Patricia gab nach. Sie fanden eine unbenützte Steppdecke, wickelten sich hinein und schliefen mitten im Zimmer.

Am nächsten Morgen gegen zehn Uhr ging Pamela nach unten und klopfte. Diane kam aus ihrem Schlafzimmer, öffnete die Tür einen Spalt und sagte: »Ich streit's nicht ab, er ist da.«

Pamela ging hinein und stand über Jim und Patricia, die noch immer nackt unter der Decke gekuschelt lagen. Es war wie in einer französischen Komödie: so komisch, so schrecklich und so lustig, alles auf einmal, so daß keiner wußte, ob er lachen, schreien oder Mord und Totschlag begehen solle.

»Ich hab' dir nur eines zu sagen«, erklärte Pamela mit erregter Stimme, »und ich sag dir's vor allen Leuten: Jim, verdammt, du hast mir mein Weihnachten verdorben. Du verdirbst mir's jedes Jahr. Jetzt ist's das vierte Mal. Ich halt's nicht mehr aus!«

Jim grinste. Patricia, die sofort gemerkt hatte, daß dieser Augenblick zu den Höhepunkten ihres Lebens zählte, biß sich auf die Lippen, um nicht loszuplatzen und versuchte taktvoll zu sein.

»Pamela, es ist nicht so, wie es aussieht, ich versichere dir...«
Diane unterbrach sie:
»Pamela, was du brauchst, sind ein paar Vitamintabletten und Orangensaft. Komm in die Küche.« Pamela ging gehorsam mit und Jim stieg in seine Hosen.
»Herrgott«, brummelte er, »nie werd' ich das Ende davon hören...«
»Oh, Jim, verschon' mich«, sagte Patricia, aber sie lachte mit. »Du hast das *gewollt*. Wessen Einfall war's denn, hier zu bleiben?«
»Ja, ja, du hast recht — wie immer.«
Als Pamela und Diane mit etwas Wein zurückkamen, setzten sie sich alle auf den Boden und ihre Blicke kreuzten sich.
»Laß dir keine grauen Haare wachsen«, sagte Jim schließlich zu Pamela und legte ihr den Arm um die Taille. »Es bleibt in der Familie.«

Am Ende siegten Pamelas Geduld und Treue: Die meisten Nächte im Januar und Februar 1972 fand Jim in ihr Bett. Anscheinend gefiel ihm eine Phase häuslicher Ruhe.
Diesen Winter arbeitete er gleichzeitig an vier Hauptprojekten, in den vier künstlerischen Gebieten, die ihn interessierten: Poesie, Film, Musik, Theater. Dabei war er nicht nur Autor, sondern auch Interpret. Max Fink handelte mit Elektra einen bescheidenen Vorschuß auf eine Platte mit Lyrik aus. Mit dem Dramatiker Larry Marcus wurden geschäftliche Besprechungen fortgesetzt; er wollte Jim für einen Film, der in Italien gedreht werden sollte.
Jim traf sich auch wieder mit seinem Freund Myrow, dem ›Philharmoniker-Fred‹; sie planten eine Bühnenshow, in der Jim einen Amerikaner spielten sollte, der aus vietnamesischer Kriegsgefangenschaft heimkehrt.
Am befriedigendsten von allen Projekten war das neue *Doors*-Album. Man hatte mit den Aufnahmen im Übungsraum unterm Büro angefangen. Die Platte hatte den Arbeitstitel *The Door's Workshop*. Sie produzierten sie selbst mit ihrem alten Toningenieur Bruce Botnick.
Jim erzählte jedermann:
»Und dann mach' ich noch ein Blues-Album.«

Es stimmte: Die schneidigen, wilden *Doors* waren wieder da, mit Brechtscher Schärfe und dem burlesken Ton, der die Band in ihrer Anfangszeit im *Whiskey* auszeichnete.

Eine Antidrogenvereinigung, die *Do It Now Foundation,* konzentrierte alle ihre Kräfte darauf, den alarmierenden Anstieg im Speed-Konsum in Amerika zu stoppen, möglichst zu senken. Um diese schwierige Aufgabe zu bewältigen, wandten sich diese Leute an verschiedene Jugend-Idole mit der Bitte, bei ›Speed-tötet-Radiospots‹ mitzumachen. Frank Zappa machte mit und verschiedene andere namhafte Rockstars. Jim hatte monatelang die Bitten dieser Leute ignoriert, bis er eines Tages einen Anruf im Büro entgegennahm und schließlich zu seiner eigenen Überraschung einverstanden war, daß mittags jemand vorbeikomme, um seinen Antidrogen-Spruch auf Band zu nehmen. Die Anwesenden waren überrascht, daß er zustimmte.

»Also — warum zum Teufel nicht? Vom Speed kriegt man Würmer in die Ohren. Ich möchte, daß meine Fans meine Musik hören, ohne daß ihr Verstand ausgebleicht und ihr Gehirn vergiftet ist.«

Man hatte immer geglaubt, Jim wolle sich nie dazu benutzen lassen, seine Anhänger zu manipulieren, niemals, in keiner Weise, aus welchem Grund auch immer. Warum also die plötzliche Kehrtwendung?

»Ich dachte, du hättest gesagt, deine Fans sollten für sich selber denken, Jim?« sagte Denny Sullivan. Denny beantwortete noch immer Jims Fan-Post und gehörte schon irgendwie zum Inventar des Büros. Über die Gefährlichkeit harter Drogen hatte Jim mal mit Denny gesprochen.

»Das will ich noch immer, verdammt noch mal, aber *sie können nicht* mit Scheiße im Hirn denken. Das ist der Punkt! Außerdem: Wer hat dich zum Wächter für meine Probleme bestellt?« Jim scherzte und wirkte zugleich ernst. Speed war eine schlechte Sache, das wußte er.

Als schließlich der Vertreter von *Do It Now* mit seinem Tonbandgerät kam, um den 60-Sekunden-Spot aufzunehmen, setzte sich Jim hin und bot dem Gast höflich den Platz auf der anderen Seite seines Schreibtisches an. Es schien, als wolle er einen guten Eindruck machen.

»Also, was wir gerne von Ihnen hören möchten«, fing der Besucher nervös an, ist: »Hier spricht Jim Morrison von den *Doors,* und dann, äh, sagen Sie einfach, in Ihren eigenen Worten, daß Speed tödlich ist.«

Jim dachte einen Augenblick nach und willigte ein.

»Okay, läuft das Gerät? Probieren Sie mal... Es ist besser, Sie vergewissern sich vorher. Nicht, daß wir die ganze Aufregung haben, um dann zu merken: zu spät, Chance verpaßt.«

Das Band wurde zurückgespult, abgespielt, geprüft, wieder zurückgespult.

»Fertig, Jim?« –

»Fertig.« –

»Also los!«

Jim dachte einen Augenblick nach und fing dann an:

»Hallo ihr kleinen Arschlöcher, ihr hört Radio statt eure Hausaufgaben zu machen! Hier spricht Jim Morrison von den *Doors*...«

Der Vertreter von *Do It Now* drückte die Stoptaste.

Jim sah kurz rüber zu Denny.

»Was machen Sie?« fragte er den Typ. »Ich bin noch nicht fertig!«

»Bitte, Jim, wir können in einer Minute fertig sein, wenn Sie sich ranhalten. Denken Sie daran, das ist ein Spot für eine öffentliche Sendung.«

Jim hörte aufmerksam zu und nickte.

»Ich glaube, ich habe verstanden. Kann ich es noch einmal versuchen?«

Das Band wurde zurückgespult und auf Aufnahme gestellt:

»He Jungs da draußen, wie steht's? Hier ist euer alter Kumpel Jim Morrison. Ich sing' mit 'ner Band, den *Doors,* vielleicht schon mal gehört? Wir ham 'n paar Songs gemacht, aber nie einen über Speed. Saufen, zum Teufel, jaaaaaa!«

Der gereizte Typ: »Bitte, Sie müssen verstehen, was wir brauchen. Frank Zappa hatte seinen Spaß. Auch Sie können Ihren Spaß haben, aber es muß auch ernsthaft sein.«

Jim schien zu verstehen.

»Okay, kapiert. Noch mal. Jetzt klappt's. Ich versprech's.«

»Hallo, hier ist Jim Morrison von den *Doors.* Ich will euch nur eins sagen: Speed schießen ist nicht das Wahre. Also schnupft's!«

Das Gerät wurde abgeschaltet. Der *Do-It-Now*-Mann saß starr. Im Zimmer war alles ruhig.

»Was is' los? Is' es jetzt richtig?«

Der Gast schüttelte den Kopf. Jim stand auf und legte ihm die Hand auf die Schulter.

»He, Mann, es tut mir leid. Auf! Stell's noch mal an. Es tut mir wirklich leid. Jetzt bring ich's. Ehrlich.«

Der Besucher sah Jim an.

»Sie versprechen's?« Jim entgegnete feierlich:

»Ich verspreche es.«

Wieder lief das Band. »Hallo, hier Jim Morrison. Schießt kein Speed. Herrgott Jungs, raucht doch Pot!«

Der Mann von der *Foundation* blickte auf.

»Ich glaube, Jim, wir kommen der Sache näher, wenn Sie nur die letzten Worte ändern!«

»Ich weiß genau, was Sie meinen«, versicherte Jim. »Noch einmal!«

Diesmal stellte sich Jim förmlich vor. Dann warnte er:

»Speed nehmen ist nicht schick. Speed bringt Gänse um. Verpaßt du 'ner Gans 'ne Ladung Speed, schwimmt sie ewig im Kreis rum.«

Der Unglückliche hatte alle Hoffnungen verloren und war den Tränen nahe. Jim bat ihn:

»Auf Mann, es tut mir leid. Ich hab' nur einen Spaß gemacht, verstehen Sie doch. Jetzt wird's richtig. Ich versprech's.«

»Ich weiß nicht, Jim« – er schüttelte den Kopf. »Ich kann hier nicht den ganzen Tag zubringen.«

»Ein letztes Mal«, drängte Jim.

»Okay, aber wenn es jetzt nicht klappt, ist's aus.«

»Es tut mir leid. Jetzt wird's eine Aufnahme! Wissen Sie überhaupt, was eine Aufnahme ist?«

Jim hielt das Mikro sorgsam vor den Mund, machte eine Pause und begann:

»Hallo, hier ist Jim Morrison von den *Doors*. Ich will nur eines sagen...« Jim lächelte seinen Besucher an, der lächelte hoffnungsvoll zurück... »Nehmt kein Speed. Speed bringt einen um. Bitte, nehmt kein Speed. Versucht Tranquilizer. Ja, Tranquilizer, Barbiturate, Seelenstimmer, kleine rosa Käpselchen. Das ist nicht so teuer und...«

Das Band lief noch, aber der Besucher war am Ende. Er stand auf, zog sein Jackett an, schnappte das Tonbandgerät und schlich aus dem Zimmer. Das Büro bebte vor Lachen. Jim hatte eine unnachahmliche Show abgezogen.

»Was fehlt ihm denn?« fragte Jim. »Ich hab' Alice Cooper sagen hören, wenn er jemand mit Speed erwische, ersäufe er ihm die jungen Hunde. Also so'n Scheiß hab' ich doch nicht geredet.«

Die *Do It Now Foundation* hat ihren Antidrogen-Spot mit Jim Morrison nie erhalten.

Eine ganze Weile war Jim nicht mehr mit der lokalen Presse in Berührung gekommen. Noch länger war es her, daß er ein Exklusiv-Interview gegeben hatte.

Ein Blatt, das Jim mochte, war die *Los Angeles Free Press,* wegen ihrer gegen das Establishment gerichteten Haltung und weil er fühlte, sie war ›ein Stück von jedermanns Leben‹. Deshalb gab er dem Musikkritiker der Zeitung, Bob Chorush, ein ausführliches Interview. Dabei zeigte er sich als ein Mensch, der sich seine Gedanken macht. Nach den Krawallen bei früheren *Doors*-Konzerten befragt, sagte Jim, Rock-Konzerte seien eine Art ›menschlicher Schwarmbildung, um trotz des unguten Gefühls wegen der Überbevölkerung noch zueinander zu finden‹, ähnlich dem Schwärmen bestimmter Insekten und anderer Tierarten.

»Ich hab' mir das noch nicht richtig klar gemacht«, meinte er ernsthaft, »aber ich glaube, es ist etwas dran.« Einige seiner Antworten waren aphoristisch:

»Ich glaube, der Mensch will in der Kunst und besonders im Film, sich seiner eigenen Existenz versichern.« Über Charles Manson sagte er: Die Prozesse waren ›der Weg der Gesellschaft, auf dem sie sich das Schreckliche einverleiben konnte‹.

Aufs Trinken kam man zufällig zu sprechen, als Jim sagte, in den zwei Jahren, in denen er und Babe nicht mehr ins *Troubadour* konnten, habe er 'ne Menge guter Musik nicht mehr gehört. Der Interviewer hakte nach. Jim machte eine Pause, hob den Kopf und fuhr sich mit den Fingerspitzen über die Koteletten:

»Ich, äh, hatte da 'ne bestimmte Phase, da hab' ich viel getrunken«, sagte er schließlich. »Ich hatte 'ne ganze Menge auf dem Buckel, ich war dem nicht gewachsen.«

Wieder machte er eine Pause.

»Ich glaube auch, Trinken ist eine Methode, mit dem Leben in einer überbevölkerten Umwelt zurechtzukommen und zugleich trinkt man wegen der Langeweile. Die Leute trinken, ich weiß das, weil es ihnen langweilig ist. Aber mir macht das Trinken Spaß. Es lockert und manchmal beflügelt's die Unterhaltung, und äh, irgendwie ist es, ich weiß nicht recht, wie ein Glücksspiel. Verstehst du? Du gehst abends weg zum Saufen und hast keinen Schimmer, wo du am nächsten Morgen landen wirst. Es kann gut gehen und es kann 'ne Katastrophe werden. Es ist wie ein Würfelspiel. Jedermann raucht Marihuana. Vermutlich hält man's gar nicht mehr für eine Droge. Aber vor drei Jahren gab's da diese Welle mit den Halluziogenen. Ich glaub' niemand ist stark genug, diesen Trips ewig zu widerstehen. Dann kommt man an die Narkotica, ich rechne Alkohol dazu. Statt mehr denken zu wollen, versucht man die Gedanken zu betäuben – mit Alkohol, Heroin, Tranquilizern. Es sind Schmerzkiller. Ich glaub', das ist's, was die Leute da machen.«

Jim sprach wie ein Beobachter der amerikanischen Gesellschaft; gleichzeitig sprach er für sich und Pamela. Bislang hatte sie ihre gelegentlichen Heroinerfahrungen vor ihm verbergen können, aber er wußte, daß sie sich zum Tranquilizer-Freak entwickelt hatte, und daß er so ziemlich allen Kriterien eines Alkoholikers entsprach. Obwohl er der *Los Angeles Free Press* erzählte, seine Saufperiode sei vorbei, erstaunte er seine Umgebung durch die Mengen, die er in sich reinschüttete.

Jim beschloß seine Gedanken zum Alkohol abrupter, als er sie begonnen hatte: »Ich mag Alkohol, er hat Tradition. Und ich hasse das Mädchen-Abhaken, diese stolzen Eroberer. Verstehst du? Ich mag diesen schmutzigen sexuellen Hintergrund nicht bei einem, der alle im Aufreißen übertreffen muß. Ich mach' das nicht mit. Deshalb mag ich Alkohol. Man braucht nur in den nächsten Laden um die Ecke zu gehen, und die Pulle steht auf dem Tisch.«

Da alle seine Projekte prima liefen, brauchte Jim tatsächlich nicht länger zu trinken, um der Langeweile zu entgehen. Wie früher trank er nur zum Spaß. Er trank, um betrunken zu werden.

Einmal kam er in Pamelas Boutique und sang mit voller Kraft *Back Door Man*. Er hatte zwei Saufkumpane mit dabei, die erst kürzlich zu ihm gestoßen waren. Er sah Denny an, der Pamelas Schwester Judy im Laden half.

»Verkauft diesen Herren ein paar Klamotten«, nuschelte er. Und fragte gleichzeitig:

»Was hätten Sie gerne? Wir führen ausgezeichnete Qualität, beste Kleidung, in eigener Herstellung von unseren Heinzelmännchen in der Schweiz geschneidert. Ihre hurtigen Finger, ihre scharfen Augen garantieren für ausschließlich erstklassige Produkte.«

Plötzlich fiel er auf einen Stuhl, der Kopf sank ihm auf die Brust.

Als er wieder aufwachte, waren seine Freunde verschwunden und Dennys ältere Schwester war gekommen. Denny stellte sie vor.

»Das ist deine Schwester?« fragte Jim. »Du hast mir nie gesagt, daß du 'ne Schwester hast, die so aussieht! Herr im Himmel, schau dir diese Titten an!«

In diesem Augenblick betrat eine wohlproportionierte Dame um die 50 die Boutique. In der Annahme, Jims Bemerkung gelte ihr, briet sie ihm eine mit der Handtasche über. Dann jagte sie ihn in die Schmuckecke und ging erst, nachdem sie ihm noch zwei, drei Schläge versetzt hatte.

»Himmel«, stöhnte Jim nach dem Vorfall. »Seit mich mein Vater mit dem Baseball-Schläger durch die Küche trieb, hab' ich so was nicht mehr erlebt.«

Ein andermal kam Jim wieder in die Boutique, polterte gegen eine Hemdenablage, warf sie um und fiel drauf. Pamela war da und explodierte.

»Heiliges Bierfaß! Er ist besoffen! Gottverdammter Jim Morrison, du Bastard!«

»Besoffen?« sagte Jim und kam langsam hoch, unschuldig lächelnd. »Ich nicht, Madame! Ich bin nur gestolpert, ein Mißgeschick.« Dann kam Babe und nahm ihn mit ins Palms — was trinken.

An diesem Abend spielte Jim in seinem Hotel Tarzan. Er kletterte aufs Dach und versuchte, sich über die Dachtraufe ins offene Schlafzimmer zu schwingen.

»Er ging nur deshalb nicht drauf«, sagte Babe, »weil er auf ein Schuppendach hinterm Haus knallte. Man konnte es nicht sehen, drum.«

Jim kippte alles in sich rein: an einem Tag Gin-Soda; Whiskey, Bier und Schnaps am nächsten; am dritten *Black Russians;* am vierten Tequila pur, *Singapore Slings* oder irgendwelche sonstigen exotischen Drinks, wenn er hungrig war, mit Früchten. Das Ende war immer das gleiche: Er war sternhagelvoll.

Gesundheitlich ging's ihm nicht besonders. Anfangs hatte er bei solchen Konzerten manchmal 'ne Zigarette gepafft, jetzt rauchte er drei Päckchen Marlboro am Tag. Er hatte einen kratzenden Husten, und er erzählte Robby, einmal habe er Blut gehustet.

Seine Stimme hatte immer noch viel von ihrer rauhen Schärfe, dem kehligen Sex; aber sie war unwiderruflich geschädigt. Als Jac Holzman die ersten Probebänder von *Los Angeles Woman* hörte, dachte er: »Das wird Jims letzte Platte als Vokalist.«

Außerdem war er aufgedunsen; er wog 80 Kilo, 18 mehr als zu der Zeit, wo die ersten Werbephotos seinen drahtigen Körper herausstellten. Er aß wenig, die Kalorien kamen vom Alkohol. Er hatte den aufgeschwemmten Leib eines Trinkers.

Michael McClure wurde im Dezember trocken und schrieb Jim, er solle es auch versuchen. Jim antwortete niemals darauf. Als er sich mit Michael und ihrer gemeinsamen Agentin, Sylva Romanao, zum Essen traf, schlug Sylva ein Spiel vor:

»Ich glaub, wir sind uns alle einig, daß jeder von uns, wie alt er auch sein mag, tief drinnen ein bestimmtes Alter spürt, und wir glauben, so sollten uns die Leute sehen.«

Michael sagte, er sei nie älter als Elf geworden.

Sylva sah sich im Geheimen immer als Neunzehnjährige.

Jim, der vor ein paar Wochen 27 geworden war, sagte düster, er fühle sich wie 47.

In der ersten Januarwoche 1971 saß Jim auf seinem Schreibtisch und las im *Rolling Stone.* Er war aufs äußerste überrascht, daß einer der führenden Kritiker des Blattes ihr letztes Album, *13*, lobte.

Ein Stock tiefer machten die anderen *Doors* Aufnahmen. Jerry Scheff, der Bassist von Elvis Presley, war da und auch der Rhythmus-Gitarrist Marc Benno. Jim schlug die Zeit tot und wartete, daß man ihn zum Singen rief. Als Aufnahmekabine nahm er dazu das winzige untere Badezimmer. Bei den meisten Songs sang Jim ›live‹ mit den anderen. Es ging alles recht leicht. An zehn Aufnahmetagen hatten sie alles auf Band und nur bei zwei der neuen Songs wurde Jims Part später eingespielt. (Der zehnte Song war *L'America,* er war Monate vorher für *Zabriskie Point* aufgenommen worden.)

Die Stücke waren gut, verschiedenartig, und gaben jedem *Door* die gleiche Möglichkeit, sein Können zu zeigen. Jim sang einen Blues von John Lee Hooker aus dem früheren Repertoire der *Doors: Crawling King Snake.* In einem anderen, eigenen Blues, *Cars Hiss by My Window,* spielte Robby eine charakteristische Jimmy-Reed-Passage auf der Gitarre, Jim sang wie ein schwarzer Blues-Interpret, und am Ende des Songs nahm Jim mit seiner Stimme das Thema der Blues-Gitarre auf. Rays verdrehter Sinn für Humor zeigte sich in der Mitte von *Hyacinth House:* Nachdem Jim den absurden Vers ›Ich sehe, das Badezimmer ist sauber‹ gesungen hatte, spielte Ray einen Chopinschen Melodiefetzen, bekannt als *Til the End of Time. Riders on the Storm* war ein sauberes Stück, aufreizend, schaurig und hoffnungsvoll. *Love Her Madly,* Robbys Song, der in einem Jahr als Single erscheinen sollte, war fröhlich und burlesk, er erinnerte an frühere, packendere, spontanere, aber auch sehr kommerzielle *Doors*-Stücke.

Wieder einmal erreichten Jims Songtexte Höhepunkte, vor allem in den längeren Stücken *L. A. Woman, Riders on the Storm* und in dem Stück, das er lange mit sich herumgetragen hatte:

> *THE WASP*
> *The Negroes in the forest*
> *brigthly feathered;*
> *& they are saying:*
> »*Forget the Night.*
> *Live w/us in forests*
> *of azure. Out here*
> *one the perimeter there*
> *are no stars; out*
> *here we is stoned —*
> *immaculate.*«

Später im selben Song: *I'll tell you this, no eternal reward will forgive us now for wasting the dawn.*

Jeder dieser drei Songs wies auf Jims immer stärker werdenden Wunsch, auszubrechen. Jim behauptete, der ›Mr. Mojo Risin'‹ in *L. A. Woman* sei nicht bloß ein Anagramm seines Namens, es sei der Name, unter dem er mit dem *Doors*-Büro Kontakt aufnehmen werde, wenn er nach Afrika gegangen sei. Niemand nahm das ernst.

Been Down So Long hatte seinen Titel und Refrain *Been down so Goddamn long / That it looks up tu me* nach einem Buch von Richard Farinas mit ähnlichem Titel bekommen. Eine Strophe dieses Songs war offensichtlich ein Beispiel für männlichen Chauvinismus:

I said, Baby,baby, baby
Won't you get down on your knees
C'mon little darlin'
C'mon, & give your love to me

Die gleiche männliche Überheblichkeit zeigte sich auch in dem John-Lee-Hooker-Song:

C'mon, crawl
C'mon, crawl
Gett on out there on your hands & knees, baby
Crawl all over me

Zu einer Zeit, in der die Frauenbewegung anfing, Aufmerksamkeit zu fordern, achtete man auf solche Töne.

Weil Denny darauf drängte, schrieb Jim in einer großen, etwas kindlichen Kritzelschrift für Dave Marsh vom *Creem*-Magazin eine Beschreibung der LP. Sie geriet zu einer autobiographischen Beurteilung. Er sah das Album als seine Vision von Los Angeles:

Das ist ein Blues-Album... Die Songs haben viel mit Amerika zu tun und damit, was es bedeutet, heute in Los Angeles – man kann erweitern: in den Vereinigten Staaten – zu leben. (Für mich war Los Angeles immer der Mikrokosmos der USA, deren genetischer Plan).

Ursprünglich kam ich hierher, um Filme zu machen. Zufällig geriet ich an die Musik. Für mich ein glücklicher Zufall, denn ich sammelte Erfahrungen und hatte ein Medium für meine Ideen. Zugleich gewann ich dadurch die Möglichkeit, einen persönlichen Mythos zu modellieren, im großen und ganzen aus spätpubertären Phantasien.

HWY, ein 35-mm-Farbfilm von 50 Minuten Dauer ist eine andere Ausdrucksform für diesen persönlichen Mythos.

Ich arbeite an einem anderen Buch und einem langen Essay über den Prozeß in Florida.

Ich bin nicht verrückt.

Mein Interesse gilt der Freiheit.

Alles Gute
J. Morrison

Die einsame, übergewichtige Gestalt in Jeans und zerknautschter Drillich-Jacke ging langsam durch die Straßen Hollywoods. Tag für Tag spazierte Jim umher, betrachtete die Stuck-Architektur, als sei es zum letzten Mal. Schließlich kehrte er in die Wohnung in der Norton Avenue zurück. Die meisten Nächte und manche Tage im Januar und in der ersten Februarhälfte verbrachte er ›daheim‹ mit Pamela; Jim las, Pamela entwarf Kleider für ihre Boutique. Manchmal legte sich Jim auf den Boden und sprach mit ihrem Hund:

»Mmmmmmmmmm-ah, hammmmmmmmmmmm.«

Und in schöner Eintracht antwortete Sage:

»Mmmmmmmmmmmmmmm.«

Wenn Jim die Ansprache wiederholte, antwortete Sage einen Ton höher.

Schaltete sich auch Pamela ein, klagte Jim, daß sie alles verderbe. Manchmal gingen sie einen Stock tiefer und sprachen mit Diane Gardiner darüber, nach Frankreich zu gehen. Sie hatten sich entschlossen, aufzubrechen – ein halbes Jahr oder noch länger wollten sie in Paris leben.

Daß Jim Los Angeles verlassen mußte, war unumgänglich; vielleicht war es mit der Reise nach Paris auch so. Die letzte LP der *Doors* war fast fertig. Jim hatte gegenüber der Band und Elektra im Augenblick keine Verpflichtungen. Er war nicht verbittert, aber er wünschte sich verzweifelt einen Richtungswechsel. Er hatte sich lange in Kalifornien wohlgefühlt, Leute und

Plätze gemocht. Aber jetzt fürchtete er, wenn er bliebe, würden diese Orte und Menschen in seinem Leben dominant. Jim hatte keine wirklichen Feinde – er mußte seinen Freunden entkommen.

Paris bot sich an. Alan Ronay sprach ständig davon und besuchte es jährlich. Fred Myrow hatte dort gelebt, und auch er stopfte Jim mit romantischen Geschichten voll. Auch Jims beständige Vorliebe für Baudelaire, Rimbaud und Céline war ein Faktor. Paris war im übrigen schon immer ein Lieblingsaufenthalt für amerikanische Dichter und Liebende gewesen.

»Er hatte eine unglaubliche Vorstellung von Paris«, sagt der Schriftsteller Salli Stevenson, der ihn vor seinem Aufbruch traf. »Er dachte, das sei ein Platz, wo er er selbst sein könnte, ohne Menschen, die ihn bedrängen, sein Leben zum Zirkus machen, ihn zu etwas anderem machen als er ist.«

Keines seiner augenblicklichen Projekte hielt ihn fest. *HWY* würde einen Verleiher finden oder nicht; von seiner Anwesenheit in Los Angeles hing das nicht ab. Das konnte Frank besorgen. Der Umschlag der Paperback-Ausgabe seiner Gedichte ließ sich brieflich festlegen. Larry Marcus schien fast erleichtert, als Jim von seiner halbjährigen Abwesenheit redete; Marcus hatte den Auftrag bekommen, ein Drehbuch für Arthur Penn zu schreiben. Die Lyrik-LP konnte warten oder in seiner Abwesenheit von den anderen *Doors* fertiggestellt werden. Sie hatten schon andere Platten ohne ihn fertig gemacht.

In Paris wollte Jim gezielter schreiben. Deshalb rief er seine literarische Agentur an und fragte, ob sie glaubten, an einer etwas impressionistischen Autobiographie bestünde Interesse. Man machte ihm Mut, etwas zu Papier zu bringen, wenigstens einen brieflichen Plan des Ganzen, den man den Verlegern zeigen könne.

Jim bat Pamela, so schnell wie möglich nach Paris vorauszureisen und eine Wohnung zu suchen.

»Jim, du kannst nicht nach Paris gehen und aussehen wie der Alte vom Berg.«

Diane Gardiner wies auf den buschigen Bart. Sie, Pamela und Jim tranken in Dianes Wohnung Wein. Auch Pamela fand, mit weniger Haar sähe Jim besser aus.

»Nein«, sagte Jim. »Ich, äh, nein, ich will nicht. Ich fühl' mich so wohler.« Er lag halb auf seinem Stuhl.

»Also«, sagte Diane, »Pamela sieht das anders. Und wenn du nicht den Ansichten Pamelas trauen willst, wem um Himmels willen willst du dann trauen?«

»Da setzte er sich auf meinen Eßzimmertisch«, erzählt Diane heute, »und Pamela stutzte ihm etwas den Bart. Er sah richtig proper aus.«

In den letzten Tagen, ehe Pamela fuhr, besuchte sie noch ihr Geburtshaus in Weed. Sie fuhren 1300 km im Mercedes nach Norden, Sage war dabei. Dann besuchten sie Pamelas Eltern in Orange und ließen Sage dort. Am 14. Februar fuhr Jim Pamela zum Flughafen. Am nächsten Tag, Paris war kalt und regnerisch, zog Pamela ins *George V.* Jim hatte ihr erzählt, es sähe aus ›wie ein Bordell mit rotem Plüsch‹.

»Du kannst jetzt rüberkommen«, sagte Diane am Telefon, »sie ist weg.«

Diane sprach mit Patricia Kennely, die vor 14 Tagen in Los Angeles angekommen war, Jim aber nur flüchtig gesehen hatte. Sie wohnte bei einer Freundin. Diane sagte ihr, daß Jim nur hatte abwarten wollen, bis Pamela weg war, ehe er sie anrief. Warum wollte sie eigentlich nicht rüberkommen und ihn überraschen? Patricia kam, man holte eine Flasche Wein und Diane sagte:

»Also, unsere gute Freundin Grace Slick sagt, du brauchst mehr als einen. Du mußt dir Jim als eine Art männliche Justine vorstellen.«

Ein paar Augenblicke später kam Jim und ging rauf in Pamelas Wohnung. Die ganzen Möbel waren ausgelagert, bis auf eine Matratze, einen Bücherschrank, den Fernseher, ein Glastischchen und Jims großer purpurner Lesesessel. Patricia wartete nur ein paar Minuten und klopfte an. Als Jim aufmachte, sagte sie:

»Ich hab' da eine Flasche Wein und krieg sie nicht auf. Da wollte ich fragen, ob du vielleicht...« Jim nahm sie in die Arme und sie blieb eine Woche.

Patricia erinnert sich an den letzten Tag.

»Es war die reine Hölle. Es fing mittags um vier in irgendeiner Oben-ohne/Unten-ohne-Bar an. Wir tranken so viele Tequilas und Biere — immer mit 'nem Schnaps dazu —, daß uns der Wirt schon jeden dritten Drink spendierte. Der letzte, an den ich mich erinnere, war mein vierzehnter. Dann gingen wir, denn Jim mußte noch einen Song aufnehmen. Die Freundin, bei der ich erst gewohnt hatte, kam mit. Sie versuchte, Jim anzumachen. Ich war wütend und sagte ihr: ›Mir ist wurscht, was du machst, wenn ich wieder daheim bin, aber hab' wenigstens den Anstand, so lange zu warten.‹«

Wenn jemand polygam ist, dann war es Jim; und das Mädchen war wirklich scharf auf ihn. Er war leicht zu ködern und wegzulocken. Sie waren in den *Poppy Studios* und schnitten das *Doors*-Album zusammen. Das Mädchen ging zur Toilette, und fünf Minuten später ging auch Jim raus. Wiederum fünf Minuten später fand Patricia beide draußen auf dem Rasen, einander in den Armen liegend.

»Steht auf!« Patricia stand drohend über ihnen.

Jim blickte schläfrig hoch, lächelte.

»Auf! Auf! Los! Beide!«

Das Mädchen langte hoch und zog Patricia runter. Einen Augenblick lang umschlangen sich die drei Körper. Aber dann fand Patricia ihre Ruhe wieder und bat energisch:

»Laß mich mit Jim allein reden.«

Das Mädchen verschwand und Jim sagte:

»Schau, Goldkind, du weißt, ich bin zu betrunken, um heute nacht überhaupt mit irgend jemand vögeln zu können. Laß mich einfach bei ihr schlafen.«

»Bitte«, sagte Patricia, »es ist meine letzte Nacht in Los Angeles, morgen muß ich heim, und wahrscheinlich seh ich dich nie wieder.«

Jim machte dieser Besitztrieb widerborstig.

»Also ich werde nicht noch eine Nacht mit dir verbringen.«

»Gut. Aber du wirst sie, verdammt noch mal, auch nicht mit ihr verbringen.«

Wieder in der Wohnung, fing Jim an, in der Küchenanrichte und in Schränken herumzusuchen. Die Mädchen wollten wissen, warum.

»O.K.«, sagte Jim, »ich suche Messer und Scheren, dann könnt ihr mich kastrieren. Eine kriegt den Schwanz, die andere den Körper.«

»Und wer die Seele, Jim?«

»Die behalt' ich, wenn's recht ist.«

Die Mädchen beobachteten Jim, wie er all die scharfen Gegenstände zusammentrug und dann vor der Couch aufbaute. Dann legte er sich zum Schlafen drauf.

»Er sah wächsern aus, starr – einfach schrecklich.« Patricia erinnert sich: »Er sah aus, wie schon gestorben, lag da, und die Couch war wie ein Sarg. Ich wußte, daß ich ihn nie wieder lebend sehen würde.«

Am nächsten Tag kehrte Patricia nach New York zurück, und Tom Baker kam aus London, wo er acht Monate verbracht hatte. So lange war es her, daß Jim und Tom einander nicht gesehen hatten. Sie fielen sich wie Brüder in die Arme, und bis zum Abend war Jim so betrunken und unangenehm, daß man sie aus einem der Clubs am Santa Monica Boulevard rausschmiß.

Pamela in Paris: Jim spielte die Rolle des sorglosen Strohwitwers. Er war voll bei seiner Nutte, die *Los Angeles Woman* hieß, und sagte allen Lebewohl. Er hing wieder rum, in Marshall Brevitz' neuem Lokal, im *Palms* und im *Phone Booth* – meistens waren Tom, Frank und Babe dabei.

Sein Lebenstempo beschleunigte sich, als er einer alten Freundin bei einer Abtreibung beistand (er hatte sie gebeten, das Kind zu bekommen, aber sie wollte nicht). Er hatte viele Eine-Nacht-Bettgeschichten. Jede Telefonnummer, die er beim Aufräumen in seinem Schreibtisch fand, rief er an.

Am 3. März gab Elektra eine Party, um die Erweiterung des Büros in Los Angeles zu feiern. Jim erschien zum Empfang (»Das ist aus meinem Geld gebaut, da werd' ich doch sehen dürfen, wie es aussieht.«), dann ging er zu Fred Myrow nach Hause. Sie tranken zusammen und redeten immer wieder von ihren Bühnenprojekten.

»Was wir in den Griff bekommen wollten, was wir zeigen wollten«, erzählt Fred Myrow heute, »war dieser Moment des Übergangs in Los Angeles, den wir alle in den späten Sechzigern und frühen Siebzigern so deutlich spürten. Wie Huxley es sagt: ›Zwischen den Grünflächen und den Garagen, da lauert etwas.‹ Es war eine unheimliche Umgebung. Los Angeles – was zum Teufel das auch sein mochte – sollte in der Show erforscht werden: Die Stadt, Los Angeles, gespiegelt im Kopf eines Kriegsgefangenen, der durch die Entfernung weit genug weg gewesen war, aber von seiner Herkunft her dicht genug dran ist. Dieser Gefangene — Jim sollte ihn spielen — mußte mit der Offenbarung und dem Verborgenen, mit dem Sichtbaren und dem weniger Sichtbaren dieser Stadt, die keine ist, fertig werden. Das war der Grundgedanke der Show: Wie sieht man etwas, was man gut kennt, wenn man es nach langer Zeit wieder sieht — so als käme man von den Toten zurück.«

Sie machten ein Vierseitenszenario. Jim sagte, er müsse jetzt nach Paris. Fred wollte ihn überreden, noch zu bleiben. Aber Jim sagte:

»Morgen geh ich, entweder nach Paris oder nach Catalina.«

Jim und Babe waren diese Woche schon einmal im Boot der *Doors* auf einem Küstentrip nach Palos Verdes gewesen. Am 4. März fuhren sie mit zwei Mädchen nach Catalina.

»Ziemlich stürmische Fahrt«, schrieb Babe in sein Tagebuch. »Bekokst und betrunken. Am nächsten Morgen schön und klar, vom Hotelzimmer Blick auf die Avalon Bay. Gingen zu *Big Mike's,* hatten ein Frühstück, das einen wach machte: Rühreier, Wurst, Schinken, Sardinen, Oliven, Kartoffeln, Chili, Aufschnitt und Bier! Bier! Bier!«

Jim hielt sich in den nächsten Tagen an Babe. Er schlichtete einen Streit, der am Billardtisch ausbrach; sie sahen den Kampf Muhammed Ali gegen Joe Frazier; gingen an der Küste von Venice spazieren. Als sie am Strand waren, gingen sie zum Essen zum *Santa Monica Pier.* Babe notierte:

»Alberten eine Zeitlang in der Allee herum, dann wieder zurück zur Stadt.«

Am nächsten Tag flog Jim nach Paris.

12

So wie Pamela die Geschichte nachträglich erzählt, war das kurze Pariser Exil idyllisch. Der Druck, der Jim so hatte abbauen lassen, war gewichen. Jim hörte mit Trinken fast völlig auf. Er schrieb unheimlich viele Gedichte, frische, aufregende Poesie, ein Buch über den Miami-Prozeß (oder eine Autobiographie —

ihre verschiedenen Erzählungen wichen da voneinander ab), und nachdem sie eine Oper gesehen hatten, machte er sich an eine Symphonie. Jim und Pamela waren wie Flitterwöchner, sie paßten gut zusammen.

So war's — zumindest in Pamelas Phantasie.

Besonders ein Erlebnis auf einer Reise nach Marokko erzählt sie gern:

»Eines Morgens wachte ich auf und sah einen hübschen Mann am Swimming Pool des Hotels stehen. Er sprach mit zwei jungen Amerikanerinnen. Ich hab' mich auf den ersten Blick in ihn verliebt. Dann sah ich: Es war Jim. Ich hatte ihn nicht erkannt. Er war früh aufgestanden, hatte sich den Bart abgenommen. Da er viel an Gewicht verloren hatte, wirkte er schlanker. Er schien ein neuer Mann zu sein. Es war so schön, sich wieder zu verlieben, ganz neu, und in den Mann, den ich schon liebte.«

›Zu Hause‹ in Paris, manchmal im Hotel *Georges V.*, häufiger in einer Wohnung im dritten Stock eines Hauses am *Rive Droigt* war es still — am Anfang. Die meiste Zeit waren sie in der großen, sonnigen Wohnung in Le Marais, einem alten vornehmen Wohnviertel in der Nähe des Place de la Bastille. Sie hatten sie in Untermiete und zahlten monatlich 3000 Francs dafür.

Die Wohnung gehörte Elizabeth (ZoZo) Larivière, einem jungen französischen Covergirl und ihrem gelegentlichen Freund, einem amerikanischen Fernsehproduzenten. Die beiden wollten die Wohnung bald aufgeben — er wollte zurück nach Amerika, wo seine Familie lebte, sie wollte zu Filmaufnahmen nach Südfrankreich. Deshalb boten sie Pamela ein unbenutztes Schlafzimmer an und sagten, wenn sie gingen, könnten Pamela und Jim die ganze Wohnung mindestens für zwei Monate haben.

ZoZo blieb noch zwei Wochen, bis zum 10. April, in der Wohnung. Sie beobachtete das merkwürdige Paar, das auf Paris und aufeinander fixiert war. ZoZo schien es eine besondere Beziehung zu sein. Wann immer sie mit Pamela sprach, redete Pamela nur von Jim und wie wundervoll er war.

»Das erste und letzte Wort war ›Jim, Jim, Jim‹.« Aber als Pamela anfing, die Nächte mit ein paar französischen Freunden, die sie über ihren reichen Grafen kennengelernt hatte, zu verbringen, rief sie morgens ZoZo an und bettelte, ZoZo solle für sie lügen.

»›Bitte, sag Jim, ich war die Nacht über im Haus deiner Freundin, ich komme gegen zwölf‹, das sollte ich immer wieder Jim erzählen.«

Jim machte ohne viel Aufhebens fürZoZo und sich das Frühstück, brachte es ihr ans Bett und unterhielt sich mit ihr, während sie aß. Manchmal ging er morgens in das kleinste der drei Schlafzimmer, dort hatte er ZoZos Schreibtisch reingestellt. Er saß da und schrieb oder wühlte in einem der Kartons mit Papieren, Notizbüchern, Bändern, Zeitungsausschnitten, Fotos, Fan-Post und Manuskripten. Er hatte sie mitgebracht, um sich durch die Relikte und Aufzeichnungen aus seiner Vergangenheit zu suchen, um genauer zu erfahren, was ihm das alles bedeutete. Später am Tag, wenn das Licht, das durchs Fenster fiel, schwächer wurde, setzte er sich manchmal mit seinen Notizen an den Eßzimmertisch. An anderen Vormittagen machte er allein lange Spaziergänge.

Stundenlang ging er durch die Straßen von Paris, erst in der Nachbarschaft, dann weiter weg — genau, wie er es auch in Hollywood gehalten hatte.

Ging er die Straße, in der sie wohnten, die schmale, baumlose Rue Beautreillis nach Norden, so kam er an Wohnblocks vorbei, einer Zeitungsagentur, einem Buchladen, drei kleinen Restaurants, einem Judo-Club, einem Herrenfriseur. Dann ging er vielleicht westwärts, durch die Rue St. Antoine, vorbei am Markt. Hasen hingen dort, es gab haufenweise rote Kirschen, Körbe voll mit Fischen und Krabben und Blumenkohl, dick wie Basketbälle. Vor allem den Louvre mochte er, ein Erbe seines Interesses an der bildenden Kunst, das er als Jugendlicher hatte.

Oft ging er morgens auch Richtung Süden. Schon nach fünf Kreuzungen war er an der Ile St. Louis, die er besonders in sein Herz geschlossen hatte. Hier, am Quai d'Anjou, besuchte er das *Hôtel de Lauzun,* vor langer Zeit das Lokal, in dem sich der von Baudelaire und Gautier geschätzte Haschischclub versammelte.

»Hier ist es so wunderschön«, sagte er zu ZoZo oder Pamela. »Sie haben die Pläne weggeschmissen, nachdem sie diese Stadt gebaut hatten.«

Aber anders als in Pamelas Vorstellung trank Jim immer noch, und zwar schwer. Mit großem Vergnügen hatte er zwei traditionsreiche Typen französischer Lokale entdeckt: Bistro und

Straßencafé. Es gab noch immer dieses Hollywood/Hemingway/ Fitzgerald-Gefühl in Paris, das Heimischwerden in der Fremde. Den Spaziergang in einem Bistro oder Café zu unterbrechen, war nicht bloß natürlich, es war Ehrensache.

An einem Tag in der ersten Aprilwoche saß er in einem Lokal am Boulevard St. Germain, dem *Astroquet* (von *troquet* = café und *Astro*-). Innen sah es aus wie eine Karikatur von Buck Rogers.

Jim hatte allein getrunken. Dann zogen ein paar junge Leute seine Aufmerksamkeit auf sich, die mit Gitarrenkoffern hereinkamen. Nach einiger Zeit ging Jim zu ihnen rüber an den Tisch:

»Seid ihr Amerikaner?«

»Aber sicher. Und wo kommst du her?« Niemand erkannte ihn.

»Kalifornien.«

»Ich auch! – Was für 'ne Schule?«

»Ähm... Staatsuni Los Angeles.«

»Mensch, ich auch! Wann warst du dort?«

Jim mußte nachdenken, sagte 1964 und '65. Und wieder sagte der junge Amerikaner:

»Mensch, ich auch! In welchem Fachbereich warst du?«

»Kinematographie.«

Der andere Amerikaner hielt inne. Es war eine Art Quiz.

»Ein heiteres Beruferaten«, »wer bin ich?« – »Singst du? Mit 'ner Band?«

Jim gab das zu.

»Herrgott, mich haut's um. Ich hätte nicht im Traum...«

Jim bestellte für alle, was er selber trank, Whisky und Bier. Der junge Mann stellte sich vor:

»Phil Trainer. Die Jungs da sind Freunde von mir. Wir haben eine Band, *Clinic*. Wir sind alle Amerikaner. Mein Vater ist hier an der Botschaft.«

Später, als es Abend wurde, packten sie die Gitarren aus und Jim sang *Crawlin' King Snake*. Er erzählte seinen neuen Freunden, daß das ein Titel von der neuen LP sei, die diese Woche in Amerika erscheine. Er rauchte ununterbrochen, und seine Stimme war tief und rauh. Zwischen den Songs redeten sie über Musik und Ruhm. Jim erzählte, er hätte alles rausgeholt, was es nur gäbe. Sie waren platt, als er sagte, er habe vielleicht zweihundertundfünfzigmal LSD genommen. Und dann beeindruckte er sie, als er von dem Abend erzählte, an dem er das Studio verwüstet hatte. Er sagte aber auch, daß er die anderen *Doors* wirklich mochte, und daß Robby Krieger nie den Ruf bekommen habe, der ihm zustehe.

Gegen Abend waren nur noch Jim und Phil da. Jim rauchte Kette und machte tiefe Lungenzüge. Phil war auch Sänger und er urteilt:

»Ich dachte, der zerstört sich Kehle und Lunge. Er nahm so tiefe Züge aus der Zigarette, wirklich, Mann, wenn ich noch ein Bild von ihm aus der Zeit habe, dann ist's wie er tieeeeeef zieht und dann loshustet.«

Sie waren beide schrecklich betrunken, und als sie aus dem *Astroquet* in den frühen Morgen torkelten, zog Jim erst mal den Reißverschluß runter und ließ es plätschern.

»Tralala, irres Huhn«, sagte Jim, »tralala, irres Huhn.« Dann zog er den Reißverschluß wieder ordentlich zu und sagte, sie brauchten ein Taxi, man müsse nach Pamela sehen. »Tralala, irres Huhn.«

Als sie Pamela nicht zu Hause fanden, ahnte Jim gleich, wo sie war, im Quartier Latin, in der Wohnung einer Photographin. Sie gingen hin, Jim wußte, wo der Schlüssel lag, und als beide Mädchen schliefen, wandte sich Jim den Spirituosen zu: erst Wodka, dann Rum, dann alles andere direkt aus der Flasche, pur und unvermischt. Nach einer Stunde bat er Phil, Pamela zu wecken.

Beim Frühstück in einem Café in der Nähe bestellte Pamela für Jim Spaghetti und ein Glas Milch, um den Magen wieder einzurenken.

»Bitte trinke nicht mehr, Jim!« fing Pamela zu betteln an.

Jim saß schweigend da und sah auf den belebten Boulevard.

»Tralala, irres Huhn«, sagte er endlich.

Ein paar Tage später mieteten sie einen Wagen und fuhren nach Südwesten, durchs französische Weinanbaugebiet, durch Orleans, Tours, Limoges und Toulouse. Über Andorra fuhren sie nach Spanien. In Madrid besuchten sie den Prado, und Jim stand vor Hieronymus Boschs ›Garten der Lüste‹, sein Meisterwerk, ein geheimnisvolles Gesicht auf dem Bild soll Bosch selber zeigen. Dann fuhren sie weiter südlich nach Granada. Jim war außerordentlich von der Alhambra beeindruckt: ein maurischer Palast, der allgemein als das schönste noch erhaltene Beispiel islamischer Baukunst im Westen gilt, eine Zitadelle aus sonnenbeschienenen Bögen und herrlichen blauen Fliesen.

Jim und Pamela kamen gut miteinander aus, fast zu gut, wie sie später meinte. Die Enge des Autos und der kleinen Hotelzimmer führte nur zu kleinen Streitereien, und es gab so viele und schöne Ablenkungen. Selbst ein englischsprechender Araber, der ihnen einen großen Klumpen Haschisch versprach und sie dann um hundert Dollar beschiß, störte Jim und Pamela nicht weiter.

Von Tanger aus fuhren sie an der Atlantikküste weiter nach Süden, nach Casablanca und dann landeinwärts nach Marrakesch. Sie aßen gut, tranken Landweine und hielten alles mit einer Super-8 fest, die sie vor ihrem Aufbruch in Paris gekauft hatten. Als sie schließlich in der ersten Maiwoche umkehrten und nach Paris zurückfuhren, waren sie fast drei Wochen unterwegs gewesen.

Die Wohnung stand ihnen ein paar Tage lang nicht zur Verfügung, so daß sie in eine Nobelherberge am Rive Gauche mit 25 extravagant eingerichteten Räumen, *L'Hôtel,* einziehen mußten. Es war damals bei Show-Stars sehr beliebt; alle wollten in ein Hotel, in dem einst Oscar Wilde gewohnt hatte. Bald darauf hörte man wieder Geschichten von einer Sauftour Jims und wie er aus einem Fenster im zweiten Stock des Hotels gefallen war. Er landete offenbar auf einem Wagendach, federte einmal zurück, klopfte sich etwas ab, als sei er bloß etwas schmutzig geworden, und ging weiter, was trinken.

Das Leben in St. Germain, Rive Gauche, erinnerte Jim an die Zeit auf dem Santa Monica Boulevard. Denn hier waren all die berühmten Lokale: das *Café de Flore,* das *Deux Margots,* wo einst Sartre und Camus verkehrt sind, *Le Coupole* mit Bildern von Picasso, Klee, Modigliani und noch vielen anderen an den Säulen, ein Art-Deco-Himmel, unter dem einst Scott und Zelda Fitzgerald Hof hielten. (Jim sagte, *Le Coupole* ähnelte *Ratner's*, einem Delikatessenladen in New York, Lower East Side). Für die Franzosen aus der Szene waren die wichtigsten Schuppen der gerade eröffnete *Le Bulle* und Jims Lieblingslokal, eine Reihe miteinander verbundener Keller, namens *Rock'n'Roll Circus.*

Sechs, acht Monate früher war der *Circus* das Lokal in Paris gewesen. Man konnte es mit dem *Whiskey* in Los Angeles vergleichen: lauter gute Bands, gute Akustik, teuer, auf Getränkekonsum ausgerichtet. Led Zeppelin, Richie Havens und Johnny Winters waren hier aufgetreten, auch ein paar von den *Beach Boys*. Bis zum Frühjahr 1971 aber war das Lokal zu einem Heroinumschlagplatz verkommen. Nicht mehr der ›Untergrund‹, die ›Unterwelt‹ stellte das Publikum: Diebe, Nutten, Strichjungen. Der Discjockey, der Anfang des Jahres dort gearbeitet hatte und dann ins *Le Bulle* wechselte, ein Amerikaner namens Cameron Watson, beschrieb den *Circus* als ›Katzenjammer auf dem Parkett‹. Natürlich gefiel das Jim. Vom hochgestapelten menschlichen Ausschuß zum echten: Das war für Jim nicht unbedingt ein Schritt nach unten.

Am Ende der ersten Maiwoche, am Freitag, den 7., war Jim im *Circus*, betrunken, streitsüchtig und schließlich gewalttätig: Er schmiß mit Kissen und schlug auf die Einrichtung los. Offenbar wurde er nicht erkannt – man schmiß ihn raus. Gilles Yepremian, ein junger französischer Student, beobachtete Jim, wie er mit dem Rausschmeißer des Lokals ein Rededuell austrug:

»Nigggerrr...!«

Schließlich wurde Jim die Schreierei zu blöd und er wollte mit einem Taxi weg. Der Fahrer lehnte ab. Jim suchte ein zweites, aber auch das wollte ihn nicht fahren. Jim fing wieder zu schreien an.

Gilles erkannte Jim, trieb ein drittes Taxi auf und überredete den Fahrer, daß er sie mitnahm. Aber als sie über die Seine fuhren, bestand Jim darauf auszusteigen. Er wollte baden. Zwei französische Polizisten patrouillierten durch den vormorgendlichen Nebel; man sah die vertraute Silhouette ihrer Radmäntel und ihrer charakteristischen Kopfbedeckungen.

»Verdammte Schweine!« stieß Jim hervor. Dann grölte er noch mal: »Verdammte Schweine.«

Die *Flics* blieben bei ihrem *laissez faire,* und Gilles schob Jim ins nächste Taxi. Sie fuhren zu einem von Gilles Freunden. Hervé Mueller, der im 17. Arrondissement in der Nähe des Place de l'Etoile wohnte. Der Fahrer brummte über das zu niedrige Trinkgeld, und Jim warf ihm eine Handvoll Geld nach. Als sie die fünf Treppen hochstiegen, flüsterte Jim:

»Psssst!... müssen ruhig sein.«

Eine süße kleine tschechoslowakische Emigrantin, Yvonne Funka, öffnete:

»Ja?«

»Ich hab' da jemand mitgebracht. Ich hab' ihn vorm *Rock'n' Roll Circus* gefunden«, sagte Gilles.

Yvonne guckte sich die ramponierte Gestalt, die da am Treppengeländer hing, an. Damals war Yvonne Art Director bei *Best,* einem der führenden französischen Rock-Magazine. Ihr Freund, Hervé Mueller, mit dem sie in dem großen Einzimmer-Apartment mit Küche und Bad wohnte, schrieb für das gleiche Blatt. Sie erkannte Jim und sagte, Gilles könne ihn reinbringen.

Jim schwankte durch die Tür, sein Kopf fiel haltlos nach rechts und links. Er sah alles, auch ein Bett. Da taumelte er rüber, fiel drauf und schlief bis Mittag. Dann machte man sich miteinander bekannt.

Im Kühlschrank war nicht viel, deshalb lud Jim alle in ein Restaurant ein, das er kannte. Es war das *Alexander,* in der Nähe vom *Hotel Georges V.;* seine Speisekarte konnte es mit jedem Restaurant in der Nähe aufnehmen. Man kannte Jim als Stammgast, nicht zuletzt als einen freigiebigen, trinkgeldfreudigen Gast. Aber trotzdem sagte man ihm, daß es kein Frühstück gebe und daß sie vielleicht aufs Mittagessen warten könnten.

Jim nahm als Vorspeise zwei Bloody Marys, dann bestellte er eine Flasche Scotch, *Chivas Regal.* Eine Stunde später war er betrunken und beleidigte einen Tisch französischer Geschäftsleute, in einer Sprache, die sie Gott sei Dank nicht verstanden:

»Ihr seht so dumm aus... Sagt, seid ihr Motherfuckers? Arschlöcher?«

»Er trank doppelt soviel als sonst irgendeiner«, erzählt Hervé traurig. »Nach dem Essen brachten sie ihm zwei Flaschen Cognac und fragten, welchen er wolle. Er schnappte einfach eine, entkorkte sie und setzte sie an den Mund. Dann verlangte er von Yvonne, daß sie ihm ein Mädchen besorge. ›Kannst du mir nicht ein Küken auftreiben?‹ Schließlich zog er eine Kreditkarte heraus und zahlte die ganze Zeche. Wir waren zu fünft, es kostete 700 Francs.«

Sie gingen raus zu ihrem Wagen. Jim stützte sich schwer auf Yvonne.

»Du mußt mich hier rausholen«, sagte er drängend, »du mußt mich hier rausholen.« Nach nur fünfzig Metern sagte er, er könne nicht mehr weiter, er müsse sich ausruhen. Sie machten es ihm auf einer Bank bequem, und Hervé ging den Wagen holen.

Als Hervé wiederkam, wurde Jim gewalttätig; sie mußten ihn ihrerseits mit Gewalt ins Auto bringen und dann die fünf Treppen hoch in Yvonnes und Hervés Wohnung schleifen. Mitten im Treppenhaus brach Jim plötzlich zusammen und weigerte sich, noch weiter raufzugehen.

»Laßt mich in Ruhe«, sagte er und saß auf einer Stufe.

Er schrie los:

»Ihr *mother-fucking niggers!*«

Schließlich schafften es Yvonne und Hervé irgendwie, ihn in ihre Wohnung zu bringen und ins Bett zu stecken. Prompt schlief er ein. Es war Samstagnachmittag, drei Uhr.

Hervé und Yvonne trafen Jim wieder; dieses Mal war Pamela bei ihm. Sie aßen bei Yvonne und Hervé zu Abend und sprachen über Film und Dichtung. Jim erzählte, daß er Kopien von *Feast of Friends* und *HWY* mit nach Frankreich gebracht hatte, und daß er sie gerne vorgeführt sähe. Er gab Hervé auch ein Exemplar von *An American Prayer*. Hervé fragte, ob er es ins Französische übersetzen dürfe. Yvonne sagte, sie würde es gerne illustrieren. Jim fand Interesse an den Möglichkeiten der Zusammenarbeit, die sich da anboten.

Später am Abend, man hatte etwas Wein getrunken, erzählte Jim, vielleicht unbedacht, warum er in Paris war:

»Ich hab' alles so satt. Die Leute sehen in mir nur den Rock-'n'-Roll-Star, ich will damit nichts zu tun haben. Ich halt's nicht mehr aus. Ich wär' so froh, wenn mich die Leute nicht mehr erkennen würden. Ich will nicht *ihr* Jim Morrison sein.«

In der folgenden Woche brachen Jim und Pamela auf nach Korsika. Sie flogen nach Marseilles. Dort verlor Jim Führerschein, Paß und Brieftasche. Sie mußten also zurück nach Paris, um sich bei der amerikanischen Botschaft neue Papiere ausstellen zu lassen. Dann flogen sie wieder nach Marseilles und schließlich weiter nach Ajaccio, der Hauptstadt Korsikas, zugleich der größte Hafen und der Geburtsort Napoleons. Korsika ist bekannt dafür, daß von dort viele der Pariser Polizisten stammen. Berühmt sind seine hohen roten Felsverwerfungen, die eigenartigen Dörfer am Bergfuß, so eindrucksvoll wie irgendein Platz in den Rocky Mountains oder den französischen Alpen, die tränenfeuchten Augen der schwarzgekleideten Fischerwitwen. Auffällig auf Korsika ist, wie wenig junge Leute man sieht. Und über allem liegt der scharfe, durchdringende Geruch des korsischen Maquis, das die Rinder fressen, und der so in Fleisch, Milch und Käse gerät. Jim und Pamela durchkreuzten zehn Tage lang die Insel. An allen Tagen bis auf einen regnete es. Wenn man Pamela Glauben schenken will, war es die reine Idylle.

Die *Doors* schieden offiziell aus dem Vertrag mit Elektra Records aus. Vier Jahre und zehn Monate hatte die Verbindung gedauert. In der gleichen Woche erschien das letzte Album, *L. A. Woman,* und die vorletzte Single, *Love her Madly.* Beide Platten kletterten rasch in die Hit-Listen. Das Cover-Photo für *L. A. Woman* war eine Gruppenaufnahme, kein Mitglied der Band war in den Vordergrund gerückt. Tatsächlich hatte sich Jim in sich zusammengekauert, um so kleiner als die anderen zu wirken. Da außerdem niemand Jim zu einer Rasur hatte bewegen können, erschien er erstmals vollbärtig auf einem Cover, er grinste dämonisch und verschlagen. Jim hatte seine Genugtuung für die Covers von *13* und *Absolutely Live.*

Die Kritiken waren sich im Lob einig. Der Umschwung, der mit *Morrison Hotel* eingesetzt hatte, hielt an. Die Zweifler und Lästerer waren endgültig aus dem Feld geschlagen — die *Doors* waren unbestreitbar wieder da. Schließlich stieg die LP auf den fünften Platz, die Single belegte Platz Sieben. In der Plattenbranche schwirrten Gerüchte, die *Doors* verhandelten mit Atlantic und Columbia, von noch nie dagewesenen Summen war die Rede. John, Ray und Robbie trafen sich gelegentlich in ihrem Übungszimmer zum Spielen. Ray übernahm den Vocal-Part. Sie bereiteten Stücke für Jims bevorstehende Rückkehr vor.

Ungefähr zu der Zeit rief Jim, der wenig oder nichts vom neuen Aufschwung wußte, im Büro an und sagte ihnen, er hätte wieder musikalische Ideen im Kopf, aber er wolle noch ein Weilchen länger bleiben. Später, aber noch in der gleichen Woche, rief er früh morgens John Densmore an und fragte, wie sich die neuen Platten anließen. Als John sagte, wie gut der Verkauf liefe und begeistert die Presse sei, war Jim weg vor Freude.

»Wenn das ankommt — warte nur, bis sie hören, was ich für die nächste Platte vorhabe«, meinte Jim.

Jim sah etwas gesünder aus als sonst. Er war glatterrasiert, hatte abgenommen, und seine neue Kleidung machte ihn irgendwie anders. Als er mal nicht aufgepaßt hatte, hatte Pamela die altgedienten Jeans und die Drillichjacke weggeworfen und ihn, was die Garderobe anging, in seine Studienzeit zurückversetzt. Er trug jetzt Hemden mit geknöpften Kragenspitzen, Khaki-Hosen und Pullover mit V-Ausschnitt. Nur die Stiefel, abgetragen und fast zerrissen, waren geblieben.

Aus Korsika zurück, hatte Jim eine Sekretärin eingestellt, eine große, schlanke Kanadierin, Mannequin-Typ, die fließend Französisch sprach: Robin Wertle. Sie war vorher für einen bekannten Photographen tätig gewesen, hatte ihm die Buchhaltung gemacht, als Agentin und künstlerische Beraterin für ihn gearbeitet. Sie und Jim hatten sich getroffen, als der Photograph für ein paar Monate Paris verließ.

»So war ich frei und nahm Jims Angebot an. Weder er noch Pamela sprachen Französisch, das machte es für beide etwas schwer.«

Wie sich dann herausstellte, bedeutete ihr Job, Mädchen für alles zu sein: »nach der Wohnung sehen, die Putzfrau bestellen, Briefe schreiben, Telefongespräche nach Amerika führen, Möbel kaufen, eine Schreibmaschine mieten, Gespräche für Jim arrangieren, der seine Filme vorführen wollte«.

Es schien, als ob Jim ernsthaft versuche, die alten Konflikte zwischen Rock-Ruhm und seinem eigentlich Selbst zu lösen. Aber diese Versuche waren tastend, mühsam, und er vermied es, daran zu denken.

Am 11. Juni kamen Yvonne und Hervé rüber, um mit Pamela und Jim *Le Regard du Sourd* zu sehen, ein Stück ohne jeden Dialog, fast nur mit Taubstummen. Als Yvonne und Hervé in die Rue Beautreillis kamen, sagte Jim, Pamela wolle nicht mitkommen, statt ihrer nehme er einen guten Freund aus Amerika mit. Der gute Freund, der sich später auch dort einquartierte, war Alan Ronay.

An diesem Abend ging Pamela mit sogenannten *minets* aus, jungen französischen Stutzern, die sich bisexuell gaben, mit Sonnenbrille und in weißen Segeltuchhosen rumliefen und das Englische radebrechten – aber mehr von oben herab. Pamela liebte sie. Jim haßte sie und sagte Pamela, daß er sie ungern mit diesen Leuten zusammen sehe.

Die Tage vergingen. Mehrfach traf Jim seine alten Freunde Agnes Varda und Jacques Demy. 1968 hatte Jacques versucht, Jim von den *Doors* loszueisen, damit er zu seinem ersten amerikanischen Film *Model Shop* die Filmmusik mache. Zu der Zeit war er ein gefragter Filmer, denn sein *Umbrellas of Cherbourg* hatte Preise bekommen. Seine Frau Agnes nannte sich selbst die Großmutter der Neuen Welle, und früher einmal hatte sie versucht, Jim für ihren eindrucksvollen Dokumentarfilm *Lions Love* zu engagieren.

Die drei waren enge Freunde geworden, und in all den Jahren hatte Jim eine ernsthafte Neigung zu Agnes entwickelt. Sie war eine kleine Frau, nur 1,58 groß, aber sehr intellektuell, mit einer heiseren Stimme und von freimütigem Wesen. Sie identifizierte sich stark mit der Arbeiterklasse, fuhr mit Absicht einen billigen Wagen und bewunderte ganz offen die radikale Jugend, die die Werte der Mittelklasse ablehnte.

Jim traf auch auf Rory, Errol Flynns erstaunlich lange und dürre Tochter. Sie war 1966, als die Band noch im *Whiskey* auftrat, eines der ersten Groupies der *Doors* gewesen; jetzt arbeitete sie als Photomodell. Rory und Jim aßen zusammen zu Mittag – ohne Besäufnis.

Im *Café de Flore* trafen Jim und Pamela eine Freundin von Pamela. Später in der Wohnung erzählte Jim dieser Freundin, er habe ein Angebot für die Hauptrolle in der Filmfassung von *Catch My Soul,* dem Musical nach *Othello,* das in Los Angeles mit Jerry Lee Lewis als Jago aufgeführt worden war. Er sagte, unter anderen sollten auch Tina Turner, Joe Frazier und Melanie mitspielen. Außerdem sei ihm eine Rolle mit Robert Mitchum als Partner in Norman Mailers ›...am Beispiel einer Bärenjagd‹ *(Why Are We in Vietnam?)* angeboten worden.

»Ich werde das Stück sausen lassen«, sagte Jim, »und ich werde wohl auch den Film nicht machen, es nimmt mir zuviel Zeit, in der ich schreiben kann.«

Sie aßen zusammen in *Le Coupole,* und auf dem Heimweg trafen sie bei St. Michel auf eine Demonstration von Studenten. Jedes Wochenende flogen die Backsteine – ein Überbleibsel aus dem Jahr 1968 mit dem nationalen Streik und den Studentenunruhen. Ein paar Wochen vorher waren Pamela und Jim mitten in einen solchen Krawall hineingeraten. Auch der jetzige, da waren sich alle einig, zog sie fast pervers an, sie blieben aber doch nicht als Gaffer stehen.

Für *Crawdaddy,* ein Magazin, schrieb Pamelas Freundin:

Jim sieht jetzt besser aus als vor kurzem, sicher besser als zur Zeit des Miami-Prozesses. Er behauptet, mit dem Trinken Schluß gemacht zu haben, und er hat beträchtlich an Gewicht verloren. Aber das französische Essen hat doch seinen Tribut verlangt: Es fehlt noch ein bißchen an seinem klassischen Aussehen. Der hohläugige Schatten in Lederjeans wie Lakritze, der als *Lizard King* durch Los Angeles strolchte, ist er noch nicht wieder.

Es war der 1. Juli; in Paris war es verflucht heiß. Jim war in einen Morast schrecklicher und erschreckender Hoffnungslosigkeit gerutscht. Er hatte schwer gesoffen und versuchte doch, ein für allemal mit dem Trinken aufzuhören. Er versuchte zu schreiben, rang damit und versuchte, es zu etwas Kreativem in den Griff zu bekommen; es gelang ihm nicht. Er saß deprimiert am Eßzimmertisch und wartete auf Einfälle. Das wenige, was er schrieb, war unter seinem Niveau, und er wußte es. Manchmal stand er minutenlang vor dem Spiegel, starrte sich in die eigenen Augen und suchte nach einer Antwort. Alan Ronay hatte ihn noch nie so niedergeschlagen erlebt und Pamela hatte Angst. Sie unternahmen einiges, um ihn abzulenken, und versuchten, ihn ein bißchen in Stimmung zu bringen. Allerdings hatten sie kein Glück. Schließlich, Freitagabend, den 2. Juli, schlug Alan vor, in einem Straßencafé zu Abend zu essen. Jim wollte seine Freunde nicht mit seiner Stimmung belasten. Er blieb ungewöhnlich ruhig, Eßgeräusche ersetzten die fehlende Konversation.

Emotion zeigte Jim schon eher nach dem Essen. Er schickte seinem Verleger Jonathan Dolger ein Telegramm und bat, das Titelbild der bei Simon and Schuster erschienenen Paperback-Ausgabe von *The Lords and The New Creatures* zu ändern. Statt Joel Brodskys Photo vom ›jungen Löwen‹ wollte er eine Aufnahme von Edmond Teske, die poetischer aussah, ihn mit einem Bart zeigte. Dann brachte Jim Pamela heim und ging allein ins

Kino, um einem Film zu sehen, den Alan Ronay empfohlen hatte: *Pursued,* mit Robert Mitchum.

Wo Jim nach dem Kino hinging, *ob* er überhaupt ins Kino ging, darüber kann man nur spekulieren. Was von diesem Abend erzählt wird, ist voller Widersprüche. Einige sagen, er ging in den *Rock'n'Roll Circus.* Er war so deprimiert, daß er etwas Heroin kaufte und auf der Toilette eine Überdosis nahm. Dann trug man ihn durch die Hintertür raus und legte ihn in seiner Wohnung in die Badewanne. Andere behaupten, er verließ Alan und Pamela, ging direkt zum Flughafen, wo man ihn gesehen haben will, wie er einen Flug buchte. Vielleicht spazierte er auch nur die ganze Nacht herum. Oder er ging ins Kino und dann nach Hause, wo er bald klagte, er fühle sich nicht wohl und er wolle jetzt ein Bad nehmen. Diese letzte Version hat am meisten Glauben gefunden. Aber was auch immer Freitag nacht passiert sein mag, am Montag morgen, dem 5. Juli, wußten Gerüchte, Jim sei tot.

Montag riefen die Londoner Zeitungen das Elektra-Büro in England an. Dort konnte niemand den Beweis antreten, daß Jim noch lebte. Die Zeitungen hatten gehört, man habe ihn tot in seiner Pariser Wohnung gefunden. Wie war das Gerücht entstanden? Traf es diesmal zu? Clive Selwood, der Leiter des englischen Elektra-Büros, rief das französische Büro an, ob man dort das Gerücht bestätigen könne. Aber seine Kollegen wußten nicht einmal, daß Jim in Frankreich war. Da rief Selwood bei der amerikanischen Botschaft und der Pariser Polizei an. Niemand wußte etwas vom Tod eines Amerikaners namens Jim Morrison.

Selwood beschloß, die Sache zu vergessen; wahrscheinlich war es wieder einmal falscher Alarm. Er war schon fast davon überzeugt, als hintereinander zwei führende englische Rock-Magazine bei ihm anriefen. Er sagte ihnen das Wenige, was er wußte. Dann beschloß er, Bill Siddons in Los Angeles anzurufen. Wegen des Zeitunterschieds weckte er Bill aus dem Schlaf.

»Bill«, sagte er, »ich hab' überhaupt nichts Greifbares, aber bei uns treffen Nachrichten ein, Jim sei gestorben.«

Bill lachte beinahe.

»Komm, Clive!« Dann sagte er, er wolle jetzt wieder ins Bett gehen. Aber er konnte nicht einschlafen, er wollte mit Jim selber sprechen. Pamela war am Apparat und sagte, es sei besser, wenn

Bill gleich komme — als müsse er nur um die Ecke gehen. Pamela war nicht verrückt auf Siddons, aber sie wußte, er würde die Dinge in die Hand nehmen. Bill rief am Flughafen an und buchte den nächstmöglichen Flug. Dann rief er Ray an und riß auch ihn aus dem Schlaf.

»Hör zu, Ray, *vielleicht* ist Jim tot. Ich weiß nicht, ob es diesmal stimmt oder nicht. Ich hab' gerade mit Pam gesprochen, was sie sagt, ist ein bißchen unklar. Sie will, daß ich sofort rüberkomme. Ich flieg hin und untersuch die Sache.«

»O Gott«, murmelte Ray. »Also zieh los und gib uns sofort Bescheid, was los ist.«

Bill versicherte Ray, das wolle er tun und bat ihn, die anderen zu benachrichtigen; er solle aber klarmachen, daß es vielleicht nur wieder einmal falscher Alarm sei.

»Ich nehm den nächsten Flug«, sagte Bill Siddons.

»O Bill«, fügte Ray hinzu, »es klingt so grauenhaft, aber bitte, vergewissere dich.«

»Vergewissern, Ray — wessen?«

»Ich weiß es nicht, Mann, nur: *Vergewissere* dich.«

Dienstag, den 6. Juli, kam Siddons in Paris an. In der Wohnung fand er Pamela, einen versiegelten Sarg und eine unterzeichnete Sterbeurkunde. Die Vorbereitungen für die Beerdigung waren schnell und ohne Aufsehen erledigt. Am 7. Juli füllte Pamela die Todesurkunde in der amerikanischen Botschaft aus; sie identifizierte den Toten als James Douglas Morrison, einen Schriftsteller. Sie sagte weiter, es gäbe keine lebenden Verwandten. Als offizielle Todesursache wurde eine Herzattacke angegeben.

Siddons erledigte alles. Mittwoch nachmittag wurde der Sarg auf dem *Père La Chaise* beigesetzt. Kurz vorher hatte Jim den Friedhof als Tourist besucht; er wollte die Gräber von Edith Piaf, Oscar Wilde, Balzac, Bizet und Chopin sehen. Fünf Leidtragende folgten dem Sarg: Pamela, Bill Siddons, Alan Ronay, Agnes Varda und Robin Wertle. Sie warfen Blumen ins Grab und sagten Lebewohl.

Bill half Pamela, ihre Sachen zu packen, und Donnerstag flogen sie zurück nach Los Angeles. Bill erzählte ihr alles, was er wußte. Pamela, sagt man, hatte einen Schock und brauchte deshalb Ruhe.

Jetzt, ein Jahrzehnt später, fragt man noch immer:

»Ist Jim Morrison wirklich *tot?* Und *wie* starb er?«

Vor seinem Tod — unterstellt, er *ist* tot — gehörte Jim zu jenen nicht gerade häufigen Menschen, die ständig totgesagt werden. Als Jim Morrison im Zenith seiner Heldenlaufbahn stand, ›starb‹ er so ziemlich jedes Wochenende; gewöhnlich bei einem Autounfall, manchmal, indem er von einem Hotel-Balkon stürzte, wo er sich vor seinen Freuden produziert hatte, gelegentlich auch an einer Überdosis — Alkohol, Drogen oder Sex.

Wie starb er? Im Laufe der Jahre sind zahllose Hypothesen gebildet worden — ein paar von ihnen kamen einfach aus einer unheimlichen Enttäuschung heraus. Manche behaupten und unterlegen es mit vielen Gründen, daß dieser Tod, wie Bill Siddons ihn geschildert hat — Herzattacke, Badewanne —, einfach nicht zu Jims Persönlichkeit paßt.

Die offizielle Lesart ist: Pamela und Jim waren allein in der Wohnung. Es war nach Mitternacht, also schon Samstag, der 3. Juli 1973. Jim spuckte ein bißchen Blut. Das war früher auch schon passiert, sagt Pamela. Sie war zwar besorgt, aber nicht aufgeregt. Jim behauptete dann, es ginge ihm wieder gut, er wolle baden. Pamela schlief wieder ein. Fünf Uhr morgens wachte sie auf und sah, daß Jim nicht wieder ins Bett gekommen war. Sie ging ins Badezimmer und fand ihn in der Wanne. Die Arme ruhten auf dem Wannenrand, der Kopf war zurückgelegt, das lange, nasse Haar verstruppelt über den Rand, ein jungenhaftes Lächeln war im glatt rasierten Gesicht. Anfangs dachte Pamela, er mache wieder eines seiner makabren Spielchen, aber dann rief sie über die Feuerwehr nach dem Notarzt. Ein Arzt und die Polizei kamen, sagt Pamela, aber es war alles zu spät.

Eine Sache, an der sich mancher Zweifel an dieser Version entzündete, war der Zeitpunkt, zu dem die Geschichte publik wurde. Erst volle *sechs Tage* nach Jims Tod, zwei Tage nach der Beerdigung, erzählte Bill den Medien, was er zu sagen hatte.

»Ich komme gerade aus Paris von Jim Morrisons Beerdigung«, hieß es in einer vorbereiteten Erklärung, die über eine Agentur in Los Angeles verbreitet wurde.

»Jim wurde in einer einfachen Zeremonie beigesetzt. Nur ein paar enge Freunde waren dabei. Man hielt anfangs die Nachricht von seinem Tod und die Einzelheiten der Beerdigung zurück, weil diejenigen von uns, die ihm nahe standen und ihn als Mensch liebten, das ganze Aufsehen und die jahrmarktähnliche Atmosphäre vermeiden wollten, die den Tod anderer Rock-Größen wie Janis Joplin und Jimi Hendrix umgaben.

Ich kann sagen, daß Jim in Frieden und eines natürlichen Todes gestorben ist. Er war seit März mit seiner Frau Pamela in Paris gewesen. In Paris hatte er einen Arzt wegen Atmungsbeschwerden aufgesucht. Über diese Beschwerden hat er auch am Samstag, seinem Todestag, geklagt...«

In den folgenden Tagen konnte Bill Siddons keine weiteren Informationen geben; er hatte keine.

Ein weiterer Grund, der Mißtrauen gegen diese Geschichte weckte, war, Siddons hatte die Leiche nicht gesehen. Was er in der Wohnung Jims und Pamelas gesehen hatte, war ein versiegelter Sarg und eine Sterbeurkunde mit der Unterschrift eines Arztes. Es gab keinen Polizeibericht, er sprach mit keinem Arzt. Eine Autopsie war nicht vorgenommen worden. Das einzige, was er als Beweis für Jims Tod hatte, war Pamelas Wort.

Warum hatte man auf die Autopsie verzichtet? –

»Wir wollten das nicht. Wir wollten Jim in Ruhe lassen. Er war in Frieden und mit Würde gestorben.«

Wer war der Arzt? Siddons wußte es nicht, Pamela hatte es vergessen. Aber Unterschriften kann man nachmachen oder kaufen.

Jedenfalls ist das die offizielle Darstellung vom Tode Jim Morrisons. Die anderen Versionen, die erzählt werden, sind bizarrer und, vielleicht, glaubhafter.

In Paris hält sich das Gerücht, Jim sei an Heroin gestorben. Er war Stammgast im *Rock'n'Roll Circus* gewesen, jenem Nachtlokal, das als Hafen des Pariser Heroinhandels galt. Jim hatte immer ein Faible für eine runtergekommene Umgebung gehabt, er liebte die Extreme der Gesellschaft. In Los Angeles und New York hatte er mehrfach die Pennerstraßen besucht. Er war regelmäßig in den *Circus* gegangen, die Leute dort kannten ihn. Aber Jims Neugierde auf den *Circus* war wahrscheinlich eher die eines Zuschauers als die von jemandem, der mitmacht. In den Pennerstraßen hatte er gesoffen, aber kaum etwas spricht dafür, daß er im *Circus* Heroin genommen hat. Einmal hatte er seit langem eine tiefgehende Furcht vor Spritzen. Falls er sich an jenem

Abend eine Spritze gesetzt hat, war es zum ersten Mal, wenn es auch wahrscheinlich ist, daß er vorher schon Heroin geschnupft hat. Doch: Fand man Jim nicht in der Badewanne und ist das nicht der erste Platz, wo man nach einer Überdosis Wiederbelebungsversuche macht? Und, sprechen nicht einige der Graffiti an Jims Grab auf dem *Père La Chaise* wie ›Habt Erbarmen mit den Junkies‹ und ›Shootez‹ für eine Überdosis statt einer Herzattacke?

Falls Jim an einer Überdosis starb, hätte der Arzt eigentlich die Nadelstiche sehen müssen. Falls er das Heroin aber geschnupft hatte, hätte man es nur serologisch nachweisen können. Da keine Autopsie stattfand, wird man es nie erfahren. Trotzdem, die Überdosis ist eine Möglichkeit. Die Menge geschnupften Heroins, die tödlich ist, ist gering, wenn es in Verbindung mit Alkohol genommen wird. Beides wirkt zusammen, lähmt das Zentralnervensystem und das Atmungssystem und führt zu einem schnellen, schmerzlosen Tod.

Richard Golub, ein junger, erfolgreicher Anwalt der besseren Gesellschaft in New York, nimmt an, Jim sei ermordet worden. Golum stützt seine Behauptung weitgehend auf ein Gespräch mit Elizabeth (ZoZo) Larivière, französisches Photomodell und Schauspielerin. Von ihr hatten Pamela und Jim die Wohnung in Untermiete. Sie sagt, eine Tür zwischen dem Eßzimmer und einem der Schlafzimmer sei aufgebrochen gewesen, Riegel und Türgriff waren entfernt worden. Und, sagt sie, sie fand ein blutiges T-Shirt im WC, ein blutiges Messer unterm Bett. Sie übergab Golub auch einen Karton mit Papieren, Tonbändern und Notizbüchern, der zurückgelassen worden war. In ihm fanden sich verschiedene Drohbriefe von jemand, der sich für Jims ehemalige Frau ausgab. Auch bei sehr oberflächlicher Lektüre scheint die Schreiberin gefährlich gestört gewesen zu sein.

Andere Vermutungen tauchten im Kreis von Jims Freunden auf. Einer wußte, daß er getötet worden war, als jemand ihm mit einem Messer die Augen ausstieß — ›um seine Seele zu befreien‹. Ein anderer faselte von einer abgewiesenen Liebhaberin, die ihn aus der Ferne, nämlich aus New York, durch Hexenkraft tötete. Wieder andere behaupten, Jim sei das Opfer einer politischen Verschwörung geworden, die zum Ziel hatte, die Hippie-Kultur, die Neue Linke, den ganzen Gegenkultur-Lebensstil in Mißkredit zu bringen und auszurotten. (Tatsächlich wird behauptet, daß es sich da um ein weitreichendes, die ganze Gesellschaft durchdringendes Netz von Verschwörungen handelt. Die Schüsse von Kent State und Jackson State, die Unruhen auf Isla Vista, die bombenlegenden Weathermen und die schweren Haftstrafen für Timothy Leary und für die Acht von Chicago, die Morde Charlie Mansons, gar nicht zu erwähnen der Tod von Jimi Hendrix, Janis Joplin und mehr als zwei Dutzend Schwarzer Panther – alles soll dazugehören.) Jim war bestimmt populär genug und, noch bedenklicher, auch gewitzt genug, um die Kräfte auf den Plan zu rufen, die etwas gegen seinen subversiven Einfluß hätten unternehmen können. Bestimmt hatten ihn die einschlägigen Behörden im Auge; man denke nur an die gründlichen Nachforschungen über seine Vergangenheit, die das FBI nach dem Miami-Vorfall anstellte.

Dann gibt es Hypothesen, die von der Verschwörung abrükken und davon ausgehen, daß Jim an einer Überdosis Kokain gestorben sei. Kokain ist eine Droge, die er gerne nahm, aber sie ist längst nicht so gefährlich wie Heroin, selbst in großen Dosen. Man hört auch, Jim sei wahrscheinlich eines ›natürlichen Todes‹ gestorben, Pamela sei aber bei seinem Tod nicht dagewesen. Vielleicht verbrachte sie das Wochenende mit ihrem Grafen und kam erst Montag zurück und fand Jim tot. Das würde die Verspätung bei der Bekanntgabe des Todes erklären. Manche Leute zucken bloß die Achsel und meinen, sieht man von den Mordgeschichten ab, so sei es gleichgültig, an was er im einzelnen gestorben sei – sei es eine Überdosis von irgend etwas, ein Herzanfall oder der Tod durchs Saufen (wie viele von Anfang an vermuteten). Im Grund läuft es auf ›Selbsttötung‹ hinaus. So oder so, Jim starb am Selbst-Mißbrauch, und herauszufinden *wie,* wäre nur, festzustellen, welches – bildlich gesprochen – Kaliber die Pistole hatte, die er gegen seine Stirn richtete.

Die Wahrheit ist, niemand weiß, wie Jim Morrison starb. Wenn je ein Mann fertig, willens und bereit zum Sterben war, dann war es Jim. Sein Körper war alt geworden, seine Seele müde.

Auf der anderen Seite gibt es die, die keine dieser Versionen abkaufen. Für sie ist Jim Morrison nicht tot. Das ist gar nicht so weit hergeholt, wie es auf den ersten Anschein wirkt. Wenn es je einen Mann gab, der fertig, willens und bereit war, zu verschwinden, dann war das auch Jim. Es würde wunderbar zu seinem unberechenbaren Charakter passen, seinen eigenen Tod zu inszenieren, um seinem Leben zu entkommen. Er war eines Images müde geworden, dem er entwachsen war. Er hatte Anerkennung als Dichter gesucht, nur um zu merken, daß seine Anstrengungen durch sein Image als Rock-Heros zunichte gemacht wurden. Ihn freute das Singen und er liebte ehrlich, was die *Doors* brachten, aber er versuchte auch verzweifelt, dem Druck des Star-Ruhms zu entkommen. Vielleicht hat er am Wochenende vom 3. auf den 4. Juli nur versucht zu verschwinden, um die Freiheit der Anonymität und den Frieden zum Schreiben zu finden.

Bestimmt wurde der Samen zu so einem Streich früh gelegt. Als die *Doors* Anfang 1967 im *Fillmore in San Francisco* auftraten und noch immer keinen Platten-Hit hatten, schlug Jim vor, durch einen fingierten Todesfall landesweit das Interesse auf die Band zu lenken. Dann gibt es da seine Bemerkung über ›Mr. Mojo Risin'‹; unter diesem Namen wollte er, wenn er sich nach Afrika abgesetzt hätte, Kontakt mit den übrigen *Doors* aufnehmen. Außerdem hat er beiden Autoren des vorliegenden Buches zu verschiedenen Zeiten gesagt, er könne sich vorstellen, sein Leben radikal zu ändern, als Geschäftsmann mit Anzug und Krawatte wieder aufzutauchen. Steve Harris, Assistent von Jac Holzman, erinnert sich genau, wie Jim nach dem Tod von Brian Jones fragte, was wäre, wenn er plötzlich stürbe. Was würde das für den Absatz bedeuten? Wie würde die Presse reagieren? Wer würde es glauben?

Die Weichen dafür wurden sogar noch früher gestellt. Jim hatte sich mit Leben und Werk von Rimbaud auseinandergesetzt. Es hatte ihn gepackt, daß Rimbaud sein ganzes Werk bis zum 19. Lebensjahr geschrieben hatte und dann nach Nordafrika ging, Waffenschmuggler und Sklavenhändler wurde. Mit Mary Francis Werebelow hatte Jim lang und breit diskutiert, wie die Jünger den Leib Christi aus dem Grab hätten stehlen können. Er machte Witze über den ›österlichen Leichenraub‹, aber er redete auch ernst und logisch über den Fall.

Die engsten Freunde Jims stimmten alle darin überein — einige bestehen darauf —, daß es nicht nur genau die Art Streich ist, die Jim gern inszeniert hätte…, sondern, daß er ihn auch mit

Pamelas aufopfernder Hilfe tatsächlich, und sei's noch so unglaublich, hätte durchführen können.

Agnes Varda und Alan Ronay sagen nichts. Robin Wertle und Hervé Mueller schwören, sie wüßten nichts Genaues. Bill Siddons weiß nur, was er sah und was ihm Pamela erzählte. Und Pamela nahm das Geheimnis mit ins Grab, als sie drei Jahre nach Jim starb.

Jetzt ist es ein Jahrzehnt her; man hat noch nichts gehört von Mr. Mojo Risin'.

Nachwort

Der Dichter William Blake hat gesagt: »Der Weg der Maßlosigkeit führt in den Palast der Weisheit.« Jim Morrison hat das verstanden: Er lebte maßlos. Entweder gelangen Dichter zum Palast der Weisheit, da sie in Wahrheit Dichter sind, oder sie erreichen ihn nie, weil sie göttliche Narren sind. Das ist ein und dasselbe.

Ein anderes *Sprichwort* aus Blakes ›Die Hochzeit von Himmel und Hölle‹ lautet: »Klugheit ist eine reiche, häßliche alte Jungfer, der die Unfähigkeit den Hof macht.« Jim war nicht klug, daraus folgt, daß ihn nur selten Unfähigkeit lähmte. Jim war ein Held mit vielen Gestalten, der uns mit seiner Energie, seinem Wagemut aufwühlte. Mit seinen Sinnen nahm er wahr, und er erweiterte seine Sinne durch Alkohol — dem Dionysos heilig, dem Gott des Schauspiels und des Rauschs — LSD und dem inneren Elixier seines eigenen Enthusiasmus, seines Überschwanges. Jim war einer der strahlendsten Geister, denen ich je begegnete und einer der komplexesten — wir alle, die wir aus Fleisch und Nerven sind, stehen unter dem Verdikt, komplex zu sein.

Die *Erfahrung* der Wahrnehmung und der fortgesetzte Wechsel von Lust und Unlust seines Nervenapparates faszinierten Jim. Als er aufhörte, der androgyne ledergekleidete Leadsinger, das Sex-Symbol der *Doors,* zu sein, blühte er in schönem Untergang zum stimmgewaltigen Bluesinterpreten auf.

Eins der Dinge, die ich an der vorliegenden Biographie mag, ist, daß er sich als Dichter wußte; das war die Grundlage unserer freundschaftlichen, brüderlichen Beziehung. Ein weiteres ist, daß die Autoren zeigen, Jim war kein Materialist, kein Dollar-Jäger wie so viele Rock-'n'-Roll-Stars. Erfahren, Handeln — das wollte Jim. Er wollte die Transmutation des Materiellen ins Gold nicht zu stillender Lust.

Wir trafen uns in London, um über eine Verfilmung meines Stückes *The Beard* zu reden. Jim holte mich am Flughafen ab, und ich redete über die Vorstellung, daß romantische Dichter am nächtlichen Himmel ums Flugzeug fliegen. Ich zeigte ihm ein neues Gedicht über Billy the Kid, und impulsiv schrieb er ein Gedicht für Jean Harlow in mein Notizbuch.

Wir zogen als Dichter durch die Stadt, von den Strip-Schuppen in Soho bis zum Tate-Museum. Dann fuhren wir im Mondlicht mit dem Dichter Christopher Logue zum Krankenhaus hinaus, das jetzt dort steht, wo Blake einst lebte. Für kurze Zeit waren wir Stammgäste in den Musiklokalen *The Bag of Nails* und *Arethusa's;* wir trafen dort Christine Keeler, Filmstars, tranken Courvoisier und führten tiefsinnige Gespräche mit Filmregisseuren.

In London sah ich zum ersten Mal Gedichte von Jim. In den Nachwehen eines Alkoholrausches, luzide wie ein Mescalinrausch, fand ich das Manuskript von *The New Creatures* auf dem Tisch seines Zimmers im Hotel *Belgravia*. Was ich las, war erregend.

Ich kenne keinen größeren Dichter in seiner Generation. Nur wenige waren so sehr Gestalten der Öffentlichkeit und der Unterhaltung (vielleicht Majakovskij im Rußland der zwanziger und dreißiger Jahre), und kein Dichterleben war so kurz und so kraftvoll.

Jedermann hat die Musik der *Doors* gehört, kennt die allgemeine Legende. Aber Jim war feinfühlig genug, zu wissen, daß vielleicht seine Gedichte nur gelesen würden, weil er ein Rock-Star war. Bei seiner Poesie war er auf der Hut: gedankenvoll, sorgfältig, er arbeitete im Stillen an ihr.

Als ich das Manuskript von *The New Creatures* in London sah, schlug ich vor, Jim solle für Freunde einen Privatdruck machen und dann das Buch einem kommerziellen Verleger anbieten. So geschah es.

Jim vereinigte in sich zwei Künstlernaturen, den erregten und erregenden Songinterpreten — ich hatte ihn singen hören, bis das Publikum am Boden lag und noch zuhörte — und den ruhigen, begabten jungen Dichter. Er war Mr. Mojo Risin' und er war Jim Douglas Morrison, ein Dichter schottisch-amerikanischer Abkunft.

Ich habe mit Jim Lesungen gemacht, seine Schüchternheit gesehen und seine Entschlossenheit, auch auf diesem Gebiet gehört zu werden. Nach seinem Tod habe ich Jim auf Tonband gehört, in einer Jagdhütte in Ostafrika, die früher ein deutsches Fort gewesen war. Jedesmal habe ich einen Künstler gehört.

Wenn ich seine Texte lese, spüre ich den Freund, der mir fehlt. Ich begreife Jim als einen Bruder, zu dem ich spreche.
Wie George MacDonald es gesagt hat:

> Death alone from death can save.
> Love is death, and so is brave.
> Love can fill the deepest grave.
> Love loves on beneath the wave.

Jims Gegenwart und seine künstlerische Leistung schlugen lebendige Wellen; da stand er, eine glänzende, singende Statue inmitten von Scheinwerfern und Verstärkern. Aber seine Gedichte und Lieder stehen in reiner Schönheit zum Beweis, daß ›nur der Tod vom Tod errettet‹.

Michael McClure
August 1979

Anhang

SINGLES
(in Deutschland erschienene Originalveröffentlichungen)
(* = ohne Jim Morrison)

Break On Through
End Of The Night (Jan. 1967)

Light My Fire
The Crystal Ship (April 1967)

People Are Strange
Unhappy Girl (Sept. 1967)

Love Me Two Times
Moonlight Drive (Nov. 1967)

The Unknown Soldier
We Could Be So Good Together
(März 1968)

Hello I Love You
Love Street (Juni 1968)

Touch Me
Wild Child (Dez. 1968)

Wishful Sinful
Who Scared You (Febr. 1969)

Tell All The People
Easy Ride (Mai 1969)

Runnin' Blue
Do It (Aug. 1969)

You Make Me Real
Roadhouse Blues (März 1970)

Waiting For The Sun
Peace Frog (Juli 1970)

Love Her Madly
You Need Meat (März 1971)

Riders On The Storm
Changeling (Juni 1971)

Tightrope Ride
Variety Is The Spice Of Life
(Nov. 1971)*

Ships With Sails
In The Eye Of The Sun (Mai 1972)*

The Mosquito
It Slipped My Mind (Aug. 1972)*

Get Up And Dance
Treetrunk (Aug. 1972)*

The Piano Bird
Good Rockin' (Nov. 1972)*

The End
Delta (Soundtrack zum Film „Apocalypse Now")
(Jan. 1980)

Gloria
Moonlight Drive (Dez. 1983)

Light My Fire (Live)
Roadhouse Blues (Aug. 1987)

Auf eine Auflistung ausländischer Pressungen soll aus Platzgründen verzichtet werden. Alle aufgelisteten Doors-Singles sind inzwischen vergriffen.
Es erschienen jedoch unzählige Compilation Singles, von denen inzwischen auch nur noch die folgenden über den Plattenhandel erhältlich sind:

Riders On The Storm
The End (Elektra Asylum 969 382-7)

Hello I Love You
Touch Me (Elektra 969 335-7)

LANGSPIELPLATTEN
(angegeben sind die deutschen Bestellnummern)

The Doors (Jan. 1967), (Elektra 42012)
Break On Through, Soul Kitchen, The Crystal Ship, Twentieth Century Fox, Alabama Song, Light My Fire, Back Door Man, I Looked At You, End Of The Night, Take It As It Comes,
The End

Strange Days (Oct. 1967), (Elektra 42016)
Strange days, You're Lost Little Girl, Love Me Two Times, Unhappy Girl, Horse Latitudes, Moonlight Drive, People Are Strange, My Eyes Have Seen You, I Can't See Your Face In My Mind, When The Music's Over

Waiting For The Sun (Juli 1968), (Elektra 42041)
Hello I Love You, Love Street, Not To Touch The Earth, Summer's Almost Gone, Wintertime Love, The Unknown Soldier, Spanish Caravan, My Wild Love, We Could Be So Good Together, Yes The River Knows,
Five To One

The Soft Parade (Juli 1969), (Elektra 42079)
Tell All The People, Touch Me, Shaman's Blues, Do It, Easy Ride, Wild Child, Runnin' Blue, Wishful Sinful, The Soft Parade

Morrison Hotel (Feb. 1970), (Elektra 42080)
Roadhouse Blues, Waiting For The Sun, You Make Me Real, Peace Frog, Blue Sunday, Ship Of Fools, Land Ho!, The Spy, Queen Of The Highway, Indian Summer, Maggie M'Gill

Absolutely Live (Juli 1970), (Elektra 62005), (Doppelalbum)
Who Do You Love, Medley: Alabama Song – Back Door Man – Love Hides – Five To One, Build Me A Woman, When The Music's Over, Close To You, Universal Mind, Break On Through 2, The Celebration Of The Lizard, Soul Kitchen

13 (Nov. 1970), (Elektra 42062)
Light My Fire, People Are Strange, Back Door Man, Moonlight Drive, The Crystal Ship, Roadhouse Blues, Touch Me, Love Me Two Times, You're Lost Little Girl, Hello I Love You, Wild Child, The Unknown Soldier

L. A. Woman (April 1971), (Elektra 42090)
The Changeling, Love Her Madly, Been Down So Long, Cars Hiss By My Window, L. A. Woman, L'America, Hyacinth House, Crawling King Snake, The WASP (Texas Radio And The Big Beat), Riders On The Storm

Other Voices (Nov. 1971)*, (Elektra 42104)
In The Eye Of The Sun, Variety Is The Spice Of Life, Ships With Sails, Tightrope Ride, Down On The Farm, I'm Horny I'm Stoned, Wandering Musician, Hang On To Your Life

Weird Scenes Inside The Goldmine (Jan. 1972), (Elektra 62009), (Doppelalbum)
Break On Through, Strange Days, Shaman's Blues, Love Street, Peace Frog, Blue Sunday, The WASP, End Of The Night, Love Her Madly, Spanish Caravan, Ship Of Fools, The Spy, The End, Take It As It Comes, Runnin' Blue, L. A. Woman, Five To One, Who Scared You, You Need Meat, Riders On The Storm, Maggie M'Gill Horse Latitudes, When The Music's Over

Full Circle (Juli 1972)*, (Elektra 42116)
Get Up And Dance, Four Billion Souls, Verdilac, Hardwood Floor, Good Rockin', The Mosquito, The Piano Bird, It Slipped My Mind, The Peking King And The New York Queen

The Best Of The Doors (Aug. 1973), (Elektra 42143)
Who Do You Love, Soul Kitchen, Hello I Love You, People Are Strange, Riders On The Storm, Touch Me, Love Her Madly, Love Me Two Times, Take It As It Comes, Moonlight Drive, Light My Fire

An American Prayer (Nov. 1978), (Elektra 52111)
Awake: Ghost Song, Dawn's Highway, Newborn Awakening; To Come Of Age: Black Polished Chrome, Latino Chrome, Angels And Sailors, Stoned Immaculate; The Poet's Dreams: The Movie, Curses, Invocations; World On Fire: American Night, Roadhouse Blues, Lament, The Hitchhiker; An American Prayer.
Dieses Album besteht größtenteils aus Gedichten, die Jim Morrison am 8. Dezember 1970, seinem letzten Geburtstag, auf Band sprach und die von den restlichen Doors nachträglich editiert und mit Musik unterlegt wurden.

Greatest Hits (Oktober 1980), (Elektra 52254)
Hello I Love You, Light My Fire, People Are Strange, Love Me Two Times, Riders On The Storm, Break On Through, Roadhouse Blues, Not To Touch The Earth, Touch Me, L. A. Woman

Alive She Cried (Nov. 1983), (Elektra 96-0269-1)
Gloria, Light My Fire, You Make Me Real, Texas Radio And The Big Beat, Love Me Two Times, Little Red Rooster, Moonlight Drive, Horse Latitudes, Moonlight Drive

Classics (1985), (Elektra 960 417-1)
Strange Days, Love Her Madly, Waiting For The Sun, My Eyes Have Seen You, Wild Child, The Crystal Ship, Five To One, Roadhouse Blues (live), Land Ho!, I Can't See Your Face In My Mind, Peace Frog, The WASP, The Unknown Soldier

The Best Of The Doors (1985), (Elektra 960 345-1), (Doppelalbum)
Break On Through, Light My Fire, The Crystal Ship, People Are Strange, Strange Days, Love Me Two Times, Five To One, Waiting For The Sun, Spanish Caravan, When The Music's Over, Hello I Love You, Roadhouse Blues, L. A.

Woman, Riders On The Storm, Touch Me, Love Her Madly, The Unknown Soldier, The End

Live At The Hollywood Bowl (1987), (Elektra 960 741-1)
Wake Up-Light My Fire, The Unknown Soldier, A Little Game – The Hill Dwellers, Spanish Caravan
Diese sogenannte Mini-LP enthält Ausschnitte aus dem Konzert im Hollywood Bowl am 5. Juli 1968, welches in voller Länge auf der gleichnamigen Videocassette enthalten ist.

Zwei in Sammlerkreisen hochbegehrte deutsche Sonderpressungen sollen nicht unerwähnt bleiben:

Open The Doors For The Doors
(SR International 92246)
(Sonderpressung von „Waiting For The Sun" mit gleichen Titeln, aber anderem Cover aus dem Jahre 1968)
Morrison Hotel (Metronome 75007)
(Sonderpressung der Zeitschrift „Twen" von der LP „Morrison Hotel" mit anderem Cover)

Wegen der ständigen Nachfrage sind fast alle regulären Doors-LPs immer wieder nachgepreßt worden. Inzwischen sind alle LPs mit Jim Morrison auch als CD erschienen, der interessierte Leser sollte allerdings beim Kauf darauf achten, daß er die CDs in der „digital remastered"-Version ersteht, die klangtechnisch der Erstauflage der CDs weit überlegen sind.

Zwei weitere weitverbreitete Sampler, die nicht auf dem Elektra Label erschienen sind:

Starcollection Vol. 1 (1973), (Midi 22001)
Waiting For The Sun, Roadhouse Blues, My Wild Love, Unhappy Girl, Light My Fire, Maggie M'Gill, Back Door Man, Land Ho!, Peace Frog, Wishful Sinful

Starcollection Vol. 2 (1974), (Midi 22008)
Hello I Love You, Soul Kitchen, My Eyes Have Seen You, Runnin' Blue, The Soft Parade, Touch Me, The Crystal Ship, Wild Child, Love Street, Horse Latitudes, Riders On The Storm

BOOTLEGS

Die Menge der inzwischen angebotenen Raubpressungen der Doors ist inzwischen fast unüberschaubar geworden. Dem interessierten Fan soll mit dieser Liste ein Überblick gegeben werden, was aus obskuren Quellen bisher erschienen ist, und welche Bootlegs empfehlenswert sind. Es versteht sich von selbst, daß Bezugsquellen für Bootlegs keinesfalls hier genannt werden können. Die Wertung soll dem geneigten Leser lediglich ein Hinweis darauf sein, welche LPs bzw. CDs aufgrund der Tonqualität und/oder der Rarität des präsentierten Materials den Kauf lohnen.

Wertung:
****** Phänomenal
***** Sehr Gut
**** Gut
*** Mittelmäßig
** Schlecht
* Vom Kauf abzuraten

Anmerkung:
Unter dieser Rubrik wurden alle LPs mit nicht von der Plattenfirma autorisiertem Material zusammengefaßt, also auch sogenannte „halblegale" Veröffentlichungen.

LPs

A Celebration: Light My Fire, Roadhouse Blues, Texas Radio And The Big Beat, Love Me Two Times, Touch Me, The End („Dance On Fire" Soundtrack) *****

A Closed Door Is Opened: Oh Carol, Hello I Love You, Rock Me, Who Scared You, Money, The Unknown Soldier, Horse Latitudes – Moonlight Drive, Hitler, Texas Radio & The Big Beat, Ghost Song, The End, Graveyard Poem (Winterland, 6. 2. 70; Roundhouse, 6. 9. 68; L. A. Forum, 13. 12. 68; Felt Forum, 17. 1. 70; Frankfurt, 14. 9. 68; Singerbowl, 2. 8. 68; Isle Of Wight, 29. 8. 70; Ausschnitte aus der Radio Show „The Inner View") *

Anniversary Issue Inner View
(4 Picture Disc Box): (Nachpressung von NO ONE HERE GETS OUT ALIVE – THE DOORS' STORY) *****

Apocalypse Now: (Nachpressung von THE LIZARD KING) ***

Archives (Doppelalbum): (Nachpressung von MOONLIGHT DRIVE AND CRITIQUE) ***

Blues For A Shaman (Doppelalbum): My Eyes Have Seen You, Soul Kitchen, I Can't See Your Face In My Mind, Summer's Almost Gone, Money, Who Do You Love, Moonlight Drive, Alabama Song, People Are Strange, I'm A King Bee, Gloria, Break On Through, Summertime, Back Door Man, The End (Matrix, 10. 3. 1967) *****

Break On Through To The Other Side: (Videosoundtrack LIVE AT THE HOLLYWOOD BOWL) *****

Bring Out Your Dead (Doppelalbum): Roadhouse Blues, Break On Through, Ship Of Fools, Crawling King Snake, Alabama Song – Back Door Man – Five To One, Build Me A Woman, Peace Frog, The End, Celebration Of The Lizard (Felt Forum, 17. 1. 1970) ******

Celebration: Light My Fire, Touch Me, When The Music's Over, The End, Moonlight Drive, Light My Fire (Ed Sullivan Show, 9.67; Smothers Brothers Comedy Hour, 15. 12. 68; Hollywood Bowl, 5. 7. 68; Jonathan Winters TV Show, 27. 12. 67) *****

Celebration (Doppelalbum): Intro, Moonlight Drive, Hello I Love You, Summer's Almost Gone, My Eyes Have Seen You, End Of The Night, Go Insane, The Crystal Ship, Alabama Song – Back Door Man – Five To One, Intro, Roadhouse Blues, Ship Of Fools, Universal Mind, Money, Louie Louie, Heartbreak Hotel – Fever – Summertime – Easy Ride – St. James Infirmary, Light My Fire, Get Off My Life, Crawling King Snake, I Can't See Your Face In My Mind, The End, Changeling, L. A. Woman (Demo Record, 1965; Felt Forum, 18. 1. 70; San Diego, 22. 8. 70; Matrix, 7. 3. 67; Dallas, 11. 12. 70) **

Celebration II – All Rights To This Material (Doppelalbum): Intro, Moonlight Drive, Hello I Love

You, Summer's Almost Gone, My Eyes Have Seen You, End Of The Night, People Are Strange, Mack The Knife – Alabama Song, You're Lost Little Girl, Love Me Two Times, When The Music's Over, Wild Child, Money, Back Door Man – Maggie M'Gill – Roadhouse Blues, Rock Me, Oh Carol, Holy Sha Poem, Orange County Suite, The End (Demo Record, 1965; Murray The K. Show, 1967; Stockholm, 20. 9. 68; Toronto; 13. 9. 69; Boston, 17. 3. 68; Poetry Session, 8. 12. 1970) **

Copenhagen 68: (Nachpressung von LEATHER PANTS IN DENMARK ohne „Texas Radio & The Big Beat") *

Copulations: When The Music's Over, Break On Through, Back Door Man, The Crystal Ship, Wake Up, Light My Fire, The End (Toronto Pop Festival, 13. 9. 69) *****

Critique: Tell All The People, Alabama Song – Back Door Man, Wishful Sinful, Build Me A Woman, The Soft Parade, Five To One, Morrison Interview, Light My Fire, The Unknown Soldier (PBS TV Show New York, 23. 5. 69; Doors Are Open Soundtrack excerpts) *****

Definitely Closed: (Neupressung von MOONLIGHT DRIVE + „I Can't See Your Face In My Mind") ***

Fast Times At Danbury High: Intro, Back Door Man, People Are Strange, The Crystal Ship, Wake Up, Light My Fire, The End – We Came Down – I See A Rider - The End (Danbury High School, 17. 10. 1967) ***

First Flash Of Eden: Back Door Man, Break On Through, When The Music's Over, Ship Of Fools, Light My Fire, The End – Crossroads – Lament Of The Indian – The End (Isle Of Wight Popfestival, 29. 8. 1970) *****

Fuck The Mother, Kill The Father: (Nachpressung von S. 1 & 2 von RESURRECTION) *

Get Fat And Die: (Nachpressung von FIRST FLASH OF EDEN ohne „The End") *

If It Ain't One Thing It's Another (Dreifachalbum): Roadhouse Blues, Ship Of Fools, Break On Through, Universal Mind, Alabama Song – Back Door Man – Five To One, Moonlight Drive, Who Do You Love, Money, Light My Fire, When The Music's Over, The End, Love Her Madly, Back Door Man, Ship Of Fools, The Changeling, L. A. Woman, When The Music's Over (Felt Forum, 18. 1. 1970; Dallas, 11. 12. 1970) ****

In The Beginning You Try A Lot Of Doors: (Nachpressung von RUN FREE) ***

Leather Pants in Denmark (25-cm-LP): Alabama Song – Back Door Man, Texas Radio And The Big Beat, Love Me Two Times, The Unknown Soldier, When The Music's Over (Copenhagen TV Studio, 17. 9. 1968) ******

Light My Fire (Doppelalbum): (Nachpressung von THE BEAUTIFUL DIE YOUNG) ***

Limitless And Free: Rock Is Dead (Ausschnitt), The Crystal Ship, Holy Sha Poem, Alabama Song – Back Door Man, Build Me A Woman, Get Off My Life, Ship Of Fools (Zusammenstellung aus verschiedenen Bootlegs) ***

Little Games (Doppelalbum): (Nachpressung von THE COMPLETE STOCKHOLM TAPES) ****

Live in Stockholm (3-LP-Box): (Nachpressung von THE COMPLETE STOCKHOLM TAPES) ****

Lizard King Plays London: (Nachpressung von THE LIZARD KING) **

Moonlight Drive – The Scream Of The Butterfly: People Are Strange, Alabama Song, The Crystal Ship, Unhappy Girl, Moonlight Drive, Summer's Almost Gone, Twentieth Century Fox, Backdoor Man, My Eyes Have Seen You, Soul Kitchen, Get Off My Life, Crawling King Snake (Live At The Matrix, 7. 3. 1967) ****

Mr. Mojo Risin' (Doppelalbum): Feast Of Friends Soundtrack, Interview, Light My Fire, The End, Wild Child, Touch Me, Critique Interview (Kompletter Feast Of

Friends Soundtrack; Howard Smith Interviewausschnitt; Ed Sullivan Show, 9. 1967; Toronto TV Show, 8. 1967; Smothers Brothers Comedy Hour, 15. 12. 1968; Critique PBS TV New York, 23. 5. 69) ****

No Limits No Laws: (Nachpressung von ROCK IS DEAD minus „Graveyard Poem" + Miami Raps) ***

No Limits No Laws: (Zusammenstellung aus BLUES FOR A SHAMAN) **

No One Here Gets Out Alive – The Doors' Story (Inner View Radio Show) ******

Open The Doors: Five To One, Mack The Knife – Alabama Song – Back Door Man, You're Lost Little Girl, Love Me Two Times, Wild Child, Money, Roadhouse Blues, Universal Mind (Stockholm, 20. 9. 1968; Felt Forum, 18. 1. 1970) *

Orange County Suite: (digital rauschunterdrückte Neuauflage von ROCK IS DEAD mit der zusätzlichen kompletten Version von „Orange County Suite) ******

Pere Lachaise: (Nachpressung von S. 3 & 4 von RESURRECTION) *

Poems, Lyrics And Stories By James Douglas Morrison: (Nachpressung von MOONLIGHT DRIVE) ***

Resurrection (Doppelalbum): Soundtrack des Film „The Doors Are Open", Wake Up-Light My Fire, Five To One, Love Me Two Times, Mack The Knife-Alabama Song-Back Door Man, Moonlight Drive, Light My Fire, Who Do You Love, Miami Raps (Roundhouse, 6. 9. 68; Stockholm, 20. 9. 68; Jonathan Winters TV Show, 27. 12. 67; Matrix, 7. 3. 67; Miami, 1. 3. 69) ****

Roadhouse Blues: (Nachpressung von BRING OUT YOUR DEAD) ***

Rock Is Dead: In The Wake Of The Lizard, Ghost Poem, A Feast Beneath The Moon, The Death Bird, Bird Of Prey, Dawn's Highway, Unterwater Fall, The Hitchhiker, Words In Frozen Woods, Winter Photography, Whiskey, Mystics And Men, All Hail

The American Night, Far Arden, Shirley, The American Night, Judge, Judge, Hitler, To Come Of Age, Black Polished Chrome, Siren's Song, Stories From The L. A. Plague, Earth, Air, Fire, Water, Angels And Sailors, Stoned Immaculate, The Carnival Has Just Begun, Graveyard Poem, Rock Is Dead (Jim Morrison's Gedichtlesung in dem Village Recorders Studio am 8. 12. 1970, seinem letzten Geburtstag, ohne musikalische Untermalung. „Rock Is Dead" ist eine 22minütige Studio-Session der Doors vom Mai 1969 in den Sunset Sound Studios) ******

Run Free: Moonlight Drive, Hello I Love You, Summer's Almost Gone, My Eyes Have Seen You, End Of The Night, Go Insane, People Are Strange, Break On Through, Back Door Man-Maggie M'Gill-Roadhouse Blues, The Crystal Ship, Light My Fire (Demo Record, 1965; Murray The K. Show, 9/67; Toronto 13. 9. 69) ****

Singing The Blues: Gloria, Summertime, I'm A King Bee, Money, Who Do You Love, Woman Is The Devil-Sittin' Round Thinkin' – Rock Me, Babe, Close To You, The End (Matrix, 7. 3. 1967 und 10. 3. 1967) *****

Singing The Blues Vol. 2: When The Music's Over # 1, Light My Fire, Break On Through, Manish Boy, Money, Good Rockin', When The Music's Over # 2 (Matrix, 7. 3. 67 und 10. 3. 67; Monterey, 26. 12. 67; Danbury, 17. 10. 67; Bremen, 5. 5. 1972) *****

Sky High: (Jim Hendrix Bootleg mit Jim Morrison auf 2 Stücken. Auch als offizielle LP bzw. CD unter dem Titel WOKE UP THIS MORNING AND FOUND MYSELF DEAD erhältlich) ****

Someday Soon: Little Red Rooster, Improvisation, The End, Crossroads, Roadhouse Blues, Improvisation, Who Do You Love, The Spy, Miami Raps, Someday Soon, Treetrunk, Wintertime Love, We Could Be So Good Together, The Unknown Soldier, Love Me Two Times, Light My Fire, Soul Train, Geraldine, Henrietta, Just For You, Big Bucket „T", Rampage (Radio Show „The

Doors From The Inside" Auschnitte; Long Beach, 1968; Alternative Abmischungen; Rick & The Ravens singles sowie „Someday Soon" aus einem Konzert vom 5. 6. 1970 in Seattle) *****

Something's Rockin' In Denmark: Alabama Song – Back Door Man, Texas Radio & The Big Beat, Love Me Two Times, When The Music's Over, The Unknown Soldier, Light My Fire, Break On Through (Copenhagen TV Studio, 17. 9. 68; Monterey, 26. 12. 67) **

Stockholm 68: Five To One, Mack The Knife – Alabama Song – Backdoor Man, You're Lost Little Girl, Love Me Two Times, When The Music's Over, Wild Child, Money, Light My Fire (Stockholm, 20. 9. 1968) ****

Stoned Immaculate: (Ausschnitte aus dem DOORS ARE OPEN Soundtrack) *

The Battle: (Fehlpressung einer AC/DC Bootleg mit Seite 2 von SOMEDAY SOON) **

The Beautiful Die Young (Doppelalbum): (Nachpressung von THE COMPLETE STOCKHOLM TAPES in Ausschnitten sowie COPULATIONS) ****

The Complete Stockholm Tapes (3-LP-Box): Five To One, Love Street, Love Me Two Times, When The Music's Over, Wake Up, Light My Fire, The Unknown Soldier, Five To One, Mack The Knife – Alabama Song – Back Door Man, You're Lost Little Girl, Love Me Two Times, When The Music's Over, Wild Child, Money, Light My Fire, The End (Stockholm, 20. 9. 68) ******

The Doors: Roadhouse Blues, Texas Radio & The Big Beat, Love Me Two Times, Touch Me, Horse Latitudes, Moonlight Drive, The End, Light My Fire („Dance On Fire" Ausschnitte) ****

The End (nur als Picture Disc erhältlich): (Ausschnitte aus der Radio Show „The Inner View") **

The Live Doors – USA March 1967 (Doppelalbum): (Nachpressung von BLUES FOR A SHAMAN) ***

The Lizard King: Break On Through, When The Music's Over, Five To One, Light My

Fire, The End (Live At The Roundhouse, 7. 9. 1968) ***

The Matrix Tapes (3-LP-Box): My Eyes Have Seen You, Soul Kitchen, I Can't See Your Face In My Mind, People Are Strange, When The Music's Over, Money, Who Do You Love, Moonlight Drive, Summer's Almost Gone, I'm A King Bee, Gloria, Break On Through, Summertime, Back Door Man, Alabama Song, Light My Fire, The End, Get Off My Life, Close To You, Crawling King Snake, The Crystal Ship, Twentieth Century Fox, Unhappy Girl, Rock Me Babe (Matrix, 7. und 10. 3. 1967) ******

The Night On Fire: Break On Through, Alabama Song – Back Door Man, When The Music's Over, Texas Radio & The Big Beat, Hello I Love You, Light My Fire, The Unknown Soldier (Frankfurt, 14. 9. 1968) ****

The Return Of The Lizard King: (Nachpressung von MOONLIGHT DRIVE + „Who Do You Love" von RESURRECTION) **

The Riot Show: When The Music's Over, Alabama Song – Back Door Man – Five To One, The Unknown Soldier, Moonlight Drive – Horse Latitudes, The End, Moonlight Drive, Light My Fire (Ausschnitte aus dem Video LIVE AT THE HOLLYWOOD BOWL sowie Jonathan Winters TV Show, 27. 12. 1967) ****

Three Hours For Magic (3-LP-Box): (Komplette gleichnamige US Radio Show) ******

Under Wraps Vol. 1–4: (Zusammenstellung aus verschiedenen Bootlegs) *

Weird Scenes Inside The Hollywood Bowl: (Ausschnitte aus dem Video LIVE AT THE HOLLYWOOD BOWL) *****

Weird Songs: (A CLOSED DOOR IS OPENED in gleicher Pressung mit anderem Cover) *

Weird Triangle: (Nachpressung von THE LIZARD KING) **

Whiskey, Mystics And Men (Doppelalbum): (Zusammenstellung aus

DEFINITELY CLOSED, dem Video LIVE AT THE HOLLYWOOD BOWL and THREE HOURS FOR MAGIC) ***

Wicked Blues: (Zusammenstellung aus CRITIQUE; RESURRECTION und MR MOJO RISIN') *

SINGLES

Wild Child, Touch Me, Frederick, Light My Fire, Dialogue (Smothers Brothers Comedy Hour, 15. 12. 68; Ed Sullivan Show, 9.67; Ausschnitt aus „Feast Of Friends") ***

People Are Strange, Roadhouse Blues (Murray The K. Show, 9.67; Philadelphia ?) ******

Rock me, Break On Through, Hitler, Graveyard Poem (Winterland, 6. 2. 70; Chicago, 11.68; Ausschnitte aus „Inner View". Auch unter dem Titel BORN AGAIN MADMAN bekannt) *

Alabama Song, Back Door Man (kopiert von LEATHER PANTS IN DENMARK mit gleichem Cover) ****

Roadhouse Blues, Back Door Man, Break On Through, Five To One (Felt Forum, 17. 1. 70) **

Build Me A Woman, Light My Fire, Poems (Critique Show, 23. 5. 69; Ed Sullivan Show 9.67 sowie Ausschnitte aus der Poetry Session Morrisons vom 8. 12. 70) ***

COMPACT DISCS
(inoffizielle Veröffentlichungen)

Archives (Doppel-CD): Alabama Song – Back Door Man, Texas Radio & The Big Beat, Love Me Two Times, The Unknown Soldier, When The Music's Over (Copenhagen TV Studio, 17. 9. 68), The End (CBC TV Show Toronto, 8.67), Wild Child, Touch Me (Smothers Brothers Comedy Hour, 15. 12. 68), Light My Fire (Ed Sullivan Show, 9.67), Tell All The People, Alabama Song – Back Door Man, Wishful Sinful, Build Me A Woman, The Soft Parade, Interview (Critique Show, 23. 5. 69), Hello I Love You, Summer's Almost Gone, End Of The

Night, Moonlight Drive, My Eyes Have Seen You, Go Insane (Demo Record, 1965) ****

Autumn Life: (kopiert von der LP DEFINITELY CLOSED) ***

Build Me A Woman: (kopiert von der LP ROADHOUSE BLUES abzüglich „Alabama Song – Back Door Man – Five To One") **

Celebration: (kopiert von der gleichnamigen Einzel-LP) *****

Crawling King Snakes: (kopiert von der LP DEFINITELY CLOSED) ***

Europe September 1968 (Doppel-CD): (kopiert von den LPs THE LIZARD KING und THE NIGHT ON FIRE) *

Four Closed Doors: (kopiert von einer schlechten Raubkopie des Copenhagen TV Auftritts sowie Ausschnitte aus der CELEBRATION Einzel-LP) *

From The Inside: (Auszüge aus der Radio Show THE DOORS FROM THE INSIDE sowie der CD THE RIOT Show) *****

Live In Los Angeles: (kopiert vom offiziellen Video LIVE AT THE HOLLYWOOD BOWL) ***

Live At The Madison Square Garden: (Mini-CD mit 4 Songs, kopiert von der LP ROADHOUSE BLUES) *

Live At The Matrix: (Kopie von der CD AUTUMN LIFE) **

Live in Stockholm Vol. 1 & 2: (Kopien von der Doppel-CD LIVE IN STOCKHOLM 1968) ****

Live In Stockholm 1968 (Doppel-CD): (Kopie von der gleichnamigen 3-LP-Box) ****

New York Blues: Roadhouse Blues, Peace Frog, Alabama Song – Backdoor Man – Five To One, The Celebration Of The Lizard, Soul Kitchen, Build Me A Woman, When The Music's Over (das erste von 4 Felt Forum Konzerten, 17. 1. 1970) ******

Orange County Suite: (Inhalt wie gleichnamige LP mit zusätzlichem Track „The Soft Parade, Light My Fire" aus dem ersten Felt Forum Konzert, 17. 1. 1970) ******

Red Walls Blue Doors: (kopiert von der LP-Box LIVE IN STOCKHOLM, zweite Show) **

The Riot Show: (kopiert von der gleichnamigen LP) ****

The Beautiful Die Young: (kopiert von der LP COPULATIONS) ****

The Live Doors – USA March 1967: (kopiert von dem gleichnamigen Doppelalbum) ***

The Matrix Tapes (Doppel-CD): (entspricht der gleichnamigen 3-LP-Box) ******

The Night On Fire: (Auszüge aus dem Video LIVE AT THE HOLLYWOOD BOWL) *****

The Stockholm Tapes: (Auszüge aus der 3-LP-Box THE COMPLETE STOCKHOLM TAPES) *****

The Doors: (Ausschnitte aus ALIVE SHE CRIED und LIVE AT THE HOLLYWOOD BOWL) ***

The Lizard King: (kopiert von der Doppel-CD LIVE IN STOCKHOlM) ***

The Doors Of Heaven: (zusammengestellte Matrix-Tracks) **

Welcome To The Soft Parade: (kopiert von den LPs CRITIQUE und RUN FREE) **

RADIO SHOWS (Auswahl)

The Doors From The Inside (6-CD-Box)

The Doors In The Studio (je 1 CD mit Interviews zu den LPs THE DOORS, STRANGE DAYS und L. A. WOMAN)

Three Hours For Magic (3-LP-Box)

Rock And Roll Never Forgets Jim Morrison (5-LP-Set)

Inner View (4-LP-Box)

The Source (3-LP-Set)

Legends Of Rock (4-LP-Set)

Jim Morrison Profiles In Rock (1 LP)

Pioneers In Music (2-LP-Set)

Rock, Roll And Remember (4-LP-Album)

The Doors Wanted Dead Or Alive
(2-LP-Set)

Light My Fire: A Three Hour Salute To The Doors
(3-LP-Album)

Jim Morrison And The Doors Rock Scope (2-LP-Album)

The Doors: A 20th Anniversary Salute (2-LP-Album)

Interview LP: An Interview with Jim Morrison (picture disc), aufgenommen im Dezember 1969 im Doors Office in Los Angeles.

OFFIZIELLE VIDEOCASSETTEN

A Tribute To Jim Morrison
(Warner Home Video),
(Farbe, 60 Minuten)

Dance On Fire
(CIC Video)
(Farbe, 65 Minuten)

Live at The Hollywood Bowl
(CIC Video)
(Farbe, 60 Minuten)

The Doors In Europe
(Castle Hendring Video)
(Farbe und Schwarz/Weiß, 60 Minuten)

The Doors Are Open
(Castle Hendring Video)
(Schwarz/Weiß, 52 Minuten)

INOFFIZIELLE VIDEOS

Live In Copenhagen TV Studio, 17. 9. 1968
(Schwarz/Weiß, 35 Minuten)

Feast Of Friends
(Tourneefilm 1968, Farbe, 45 Minuten)

Critique
(PBS TV Studio New York, 23. 5. 1969, Farbe, 60 Minuten mit Interview + Diskussion)

The Making Of People Are Strange
(Aufnahmesession zur Murray The K. Show, Farbe, 20 Minuten)

American Bandstand
(US TV Show mit 2 Songs und Interview, Schwarz/Weiß, 10 Minuten)

The Doors Rare Stuff
(verschiedene rare Videoclips, private Konzertaufnahmen und TV-Auftritte in Farbe und Schwarz/Weiß, 60 Minuten)

FILME

Nur die folgenden Filme wurden zu Lebzeiten Jim Morrisons von ihm selbst bzw. den Doors konzipiert, ausgeführt und autorisiert. Bisher wurden nur „The Unknown Soldier" und „Break On Through" in voller Länge auf dem Video „Dance On Fire" veröffentlicht.

Break On Through
16 mm, colour, Elektra Records Promotion Film, 2'25", 1967

The Unknown Soldier
16 mm, colour, Elektra Records Promotion Film, 3'10", 1968

Not To Touch The Earth
16 mm, colour, nicht veröffentlichter Film für die gleichnamige geplante Singel, 3'54", 1968

Feast Of Friends
16 mm, colour, von Paul Ferrara, Jim Morrison und Frank Lisciandro, 45 min, 1969. Eine Dokumentation über die Doors-Tourneen 1968, gefilmt vornehmlich in San José, New York und Los Angeles, Live, Backstagedialoge und gesprochene Gedichte von Jim Morrison.

HWY
35 mm, colour, von Jim Morrison, Frank Lisciandro und Paul Ferrara, 55 min, 1969. Ein von Jim Morrison erdachter Konzeptfilm über einen wahnsinnigen Tramper, dargestellt von ihm selbst. Der Film blieb unvollendet, jedoch denkt Frank Lisciandro an eine Veröffentlichung des Films nach gewissen Überarbeitungen in allernächster Zeit.

BÜCHER
Originaltexte

The Lords:
von Jim Morrison privat publiziert, 100 Kopien, Western Lithographers, Los Angeles, 1969 (Loseblattsammlung in dunkelblauem Lederumschlag)

The New Creatures:
von Jim Morrison privat publiziert, 100 Kopien, Western Lithographers, Los Angeles, 1969 (gebunden, braunrot melierter Pappumschlag)

An American Prayer:
von Jim Morrison privat publiziert, 500 Kopien, Western Lithographers, Los Angeles, 1970 (kleines, in rotes Leder gebundenes Buch)

The Lords And The New Creatures:
(Simon & Schuster, New York, Mai 1970 im Hardcover; ab 1971 als Paperback. In Europa erschienen bei Omnibus Press; deutsche Ausgabe unter dem Titel DIE HERREN UND DIE NEUEN GESCHÖPFE erschienen im Karin Kramer Verlag, Berlin 1977)

Ein Amerikanisches Gebet:
(deutsche Ausgabe von AN AMERICAN PRAYER mit weiteren Gedichten und den englischen Originaltexten, Karin Kramer Verlag Berlin, 1978)

Fernes Arden:
(Sammlung ausgewählter und editierter Jim-Morrison-Texte mit den englischen Originaltexten. Karin Kramer Verlag Berlin, 1985)

Wilderness – The Lost Writings Of Jim Morrison:
(ausgewählte Gedichte aus dem Nachlaß Jim Morrisons; Villard Books New York, 1988 im Hardcover; ab 1989 als Paperback. In Europa erschienen bei Penguin Books, als deutsche Ausgabe beim Schirmer/Mosel Verlag München, 1989 mit dem Titel DIE VERLORENEN SCHRIFTEN VON JIM MORRISON: WILDNIS erschienen.)

BIOGRAFIEN/INTERVIEW

Mike Jahn: Jim Morrison And The Doors, An Unauthorized Biography, Grosset & Dunlap, New York, 1969

Hervé Muller: Jim Morrison au delà des Doors, Editions Albin Michel, Paris, 1973

Frank Lisciandro: Jim Morrison – An Hour For Magic, Deliah Communications Ltd., 1982

Danny Sugerman: The Doors – The Illustrated History, Morrow New York, 1983

Bob Nibor, Clive Patrick: Jim Morrison – Stumbling into Neon, Parkway Press, London, 1983

John Tobler/Andrew Doe: The Doors, Proteus Books Ltd., London, 1984

Andrew Doe / John Tobler: The Doors in their own words, Omnibus Press, London, 1988

Dario Salvatori: Jim Morrison, Lato Side Editori, Rom, 1981

John Densmore: Riders On The Storm – My Life with Jim Morrison and The Doors, Delacorte, NY, 1990

Rainer Moddemann: The Doors – Eine illustrierte Dokumentation, Heel Verlag (Juni 1991)

Dylan Jones: Jim Morrison – Dark Star, Bloomsbury, London, 1990

DISCOGRAFIEN/ SONGBÜCHER

Jean Grainmore. The Definitely Complete Doors Songbook, Siege Books Ltd., Paris, 1986. Privatdruck von 200 numerierten Exemplaren

The Doors Concise Complete, Music and Lyrics 1965-1971, Omnibus Press, London, 1984

Jim Morrison Lyrics and Poems, Stampa Alternativa, Rom, 1988

The Doors Complete, Columbia Pictures Publications, Hialeah, 1983

The Doors Complete, Music Sales, London, 1970

The Doors Complete Music, Wise Publications, London, 1985

The Best Of The Doors, Wise Publications, London, 1978

Fulvio Fiore: The Doors Bootleg Guide, Great Dane, Mailand, 1989

The Doors Rock Score, Wise Publications, London, 1989

PERIODISCHE VERÖFFENTLICHUNG

The Doors Quarterly, Mitgliedermagazin des Doors Fan Clubs, 4150 Krefeld 12 (seit 1983)

WEITERE VERÖFFENTLICHUNGEN

Jim Morrison, Craig Strete: Menstruation Taboos – A Woman's Studies Perspective, 1977 (Fälschung)

Jim Morrison, Craig Strete: Dark Journey, 1979 (Fälschung)

Jim Morrison: The Bank Of America Of Lousiana, 1975; (beschreibt das weitere Leben Morrisons nach seinem „vorgetäuschten" Tod 1971)

Jim Morrison: Light My Fire, 1984; (erweiterte Version von „The Bank Of America")

Jacques Rochard: Vivo!, Gammalibri, Mailand, 1986; (beschreibt ein Treffen des Autors mit Jim Morrison in Paris 1980 anhand minutiöser Tagebuchaufzeichnungen)

Craig Strete: Burn Down The Night, Warner Books, New York, 1982; (deutscher Titel: Uns verbrennt die Nacht, rororo 5709); (ein Roman mit Jim Morrison; inzwischen als Phantasieprodukt des Autors entlarvt)

Hans-Ulrich Reck: Nacht im Feuer, Bücherkarawane, Adliswil, 1981;
(eine Abhandlung über die Alchemie des Todes in der Rockmusik; mit Texten von Jim Morrison)

Redaktion des Anhangs:
Rainer Moddemann
(Doors Quarterly Magazine)
Stand: November 1990

Cartoons
zum Schmunzeln

Eine vergnügliche Welt voll spritzigen Humors.

PETER GAYMANN
Hühner auf Reisen
CARTOONS

01/8001

01/7778

01/8056

01/7961

01/7883

01/6854

01/7822

Wilhelm Heyne Verlag München

DEIX

Deix ist boshaft, provozierend und zynisch: „Von himmlischer Ordinärheit, ein wunderbarer Widerling." FAZ

01/7654

01/7837   01/7924   01/8026

Wilhelm Heyne Verlag München